School
Spanish Course

Mapa de España

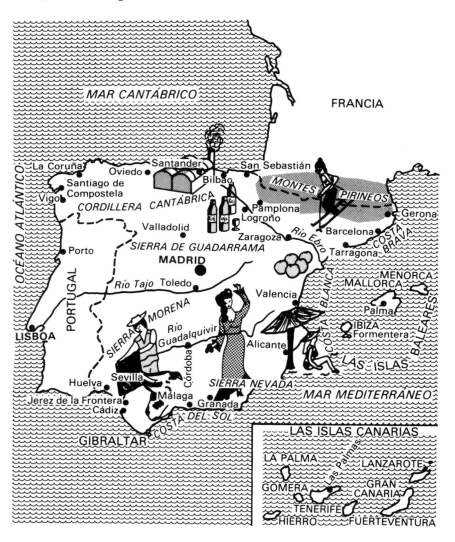

MAR CANTÁBRICO

FRANCIA

OCÉANO ATLÁNTICO

La Coruña Oviedo Santander San Sebastián

Santiago de Compostela Bilbao MONTES PIRINEOS

Vigo

CORDILLERA CANTÁBRICA Pamplona Gerona

Logroño

Valladolid Zaragoza Barcelona

Río Ebro COSTA BRAVA

Porto SIERRA DE GUADARRAMA Tarragona

PORTUGAL MADRID

Río Tajo Toledo MENORCA

MALLORCA

Valencia Palma

SIERRA MORENA IBIZA

Río Guadalquivir Formentera

LISBOA Alicante COSTA BLANCA BALEARES

Córdoba LAS ISLAS

Huelva Sevilla SIERRA NEVADA MAR MEDITERRÁNEO

Jerez de la Frontera Málaga Granada

Cádiz

COSTA DEL SOL

GIBRALTAR

LAS ISLAS CANARIAS

LA PALMA Las Palmas LANZAROTE

GOMERA GRAN CANARIA

TENERIFE

HIERRO FUERTEVENTURA

School Spanish Course
Second Edition

John C. Pride B.A.

Formerly Head of the Spanish Department
The Thomas Bennett School, Crawley

Collins Educational
An imprint of HarperCollins*Publishers*

Published 1991 by
Collins Educational
An imprint of HarperCollins*Publishers*
77–85 Fulham Palace Road
London W6 8JB

First published by University Tutorial Press Limited 1968
Reprinted seven times between 1969 and 1979
Second edition 1980
Reprinted 1981, 1982, 1983, 1984, 1985
Reprinted by Bell & Hyman Limited 1986
Reprinted by Unwin Hyman Limited 1988, 1989
Reprinted by HarperCollins 1991, 1992, 1994, 1995

British Library Cataloguing in Publication Data

Pride, John C.
    School Spanish course—2nd ed.
    1. Spanish language—Text books for
    foreign speakers—English
    I. Title
    468   PC4112

ISBN 0 00 322214 4

Printed in Great Britain by HarperCollinsManufacturing, Glasgow

Preface to the second edition

Although the aim of the second edition remains that of the first, users of the book will find a number of alterations and additions which, it is hoped, will make the course more effective, interesting and enjoyable. Many of the changes have been in response to comments from teachers using the course and I am greatly indebted to them for their helpful and constructive suggestions.

The presentation of each lesson has been changed and the sequence is now reading passage, vocabulary, grammar, exercises. A number of the reading passages have been amended and some entirely replaced while I have taken the opportunity of this extensive revision to introduce extra passages in dialogue form. At the same time the amount of vocabulary in the book has been increased in an attempt to meet the demands of the various examining boards at 16+ and to make good some deficiences of the first edition.

I have tried to introduce a greater variety of types of exercises presented in the book, partly to reflect the kind of questions which have been introduced in 16+ examinations since the book was first conceived, but also to give the students more meaningful and useful ways of practising what they have learned

As language laboratories have become widespread in our schools and most teachers are experienced in using them, the new edition no longer indicates which exercises might be suitable for use in the laboratory. I feel that most teachers will easily judge which exercises, with minor or major modifications, lend themselves to such use.

In the classified Spanish–English vocabulary each Spanish entry is now accompanied by a number which indicates the lesson (or lessons in the case of words with several meanings) in which the word first appears. I hope that this will prove useful to both teachers and students. In order to save space certain words which only appear in some of the special vocabularies do not appear in the English–Spanish vocabulary and a note to this effect appears at the beginning of that section. Teachers should draw the attention of their students to this at a suitable stage. The English–Spanish vocabulary contains words required for the past 'O' level proses, which the various examining boards have kindly allowed me to use, which do not appear elsewhere in the course.

The opportunity has been taken to provide most of the lessons with at least one illustration, line drawing or photograph. I hope that they will not only make the book more attractive but will also serve as a useful basis for oral and written work.

For teachers who wish to develop translation from English to Spanish I have continued to include what I trust will be suitable material.

Finally I should like to thank everyone who over the years has in any way contributed to my efforts in this new edition.

J. C. P.

Contents

Acknowledgements

Thanks for permission to reproduce copyright material are due to:

Joint Matriculation Board
Oxford Delegacy of Local Examinations
Southern Universities' Joint Board
University of Cambridge Local Examinations Syndicate
Welsh Joint Education Committee

Their passages are individually attributed in the text.

Ediciones Destino S. L. of Barcelona gave permission for the reproduction of the extract from Camilo José Cela's *Viaje a la Alcarria*. For the reproduction of Vicente Blasco Ibáñez's *El Dragón del Patriarca* we have to thank don Vicente Blasco Ibáñez Tortosa and the author's daughters, Libertad Blasco-Ibáñez and Gloria Llorca Blasco-Ibáñez. The help in tracing copyright in this work given by don Vicente Alfaro y Moreno and by Espasa-Calpe, S.A., of Madrid, should not be overlooked.

Drawings are by Brian Warwick.

Maps and diagrams on pp. ii, 81, 92, 137, 146, 241, 265, 282, 372, 449 are by Sarah Crompton.

Thanks are also due to the following for the use of photographs:
pp. 24, 65, 73, 177, 202, 230, 312 J Allan Cash Limited;
p. 89 John Pride;
pp. 115, 248 Barnaby's Picture Library
p. 147 J B Briggs;
pp. 157, 158, 310 Iberia (International Airlines of Spain);

p. 187 Michael and Marguerite Sones;
pp. 203, 232, 258, 259, 321 Camera Press Limited;
p. 287 The BBC Hulton Picture Library;
p. 295 Peter Baker Photography;
p. 330 Sporting Pictures (UK) Limited;
Cover and p. 353 The Spanish National Tourist Office;
pp. 360, 367 © Firo-Foto.

Spanish pronunciation

These notes can really only serve as an introduction to the pronunciation of Spanish and can in no way be a substitute for listening to a native speaker and attempting to imitate what one has heard. Great care should be taken with pronunciation from the very beginning so that the student may speak Spanish with an acceptable accent. However good one's ability at the written language there is always room for improvement in pronunciation and intonation, which cannot be learned from a book.

1 The Spanish alphabet consists of the following twenty-nine letters:
   a, b, c, ch, d, e, f, g, h, i, j, k, l, ll, m, n, ñ, o, p, q, r, rr, s, t, u, v, x, y, z.

2 The vowels *a, e, i, o, u* have only one sound in Spanish and great care should be taken with these.

   a is pronounced as the 'a' in 'cat', *e.g. casa*
   e is pronounced as the 'e' in 'let', *e.g. beber*
   i is pronounced as the 'i' in 'police', *e.g. vida*
   o is pronounced as the 'o' in 'or', *e.g. roto*
   u is pronounced as the 'oo' in 'root', *e.g. hubo*

3 *b* has a softer sound than in English, the lips not being pressed together, *e.g. beber*
   c is pronounced as the English 'k', *e.g. coche, casa*, except before 'e' or 'i', when it is pronounced as 'th' in thin, *e.g. cielo*
   ch is pronounced as in the English 'church', *e.g. chico*
   d is a softer sound than in English. Between vowels it has the sound of a hard 'th' as in 'the', *e.g. dado*
   f as in English, *e.g. famoso*
   g as in English 'good', *e.g. gritar*, except before 'e' or 'i' when it is pronounced like the 'ch' in 'loch', *e.g. gente*
   h is always silent
   j as the 'ch' in 'loch', *e.g. jugar*
   k as in English, *e.g. kilómetro*
   l as in English, *e.g. lado*

ll as in the 'li' of 'million', *e.g. llamo*
m as in English, *e.g. mil*
n as in English, *e.g. nueve*
ñ as the 'ni' in 'onion', *e.g. niño*
p as in English, *e.g. poco*
q as in English. (Note that it is always followed by 'ue' or 'ui') *e.g. que*
r is rolled, *e.g. rojo*
rr is rolled more than a single 'r', *e.g. perro*
s as in the English 'sand' but slightly less hissed, *e.g. ser.* It is
often pronounced as the 's' in 'rose' before 'b', 'd', 'm', 'n', *e.g. desde*
t is not as soft as in English, *e.g. taza*
v is normally pronounced as the Spanish 'b', *e.g. visto*
x as in English except between 'e' and a consonant, when it is pronounced as 'ss' by many speakers, *e.g. exclamación*
ý as the Spanish 'i', *e.g. ya*
z as the Spanish 'c' before 'e' or 'i', *e.g. azul*
N.B. In many parts of Spain and throughout Spanish America 'c'
before 'e' and 'i', and 'z' are pronounced 's'.

Vowels and diphthongs

1 In Spanish 'a', 'e', 'o' are strong vowels and 'i' and 'u' are weak.
2 When two strong vowels come together two separate syllables are
   formed, *e.g. se-an.*
3 When one strong vowel is combined with one or two weak ones, one
   syllable is formed with the stress on the strong vowel, *e.g. reina,
   recuerdo, viejo.*
4 When two weak vowels combine a diphthong is formed with the
   stress on the second vowel, *e.g. ruido.*
   If it is desired to accentuate a vowel where the stress would not
   normally fall a written accent must be used, *e.g. oís, país.*

Sinalefa

Note that when a Spanish word ending in a vowel is followed by
another beginning with a vowel, the two vowels are run together
without a pause. This is called *sinalefa.*
¿Qué‿es esto?   Da‿el dinero‿a‿Ana.

Stress and accentuation

1 Spanish words ending in a vowel, 's' or 'n' are stressed on the last but one syllable, *e.g. cuaderno, hablan, regalos.*
2 All other words are stressed on the last syllable, *e.g. venid, feliz.*
3 Written accents must be used where the word is stressed on a syllable other than the normal one, *e.g. región, república.*
4 Notice that singular words ending in 's' or 'n' and stressed on the last syllable lose their accent when they become plural, *e.g. región—regiones; inglés—ingleses.*
5 Likewise singular words ending in 's' or 'n' and stressed normally require an accent in the plural, *e.g. el crimen—los crímenes.*
6 As well as being used for purposes of stress the Spanish accent also denotes the difference between words of identical spelling.

si	if	*sí*	yes; oneself
tu	your	*tú*	you
de	of	*dé*	*subjunctive of dar*
el	the	*él*	he
se	*reflexive pronoun*	*sé*	I know
este	this	*éste*	this one, etc.
donde	where	*¿dónde?*	where?
cuando	when	*¿cuándo?*	when?

Punctuation

punto	full stop	.	
coma	comma	,	
punto y coma	semi-colon	;	
dos puntos	colon	:	
punto de exclamación	exclamation mark	¡	!
punto de interrogación	question mark	¿	?
raya	dash	—	
entre comillas	in inverted commas	"	"
con letra mayúscula	with a capital letter	A	
puntos suspensivos	....		

N.B. • In Spanish a question or exclamation mark is placed both before and after the question or exclamation:

¿Qué hora es?

¡Qué horror!

• Dashes are normally used to enclose speech, with inverted commas reserved mainly for quotations:

— Dame el cuchillo — gritó el rey.

In other respects Spanish punctuation is much as in English.

Lección uno

La casa de Enrique

Enrique García es español. Es natural de Madrid. Es estudiante.
¿Dónde está hoy? Hoy está en casa. En la casa hay tres dormitorios,
un cuarto de baño, una cocina, un comedor y una sala. Enrique está
en la sala. ¿Cómo es la sala? Es muy grande. En la sala hay una
mesa, un sofá, un sillón, unas sillas y un televisor. Sobre el suelo hay
una alfombra.

Un gato está sentado en la alfombra debajo de una silla. El
padre de Enrique está sentado en el sillón. El sillón es muy cómodo.
Enrique está sentado en el sofá.

¿Qué hay sobre la mesa? Sobre la mesa hay un florero y en el
florero hay flores. Son rosas. También hay un periódico y unas
revistas. Sobre la pared hay un reloj y unos cuadros. La chimenea
está debajo del reloj.

Conversación

El señor García Enrique, ¿dónde está el gato?
Enrique Allí está, papá, debajo de la silla.
El señor García ¿Dónde está el periódico?
Enrique Está en la mesa, papá.
El señor García Ah sí, ¿hay revistas?
Enrique Sí, hay unas revistas en la mesa también, debajo del periódico.

Vocabulario

el, la the
un, una a, an, one
unos, unas some, any

el comedor dining-room
el cuadro picture
el cuarto de baño bathroom
el dormitorio bedroom
el español Spaniard
el estudiante student
el florero vase
el gato cat
el natural native
el padre father
el periódico newspaper
el reloj clock, watch
el sillón armchair
el sofá settee
el suelo floor
el televisor television set

la alfombra carpet
la casa house
la cocina kitchen
la conversación conversation
la chimenea fireplace
la flor flower

la lección lesson
la mesa table
la pared wall
la revista magazine
la rosa rose
la sala sitting room
la silla chair

es is
está is
está sentado is sitting
hay there is, there are
son they are

cómodo comfortable
español Spanish
grande big, large
tres three
uno one

de of, from
debajo de under
del (de + el) of the
en in, on, at
sobre on

allí there
¿cómo es? what's it like?

¿*dónde?* where?   ¿*qué?* what?
en casa at home   *sí* yes
hoy today   *y* and
muy very

Gramática

1 Definite article

el padre	the father	*la casa*	the house
el gato	the cat	*la alfombra*	the carpet

In Spanish nouns are either masculine or feminine. When they are masculine the definite article is *el*, and when feminine *la*.

You will find that most nouns ending in *o* are masculine and most ending in *a* are feminine.

Note that *de* (of) combines with *el* to form *del* (of the).
e.g. debajo del periódico

2 Indefinite article

un reloj a clock	*una flor*	a flower
un gato a cat	*una casa*	a house

There are also two forms in Spanish for the indefinite article; *un* is used with masculine nouns and *una* with feminine nouns.

The plural forms *unos* (masculine) and *unas* (feminine) mean 'some'.
e.g. Hay unas revistas sobre la mesa.
There are some magazines on the table.
You will find that they are not used as frequently as 'some' is in English.

3 Omission of indefinite article

Un and *una* are usually omitted with a noun that tells you what someone's occupation, status or nationality is.
e.g. Enrique es español; es natural de Madrid; es estudiante.

4 Plural of nouns

If a noun ends in a vowel you add *s* to make it plural,

e.g. casa   *casas* (houses)
       gato   *gatos* (cats)

If a noun ends in a consonant you add *es* to make it plural,

e.g. flor   *flores* (flowers)
       pared   *paredes* (walls)

5 Es/está

You will have noticed that both these words mean 'is'. *Es* tells you *who* or *what* someone or something is, *i.e.* it is used for identification. *Está* tells you *where* someone or something is.

e.g. Enrique es estudiante. (identity)
       Enrique está en casa. (position)

Note too that both *es* and *está* can also mean 'he is' without any word for 'he' being used in Spanish.

Ejercicios

A   Fill in the gaps in the following sentences with *en, sobre, or debajo de* according to sense.

   1 El padre está sentado ... el sillón.
   2 El padre está sentado ... el suelo.
   3 El padre está sentado ... la sala.
   4 El padre está sentado ... la silla.
   5 El padre está sentado ... el cuadro.
   6 El padre está sentado ... la alfombra.
   7 El padre está sentado ... el reloj.
   8 El padre está sentado ... el sofá.
   9 El padre está sentado ... la casa.

Repeat with *el gato está sentado* and *Enrique está sentado*.

B   Complete the following sentences according to sense.

   1 En el florero hay...
   2 Debajo del cuadro hay...
   3 En el suelo de la sala hay...

4 Sobre la mesa de la sala hay...
5 En la sala hay...
6 Hay un gato sobre...
7 El gato está sentado debajo de...
8 El padre está sentado en...
9 Hay un reloj sobre...
10 Hay un televisor en...
11 Hay unas revistas sobre...
12 Hay unos cuadros sobre...

C Without looking at the reading passage write out any four sentences in Spanish that help to describe *la sala*.

D Answer the following in Spanish.
1 ¿Qué es muy grande?
2 ¿Qué hay en la sala?
3 ¿Dónde hay una alfombra?
4 ¿Cómo es la sala?
5 ¿Dónde está sentado el gato?
6 ¿Dónde está sentado el padre?
7 ¿Qué hay sobre la mesa?
8 ¿Dónde hay cuadros?
9 ¿Qué hay debajo del reloj?
10 ¿Dónde hay flores?
11 ¿Qué es Enrique?
12 ¿Dónde está Enrique?
13 ¿Dónde está el periódico?
14 ¿Dónde está sentado Enrique?
15 ¿Enrique es natural de Madrid?

Notice that when a question is asked in Spanish an inverted question mark is placed at the beginning of the sentence.

E Look carefully at the illustration of *la sala*. Then close this book and write down in Spanish as many of the objects in it as you can in one minute. Place the correct form of the indefinite article (*un, una, unos, unas*) in front of each one. Award yourself two points for each one correctly spelt with the right form of the article. One point otherwise.

Lección dos

En el jardín

Enrique y Jaime son amigos. Son alumnos del mismo colegio. Hoy es domingo y no hay clases. Enrique está en el jardín con Pedro. Pedro es su primo. Están sentados debajo de un árbol. Jaime está en la calle cerca de la casa de Enrique. Ahora está delante de la puerta.

Jaime Buenos días, señor García, soy Jaime Machado. Enrique y yo somos amigos.

El señor García Buenos días, Jaime. ¿Cómo estás?

Jaime Estoy muy bien, gracias, señor García. ¿Cómo está usted?

El señor García Muy bien, gracias, chico. Adelante. Enrique no está en la casa; está en el jardín con Pedro.

Jaime ¿Quién es Pedro? No es un alumno del colegio.

El señor García No. Es el primo de Enrique. Allí están, detrás del árbol.

Enrique Hola, Jaime. Estamos aquí.

Jaime Hola, Enrique. ¿Qué tal?

Enrique Jaime, éste es mi primo, Pedro.

Jaime Hola, Pedro. ¿Eres de aquí, de Madrid?

Pedro No, soy de Barcelona, pero mi padre es natural de Burgos.

Jaime ¿Eres aficionado al fútbol?

Pedro ¡Claro que sí! Soy hincha del Barcelona.

Jaime Yo soy hincha del Atlético de Madrid.

Enrique Y yo del Real Madrid.

Jaime ¿No está Mercedes?

Enrique Sí, está sentada allí, cerca de los rosales.

Jaime Ah sí, pero ¿quién es la otra chica?

(Mercedes es la hermana de Enrique. Él es su hermano. Ella está en el jardín con su amiga, Rosita. Están sentadas cerca de los rosales.)

Jaime Hola, Mercedes. ¿Qué tal?

Mercedes Hola, Jaime. Ésta es mi amiga, Rosita. Rosita, éste es Jaime. Es un amigo de mi hermano.

Jaime Mucho gusto, Rosita. ¿Cómo estás?

Rosita	Muy bien, gracias, Jaime ¿y tú?
Jaime	Muy bien, gracias. ¿Eres de Madrid?
Rosita	Sí, soy madrileña, pero mi madre es de Segovia. ¿Y tú?
Jaime	¿Yo? Yo soy madrileño también.

Vocabulario

los, las   the

el alumno/la alumna   pupil
el amigo/la amiga   friend
el árbol   tree
el colegio   school
el chico   boy
el domingo   Sunday
el fútbol   football
el hermano   brother
el hincha   supporter, fan
el jardín   garden
el lápiz   pencil
el primo/la prima   cousin

el rosal   rosebush
el señor   Mr, sir
los señores   Mr and Mrs

la calle   street
la clase   class, lesson
la chica   girl
la hermana   sister
la madre   mother
la puerta   door, gate
la señora   Mrs, lady
la señorita   Miss, young lady
la voz   voice

estar   to be
ser   to be
ser aficionado a   to be keen on

dos   two
madrileño   of Madrid
mi   my
mismo   same
otro   other, another
su   his, her

él   he
ella   she
ellos/ellas   they
ésta/éste   this
nosotros/as   we
tú   you
usted/ustedes   you
vosotros/as   you
yo   I

a   to
¡adelante!   come in!
ahora   now

al (a + el)   to the
aquí   here
bien   well
buenos días   good morning
cerca de   near
¡claro que no!   of course not
¡claro que sí!   of course
¿cómo estás/está Vd.?   how are you?
con   with
delante de   in front of
gracias   thank you
hola   hello
mucho gusto   pleased to meet you
muy bien   very well
no   no, not
pero   but
por ejemplo   for example
¿qué tal?   how are you? (colloquial)
¿quién/quiénes?   who?
también   too, also

Gramática

1 Plural of nouns (cont.)

If a noun ends in a consonant which is preceded by a vowel bearing an accent, the accent is omitted in the plural.

| *el jardín* | the garden | *los jardines* | the gardens |
| *la lección* | the lesson | *las lecciones* | the lessons |

If the final consonant is *z*, it is changed to *c* before adding *es* to form the plural.

| *el lápiz* | the pencil | *los lápices* | the pencils |
| *la voz* | the voice | *las voces* | the voices |

2 Definite article

The plural forms of *el* and *la* are *los* and *las* respectively.

el chico	the boy	*los chicos*	the boys
la chica	the girl	*las chicas*	the girls

Note that *a* (to) combines with *el* to form *al*.

El is used with *señor* when you are talking about the person concerned, but omitted when talking directly to him. The use of *la* with *señora* and *señorita* is the same,

e.g. *Buenos días, señor Ruiz. La señorita Gómez está en Madrid.*

3 Ser and estar

Both these verbs mean 'to be' but you cannot use whichever one you feel like. Some differences have already been outlined in Lesson 1 and others are listed below. The Present tense forms of *ser* and *estar* are:

	ser	estar	
(*yo*)	soy	estoy	I am
(*tú*)	eres	estás	you are (*sing.*)
(*él, ella*)	es	está	he, she, it is
(*usted*)	es	está	you are (*sing.*)
(*nosotros/as*)	somos	estamos	we are
(*vosotros/as*)	sois	estáis	you are (*pl.*)
(*ellos/ellas*)	son	están	they are
(*ustedes*)	son	están	you are (*pl.*)

Ser is used to say who or what something or somebody is and to denote characteristics or features that are permanent.

¿Quiénes sois?	*Somos los amigos de Miguel.*
Who are you?	We are Miguel's friends.
¿Qué es?	*Es un lápiz.*
What is it?	It's a pencil.
¿Quién es?	*Es Juanita.*
Who is it?	It's Juanita.

Estar is used to say where something is and to denote features that are temporary such as health.

¿Dónde está Enrique?	*Enrique está en el jardín.*
Where is Enrique?	Enrique is in the garden.

¿Cómo estás?	Estoy muy bien, gracias.
How are you?	I am very well, thank you.
¿Cómo está usted?	Estoy muy bien, gracias.
How are you?	I am very well, thank you.

4   The subject pronouns (*yo, tú, él,* etc.) are usually omitted before the verb. They should always be used when there would otherwise be doubt about the subject.

Juan y María son españoles. Él es de Madrid y ella es de Toledo.
Juan and María are Spanish. He's from Madrid and she's from Toledo.

5   You will have noticed that there are several words in Spanish for 'you'.
Tú is used to address a relative, close friend or child.
Vosotros (*m.*) and *vosotras* (*f.*) are used to address more than one such person.
Usted and *ustedes* are used for all other people. They are usually written *Vd.* and *Vds.*

6 *The negative form of a verb*

To make a verb negative you simply place *no* immediately before it,
e.g. *No soy de Madrid. Rosita no está en casa.*
   Ellos no están en el colegio.

7 *Estar sentado*

Note that *sentado* has to agree in number and gender with the subject of *estar*, with *o* changing to *a/os/as* accordingly.

Jaime está sentado en el jardín.	*Estamos sentados en la sala.*
Rosita está sentada en el jardín.	*Las chicas están sentadas en casa.*

8   Note the placing of the accent in *ésta* (this) and *está* (is). It shows both the difference in meaning in written Spanish and where the stress in the spoken language lies.

Ejercicios

A In each group of four sentences one contains correct information according to what is said in the conversation. Write out each sentence that is factually correct.

1 Jaime es hincha del Barcelona.
Enrique es hincha del Atlético de Madrid.
Pedro es hincha del Real Madrid.
Enrique es hincha del Real Madrid.
2 El padre de Rosita es de Segovia.
La madre de Jaime es de Segovia.
La madre de Mercedes es de Segovia.
La madre de Rosita es de Segovia.
3 Rosita es la madre de Pedro.
Rosita es la hermana de Mercedes.
Enrique es el hermano de Rosita.
Mercedes es la hermana de Enrique.
4 Jaime es el primo de Mercedes.
Enrique es el primo de Pedro.
Rosita es la prima de Pedro.
Mercedes es la prima de Enrique.
5 Pedro es el primo de Mercedes.
Enrique es el amigo de Mercedes.
Rosita es la amiga de Jaime.
Jaime es el hermano de Mercedes.
6 Pedro es madrileño.
El padre de Pedro es de Segovia.
El padre de Rosita es de Segovia.
El padre de Pedro es de Burgos.

B Make the following sentences plural.

1 El chico está en la clase.
2 Hay un árbol en la calle.
3 ¿Dónde está Vd.?
4 Soy el amigo de Jaime.
5 Él es el estudiante.
6 El gato está cerca del árbol.
7 ¿Cómo estás (tú)?

8 Tú no eres el alumno.
9 El lápiz está sobre la mesa.
10 No soy el primo de Enrique.

C Make the following sentences singular.

1 Hay árboles en los jardines.
2 ¿Sois los amigos de Carmen?
3 ¿Dónde están los alumnos del colegio?
4 Los rosales están cerca de la casa.
5 ¿Qué hay en las paredes? *en la pared*
6 Los gatos están en la calle.
7 Estamos sentados en la sala.
8 ¿Quiénes son los primos de Manuel?
9 Las flores son de Mercedes.
10 ¿Cómo estáis?

D Replace the subject in the following sentences by the new subject given, making the verb agree accordingly.

1 Tú estás en el jardín.   Ella *está*
2 Nosotros estamos en la sala.   Yo *estoy*
3 Él está en la calle.   Vosotros *estáis*
4 Vosotros estáis en el colegio.   Pedro *está*
5 Yo estoy en casa.   Vds. *están*
6 Pedro y Enrique están aquí.   Tú *estás*
7 Ellos están allí.   El señor García *está*
8 Ella está debajo del árbol.   Nosotros *estamos*
9 El señor García está cerca del gato.   Yo *estoy*
10 Vd. está detrás de Pedro.   Él *está*

E Replace the subject in the following sentences by the new subject given, making the verb agree accordingly.

1 Él es estudiante.   6 Mercedes es una chica.
2 Yo *soy*   7 Tú *eres*
3 Vd. *es*   8 Yo *soy*
4 Tú *eres*   9 Ella *es*
5 Juan *es*   10 Vd. *es*

11 Vds. son madrileños.
12 Vosotros...*Sois*
13 Ellos...*son*
14 Nosotros...*Somos*
15 Juan y María...*son*

16 Ellas son las amigas de Carmen.
17 Vds...*son los amigos*
18 Vosotras...*sois los -----*
19 Mercedes y Rosita...*son las amigas*
20 Nosotras...*Somos*

F Write in Spanish a conversation of 6–8 sentences between two boys or girls meeting for the first time. Prepare the conversations in pairs and then act them out or record them. When you have written one conversation change your partner and begin again.

G Conteste en español.

1 ¿Quiénes son amigos? — *Jaime* *Rosita*
2 ¿Dónde está Enrique? *madre del Enrique*
3 ¿Quién es Pedro? *es primo del Enrique*
4 ¿De dónde es Pedro? *(el) es de Barc-*
5 ¿De dónde es su padre? *de*
6 ¿Dónde están Enrique y Pedro?
7 ¿Con quién está Mercedes?
8 ¿Quién es Rosita?
9 ¿De dónde es su madre?
10 ¿Quién es el señor García?
11 ¿Es Jaime el primo de Enrique?
12 ¿Cómo está el señor García?
13 ¿Está el padre de Enrique en la casa?
14 ¿Quiénes están detrás del árbol?
15 ¿Dónde está Vd. ahora?
16 ¿Es Vd. español?
17 ¿Es Vd. aficionado al fútbol?
18 ¿Es Vd. estudiante?
19 ¿Está el profesor en la clase ahora? *behind*
20 ¿Qué flores hay en el jardín? *under* *in front -*

H Use the correct form of *estar sentado* plus one of the following pre-positions (*en, sobre, cerca de, debajo de, detrás de, delante de*) to say where these people are sitting. Use each preposition at least once.
Por ejemplo: Enrique está sentado en el jardín.

1 Su hermana...
2 Los chicos...
3 Jaime y Pedro...

4 Las chicas...
5 Rosita...
6 Mi padre...

7 Su amiga...
8 Rosita y Mercedes...

Lección tres

Ruido en la clase

Hay mucho ruido en la clase porque el profesor no está allí todavía. Unos alumnos están gritando y cantando en voz alta y otros están tirando papeles, tiza y reglas por el aire. No trabajan y no estudian la lección. Por fin el profesor llega al colegio. Llega tarde porque su coche nuevo no funciona bien. No está de buen humor.

El director entra en la clase. Los niños dejan de gritar.

El director   ¡Silencio! ¿Por qué no trabajáis?

Tomás   Esperamos al señor Mendoza, señor director.

El director   ¿Dónde está?

Pablo (indicando por la ventana)   Llega ahora, señor, en su coche blanco.

Paco   No anda bien, señor, no es un coche bueno.

El director   ¡Cállate, necio!

(*Fuera de la clase*)
El director   Buenas tardes, señor Mendoza.
El señor Mendoza (asustado)   Ah, buenos días, señor director.
El director   Usted llega muy tarde, señor Mendoza.
El señor Mendoza   Lo siento, señor director, es que mi coche nuevo no anda bien. Yo...
El director   Bueno, bueno, señor Mendoza. Sus alumnos están esperando.

El señor Mendoza llega a la puerta de la clase. Espera un momento y mira por la ventanilla. Luego entra. Ahora todos los niños están callados y están sentados en sus pupitres. ¿Todos? Un niño gordo y alto está dibujando en la pizarra. Dibuja al profesor. El profesor está muy enojado. Paco está asustado y deja de dibujar. El profesor castiga al niño travieso y saca el mapa de España del armario grande.

Vocabulario

el aire air	*¡cállate!* be quiet!
el armario cupboard	*cantar* to sing
el coche car	*castigar* to punish
el director headmaster	*dejar de* to stop, finish
el mapa map	*dibujar* to draw
el momento moment	*entrar en* to enter, go in
el niño boy, child	*esperar* to wait for, hope,
el papel paper	expect
el profesor/la profesora teacher	*estar de buen humor* to be in a
el pupitre desk	good mood
el ruido noise	*estudiar* to study
el silencio silence	*funcionar* to work (machinery)
	gritar to shout
España Spain	*hablar* to speak, talk
la niña girl	*indicar (por)* to point (through)
la pizarra blackboard	*llegar (a)* to arrive (at/in)
la regla ruler	*mirar* to look at
la tiza chalk	*sacar* to take out
la ventana window	*lo siento* I'm sorry
la ventanilla little window	*tirar* to throw
	trabajar to work
andar to go, walk	

alto tall, high	*buenas tardes* good afternoon/
asustado startled	evening
blanco white	*bueno, bueno* all right
bueno good	*cuando* when
callado quiet, silent	*en voz alta* in a loud voice
enojado annoyed, angry	*fuera de* outside
gordo fat	*luego* then
mucho much, a lot (of)	*o* or
necio foolish, silly	*por* by, through, for, along
nuevo new	*por fin* at last
su your	*¿por qué?* why?
todo all	*porque* because
travieso naughty	*tarde* late
	todavía still, yet

Gramática

1 Present tense of -AR verbs

e.g. mirar (to look at)

miro	I look, do look, am looking
miras	you look, etc.
mira	he, she, you (Vd.) look, etc.
miramos	we look, etc.
miráis	you look, etc.
miran	they, you (Vds.) look, etc.

Present participle: *mirando*

e.g. Está mirando el mapa.	He's looking at the map.
Están cantando.	They're singing.

The present participle may be used with *estar* to form the Present Continuous tense. This tense should only be used when the action described is actually going on at the time of speaking or writing.

2 Adjectives

Es un coche nuevo.	It's a new car.
Es una casa nueva.	It's a new house.
Son coches nuevos.	They're new cars.
Son casas nuevas.	They're new houses.

Adjectives ending in *o* change the *o* to *a* in the feminine. *S* is added to both masculine and feminine to form the plural. Adjectives are normally placed after the noun they qualify and with which they must agree in number and gender.

El coche es grande.	The car is big.
La casa es grande.	The house is big.
Los coches son grandes.	The cars are big.
Las casas son grandes.	The houses are big.

Adjectives ending in *e* keep the same form in the feminine and add *s* in the plural.

3 Personal 'a'

Yo espero a Tomás.	I'm waiting for Tomás.
Dibujan al profesor.	They're drawing the teacher.

When the direct object of a verb is a definite person, *a* is always placed before it.

Ejercicios

A Conteste en español.

1 ¿Por qué hay mucho ruido en la clase?
2 ¿Quiénes están gritando?
3 ¿Qué están tirando por el aire?
4 ¿Por qué llega tarde el profesor?
5 ¿Por qué no está de buen humor el profesor?
6 ¿Cómo es el coche del profesor?
7 ¿Por dónde mira el profesor?
8 ¿Dónde están sentados los alumnos?
9 ¿Quién no está sentado? ¿Dónde está?
10 ¿Quién está dibujando?
11 ¿Cómo es Paco?
12 ¿Por qué está enojado el profesor?
13 ¿Por qué deja de dibujar Paco?
14 ¿A quién castiga el profesor?
15 ¿Qué saca del armario?

B Change the verb according to the new subject given.

1 El profesor entra en el colegio.   Los niños
2 Dibujamos un mapa en la pizarra.   Enrique
3 Los niños no llegan tarde.   Yo *no llego*
4 El padre de Pedro trabaja en la sala.   Tú *trabajas*
5 ¿Hablan Vds. mucho en la clase?   Vosotros *Habláis*
6 Miro el coche del señor García.   Vd. *Mira*
7 Ellas entran en la casa.   La profesora *Entra*
8 Dibujas una casa.   Nosotros *Dibujamos*
9 ¿Mira Pedro el mapa?   Vds. *Ma Miran*
10 Vosotros estudiáis el papel.   *Estudian* Pedro y Mercedes
11 ¿Estáis trabajando ahora?   Ellas *Están*
12 Todos están en el colegio.   Yo *Estoy*
13 Tú estás tirando tiza a Pedro.   Ella *está tirando.*
14 Están estudiando la lección.   Tú *estás*
15 Estoy cantando en el jardín.   Nosotros *Estamos*

C Make the adjectives in the following sentences agree with the noun they are describing.

1 El coche del profesor es (nuevo).   *voces*
2 Los niños gritan en voz (alto). *altas altas*
3 Estamos mirando los papeles (blancos)
4 El padre castiga a la niña (travieso).
5 La alfombra de la sala es muy (bueno).
6 Todos los alumnos están (asustado)s
7 Jaime no es un niño (gordo).
8 Estoy dibujando unos gatos (grande y blanco).
9 Cuando entra, la profesora está muy (enojado). */ Enfadada*
10 La sala de la casa es muy (grande).

D Put in the personal *a*, if necessary, in the following sentences.

1 Esperamos *a* los primos de María.
2 Los niños altos estudian el mapa.
3 Yo no espero el profesor. *Al*
4 ¿Estáis mirando el señor García? *Al*
5 Jaime está mirando la niña. ?
                    A

E In the following sentences fill in the gap with the correct form of
ser or *estar*.

1 Mercedes y María ... las amigas de Carmen.
2 ¿Dónde ... la regla del niño?
3 Madrid ... en España.
4 El coche del profesor ... nuevo.
5 ¿Quién ... tú?
6 Paco ... asustado cuando grita el profesor.
7 ¿No ... vosotros enojados cuando el coche no funciona?
8 Yo ... alto y gordo.
9 El sofá de la sala ... muy cómodo.
10 Los gatos ... sentados en los árboles.

F Draw and label in Spanish *la clase*. Then write five simple
sentences in Spanish to describe it.

G Complete the following so as to make complete sense:

1 Llego tarde porque...
2 El profesor castiga a Paco porque...
3 Los niños están callados porque...
4 Los alumnos no estudian porque...
5 El director entra en la clase porque...

H Conteste en español.

1 ¿Trabaja Vd. mucho en el colegio?
2 ¿Canta Vd. cuando el profesor no está en la clase?
3 ¿Hay un mapa de España aquí?
4 ¿Está Vd. sentado en el jardín ahora?
5 ¿Tira Vd. papeles al profesor?
6 ¿Cómo está Vd.?
7 ¿Es Vd. un chico o una chica?
8 ¿Está el profesor de buen humor ahora?
9 ¿Están cantando los alumnos ahora?
10 ¿Habla Vd. mucho con el director?

Lección cuatro

En el Retiro

Es una tarde espléndida y una chica bonita está sentada en un banco verde cerca del estanque en el Retiro. El Retiro es un parque muy grande y famoso en Madrid. La chica es Mercedes, hermana de Enrique. Después del almuerzo Mercedes siempre come una manzana, y ahora está comiendo una manzana roja y leyendo un libro. Es un libro de inglés. Mercedes aprende inglés y debe leer tres páginas antes de la clase de la tarde. También debe aprender veinte palabras inglesas. Son muy fáciles y pronto termina.

El Parque del Retiro, Madrid

Al otro lado del estanque Mercedes ve un puesto amarillo y negro donde un hombre vende refrescos. Ve a unas amigas cerca del puesto. Mercedes es una chica muy simpática y tiene muchas amigas. Las amigas están comprando gaseosas. Mercedes tiene cincuenta pesetas y compra una botella también. Las chicas beben las gaseosas. Creen que ya es tarde y así corren desde el Retiro hasta la parada de autobuses, donde cogen un autobús azul para regresar al colegio.

Conversación

Vendedor ¿Qué desea tomar, señorita?
Mercedes ¿Qué refrescos tiene Vd.?
Vendedor Pues, tengo gaseosa, limonada, naranjada y coca-cola.
Mercedes Bueno, una limonada, por favor. ¿Está fría?
Vendedor Claro que está fría. ¿Algo más?
Mercedes No, gracias. ¿Cuánto es?
Vendedor Treinta pesetas, señorita.
Mercedes Aquí están.

Vocabulario

el almuerzo   lunch
el autobús   bus
el banco   bench; bank
el estanque   pond, small lake
el hombre   man
el lado   side
el libro   book
el parque   park
el puesto   stall
el refresco   drink, refreshment
el vendedor   seller, salesman, vendor

la botella   bottle
la coca-cola   coca-cola
la gaseosa   lemonade, fizzy drink

la limonada   lemonade
la manzana   apple
la naranjada   orangeade
la página   page
la palabra   word
la parada de autobuses   bus stop
la peseta   Spanish coin, Spanish unit of currency
la tarde   afternoon, evening

aprender   to learn
beber   to drink
coger   to catch, pick up
comer   to eat
comprar   to buy
correr   to run

creer to believe, think
deber to have to; to owe
desear to want, desire
leer to read
regresar to return, go back
tener to have
terminar to finish, end
tomar to take; have (food and drink)
vender to sell
ver to see

amarillo yellow
azul blue
bonito pretty
cincuenta fifty
espléndido splendid, fine
fácil easy
famoso famous
frío cold
hablador talkative
holgazán lazy
inglés English

negro black
rojo red
simpático nice, kind
socarrón sarcastic, cunning
treinta thirty
verde green

¿algo más? anything else?
antes de before (time)
así so, thus, therefore
¿cuánto? how much?
¿de qué color es? what colour is it?
desde ... hasta from ... to
después de after
donde where
hasta until, as far as; even
para for, in order to
por favor please
pronto soon
pues well, well then
siempre always, ever

Gramática

1 Present tense of -ER verbs

e.g. *comer* (to eat)

como	I eat, do eat, am eating
comes	you eat, etc.
come	he, she eats, you (Vd.) eat
comemos	we eat
coméis	you eat
comen	they, you (Vds.) eat

Present participle: *comiendo, e.g. Estoy comiendo.*

Note: The *yo* form of *ver* (to see) is *veo*.
The *yo* form of *coger* (to catch) is *cojo*.
The present participle of *leer* (to read) is *leyendo*.

2 The irregular verb tener (to have)

tengo I have, do have, am having, etc.
tienes
tiene
tenemos
tenéis
tienen

Present participle: *teniendo*. This is not often used.
Note that the personal *a* is rarely used after *tener*.

3 Para

Para is used before an infinitive with the meaning of 'in order to',
e.g. *Juan regresa a casa para comer*. Juan goes back home to eat.

4 Los números (the numbers)

1 *uno, una*	11 *once*
2 *dos*	12 *doce*
3 *tres*	13 *trece*
4 *cuatro*	14 *catorce*
5 *cinco*	15 *quince*
6 *seis*	16 *dieciséis* or *diez y seis*
7 *siete*	17 *diecisiete* or *diez y siete*
8 *ocho*	18 *dieciocho* or *diez y ocho*
9 *nueve*	19 *diecinueve* or *diez y nueve*
10 *diez*	20 *veinte*

The forms *diez y seis, diez y siete, diez y ocho* and *diez y nueve* are
not used very much nowadays.

¿Cuántos bancos hay?	How many benches are there?
¿Cuántas botellas?	How many bottles?
Hay un banco or *Hay uno.*	There is one (bench).
Hay una botella or *Hay una.*	There is one (bottle).

From the above it will be seen that *uno* becomes *un* before a masculine singular noun.

5 Adjectives (cont.)

El libro es azul.	The book is blue.
Los libros son azules.	The books are blue.
La casa es azul.	The house is blue.
Las casas son azules.	The houses are blue.

You can see that adjectives ending in a consonant do not have a different ending in the feminine. They add *es* to form the plural. Exceptions to this rule are as follows:

a Adjectives ending in -*án, -ón, -or.*

La niña es holgazana	The girl is lazy.
Es muy socarrona.	She is very cunning.
María es habladora.	María is talkative.

b Adjectives of nationality.

El niño es inglés; la niña es inglesa.	The boy (girl) is English.
Los niños son ingleses; las niñas son inglesas.	The children are English.

Note that adjectives of the above types lose the written accent when an extra syllable is added and that adjectives of nationality are written with a small initial letter.

Ejercicios

A Conteste en español.

1 ¿Cómo es la tarde?
2 ¿Dónde está sentada Mercedes?
3 ¿Qué es el Retiro y dónde está?
4 ¿Qué está comiendo Mercedes?
5 ¿Cuándo come Mercedes una manzana?
6 ¿Qué libro está leyendo?
7 ¿Cuántas palabras debe aprender?
8 ¿A quiénes ve Mercedes?
9 ¿Quién vende refrescos?
10 ¿Por qué tiene Mercedes muchas amigas?
11 ¿Dónde están las amigas de Mercedes?
12 ¿Qué toma Mercedes?

13 ¿Cuántas pesetas tiene Mercedes?
14 ¿Por qué corren las niñas?
15 ¿Hasta dónde corren?
16 ¿Cómo regresan al colegio?
17 ¿Dónde cogen el autobús?
18 ¿De qué color es el puesto?

B Change the verb according to the new subject given.

1	Las niñas ven el autobús en la calle.	Yo
2	Tú debes comprar el libro azul.	Vosotros
3	Mercedes cree que estoy de buen humor.	Ellos
4	Nosotros estamos corriendo por el parque.	Yo
5	¿Tenéis quince pesetas?	Vd.
6	Los niños no beben gaseosa en la clase.	El profesor
7	¿Vende Vd. manzanas aquí?	Tú
8	Tenemos un gato blanco en casa.	Yo
9	¿Comen Vds. manzanas después del almuerzo?	Vosotros
10	Yo debo cinco pesetas a Enrique.	Nosotros
11	Juan y Miguel regresan al colegio.	Tú
12	El profesor no compra gaseosa en el parque.	Vds.
13	¿Estás mirando el estanque?	Ellos
14	¿Somos las amigas de Mercedes?	Vosotras
15	Vd. es el hermano de Enrique.	Yo

C Change the verbs in the following sentences to the Present Continuous:

1 El hombre vende manzanas en el parque.
2 Corremos a la parada de autobuses.
3 Yo leo el libro de inglés.
4 ¿Regresas a casa?
5 ¿Quién bebe gaseosa en el jardín?

D Change the verbs in the following sentences to the Simple Present:

1 Estamos leyendo los libros del profesor.
2 ¿Quién está aprendiendo la lección?
3 Vosotros no estáis bebiendo ahora.
4 Están mirando el estanque.
5 ¿Por qué estás corriendo por el parque?

E Make the adjectives in the following agree with the noun they are describing:

  1 La hermana de Enrique es muy (simpático).
  2 Hay un estanque (famoso) en el Retiro.
  3 El profesor tiene muchos amigos (inglés).
  4 Compramos manzanas en un puesto (azul).
  5 Estamos estudiando unos libros muy (fácil).
  6 El padre de Manuel tiene árboles (espléndido) en el jardín.
  7 Hay (otro) botella de naranjada en la sala.
  8 La madre de Mercedes compra flores (bonito) en la calle.
  9 Están hablando a la niña (inglés).
10 Anita es una niña (holgazán y hablador).

F Answer the following questions using appropriate adjectives of colour.

  1 ¿De qué color es la manzana de Mercedes?
  2 ¿De qué color son los autobuses de Madrid?
  3 ¿De qué color es la página?
  4 ¿De qué color es la tiza?
  5 ¿De qué color son las paredes de su clase?
  6 ¿Y de su dormitorio?
  7 ¿De qué color son las casas?
  8 ¿De qué color son las flores?
  9 ¿De qué color son los coches?
10 ¿De qué color son los lápices?

G Answer the following questions using the numbers 1–20.

  1 ¿Cuántos árboles ve Vd. por la ventana?
  2 ¿Cuántos mapas hay en la pared de la clase?
  3 ¿Cuántas puertas hay en la clase?
  4 ¿Cuántas pesetas tiene Vd.?
  5 ¿Cuántos primos tiene Vd.?
  6 ¿Cuántas manzanas come Vd. después del almuerzo?
  7 ¿Cuántas páginas hay en el libro?
  8 ¿Cuántos libros tiene Vd. sobre el pupitre?
  9 ¿Cuántas flores hay en el florero?
10 ¿Cuántos coches ve Vd. en la calle?

H A colour and number game. List all the colours you know so far and objects that can be described by colour. Then you're ready to start. The class should be divided into groups of five or six students. One student asks the question *¿Cuántos libros rojos tiene Vd.?* Another student answers and in turn asks the question changing the object or colour. This is continued around the group with students dropping out when they fail to answer correctly or when they ask a question which has been asked before. The winner of each group can contest a final group to find the colours and numbers champion.

I Write a short conversation in Spanish (not more than ten lines) between Mercedes and her friends in the park. Practice the conversations in groups.

J The following sentences all contain errors of fact. Rewrite them so that the information they give is correct according to the events of the reading passage and the conversation.

1 Mercedes lee un libro de español.
2 El Retiro está en Valencia.
3 La manzana es verde.
4 Mercedes debe leer seis páginas.
5 Las palabras no son fáciles.
6 El puesto es rojo y negro.
7 Mercedes compra naranjada.
8 La naranjada no está fría.
9 Las amigas de Mercedes compran manzanas.
10 La limonada cuesta* cincuenta pesetas.
11 Mercedes tiene treinta pesetas.
12 El autobús es negro.

* *cuesta* = costs

Lección cinco

El piso de don José

Don José García es el tío de Enrique y de Mercedes. Es el hermano de su madre. No vive en Madrid. Vive en Barcelona que también es una gran ciudad española. Vive solo en el tercer piso de una casa alta cerca de la Catedral. Aunque el piso es pequeño, es cómodo y agradable.

Cuando regresa de la oficina por la tarde don José entra por la puerta principal y coge sus cartas en la portería.

Don José   Buenas tardes, señora. ¿Hay cartas hoy?
La portera   Sí, señor. Hay cinco – tres de Madrid, una de Málaga y una de Inglaterra.
Don José   Muy interesante, señora.
La portera   También hay una postal de su amigo don Luis. Está en Méjico.

Don José   Bueno, ¿hay un paquete también?
La portera   No, señor. No hay ningún paquete.

Don José sube la escalera. Hay un ascensor pero muchas veces no funciona. Es algo viejo. Al llegar al tercer piso don José saca su llave, abre la puerta y entra. En el piso hay un despacho donde todas las tardes pasa muchas horas escribiendo. Entra en el despacho y abre sus cartas. Don José es un hombre muy ocupado y recibe muchas cartas. Es autor de novelas policíacas y ahora escribe otro capítulo de su novela nueva que trata de un asesinato en un avión. Escribe en un cuaderno gris.

Veinte minutos más tarde alguien llama a la puerta. Don José sale del despacho, abre la puerta y ve a su buen amigo don Alfonso, que entra de prisa y acompaña a don José al despacho. Don Alfonso es arquitecto.

Alfonso   ¿Qué haces ahora?
José   Estoy escribiendo el tercer capítulo de mi libro nuevo.
Alfonso   ¿De qué trata?
José   Trata de un asesinato en un avión. Aquí está el primer capítulo.
Alfonso   Ah, muy interesante. (*Lee algunas páginas.*) No eres mal autor, José. Siempre escribes muy bien.
José   Gracias, hombre. Creo que es un buen libro. Un día espero ser un gran escritor, escribir una gran novela y quizás ganar algún premio.

Vocabulario

el arquitecto   architect
el ascensor   lift
el asesinato   murder
el autor   author
el avión   aeroplane
el capítulo   chapter
el cuaderno   exercise book
el despacho   study
el día   day
el escritor   writer

Méjico   Mexico
el minuto   minute
el paquete   parcel, packet
el piso   flat, storey, floor
el premio   prize
el tío   uncle

la carta   letter
la catedral   cathedral
la ciudad   city, town

la escalera   stairs
la hora   hour
Inglaterra   England
la llave   key
la novela   novel
la oficina   office
la portera   concièrge
la portería   porter's lodge
la postal   postcard
la tía   aunt
la vez   time, occasion

abrir   to open
acompañar   to accompany, go with
escribir   to write
ganar   to win, earn
hacer   to do, make
llamar   to call, knock
pasar   to spend (time)
recibir   to receive; to meet
salir   to go out, leave
subir   to go up, climb
tratar de   to be about; to try to
vivir   to live

agradable   pleasant
alguno   some, any

gris   grey
interesante   interesting
malo   bad
ninguno   no, not a, none
ocupado   busy
pequeño   small, little
policíaco   police (*adj.*), detective
primero   first
principal   main, front
solo   alone
su   their
tercero   third
viejo   old

algo   something, anything
alguien   somebody, someone
aunque   although
de prisa   quickly
más tarde   later
muchas veces   often
por la tarde   in the afternoon/ evening
que   who, which, that
quizá(s)   perhaps
todas las tardes   every afternoon/evening

Gramática

1 *Present tense of -IR verbs*

e.g. vivir (to live)   *vivo*   I live, etc.
                            vives
                            vive
                            vivimos
                            vivís
                            viven

Present participle: *viviendo, e.g. Está viviendo en Madrid.*

Note: The *yo* form of *salir* (to go out) is *salgo*.

2 *The irregular verb hacer (to do or to make)*

hago	hacemos
haces	hacéis
hace	hacen

Present participle: *haciendo*, e.g. *¿Qué estás haciendo?* What are you doing?

3 *Apocopation of adjectives*

bueno (good)	*Es un buen amigo.*	He's a good friend.
	Es una buena amiga.	She's a good friend.
malo (bad)	*Es un mal hombre.*	He's a bad man.
	Es una mala niña.	She's a bad girl.
alguno (some)	*Lee algún libro.*	He's reading a book.
	Escribe alguna novela.	He's writing a novel.
ninguno (no, not a)	*No tiene ningún papel.*	He has no paper.
	No tiene ninguna tiza.	He has no chalk.
primero (first)	*Vive en el primer piso.*	He lives on the first floor.
	Leo la primera carta.	I'm reading the first letter.
tercero (third)	*Coge el tercer autobús.*	He's catching the third bus.
	Vive en la tercera casa.	He lives in the third house.

Certain adjectives normally come before the noun and lose their final *o* when the noun is masculine singular. This is called apocopation of adjectives. Notice that both *algún* and *ningún* require an accent. When you use *ningún*, etc., *no* must be placed before the verb.

Grande	*Es un hombre grande.*	He's a big man.
	Es una casa grande.	It's a big house.
	BUT	
	Es un gran hombre.	He's a great man.
	Vivo en una gran ciudad.	I live in a great city.

Grande comes after the noun when it refers only to size, but before it when it expresses qualities of greatness. In the latter case it apocopates to *gran* before *any* singular noun.

Nuevo. When this is placed before a noun it indicates something recently acquired,

e.g. Juan tiene un nuevo coche.

> Juan has a new car. (It might be second-hand but it's new to him.)

When *nuevo* comes after the noun it refers to something absolutely new,

e.g. Juan tiene un coche nuevo.

> Juan has a (brand) new car.

4 Use of the indefinite article

> *Don José es autor.   Es un buen autor.*

Notice that although the indefinite article is omitted when you state somebody's occupation or status, it is used when the noun is qualified by an adjective.

5 Relative pronoun

el hombre que está en el despacho   the man who is in the study
las cartas que están en el suelo   the letters that are on the floor

Que is used as the subject relative pronoun for both people and things.

6 Al + the infinitive

al llegar a Barcelona   on arriving in Barcelona
al abrir la puerta   on opening the door

Ejercicios

A Conteste en español.
  1 ¿Quién es don José?
  2 ¿En dónde vive?
  3 ¿Dónde está Barcelona y cómo es?
  4 ¿Hay una catedral en Barcelona?
  5 ¿Cómo es el piso de don José?
  6 ¿Qué hace don José cuando regresa de la oficina?
  7 ¿De dónde es la postal que recibe don José?

8 ¿Dónde está su amigo?
9 ¿Recibe don José algunos paquetes hoy?
10 ¿Por qué no funciona muchas veces el ascensor?
11 ¿Qué hace don José al llegar al tercer piso?
12 ¿Por qué recibe muchas cartas?
13 ¿Qué hace don José en su despacho?
14 ¿Qué escribe don José?
15 ¿De qué trata su nueva novela?
16 ¿Quién llama a la puerta?
17 ¿Qué hace don José cuando don Alfonso llama a la puerta?
18 ¿Quién es don Alfonso?
19 ¿Qué espera don José?
20 ¿Cómo escribe?

B Change the verb according to the new subject given.

1 Don Alfonso vive en Barcelona. Nosotros
2 Yo abro la puerta del despacho. Vd.
3 Los hombres suben la escalera. Tú
4 ¿Quién recibe muchas cartas
  de España? Carmen y María
5 Enrique hace mucho ruido en clase. Yo
6 Escribimos una carta interesante. Vosotros
7 Vds. salen del piso de prisa. Yo
8 Tú estás abriendo la ventana. Ella
9 ¿Estáis escribiendo otra postal? Vds.
10 ¿Qué estamos haciendo ahora? Las hermanas de Pedro
11 Ahora Juan y yo estamos viviendo
  en Londres. Vosotros
12 Mercedes ve la casa de Miguel. Yo
13 Ellos acompañan a José. Alguien
14 Las niñas habladoras hacen
  mucho ruido. El niño hablador
15 Están leyendo el tercer capítulo. Tú

C Make the adjectives in the following agree with the noun they qualify.

1 Don José escribe una (bueno) novela.
2 Vivimos en la (tercero) casa (blanco).

 3 Suben la escalera en el ascensor (viejo).
 4 Londres es una (grande) ciudad.
 5 Mercedes tiene un (malo) libro de inglés.
 6 Yo llamo a la puerta (alto) y (gris).
 7 La niña (español) está leyendo una novela (policíaco).
 8 Tenemos un (bueno) coche (nuevo) que funciona bien.
 9 Enrique espera el (primero) autobús (azul).
10 Las catedrales (viejo) son muy (interesante).
11 ¿Quién está sentado sobre el pupitre (grande)?
12 ¿Quién tiene los cuadernos (verde) de Mercedes y de Carmen?
13 ¿Cuántos (bueno) mapas hay en la clase?
14 Estoy mirando los gatos (grande) en el árbol (alto).
15 Quiere ganar (alguno) premio.

D Imagine you are going to interview don José for your school magazine. Draw up a list of questions (at least six) to put to him, asking
him, for example, where he lives, where he works, what he does in
the evenings, what he writes, if he gets many letters, how many
hours does he spend writing in the evenings, where he does his
writing etc. Now try to answer the questions as if you were don José.

E Conteste en español.

 1 ¿En dónde vive Vd.?
 2 ¿Escribe Vd. novelas?
 3 ¿Recibe Vd. cartas de España?
 4 ¿Hay un ascensor en el colegio?
 5 ¿Trabaja Vd. en una oficina?
 6 ¿Dónde está Vd. sentado ahora?
 7 ¿Tiene Vd. un buen amigo? ¿Es español?
 8 ¿Hace Vd. mucho ruido en casa?
 9 ¿Lee Vd. novelas muchas veces?
10 ¿Sale Vd. todas las tardes?

F Draw a map of Spain. Mark on it Madrid and Barcelona, find out
their populations and how far apart they are. Add other Spanish
towns as you come across them in this or any other book.

G Look carefully at each picture and the three sentences which appear below it. Write out the sentence which accurately describes each picture.

1 La casa está cerca del parque.
La casa está cerca de la Catedral.
La Catedral está en el parque.

2 El señor entra en la casa.
El señor saca su llave.
El señor abre la puerta.

3 El ascensor no funciona.
Sube el ascensor.
No hay ascensor.

4 La señora sube en el ascensor.
   La señora sube la escalera.
   La señora entra en la portería.

5 La chica está escribiendo la carta.
   La chica está cogiendo las postales.
   La chica está leyendo la carta.

6 El hombre sale por la puerta.
   El hombre entra por la ventana.
   El hombre sale por la ventana.

H Conteste en español según el ejemplo.

Ejemplo: ¿Qué está leyendo Pepe? (periódico español)

Está leyendo algún periódico español.

1 ¿De qué trata? (asesinato en Barcelona)
2 ¿Qué hay en la portería (paquete)
3 ¿Qué está leyendo Pedro? (novela)
4 ¿Qué está comprando Pepita? (postal)
5 ¿Quién es Juanito? (amigo de María)
6 ¿Qué está escribiendo la señora? (carta)
7 ¿Quién es el autor? (español)
8 ¿Qué es el Retiro? (parque en Madrid)

Lección seis

Repaso

A Change the verb according to the new subject given.

1 Enrique escribe una carta al tío José.   Los niños
2 El profesor coge el autobús en la calle.   ¿Tú?
3 ¿Quiénes están sentados en el parque?   Mercedes
4 No tenemos muchas flores en el jardín.   Yo
5 Debéis aprender el español.   Vds.
6 Cuando llego a casa llamo a la puerta.   Nosotros
7 Somos los primos de Juan.   Ellos
8 Los alumnos están estudiando.   ¿Vosotros?
9 El padre de Miguel está leyendo una novela.   Yo
10 ¿Vives en el tercer piso?   Nosotros
11 ¿Por qué no funciona el ascensor?   El coche
12 Después del almuerzo salimos de la casa.   Yo
13 ¿Qué tiene Vd. en el armario?   Tú
14 No hacen mucho en casa.   Yo
15 Soy el amigo de Jaime.   ¿Tú?

B Replace the verb in the following by the new one given.

1 Juan y yo salimos del colegio.   entrar en
2 Estamos cogiendo el autobús.   esperar
3 ¿Recibís muchas cartas?   escribir
4 Siempre entras muy de prisa.   salir
5 El joven vende buenas manzanas rojas.   tener
6 ¿Bebéis gaseosa en el parque?   comprar
7 Yo estoy estudiando un buen libro.   leer
8 ¿Quién está dibujando en la pared?   escribir
9 María y Anita están cantando en el jardín.   gritar
10 Veo los árboles en el parque.   mirar

C Make the adjectives in the following agree with their nouns.

1 Siempre hay (mucho) colegios en una ciudad (grande).
2 Tenemos una alfombra (nuevo) en la sala.

3 ¿(Cuánto) niñas (español) hay en la clase?
4 El hombre (alto y gordo) es un (bueno) amigo de Jaime.
5 ¿Estás leyendo el (primero) capítulo del libro?
6 ¿Por qué está (enojado) la niña (bonito)?
7 Las primas de María son muy (hablador).
8 Don José espera escribir una (grande) novela.
9 No hay (ninguno) florero (rojo) aquí.
10 Tengo (mucho) pesetas en el despacho.

D Rewrite the following sentences adding the word *grande* in the appropriate place before or after the noun in *italics* to indicate whether it means great or big.

1 El Retiro es un *parque*.
2 Cervantes es un *autor* español.
3 Vivo en una *casa*.
4 Un 'Jumbo' es un *avión*.
5 El ABC es un *periódico* español.
6 Barcelona es una *ciudad*.
7 Don Quijote es una *novela*.

E Rewrite each sentence replacing *no* and the verb by another verb which is more or less opposite in meaning.
Por ejemplo: El vendedor no está comprando postales.
          Está vendiendo postales.

1 No salimos del colegio.
2 No escribo muchas cartas.
3 No entro de prisa.
4 Los chicos no venden refrescos.
5 La profesora no está dibujando.
6 Las chicas no están gritando.

F The two columns below contain short sentences which can be linked by *que* to form a longer sentence. They are not in the right order. Select which pairs go together and write them out linking them in each case by *que*.

1 El arquitecto no lee la carta.
2 En el colegio hay un ascensor viejo.
3 Mi padre tiene un coche nuevo.
4 Estoy leyendo una novela.
5 ¿No ves las llaves?

No funciona bien.
Trata de un asesinato.
Están en el suelo.
No anda bien.
Recibe de Madrid.

G You go to visit don José in Barcelona. When you arrive at the block of flats where he lives you meet the *portera*. Ask her if he lives there, on what floor, if he is in, if not where he is. The first two lines of your conversation with the *portera* are given below. Continue it in your own words, adding at least three more parts for each speaker.

Do not be too ambitious. Stick to words and phrases you already know.

Vd.   Buenos días, señora. ¿Don José García vive aquí?

Portera   Sí, vive aquí. ¿Quién es Vd.?

H Conteste en español.

1 ¿Cuántas novelas tiene Vd. en casa?
2 ¿Cuántas casas ve Vd. por la ventana de su clase?
3 ¿Cuántos relojes hay en la clase?
4 ¿Cuántas amigas españolas tiene Vd.?
5 ¿Cuántos sillones hay en su dormitorio?
6 ¿De qué color es la puerta de la clase?
7 ¿De qué color es el libro de español?
8 ¿De qué color son las flores en su jardín?
9 ¿De qué color son los autobuses de su ciudad?
10 ¿De qué color es la pizarra?

I Translate into Spanish.

1 Don José lives in Barcelona near the great Cathedral.
2 I always receive many letters from Spain.
3 Now I have a good, new car.
4 The black cat is sitting on the carpet in front of the television.
5 There are four yellow flowers in the blue vase on the table.
6 Somebody is making a lot of noise in the garden.
7 The Retiro is a very large and famous park in Spain.
8 On seeing his good friend the fat boy shouts 'hello' in a loud voice.
9 Enrique and Jaime are reading the first chapter of the novel.
10 After lunch the two friends go into the big park near the house.

J Study each picture in turn and then prepare two questions, with answers, ready for a quiz in class. You get a point for asking the question correctly and, if the person you ask fails to give the right answer, a further point if your own answer is correct.

K Study the pictures carefully and write a suitable sentence in Spanish on each one. By using words like *luego, ahora, después*, you may be able to connect the sentences, thereby making a short composition.

Lección siete

En la estación

No muy lejos de Madrid está el pequeño pueblo de San Pablo, donde vive Andrés Ruiz. Andrés es un chico muy inteligente y un buen amigo de Enrique, a quien está esperando ahora en la estación de su pueblo. Enrique viene a pasar tres días en San Pablo con Andrés y su familia y Andrés está esperando la llegada del tren de Madrid, en el cual está viajando su amigo. En la sala de espera está mirando el horario de los trenes cuando entra el jefe de estación. Es un hombre algo feo pero muy simpático.

El jefe   Hola, Andrés. ¿A quién esperas? ¿A tu primo?

Andrés   No. Estoy esperando a mi amigo Enrique que viene de Madrid para pasar tres días en nuestra casa. Mañana vamos a celebrar mi santo. Enrique siempre viene a celebrar mi santo y yo voy a Madrid a celebrar su santo.

El jefe   ¿Y cómo vais a celebrar?

Andrés   Vamos a un restaurante a cenar y luego vamos a una discoteca.

El jefe   ¡Qué bien!

El jefe mira su reloj y sale al andén. Unos minutos más tarde grita

— Andrés, aquí viene el tren de Madrid.

— Gracias, señor jefe — contesta el chico.

Sale al andén. El tren viene muy lleno, pero cuando llega solamente bajan tres o cuatro personas, entre quienes Andrés ve a su amigo que viene hacia la salida con su maleta en la mano.

Andrés   Hola, Enrique. ¿Qué tal?

Enrique   Hola, Andrés. ¿Vamos a tu casa en seguida o vamos al café?

Andrés   Vamos a esperar a mi padre. Está en su oficina ahora pero viene aquí en el coche dentro de media hora. Vamos a tomar algo en el café al otro lado de la plaza.

Los dos chicos salen de la estación, cruzan la plaza y van hacia el café donde toman unos refrescos y esperan al padre de Andrés.

Notas: San Pablo is a fictitious village.
El santo is your patron saint's day which Spaniards celebrate as we celebrate our birthday.

Vocabulario

el andén   platform
el café   café, coffee
el horario   timetable
el jefe de estación   station master
el joven   youth, youngster
el pueblo   town, village
el rápido   express
el restaurante   restaurant
el santo   saint, saint's day
el tren   train

la discoteca   discothèque
la estación   station

la familia   family
la llegada   arrival
la maleta   suitcase
la mano   hand
la persona   person
las personas   people
la plaza   square
la sala de espera   waiting room
la salida   way out, exit
la televisión   television

bajar   to get off, go down, get down
celebrar   to celebrate

cenar to dine, have dinner
contestar to answer
ir to go
venir to come
viajar to travel

feo ugly
inteligente intelligent
lleno full
medio half
nuestro our
su its

tu your
vuestro your

dentro de within, inside
en seguida at once, straight-away
entre among, between
hacia towards
lejos de far from
mañana tomorrow
¡qué bien! good! that's nice! how nice!
solamente only

Gramática

1 Present tense of the irregular verbs ir (to go) and venir (to come)

	Ir		Venir
voy	vamos	vengo	venimos
vas	vais	vienes	venís
va	van	viene	vienen

Present participle: *yendo*   *viniendo*

N.B. *Voy a abrir la puerta.*   I am going to open the door.
Vienen a ver a Enrique. They are coming to see Enrique.

Both *ir* and *venir* take *a* before an infinitive.
Vamos a casa.   Let's go home.
Vamos a tomar un café.   Let's go for a coffee.

Vamos can mean 'let's' or 'let's go' as well as 'we go' or 'we're going'.

2 Possessive adjectives

Singular	Plural	Singular	Plural
mi (my)	*mis*	*nuestro, -a* (our)	*nuestros, -as*
tu (your)	*tus*	*vuestro, -a* (your)	*vuestros, -as*
su (his, her, its, your)	*sus*	*su* (their, your)	*sus*

e.g. ¿Tienes tu lápiz?   Have you got your pencil?
    Sí, tengo mi lápiz.   Yes, I've got my pencil.

Just like other adjectives the possessives agree in number and gender with the noun they qualify.
e.g. Son mis libros.   They're my books.
    Es nuestro tío.   He's our uncle.

Note that *nuestro* and *vuestro* are the only possessive adjectives to have both masculine and feminine forms.
As *su* has several meanings one may add *de él, de ella, de Vd., de ellos, de ellas, de Vds.* after the noun in order to make it perfectly clear whose the object is.

e.g. su casa de él	his house	*su casa de ella*	her house
su coche de Vd.	your car	*su coche de ellos*	their car
su libro de ellas	their book	*su libro de Vds.*	your book

The definite article, and not the possessive adjective, is normally used to refer to parts of the body, clothes and personal effects, unless you wish to emphasize ownership or avoid possible confusion,
e.g. Tiene una revista en la mano. She's got a magazine in her hand.

3 *Relative pronouns*

Subject	Object	
que (who, which, that)	*a quien*	(whom)
	a quienes	(whom, *plural*)
	que	(which, that)

e.g. La casa que está cerca del parque es muy bonita.
The house which is near the park is very pretty.
Los jóvenes que cantan en el parque son ingleses.
The youngsters who are singing in the park are English.
La carta que recibimos de Madrid es interesante.
The letter which we receive from Madrid is interesting.
Las chicas a quienes vemos en la calle van al café.
The girls whom we see in the street are going to the café.

In English we often omit the relative pronoun. You must never do that in Spanish,

e.g. The man I see ... *El hombre a quien veo...*
The train he hopes to catch is an express.
El tren que espera coger es un rápido.

The forms *el cual, la cual, los cuales, las cuales* or *el que, la que, los que, las que* are frequently used for things after a preposition:
e.g. La casa, delante de la cual hay un jardín bonito, es de Anita.
The house, in front of which there's a pretty garden, is Anita's.
El avión, en el cual viaja a España, no es muy grande.
The plane he's travelling to Spain in isn't very big.
The form you use depends on whether the noun you are referring to is masculine or feminine, singular or plural.

You will also find *el cual, el que* etc. used for people or things when to use *que* or *quien* might lead to confusion.
e.g. El hermano de María, el cual tiene un coche nuevo, es arquitecto.
María's brother, who has a new car, is an architect.
El cual indicates that it is the brother and not María who has the car. To use *que* would almost certainly have indicated María.

Quien and *quienes* are used after prepositions to refer to people.
e.g. El chico de quien hablo... The boy I'm talking about...
Las chicas de quienes hablas... The girls you're talking about...
Note that in Spanish the preposition (here *de*) cannot come at the end of the clause or sentence as it can in English.

Ejercicios

A Write out the one sentence in each group of four which is factually correct according to the reading passage.

  1 San Pablo está lejos de Madrid.
    San Pablo es una ciudad grande.
    Enrique vive en San Pablo.
    San Pablo está cerca de Madrid.
  2 Andrés está esperando en la plaza.
    Andrés está esperando en la sala de espera.
    El jefe está esperando a Enrique.
    El jefe está mirando el horario.

3 El padre de Andrés está esperando en el café.
El padre de Andrés trabaja en la estación.
El jefe trabaja en su oficina.
El padre de Andrés está en la oficina.
4 Cuando llega el tren, el jefe sale al andén.
Cuando llega el tren, muchas personas bajan.
Cuando llega el tren, Andrés mira el horario.
Cuando llega el tren, Andrés está en el andén.
5 Los chicos esperan al padre de Andrés en un restaurante.
Los chicos esperan en una discoteca.
Los chicos esperan en el café en la plaza.
Los chicos esperan en casa del jefe.
6 Enrique tiene un horario en la mano.
Hay muchas personas en el tren.
Andrés tiene una maleta en la mano.
Enrique no tiene una maleta.
7 Para celebrar el santo van a cenar a un café.
Para celebrar el santo van a la estación.
Para celebrar el santo van hacia la salida.
Para celebrar el santo van a comer a un restaurante.

B Complete each of the following by stating where you go to carry out the action indicated.

1 para tomar un refresco
2 para coger el tren
3 para celebrar mi santo
4 para subir al tercer piso
5 para comprar una limonada
6 para ver las flores
7 para mirar la televisión
8 para cenar

Now use the phrases above with the appropriate form of *ir* to ask a friend where he or she goes to carry out the actions. Change *mi* in question 3 as appropriate.

C Change the verb according to the new subject given.

1 Andrés va a la estación con su amigo. Yo
2 El señor García va a la oficina. Ellos

3 Vamos al parque en el autobús.	Vosotros
4 ¿Vais al café cerca del estanque?	Tú
5 Yo voy a la discoteca con mi amiga.	Ella
6 ¿Vienes a ver mis cuadros nuevos?	Vd.
7 Yo vengo a celebrar su santo.	Vds.
8 El chico viene a comprar un horario.	Nosotros
9 Mis primos vienen a visitar mi casa nueva.	Él
10 Venimos a ver a vuestro padre.	Yo

D Conteste en español.

1 ¿Celebras tu santo?
2 ¿Va Vd. a leer su novela?
3 ¿Vais a la estación en vuestro coche?
4 ¿Tienes mis maletas?
5 ¿Son nuestras manzanas?
6 ¿Hay muchos alumnos en su clase (de ella)?
7 ¿Tu madre está bien?
8 ¿Vais a vender vuestras flores?
9 ¿Vas a visitar a tu amiga?
10 ¿Tu hermana vive en Barcelona?

E Link the following clauses together by means of the correct relative pronoun to form a complete sentence.

Por ejemplo: Veo al hombre ... está en la calle.
                Veo al hombre *que* está en la calle.

1 El pueblo ... visitamos está cerca de Madrid.
2 El tren de ... baja Enrique viene de Madrid.
3 La carta ... estoy escribiendo es para mis tíos.
4 Abren las maletas ... están sobre la mesa.
5 Los chicos de ... hablo van hacia el parque.
6 El niño ... castiga el profesor es Enrique.
7 Son las calles por ... vamos al colegio.
8 Los jóvenes ... ves en la plaza son mis primos.
9 ¿Qué vas a hacer con el lápiz ... tienes en la mano?
10 El premio de ... escribo es para tu hermana.

F Change the verb according to the new subject given.

1	¿Son Vds. los jóvenes que van a Madrid?	Vosotros
2	Mi familia siempre viaja en tren en España.	Nosotros
3	Están celebrando el santo de mi hermana.	Yo
4	Tus amigos deben bajar del tren aquí.	Su tío
5	El horario que tengo es para vuestro padre.	Los cuadros
6	¿Quién pasa tres días con su amigo?	Vds.
7	¿Qué haces con mi maleta?	Vosotros
8	Salen temprano de la casa para ir a la estación.	Yo
9	Tienen una casa muy grande cerca del parque.	Mis padres
10	¿Por qué vivís en España?	Ellas

G Make the adjectives in the following agree with the noun or pronoun they qualify.

1 Voy a viajar en el (primero) tren del día.
2 El jefe de (nuestro) estación es muy simpático.
3 ¿Por qué estás de (malo) humor?
4 La plaza del pueblo es muy (pequeño y feo).
5 ¿De quién son las maletas (nuevo) que tienes en la mano?
6 (Mi) tíos vienen a visitar a (tu) amigos más tarde.
7 ¿(Cuánto) personas bajan del tren?
8 ¿Vais a acompañar a (vuestro) madre a la estación?
9 (Nuestro) amigas no celebran (mi) santo con nosotros.
10 Las casas en la plaza (grande) son (blanco y muy alto).

H Conteste en español.

1 ¿Qué hace Vd. al llegar al colegio?
2 ¿Va Vd. al colegio en coche?
3 ¿Cuántas estaciones hay en su ciudad?
4 ¿Quién es la persona a quien ve Vd. delante de la clase?
5 ¿Está Vd. de buen humor ahora?
6 ¿Va Vd. a visitar a sus tíos mañana?
7 ¿Es su profesor de español de España?
8 ¿Dónde está sentado Vd. ahora?
9 ¿Cómo va su profesor al colegio?
10 ¿Viene Vd. al colegio solo o con sus amigos?

I Change the questions in exercise H into new ones using the *tú* form of verbs and adjectives.

J Translate into Spanish.

1 The boys you see in the café are my friends.
2 The town you are writing about is very pretty.
3 The tall man gets off the train and goes towards the exit.
4 Are you going to visit your uncle and aunt tomorrow?
5 The man who is looking at the timetable is our Spanish teacher.
6 Does your cousin live in the white house I see in the square?
7 Their father is going to buy a new car in Madrid.
8 Why are his sisters sitting in the waiting room?
9 I am going to see his flat after lunch.
10 There are no suitcases on the platform.

K On your map of Spain outline the borders of the various regions and colour in and name the regions of Old and New Castile (*Castilla la Vieja* and *Castilla la Nueva*). In what region is Barcelona?

Lección ocho

El santo de Andrés

Hoy es jueves, treinta de noviembre y es el santo de Andrés. Andrés siempre espera con ganas el día de su santo porque recibe buenos regalos de sus padres, sus parientes y, desde luego, de su buen amigo Enrique. Así, mientras Andrés ya está en el cuarto de baño antes del desayuno, sus padres y Enrique están en el comedor hablando de los regalos que van a dar a Andrés. El paquete que tiene Enrique en la mano es más grande que los paquetes de los padres de Andrés y espera con impaciencia la llegada de su amigo. Andrés es mayor que Enrique que tiene diecisiete años; Andrés tiene dieciocho.

Al fin Andrés llega y, después de recibir las felicitaciones de sus padres y Enrique, recibe los regalos. En primer lugar abre el paquete más pequeño y saca del papel una caja larga y delgada. Al abrir la caja halla un reloj de pulsera magnífico. Es el regalo de su padre a quien Andrés da las gracias muy emocionado. Luego abre otro paquete y saca una corbata nueva.

— Siempre doy una corbata a Andrés el día de su santo — explica su madre a Enrique.

Andrés está muy contento porque la corbata es de ante y está muy de moda. Ahora abre el paquete más grande y halla que el regalo de Enrique es un disco de un grupo de cantantes mejicanos. Los dos chicos creen que son los mejores cantantes del mundo y Andrés da las gracias a su amigo.

De pronto alguien llama a la puerta y Andrés va de muy buena gana a ver si es el cartero con algo para él.

Cartero Buenos días, Andrés. Tengo unas tarjetas para Vd. y un paquete de Inglaterra. (Da las tarjetas y el paquete a Andrés.)

Andrés Gracias. El paquete debe de ser de mi amigo inglés que vive en Londres.

Así es en efecto. En el paquete hay un libro con fotos estupendas de Londres, capital de Inglaterra y la ciudad más grande de Europa. Aunque en Inglaterra los niños celebran su cumpleaños, el amigo inglés de Andrés nunca olvida su santo.

Vocabulario

el ante   suede
el año   year
el cantante   singer
el cartero   postman
el cumpleaños   birthday
el desayuno   breakfast
el disco   record
el grupo   group
el mes   month
el mundo   world
los padres   parents
el pariente   relation
el regalo   present
el reloj de pulsera   wristwatch

la caja   box
la capital   capital
la corbata   tie
Europa   Europe

la fecha   date
las felicitaciones   congratulations
la foto(grafía)   photo(graph)
la impaciencia   impatience
Londres   London
la semana   week
la tarjeta   card

dar   to give
dar las gracias   to thank
deber de   must (supposition)
esperar con ganas   to look
  forward to
explicar   to explain
hallar   to find
olvidar   to forget

contento   happy, pleased
delgado   thin

emocionado   excited
estupendo   marvellous, wonderful
joven   young
largo   long
magnífico   magnificent
mayor   bigger, elder, biggest, eldest
mejicano   Mexican
mejor   better, best
menor   smaller, younger, smallest, youngest
peor   worse, worst

él   him (after *prep.*)

ella   her (after *prep.*)

al fin   at last
¿cuál/es?   which (one/s)?
de buena gana   willingly
de moda   fashionable
de pronto   suddenly
desde luego   of course
en efecto   in fact, indeed
en primer lugar   in the first place
mientras   while
para   for
si   if

Gramática

1 Present tense of the irregular verb dar (to give)

doy	*damos*	Present participle: *dando*
das	*dais*	
da	*dan*	

2 Age

¿Cuántos años tiene Vd.?	*Tengo catorce años.*
How old are you?	I am fourteen.
¿Cuántos años tiene María?	*Tiene cinco años.*
How old is María?	She is five.

To express a person's age in Spanish we use the verb *tener* (to have) with the word *año* (year) as in the examples above.

3a Los días de la semana (the days of the week)

lunes	Monday
martes	Tuesday
miércoles	Wednesday

jueves	Thursday
viernes	Friday
sábado	Saturday
domingo	Sunday
el lunes on Monday	*los lunes* on Mondays

3b Los meses del año (the months of the year)

enero	January	*julio*	July
febrero	February	*agosto*	August
marzo	March	*se(p)tiembre*	September
abril	April	*octubre*	October
mayo	May	*noviembre*	November
junio	June	*diciembre*	December

N.B. All days and months are normally written with a small initial letter.

¿Qué día es? What day is it? *Es lunes.* It's Monday.
¿Qué fecha es? What is the date? *Es el dos de mayo.* It's May 2nd.
¿A cuántos estamos? What is the date? *Estamos a dos de mayo.* It's May 2nd.

Es martes, trece de enero. It's Tuesday, January 13th.
Es sábado, primero de octubre. It's Saturday, October 1st.

Notice that with the exception of *primero* (first) the cardinal numbers (*dos, tres,* etc.) are used to express the date.

4 Comparison of adjectives

Mercedes no es más bonita que Carmen.
Mercedes is not prettier than Carmen.
El colegio es más pequeño que la Catedral.
The school is smaller than the Cathedral.
Enrique es más gordo que Andrés.
Enrique is fatter than Andrés.
Mi padre no es más interesante que mi profesor.
My father is not more interesting than my teacher.
Los profesores son más simpáticos que los alumnos.
The teachers are nicer than the pupils.

Las flores no son más grandes que los árboles.
Flowers are not bigger than trees.

Thus the comparative of an adjective in Spanish is formed by placing *más ... que* around the adjective concerned. The superlative is formed in the same manner.

Son las novelas más interesantes que tengo.
They are the most interesting novels that I have.
Es el alumno más inteligente de la clase.
He's the most intelligent pupil in the class.
Es el hombre más alto del pueblo.
He's the tallest man in the town.

It will be noticed that 'in' following a superlative is rendered in Spanish by *de*.

Note the difference between: *María es más bonita.* María is prettier.
María es la más bonita. María is the prettiest.

5 *Irregular comparatives and superlatives*

bueno	good	*mejor*	better	*el/la mejor*	the best
malo	bad	*peor*	worse	*el/la peor*	the worst
grande	big	*mayor*	bigger	*el/la mayor*	the biggest
pequeño	small	*menor*	smaller	*el/la menor*	the smallest

Es el mejor capítulo del libro.   It's the best chapter in the book.
Es la peor casa de la calle.   It's the worst house in the street.
Son los mejores amigos que tengo. They're the best friends I have.
Son las peores sillas de la casa. They're the worst chairs in the house.

N.B. • There is no separate feminine form for these.
   • *Mayor* and *menor* are not always used. *Más grande* and *más pequeño* are more common for sheer size with *mayor* and *menor* often having the meaning of older and younger.
   e.g. *mi hermano mayor*   my big (*i.e.* elder) brother
      su hermana menor   his little (*i.e.* younger) sister
   • You will often come across *mayor* used in the sense of 'main' or 'principal' in fixed expressions like *la calle mayor* (the high or main street) and *la plaza mayor* (the main square).

Ejercicios

A Choose the phrase which answers each of these questions correctly and then write out the answer in full.

1 ¿Qué hay en el paquete más grande?
   a un reloj de pulsera
   b un disco
   c una corbata
2 ¿Dónde esperan a Andrés?
   a en el cuarto de baño
   b en la cocina
   c en el comedor
3 ¿Cómo espera Andrés el treinta de noviembre?
   a con ganas
   b con impaciencia
   c de muy buena gana
4 ¿Qué da Andrés a su amigo?
   a unas fotos
   b las felicitaciones
   c las gracias
5 ¿De quién recibe Andrés un libro?
   a del cartero
   b de su amigo inglés
   c de un mejicano
6 ¿Cuándo recibe Andrés los regalos?
   a antes del desayuno
   b mientras comen
   c después del desayuno

B Make the adjectives in the following agree with the noun they describe.

1 La madre de Andrés es más (delgado) que su padre.
2 Carmen recibe el (mejor) regalo de su hermana (menor).
3 El español no es más (fácil) que el inglés.
4 Aquí está la (peor) novela que tengo.
5 Los árboles son más (alto) que las casas.
6 Junio y julio son los meses más (agradable) del año.
7 Mi amigo vive en la ciudad más (famoso) de España.
8 La (mejor) corbata es la corbata de ante.

9 Las chicas son más (simpático) que su hermano.
10 Un año es más (largo) que una semana.

C Complete the following as shown in the example.
Ejemplo: El niño es alto pero su padre es (más alto).

1 María es joven pero su hermano es....
2 Su hijo es malo pero su hija es....
3 El profesor está ocupado pero los alumnos están....
4 Los cuadros son buenos pero las fotos son....
5 El autobús es bueno pero mi coche es....
6 Los árboles son bonitos pero las flores son....
7 La carta es larga pero la novela es....
8 Los grupos españoles son buenos pero los grupos mejicanos son....
9 La silla es cómoda pero el sofá es....
10 Mi casa es vieja pero la Catedral es....

D Use each pair of nouns plus the adjective supplied to make realistic comparisons,
Por ejemplo: mi padre   mi madre   hablador
         Mi padre es más hablador que mi madre.
1 avión   coche   grande
2 mayo   febrero   largo
3 revistas   periódicos   interesante
4 discoteca   clases   agradable
5 Madrid   Londres   pequeño
6 el inglés   el español   fácil
7 sala   comedor   cómodo
8 ciudad   pueblo   grande
9 Paco   hermana   gordo
10 Don Quijote   Sancho Panza   delgado

E Give the Spanish for the following dates.
Sunday, February 14th; Monday, March 1st; Thursday, April 20th; Saturday, May 2nd; Friday, August 16th; Tuesday, January 6th; Wednesday, October 4th.

F Link the following clauses together by means of the correct relative pronoun to form a complete sentence.

1 El disco ... compramos es para nuestro padre.

2 El tren en ... viaja Enrique va muy lleno.
3 Es un pueblo ... no voy a visitar.
4 El cartero ... ves en la calle es mi tío.
5 Los meses en ... voy a España son abril y agosto.
6 Escribo a mi amigo ... vive en Londres.
7 Las paredes detrás de ... hay un parque son muy altas.
8 La foto ... miran es una foto de Carmen.
9 Los chicos a ... doy la tarjeta son muy traviesos.
10 El paquete ... voy a abrir es un regalo de mis padres.

G Change the verb according to the new subject given

1 Enrique no abre las cartas de su padre.	Los chicos
2 No vienen a España en febrero.	Nosotros
3 No dan regalos al profesor de español.	Yo
4 ¿Qué hacéis con mi reloj nuevo?	Tú
5 Mis parientes reciben muchas cartas de España.	Nosotros
6 ¿Vas a cenar en el restaurante hoy?	Vosotros
7 ¿Estás cantando en el cuarto de baño?	¿Quiénes?
8 Es el hombre más simpático del pueblo.	Tú
9 No tenemos un regalo para Vds.	Yo
10 ¿Estáis contentos hoy?	Vd.

H Conteste en español.

1 ¿Cuántos años tiene Vd.?
2 ¿Cuándo es su cumpleaños?
3 ¿Celebra Vd. su santo?
4 ¿Cuál es el mes más largo, marzo o junio?
5 ¿Quién es la persona más alta de su familia?
6 ¿Recibe Vd. muchos regalos el día de su cumpleaños?
7 ¿A cuántos estamos hoy?
8 ¿Tiene Vd. un hermano mayor?
9 ¿Da Vd. regalos a sus padres el día de su cumpleaños?
10 ¿Cuántos meses hay en un año?
11 ¿Cuántos días hay en una semana?
12 ¿Qué día es hoy?
13 ¿Es su padre más grande o más pequeño que Vd.?
14 ¿Quién es mayor, su padre o su profesor?
15 ¿Va Vd. al colegio los domingos?
16 ¿Va Vd. a la discoteca los sábados?

I Translate into Spanish.

1 I am going to give my father a tie on his birthday.
2 Your friends are coming to Madrid on Friday the 13th of December.
3 On Wednesdays we always visit the park.
4 Are you taller than your father?
5 First of all he is going to open the biggest parcel.
6 What is your sister taking out of the box?
7 We live in London, the best city in Europe.
8 Why is your young brother not in class today?
9 June is the best month in the year in England.
10 I am waiting for the arrival of the train from Madrid.

Lección nueve

Haciendo planes

El domingo, veintiocho de febrero es un día lluvioso y muy frío en Londres. En el cuarto de estar de su casa el señor Brown está sentado en un sillón cerca del fuego leyendo su periódico preferido y fumando en pipa. Su mujer está sentada en otro sillón cosiendo y sus hijos Mark y Jane están escribiendo cartas a sus amigos españoles. Por lo general van al campo en su coche los domingos pero hoy no quieren salir por causa del mal tiempo. Prefieren quedar en casa. Pronto el señor Brown empieza a leer en voz alta los anuncios en el suplemento de viajes de su periódico. Los otros escuchan con mucho interés porque quieren hacer planes para las vacaciones del verano. Todos son aficionados a viajar. Por fin el señor Brown cierra su periódico y mira a su familia.

El señor Brown Vamos a ver. ¿A dónde queréis ir en agosto? ¿A Francia o a Italia?

La señora de Brown No quiero ir a Francia otra vez. Gastamos demasiado dinero cuando vamos allá.

Mark Jane y yo estamos de acuerdo con mamá; y no queremos ir a Italia porque no entendemos el italiano. ¿Por qué no vamos a España? Entiendo el español bastante bien.

Jane Yo también. Quiero ir al sur de España – a Andalucía y a la Costa del Sol. Creo que es la mejor parte del país y nuestros amigos viven en Sevilla.

La señora de Brown Creo que tienes razón, Jane. Mi amiga Mary siempre pasa tres semanas en la Costa del Sol durante el verano.

El señor Brown Es la señora cuyo primo tiene un chalet cerca de Málaga, ¿verdad?

La señora de Brown Sí.

El señor Brown Bien, creo que estamos de acuerdo. Vamos a visitar

La Alhambra, Granada

España. Ahora, ¿cómo queréis viajar? Yo prefiero ir en coche por Francia.

Mark Es un viaje demasiado largo, papá. Yo quiero ir en avión. Es la mejor manera de viajar.

Jane Yo también quiero ir en avión.

La señora de Brown   Tienen razón. Yo prefiero ir en avión porque es más cómodo y más rápido. Además siempre vamos en coche y los niños quieren tanto ir en avión.

El señor Brown   Bien. Aquí está mi plan. Vamos a tomar el avión desde Londres hasta Madrid. Allí pienso alquilar un coche para continuar el viaje hasta Andalucía. ¿De acuerdo?

Los niños   Sí, papá, es un plan estupendo.

Notice we say *entiendo* el *español* but *hablo español, escribo en español.*

Vocabulario

el anuncio   advertisement
el campo   countryside, field
el cuarto de estar   living room
el chalet   villa
el dinero   money
el fuego   fire
el hijo   son
el interés   interest
el italiano   Italian (language and person)
el país   country
el plan   plan
el sol   sun
el suplemento de viajes   travel supplement
el sur   south
el tiempo   weather, time
el verano   summer
el viaje   journey, travel

la costa   coast
la Costa del Sol   Coast of the Sun
Francia   France
la hija   daughter
Italia   Italy

la manera   way, means, manner
la mujer   woman, wife
la parte   part
la pipa   pipe
las vacaciones   holidays
la verdad   truth

alquilar   to hire
cerrar (ie)   to close, shut
continuar   to continue
coser   to sew
empezar (ie)   to begin
entender (ie)   to understand
escuchar   to listen to
estar de acuerdo   to agree
fumar en pipa   to smoke a pipe
gastar   to spend (money)
pensar (ie)   to think; intend
preferir (ie)   to prefer
quedar   to remain
querer (ie)   to wish, want; love
tener razón   to be right
visitar   to visit

cuyo   whose
demasiado   too, too much

italiano	Italian	*bastante bien*	well enough
lluvioso	rainy	*durante*	during
preferido	favourite	*por causa de*	because of
rápido	quick, fast	*por fin*	at last
tanto	so much	*por lo general*	generally
además	besides	*¿verdad?*	isn't it, etc.?
allá	there		

Gramática

1 Radical changing verbs (e–ie)

e.g. *pensar* (to think)

pienso	*pensamos*
piensas	*pensáis*
piensa	*piensan*

Present participle: *pensando, e.g. Estoy pensando.*

These verbs are so called because the root vowel changes when it bears the stress of the word. Here the change is from *e* to *ie*. Hence in the present tense this change takes place in all parts save the *nosotros* and *vosotros* forms and the present participle. Radical changing verbs may be -AR, -ER, or -IR verbs.

In the vocabulary lists in this book such verbs will be shown thus: *pensar (ie)* to think.

2 Cuyo, cuya, etc. (whose)

El hombre cuyo coche está en la calle es mejicano.
The man whose car is in the street is Mexican
El padre cuya hija es muy alta está enojado.
The father whose daughter is very tall is angry.
El chico cuyos libros están en el café es estudiante.
The boy whose books are in the café is a student.
La mujer cuyas hermanas van al parque es de Sevilla.
The woman whose sisters are going to the park is from Seville.

Note that *cuyo* is an adjective and agrees with the noun it precedes and not with the person who is mentioned first.

3 *Los números (cont.)*

21	*veintiuno* or *veinte y uno*	31	*treinta y uno*
22	*veintidós* or *veinte y dos*	32	*treinta y dos*
23	*veintitrés* or *veinte y tres*	40	*cuarenta*
24	*veinticuatro* or *veinte y cuatro*	50	*cincuenta*
25	*veinticinco* or *veinte y cinco*	60	*sesenta*
26	*veintiséis* or *veinte y seis*	70	*setenta*
27	*veintisiete* or *veinte y siete*	80	*ochenta*
28	*veintiocho* or *veinte y ocho*	90	*noventa*
29	*veintinueve* or *veinte y nueve*	100	*ciento* or *cien*
30	*treinta*		

N.B. • The alternative forms end with 29. They are now rarely used.
   • *Ciento* is shortened to *cien* before a noun.
      e.g. *¿Cuánto dinero tienes? Tengo cien pesetas.*
      How much money have you got? I've got 100 pesetas.

Ejercicios

A Choose the correct answer to each question from each group.

1 ¿Qué hace la familia Brown los domingos?
 a Leen los periódicos.
 b Van al campo.
 c Hacen planes para el verano.

2 ¿Qué hacen el veintiocho de febrero?
 a Quedan en casa.
 b Salen en el coche.
 c Van a la costa.

3 ¿Dónde piensan alquilar un coche?
 a en Londres
 b en Andalucía
 c en Madrid

4 ¿Cómo van a viajar de Londres a Andalucía?
 a en tren
 b en coche
 c en avión y en coche

5 ¿Quién tiene un chalet en la Costa del Sol?
 a los amigos de Jane y Mark
 b una amiga de la señora Brown
 c el primo de la amiga de la señora Brown

6 ¿En que país gastan mucho dinero?
   a en Francia
   b en España
   c en Italia

B Rewrite the following sentences correcting the information they contain to agree with the reading passage.

1 El señor Brown está leyendo una revista en la cocina.
2 Mark está fumando en pipa.
3 La señora Brown está escribiendo cartas.
4 Jane está cosiendo.
5 Los chicos hablan italiano.
6 Los amigos de Jane y Mark viven en la Costa del Sol.
7 El señor Brown prefiere ir a España en avión.
8 Es más rápido ir a España en coche.

C Change the verb according to the new subject given.

1 ¿Prefiere Vd. visitar España en abril o en junio?   Tú
2 Quiero pasar mis vacaciones en Francia.   Nosotros
3 Pensamos comprar una corbata de ante.   Yo
4 Mi padre cierra su libro y sale del comedor.   Los jóvenes
5 Empiezo a aprender el español.   Mi amigo
6 ¿Piensas alquilar un coche en Barcelona?   ¿Quiénes?
7 ¿Cuándo empiezas las vacaciones de verano?   Ella
8 Los chicos prefieren ir al campo en coche.   Nosotros
9 Empezáis a hablar bien el inglés.   Vds.
10 ¿En dónde prefieres escribir las cartas?   Vosotros
11 ¿Quién está cerrando la puerta?   Yo
12 Pienso dar todo el dinero a mi hermana.   Mi tío

D Rewrite the following sentences so as to convey the same information.
Por ejemplo: El padre de Raúl trabaja en la estación. (chico)
               Raúl es el chico cuyo padre trabaja en la estación.

1 Las amigas de Carmen están en la discoteca. (chica)
2 La mujer de Manuel es italiana. (chico)
3 El hermano de Rosa vive en Francia. (señora)

4 La amiga de Juan es de Málaga. (chico)
5 Las hijas del señor López van al campo. (hombre)
6 Los hijos de Pilar hablan inglés. (mujer)

E Make the adjectives in the following agree with the noun they qualify.

1 Son las (mejor) partes de nuestro país.
2 El español y el inglés son muy (difícil).
3 Vamos a alquilar los chalets más (bonito) del pueblo.
4 El señor García no da (ninguno) dinero al cartero.
5 Málaga es una (grande) ciudad (español).
6 Abro la carta en la cual hay (ciento) pesetas.
7 Solamente hay (ciento) estudiantes en la discoteca.
8 Es la (peor) foto que tengo.

F Conteste en español.

1 ¿Cuántas semanas hay en un año?
2 ¿Cuántos días hay en el mes de abril?
3 ¿Cuántos alumnos hay en su clase de español?
4 ¿Cuántos profesores o profesoras hay en su colegio?
5 ¿Cuántos años tiene su padre?
6 ¿Cuántos minutos hay en una hora?
7 ¿Cuántas horas hay en un día?
8 ¿Cuántos países hay en Europa?
9 ¿Cuántos periódicos lee Vd. los domingos?
10 ¿Cuántas personas hay en su familia?

G *Lotería:* the pupils make cards with numbers between 1 and 100. These may be used for a bingo-type game in Spanish.

H On your map of Spain indicate Andalucía and the Costa del Sol. Mark on it Sevilla, Málaga, and some of the best known resorts of the Costa del Sol. Find out the populations of Sevilla and Málaga and how far from Madrid they are. Why are they important cities?

I *Mis Vacaciones de Verano* Write an account in Spanish (120 words) of where you are going to spend your summer holidays, why you want to go there, when, with whom, and how you want to travel. Say only things that you know you can say in Spanish.

J Conteste en español.

1 ¿Dónde quiere Vd. ir para pasar sus vacaciones de verano?
2 ¿Prefiere Vd. ir al campo o a la costa?
3 ¿Es difícil aprender el español?
4 ¿Prefiere Vd. viajar en avión, en tren o en coche?
5 ¿Es Vd. más inteligente que su profesor?
6 ¿Qué ciudad española quiere Vd. visitar más?
7 ¿Qué estación del año prefiere Vd.?
8 ¿Prefiere Vd. leer un periódico o una novela?
9 ¿Entiende Vd. el francés mejor que el español?
10 ¿Cuál es el día más largo del año?
11 ¿En qué parte de España está Andalucía?
12 ¿Quiere Vd. visitar España o prefiere ir a Francia?
13 ¿Quién hace los planes para las vacaciones de su familia?
14 ¿Por qué quiere Vd. hablar español?
15 ¿Gasta Vd. mucho dinero cuando tiene vacaciones?

K Translate into Spanish.

Many English people think that Spain is the best country in Europe in which to spend their summer holidays. I think that they are right and I want to go there very much. My family always spends its summer holidays in the south of France or Italy, but now at last we are going to Spain. My parents wish to visit the famous and beautiful cities of Seville and Granada, and my sister and I want to go to the coast. Therefore we are going to spend one week in Seville, one week in Granada, and a fortnight on the magnificent Costa del Sol, the coast between Gibraltar and Málaga. My sister is sitting near the fire, writing a letter in Spanish to her pen-friend who lives in Málaga and whom we hope to see in the summer. I am looking forward to my first visit to Spain.

Lección diez

En la agencia de viajes

Al día siguiente el señor Brown va a la agencia de viajes para arreglar sus vacaciones en España. Cuando llega no hay ningún cliente allí y encuentra al agente sentado detrás del mostrador bebiendo una taza de té.

El agente   Buenos días, señor Brown. ¿Viene Vd. a arreglar sus vacaciones de verano? Suelen ir a Francia, ¿verdad?

El señor Brown   Sí, pero el verano que viene no quiero ir a Francia sino a España. Es decir, la familia quiere ir a España.

El agente   Muy bien, señor. ¿Cómo quiere viajar? ¿En coche, como siempre?

El señor Brown   No, no voy a llevar el coche. Queremos ir al sur de España y es un viaje largo en coche.

El agente   Entonces quieren volar, ¿verdad?

El señor Brown   Yo no. No me gusta mucho volar, pero la familia sí que quiere volar.

El agente   ¿Adónde quieren volar? ¿A Málaga?

El señor Brown   A Madrid.

El agente   ¿Cómo? ¿A Madrid?

El señor Brown   Sí, hombre. Puedo alquilar un coche en el aeropuerto, ¿verdad?

El agente   Sí, es muy fácil y no cuesta demasiado. Yo puedo alquilar un coche para Vd.

El señor Brown   Excelente. Me gusta viajar en coche cuando estoy de vacaciones y quiero ver un poco del paisaje también. ¿Es posible dejar el coche en otra ciudad?

El agente   No hay ningún problema, señor. Puede dejar el coche en Málaga o Sevilla y volver en avión a Londres.

El señor Brown   Bueno. ¿Cuánto cuesta el vuelo?

El agente   Depende, señor. Si pueden Vds. tomar un vuelo de entre semana no cuesta tanto.

El señor Brown   No hay problema. Así, quiero cuatro billetes de ida y vuelta, de clase turística, de Londres a Madrid, y de Sevilla a

Londres. No quiero tomar un vuelo de noche.

El agente   ¿Cuándo quiere ir?

El señor Brown   Quiero ir el dos de agosto y volver a Londres el día veinticinco.

El agente   ¿Qué tipo de coche prefiere Vd.? Aquí tiene una lista de marcas y precios.

El señor Brown   Vamos a ver. Un Seat de cuatro plazas, creo.

El agente   Sí, señor. Cuesta unas quinientas libras.

El señor Brown   Aquí tiene cincuenta libras como depósito. Nunca me gusta viajar sin itinerario. ¿Puede preparar uno?

El agente   Por supuesto, señor. Entretanto aquí tiene una guía de Andalucía y una lista de hoteles, pensiones y paradores de la región. Si vuelve Vd. de hoy ocho días puede obtener sus billetes y el itinerario.

El señor Brown   Muchas gracias. Adiós.

Un patio en Sevilla

Vocabulario

el *aeropuerto*   airport
el *agente*   agent; policeman
el *billete*   ticket
el *billete de clase turística*
   tourist class ticket
el *billete de ida y vuelta*   return
   ticket
el *cliente*   customer, client
el *depósito*   deposit
el *hotel*   hotel
el *itinerario*   itinerary
el *mostrador*   counter
el *paisaje*   countryside, scenery
el *parador*   State-run hotel
el *precio*   price
el *problema*   problem
el *Seat*   a type of Spanish car
el *té*   tea
el *tipo*   type, kind
el *vuelo*   flight
el *vuelo de entre semana*
   midweek flight
el *vuelo de noche*   night flight

la *agencia de viajes*   travel
   agency
la *guía*   guide book
la *libra*   pound
la *lista*   list
la *marca*   make, brand
la *pensión*   boarding house
la *plaza*   seat, place
la *región*   region
la *taza*   cup

arreglar   to arrange
costar (ue)   to cost
dejar   to leave, let

depender   to depend
dormir (ue)   to sleep
encontrar (ue)   to meet, find
es decir   that is to say
estar de vacaciones   to be on
   holiday
me gusta/n   I like
te gusta/n   you like
jugar (ue)   to play
llevar   to take, carry, wear
morir (ue)   to die
obtener   to obtain, get
poder (ue)   to be able
preparar   to prepare
soler (ue)   to be used to, accustomed to
vamos a ver   let's see
volar (ue)   to fly
volver (ue)   to return, go back,
   come back

excelente   excellent
posible   possible
quinientos   five hundred
siguiente   next, following

adiós   goodbye
¿adónde?   where ... to?
al día siguiente   (on) the following
   day
¿cómo?   what?
como siempre   as usual
de cuatro plazas   four seater
de hoy en ocho días   a week
   today
detrás de   behind
entonces   then, well
entretanto   meanwhile

jamás	never	*por supuesto*	of course
nada	nothing	*que viene*	next
nadie	nobody, no one	*sin*	without
ni ... ni	neither ... nor	*sino*	but
nunca	never	*un poco (de)*	a little
poco	little, not very/much		

Gramática

1 Radical changing verbs (o-ue)

e.g. *volver* (to return)

vuelvo	*volvemos*
vuelves	*volvéis*
vuelve	*vuelven*

Present participle: *volviendo, e.g. Estoy volviendo a casa.*

The change in these radical changing verbs takes place in the same parts of the verb as those outlined in Lesson 9.

Note that radical changing verbs ending in *-IR* also change in the present participle:

e.g. *dormir* (to sleep) *durmiendo*

morir (to die) *muriendo*

The same change also occurs in *poder* (to be able), the present participle of which is *pudiendo.*

2 Jugar (to play)

The verb *jugar* follows the above pattern with the *u* changing to *ue*.

juego	*jugamos*	Present participle: *jugando*
juegas	*jugáis*	
juega	*juegan*	

3 Negatives

Examine the following examples:

¿Qué tiene Vd. en la mano?	*No tengo nada.*
What have you got in your hand?	I have nothing (I haven't got anything).
¿A quién ves en la calle?	*No veo a nadie.*
Whom do you see in the street?	I see nobody (I don't see anybody).

¿Vas a Madrid en agosto, Pedro?	*No voy nunca a Madrid en agosto.*
	No voy jamás a Madrid en agosto.
Are you going to Madrid in August, Pedro?	I never go to Madrid in August.
¿Tienes mucho dinero, papá?	*No, hijo, no tengo ningún dinero.*
Have you got much money, dad?	No, son, I haven't got any money.
¿Tienes un hijo o una hija?	*No tengo ni hijo ni hija.*
Have you got a son or daughter?	I have neither a son nor a daughter.

It will be noticed that when *nada* (nothing), *nadie* (nobody, no one), *nunca* or *jamás* (never), *ninguno* (none, no, not a), *ni ... ni* (neither ... nor) follow the verb, *NO* must precede the verb.

Should they precede the verb then *no* is omitted.

e.g. *Nunca duermo en el tren.*   I never sleep in the train.

Note the word *sino* (but):

e.g. *No voy a Francia sino a Italia.*

I am not going to France but to Italy.

This is used instead of *pero* following a negative clause when the clause introduced by 'but' has the sense of 'on the contrary'.

4 Gustar (to please)

Note the following examples:

¿Te gusta la casa?	*Sí, me gusta la casa.*
Do you like the house?	Yes, I like the house.
¿Te gustan los discos?	*Sí, me gustan los discos.*
Do you like the records?	Yes, I like the records.
¿Te gusta leer?	*Sí, me gusta leer.*
Do you like reading?	Yes, I like reading.
¿No te gustan los regalos?	*No, no me gustan los regalos.*
Don't you like the presents?	No, I don't like the presents.

As you can see the direct object in English becomes the subject in Spanish. *Gustar* means 'to please' and so you literally say in Spanish that 'something pleases me'. Consequently if what you like is a singular noun or the infinitive of a verb, you use *gusta* and if it is a plural noun, you use *gustan*.

Note that the pronouns *me* and *te* appear before *gusta/n*. Similarly *no* will be placed before the pronoun.

Te gusta/n is used to friends or relatives.

Ejercicios

A Choose the correct answer to each question and write it out in full.

1 ¿Cuándo va el señor Brown a la agencia de viajes?
   a el domingo
   b la semana que viene
   c el lunes
2 ¿Qué está haciendo el agente?
   a alquilando un avión
   b bebiendo té
   c hablando a unos clientes
3 ¿Por qué no quiere el señor Brown ir en coche a España?
   a porque prefiere volar
   b porque es un viaje muy largo
   c porque cuesta demasiado
4 ¿Cuándo van a volver de España los Brown?
   a el dos de agosto
   b al día siguiente
   c el veinticinco de agosto
5 ¿Qué coche alquila el señor Brown?
   a un coche español
   b un Seat de seis plazas
   c un coche francés
6 ¿Qué va a preparar el agente?
   a una lista de hoteles
   b una guía de Andalucía
   c un itinerario
7 ¿Qué vuelo prefiere tomar el señor Brown?
   a un vuelo de clase turística
   b un vuelo de noche
   c ningún vuelo
8 ¿Cuánto dinero da al agente?
   a cien libras
   b quinientas libras
   c cincuenta libras

B Change the verbs according to the new subject given.

1 ¿Cuánto cuesta la taza de té?   Los billetes
2 No dormimos nunca en el tren.   Yo
3 ¿A quién encuentras en la estación los lunes? Vosotros
4 Jugamos con los hermanos de Carlos.   Ellas
5 No puedo hallar ninguna corbata.   Antonio
6 Solemos entrar sin pagar.   Nadie
7 ¿Cómo volvéis de la Costa del Sol?   Vds.
8 Mis padres nunca van a Francia en avión,
   ¿verdad?   Tú
9 El gato de Carmen está muriendo.   Los viejos
10 ¿Cuándo quieres visitar Andalucía?   Vosotros
11 Papá está durmiendo en el jardín.   Yo
12 No tengo ni té ni café en la casa.   Nosotros

C Answer the following negatively in Spanish.

1 ¿Va Vd. al campo siempre los sábados?
2 ¿Hay alguien en el cuarto de baño?
3 ¿Ve Vd. algo en la calle?
4 ¿Tienes flores hermosas en tu jardín?
5 ¿Podemos viajar en coche o en tren?
6 ¿Encuentra Vd. siempre a su amiga en el parque?
7 ¿Está durmiendo alguien en la clase?
8 ¿Va Vd. a dar algo a Juan el domingo?
9 ¿Saca Juanita algún dinero de la caja?
10 ¿Puede Vd. ir a Francia o a España en mayo?

D Conteste en español

1 ¿Te gusta viajar en avión?
2 ¿Te gustan los sábados?
3 ¿Te gusta ir a las discotecas?
4 ¿Te gusta jugar al fútbol?
5 ¿Te gustan las chicas/los chicos?
6 ¿Te gusta escribir cartas?
7 ¿Te gustan las manzanas?
8 ¿Te gusta cenar en un restaurante?

E Put in the correct form of *gustar* in the following.

1 Me ... la alfombra nueva.

2 Me ... recibir regalos.
3 No me ... coser.
4 Me ... el cuadro más pequeño.
5 Me ... las manzanas rojas.
6 No me ... sus discos.
7 No me ... mirar la televisión.
8 No me ... las corbatas.
9 Me ... las vacaciones.
10 Me ... jugar al fútbol.

F Fill in the gaps in the following with the correct form of the relative pronoun.

1 Me gusta más el hotel ... está detrás del parque.
2 La chica .. encuentro en el café es mi prima.
3 El regalo de ... hablan es un reloj de pulsera.
4 Es el billete de un cliente ... tengo en la mano.
5 ¿Quiénes son los hombres ... cantan en el café?
6 ¿De quién es la pensión delante de ... hay una agencia de viajes?
7 Las corbatas ... me gustan más cuestan mucho.
8 No encuentro los periódicos de ... hablas.
9 ¿Quién es el autor a ... dan el premio?
10 No tengo nada ... quiero hacer.

G Fill in the gaps in the following with a suitable adjective.

1 Es el ... hotel de la ciudad.
2 No tenemos ... flores en el jardín.
3 Esteban es el hermano ... de Conchita.
4 No pueden salir de la Catedral por la puerta....
5 Andalucía es una región muy ... de España.
6 Es más ... leer el periódico que una novela.
7 ¿Ves al hombre ... y ... que está detrás de Juan?
8 No quiero comprar un chalet ... sino una casa ... y....
9 ¿Tienes ... dinero para tu hermana?
10 Enrique abre el ... paquete que recibe del cartero.

H Julián goes into a travel agency run by his friend to book a holiday. Julián tells his friend that although he likes Italy, he wants to go to England and that his wife wants to fly and not go by train.

Write in Julián's part in the conversation, looking carefully at what Alfonso says first.

Alfonso ¿Qué tal, Julián?
Julián
Alfonso ¿Adónde quieres ir? Te gusta Italia, ¿no?
Julián
Alfonso ¿Cuándo quieres ir?
Julián
Alfonso Sueles ir en tren ¿verdad?
Julián
Alfonso Entonces, ¿por qué no vas en avión hasta Londres y alquilas un coche en el aeropuerto? Es muy fácil.
Julián

I Conteste en español.

  1 ¿Duerme Vd. en sus clases de español?
  2 ¿Escribe Vd. algo en su cuaderno de español ahora?
  3 ¿Vive Vd. cerca de un aeropuerto?
  4 ¿Puede Vd. cantar mejor que su padre?
  5 ¿A quién encuentra Vd. al entrar en casa?
  6 ¿Cuánto cuesta volar desde Londres hasta Madrid?
  7 ¿Prefiere Vd. una taza de té o una taza de café?
  8 ¿Suele Vd. pasar sus vacaciones en España o en Inglaterra?
  9 ¿Tiene Vd. algún amigo español?
10 ¿Está Vd. de vacaciones ahora?

J Translate into Spanish.

When I wish to arrange my summer holidays I usually write to a famous travel agency in London. There is a travel agency near my house but it is not very good. The travel agent is rather old and he never has the guides, maps, or lists of hotels that I want. I cannot understand how he earns enough money to (*para*) live because not very many people go to his agency. I like to travel alone when I am on holiday and I always meet very interesting people. I prefer to visit France and Spain and I never go to Italy or Germany. I think that there is nothing more interesting than my summer holidays although they usually cost a lot of money.

Lección once

El tiempo (the weather)

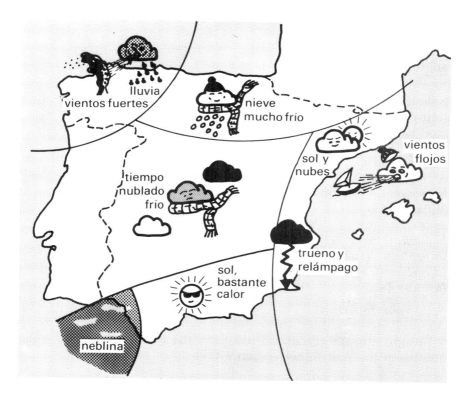

lluvia

vientos fuertes

nieve
mucho frío

vientos
flojos

sol y
nubes

tiempo
nublado
frío

trueno y
relámpago

sol,
bastante
calor

neblina

¿Qué tiempo hace?	What's the weather like?
Hace buen tiempo.	The weather's fine/it's fine.
Hace mal tiempo.	The weather's bad/it's bad.
Hace calor.	It's hot.
Hace mucho calor.	It's very hot.
Hace frío.	It's cold.

Hace mucho frío.	It's very cold.
Hace sol.	It's sunny.
Hace viento.	It's windy.
Está nublado.	It's cloudy.
llover (ue)	to rain
Llueve.	It rains.
Está lloviendo.	It's raining.
nevar (ie)	to snow
Nieva.	It snows.
Está nevando.	It's snowing.
Hay escarcha.	It's frosty.
Hay neblina.	It's misty.
Hay niebla.	It's foggy.

Note the use of *hacer* and *hay* followed by a noun to convey weather terms which in English are conveyed by the verb 'to be' and an adjective. Hence *mucho* is used when in English we would use 'very'.

el calor heat	*la nube* cloud
el cielo sky	*el rayo* flash of lightning, ray
la escarcha frost	*el relámpago* lightning
el frío cold	*el sol* sun
la luna moon	*la tempestad* storm
la lluvia rain	*el terremoto* earthquake
la neblina mist	*la tormenta* storm
la niebla fog	*el trueno* thunder
la nieve snow	*el viento* wind
helar (ie) to freeze	*tronar (ue)* to thunder

Design a weather chart to illustrate the above phrases. Use the months of the year to help practise them.

| *Por ejemplo:* | *¿Qué tiempo hace en marzo?* | *En marzo hace viento.* |
| | *¿Qué tiempo hace en julio?* | *En julio hace sol.* |

Complete the following with an appropriate phrase to express the weather.

1 Juego al fútbol con mis amigos cuando....
2 No salgo en el coche cuando....

3 Mis padres y yo vamos al campo cuando....
4 Nunca visitan la costa cuando....
5 No puedo sacar buenas fotos cuando....
6 En Londres en noviembre....
7 En Andalucía en el verano....
8 Pasan todo el día en casa cuando....
9 ¿No vas al colegio en autobús cuando...?
10 No me gustan las vacaciones si....

Repaso

A Replace the verb in *italics* in the following by the new verb given.

1 No *quieren* pasar las vacaciones en el sur de
  Francia.   poder
2 El cartero *espera* a su amigo en la plaza.   encontrar
3 Mi padre está *leyendo* en el cuarto de estar.   dormir
4 *Preferimos* visitar el campo cuando hace calor.   soler
5 ¿*Vas* a jugar con mis primos?   venir
6 ¿Por qué *abres* las ventanas al entrar en la clase? cerrar
7 *Debemos* subir en el ascensor.   querer
8 ¿*Regresáis* solos o con vuestros amigos?   volver
9 Las chicas *creen* que el disco es estupendo.   pensar
10 ¿*Queréis* quedar en casa o salir?   preferir

B Change the verbs according to the new subject given.

1 ¿Por qué empieza Vd. a aprender el español?   Tú
2 El señor García da cuatro libras al agente.   Yo
3 Celebran su santo el 13 de agosto.   ¿Quién?
4 Están de acuerdo con el hermano de Carlos.   Yo
5 El profesor cree que tiene razón.   Nosotros
6 ¿Con quién juegas los sábados?   Vosotros
7 Mis amigos salen sin la lista.   Yo
8 Tu hermana mayor vuelve a España mañana
  ¿verdad?   Vosotros
9 María está sentada cerca de la ventana.   Los jóvenes
10 Siempre dormimos en el tren.   El profesor
                                                 viejo

C Answer the following negatively.

1 ¿Tiene Vd. amigos españoles o franceses?
2 ¿Va Vd. a comprar algo interesante?
3 ¿Está muriendo alguien en la calle?
4 ¿Siempre dan regalos a sus hijos el día de su santo?
5 ¿Hay mujeres en la estación?
6 ¿Está jugando Manolo con alguien en el parque?
7 ¿Vienen los amigos de Jaime de Sevilla o de Málaga?
8 ¿Pasa algo de interés en Madrid el domingo?
9 ¿Van siempre en coche al colegio cuando hace sol?
10 ¿Hay algún hombre enojado a la puerta?

D Put the following dates into Spanish.

Monday, 26th of April;
Saturday, 7th of August;
Tuesday, 20th of July;
Wednesday, 30th of December;
Sunday, 5th of September;
Friday, 11th of January;
Thursday, 21st of October.

E Make the adjectives in the following agree with the noun they qualify.

1 La hermana (mayor) de Antonio tiene veintiún años.
2 ¿(Cuánto) hoteles tiene (vuestro) padre en la Costa del Sol?
3 Las pensiones (español) son muchas veces (mejor) que los hoteles.
4 Hace muy (bueno) tiempo en España en el verano.
5 Francia es un país más (grande) que Inglaterra.
6 El ABC es un (grande) periódico (español) que leo todos los días.
7 La alfombra (azul) es la más (bonito) de (nuestro) casa.
8 Nunca recibo yo el (primero) premio.
9 Cuesta más viajar en (primero) clase que en (segundo) clase.
10 A la mañana (siguiente) llegan los señores (inglés) a Madrid.

F Conteste en español.

1 ¿Cuántas semanas de vacaciones tiene su padre?
2 ¿Cuántos alumnos están sentados en su clase ahora?
3 ¿Cuántos cuadros hay en su cuarto de estar?
4 ¿Cuántos cuartos hay en su casa?
5 ¿Cuántos días hay en el mes de febrero?
6 ¿Cuántas tazas de té bebe Vd. durante el día?
7 ¿Cuántas páginas tiene su libro de español?
8 ¿Cuánto cuesta ir en tren desde su ciudad hasta Londres?
9 ¿Cuántos parques hay en su ciudad?
10 ¿Cuántas personas viven en su casa?

G Conteste en español.

1 ¿Qué te gusta hacer cuando hace calor?
2 ¿Qué te gusta hacer cuando hace frío?
3 ¿Qué te gusta hacer cuando nieva?
4 ¿Qué te gusta hacer cuando llueve?
5 ¿Qué te gusta hacer cuando truena?

H Tomás asks his friend Paco if he likes various things about the place where he's on holiday. Paco is clearly not too happy and Tomás in desperation asks if there is anything he does like. Here are Paco's answers. Write out Tomás's questions.

Tomás
Paco No, no me gusta el hotel.
Tomás
Paco No, no me gusta el pueblo.
Tomás
Paco No, no me gusta el coche.
Tomás
Paco No, no me gustan los restaurantes.
Tomás
Paco No, no me gustan las discotecas.
Tomás
Paco Sí, me gusta mucho la chica del café Sol.

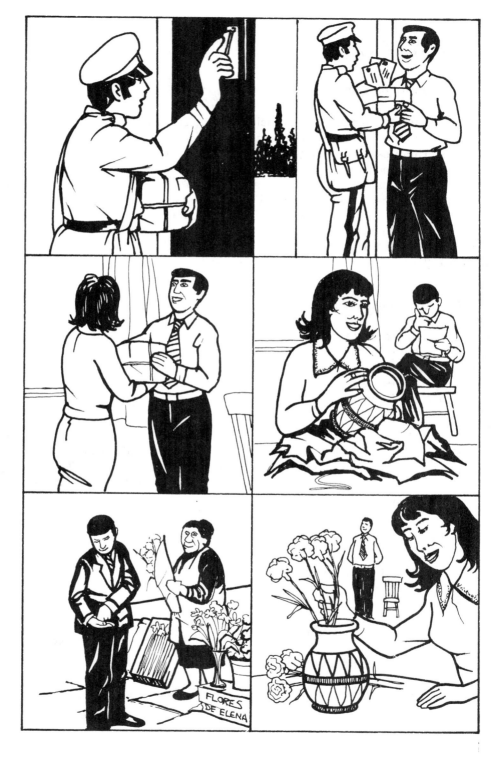

FLORES
DE ELENA

I Translate into Spanish.

1 My elder brother is right. I cannot go to Spain next year.
2 Their cat is sleeping on the carpet in the living room.
3 The boys I'm giving the prize to are the best pupils in the class.
4 Whom do you meet at the airport on Saturdays?
5 I like the records you're talking about.
6 We all agree that you must buy return tickets.
7 They never have any money when they are on holiday.
8 Why do you want to smoke your pipe now?
9 It is John's mother who is going to rent a villa.
10 I don't understand why you think that it is going to snow tomorrow.

J Study the pictures carefully and then use them as a basis for a short composition in Spanish.

Lección doce

Por la mañana

Me llamo Salvador Móntez y soy mecánico.

Siempre me despierto bastante temprano por la mañana y me levanto a eso de las siete aun en medio del invierno cuando hace mucho frío. Hoy es el primer día de mis vacaciones de verano y por eso me levanto a las cinco y media de la madrugada. ¡Qué cansado me siento! Sin embargo hoy es un día muy importante porque voy a empezar un viaje por los pueblos de Andalucía en la provincia de Sevilla, en donde vivo con mis padres y mi hermana menor, Rosario. Voy al cuarto de baño en donde me lavo, me afeito y me peino el pelo antes de entrar en el comedor para desayunar.

Mi madre ya está despierta y ahora está en la cocina preparando mi desayuno que consiste en una taza de café con leche y mucho azúcar y unos panecillos. Mientras estoy esperando me dedico a estudiar otra vez el mapa de la región que voy a visitar. Cuando mi madre entra, nos saludamos y me siento a la mesa.

— ¿A qué hora sale tu tren?—pregunta ella.

— A las siete menos veinte, mamá. Tengo que encontrar a Manuel en la estación a las seis y media y quiero llegar a tiempo.

— Ahora son las seis menos cinco. Tienes bastante tiempo para desayunar. ¿Te gusta el café?

— Sí, me gusta mucho y los panecillos también. Son deliciosos.

— ¿Tienes todas tus cosas? ¿La comida, la navaja, el cepillo de dientes?

— Sí, sí. Tengo todo.

— Pues, buen viaje, chico.

Pido otra taza de café que me gusta mucho por estar muy dulce y caliente. Luego me despido de mi madre, cojo mi mochila y salgo a la calle. No quiero despertar a mi padre a tal hora del día y así voy a la estación a pie y no en coche. Es un paseo bastante agradable. Hace muy buen tiempo aunque no cabe duda que más tarde va a hacer mucho calor. Tocan las campanas de la catedral. Las calles están casi desiertas pero de vez en cuando encuentro a unos transeúntes. Nos

Calle Pimiento, Sevilla

saludamos y me pregunto quiénes son y adónde van.

Por fin llego a la estación donde Manuel está esperando. Nos estrechamos la mano y nos juntamos a la cola delante de una taquilla para sacar nuestros billetes.

Vocabulario

el *azúcar* sugar
el *billete de ida* single ticket
el *cepillo de dientes* toothbrush
los *comestibles* provisions
el *invierno* winter
el *mecánico* mechanic
el *panecillo* bread roll
el *paseo* walk, stroll
el *pelo* hair
el *transeúnte* passer-by

la *campana* bell
la *cola* queue
la *leche* milk
la *mañana* morning
la *mochila* haversack, rucksack
la *navaja* pen knife; blade
la *provincia* province
la *taquilla* ticket office, booking office

afeitarse to shave
no cabe duda there is no doubt
consistir en to consist of
dedicarse a to settle down to
desayunar(se) to have breakfast
despedirse (i) de to say goodbye to
despertarse (ie) to wake up
estrecharse la mano to shake hands
ir a pie to walk
juntarse a to join

lavarse to wash
levantarse to get up, stand up
llamarse to be called
pedir (i) to ask for
peinarse to comb one's hair
preguntar to ask
preguntarse to wonder
saludarse to greet each other
sentarse (ie) to sit down
sentirse (ie) to feel
tocar to ring

caliente hot
cansado tired
delicioso delicious
desierto deserted
despierto awake
dulce sweet
importante important
tal such a

a tiempo on, in time
aun even
buen viaje have a good trip
casi almost
de vez en cuando from time to time
en medio de in the middle of
otra vez again
por eso therefore
sin embargo however
temprano early
ya already

Gramática

1 Radical changing verbs (e-i)

e.g. *pedir* (to ask for)   Present participle: *pidiendo*

e.g. Está pidiendo dinero a mi padre. He's asking my father for money.

pido	*pedimos*
pides	*pedís*
pide	*piden*

Note that *pedir* means 'to ask for' and the person whom you ask for something is preceded by *a*,

e.g. Pido café a María. I ask María for coffee.

Pedir must not be confused with *preguntar* which means 'to ask a question'.

2 Reflexive verbs

These verbs may be of any conjugation or type. They have in common the reflexive pronouns.

e.g. levantarse (to get up)	*sentarse* (to sit down)
(yo) me levanto	*me siento*
(tú) te levantas	*te sientas*
(él, ella, Vd) se levanta	*se sienta*
(nosotros) nos levantamos	*nos sentamos*
(vosotros) os levantáis	*os sentáis*
(ellos, ellas, Vds.) se levantan	*se sientan*

The reflexive pronouns (*me, te, se, nos, os, se*) are placed before the verb except where the infinitive or present participle is used, in which case they are joined to the end of the verb.

e.g. Voy a levantarme a las ocho. I am going to get up at eight.
Está sentándose en el sofá. He is sitting down on the sofa.

(Note the accent on *sentándose*)

Me voy a levantar and *se está sentando* are permitted alternatives.

When a reflexive pronoun is added to the present participle, you must put an accent on the stressed vowel to indicate that the stress remains in the same place.

Note also that when the infinitive of a reflexive verb depends on a previous verb as in *Voy a levantarme* or *Vamos a despedirnos*, the reflexive pronoun used must agree with the subject of the first verb.

N.B. *Sentarse* indicates the action of sitting down while *estar sentado* indicates the state of being seated.

To make a reflexive verb negative *no* is placed before the reflexive

pronoun and after the subject. *e.g. Pablo no se levanta temprano.*
Pablo doesn't get up early.
Note that *me siento* can mean 'I sit down' from *sentarse* or 'I feel'
from *sentirse*. The context will make the meaning clear.

3 La hora (time)

¿Qué hora es?	`????`
Es la una.	`01:00`
Son las dos.	`02:00`
Son las tres.	`03:00`
Son las cuatro y media.	`04:30`
Son las cinco y cuarto.	`05:15`
Son las seis y cinco.	`06:05`
Son las siete y diez.	`07:10`
Son las ocho y veinte.	`08:20`
Son las nueve y veinticinco.	`09:25`
Son las diez menos cinco.	`09:55`
Son las once menos diez.	`10:50`
Son las dos menos cuarto.	`01:45`
Son las tres menos veinte.	`02:40`
Es la una menos veinticinco.	`12:35`
Es (el) mediodía.	`12:00`
Es (la) medianoche.	`24:00`

de la madrugada	a.m., in the early morning
de la mañana	a.m., in the morning
de la tarde	p.m., in the afternoon, evening
de la noche	p.m., in the night
a eso de las dos	at about two o'clock
a las dos en punto	at two o'clock sharp, exactly
¿A qué hora...?	At what time?
¿A qué hora sale el tren?	At what time does the train leave?
por la mañana	in the morning
por la tarde	in the afternoon, evening
por la noche	in the night

Por is used when no time by the clock is given.
De la tarde would be used after noon until after dark, when you
would use *de la noche*. Otherwise the Spanish speaker is inclined to
think of *la mañana* extending until he has lunch with *la tarde* being
the period between lunch and nightfall.

Ejercicios

A Answer the following in Spanish. Use both *Vd./Vds.* and *tú/ vosotros* forms where appropriate.

1 ¿A qué hora me levanto por la mañana?
2 ¿Por qué me levanto a las cinco y media?
3 ¿Cómo y con quién voy a pasar mis vacaciones?
4 ¿En qué región de España vivo?
5 ¿Me afeito en la cocina?
6 ¿Quién está preparando mi desayuno?
7 ¿En qué consiste el desayuno?
8 ¿Cómo está el café que bebo?
9 ¿Qué hago mientras estoy esperando mi desayuno?
10 ¿A qué hora sale el tren de la estación?
11 ¿A qué hora voy a encontrar a Manuel?
12 ¿Qué hago antes de salir a la calle?
13 ¿Por qué no voy a la estación en el coche de mi padre?
14 ¿Hay muchas personas en las calles a tal hora?
15 ¿A quiénes saludo en la calle?
16 ¿Qué me pregunto?
17 ¿Qué hacemos Manuel y yo al encontrarnos en la estación?
18 ¿Adónde vamos después de estrecharnos la mano?
19 ¿En dónde sacamos nuestros billetes?
20 ¿Cómo se llama el escritor?

B Change the verbs according to the new subject given.

1	Siempre me siento cansado al despertarme.	Él
2	Mi padre se levanta temprano.	Nosotros
3	¿Te peinas en la clase?	Vds.
4	¿Os laváis en la cocina?	Vd.
5	Las chicas se despiden de sus padres.	Yo
6	¿Vais a poneros a la cola?	Tú
7	No voy a lavarme ahora.	Ellas
8	¿No te sientes bien?	Vosotros
9	¿A qué hora os despertáis?	Rosario
10	Mi hermano está afeitándose.	Yo
11	Pablo está sentándose.	Ellos
12	Mis amigos están despidiéndose.	Nosotros

C Conteste en español.

   1 ¿Se despierta Vd. temprano o tarde por la mañana?
   2 ¿A qué hora se levanta Vd. por la mañana?
   3 ¿Se levanta Vd. antes o después de sus padres?
   4 ¿En dónde se lava Vd. por la mañana?
   5 ¿Se peina Vd. en el cuarto de baño?
   6 ¿Quién prepara su desayuno?
   7 ¿Prefiere Vd. tomar té o café con su desayuno?
   8 ¿Lee Vd. el periódico mientras está desayunando?
   9 ¿A qué hora sale Vd. de la casa por la mañana?
  10 ¿A qué hora llega Vd. al colegio?
  11 ¿Encuentra Vd. a sus amigos en el colegio?
  12 ¿Va Vd. al colegio a pie?
  13 ¿Saluda Vd. a su profesor en español cuando entra en la clase?
  14 ¿Cómo se llama Vd.?
  15 ¿Se levanta Vd. más temprano en el verano que en el invierno?

D Complete the following with a suitable time of day.

   1 Me despierto a ...
   2 Me levanto a ...
   3 Salgo de casa a ...
   4 Llego al colegio a ...
   5 Como mi almuerzo a ...
   6 Las clases empiezan a ...
   7 Vuelvo a casa a ...
   8 Las clases terminan a ...
   9 Mi padre termina de trabajar a ...
  10 Salgo a encontrar a mis amigos a ...

E Write some 120 words in Spanish to describe your actions in the morning from the time of waking up to the time of leaving the house. Use only words and phrases you know already.

F On your map of Spain indicate Córdoba and find out its distance from Seville and Madrid. What is its population and for what is it famous?

G Fill in the blanks with the correct form of *preguntar* or *pedir* as appropriate.

    1 El chico me ... qué hora es.
    2 Voy a ... más café.
    3 Manuel ... dos billetes de ida y vuelta.
    4 Voy a ... a qué hora sale el tren.
    5 No quieren ... dinero a su padre.
    6 Salvador ... a su amiga si quiere ir al café.

H Doña Gloria and her son Paco are chatting over breakfast. Paco is about to go to meet his girl friend María. Doña Gloria asks him where he is going to meet María and at what time, how he is going to get to the station and why he doesn't take a taxi. Paco replies that he is meeting María at 8.30 at the station, that he is too tired to walk, and is going to catch a bus as he doesn't have enough money for a taxi. Write out a conversation on the above lines, to carry on from the part given to you.
Doña Gloria Paco, ya es tarde. Debes salir.
Paco No, mamá. Hay mucho tiempo y quiero más café.

I Translate into Spanish.

One day in the middle of winter Mr Martínez gets up very early in order to go to the station. He is going to meet a very important Englishman who is coming to spend a fortnight in Barcelona. He is rather tired because it is half past five in the morning. After washing and shaving he goes to the kitchen where his wife is preparing his breakfast which consists of rolls and a cup of black coffee. It is very cold and through the window they can see that it is still snowing. Mr Martínez asks for another cup of coffee and then, picking up his *hat*, he says goodbye to his wife and goes out. He walks to the station through deserted streets and wonders if the train is going to arrive late.
hat = el sombrero

Lección trece

En la estación de Sevilla

Manuel Dos billetes de ida a Carmona, por favor.
Empleado de RENFE ¿Primera o segunda clase?
Manuel Segunda. ¿Cuánto cuesta?
Empleado Quinientas pesetas, por favor.
Manuel ¿De qué andén sale el tren?
Empleado Sale del andén número tres.
Manuel ¿Hay coche restaurante? No he traído nada que beber ni comer.
Empleado No, señor, no hay coche restaurante, pero hay muchas otras personas esperando.

Ahora estoy esperando a Manuel a la entrada del andén No. 3, de donde va a salir nuestro tren. Manuel se ha quedado en la cola para sacar los billetes mientras yo he ido a la librería para comprar unos periódicos para leer durante el viaje. Por fin Manuel se acerca y muestra nuestros billetes al revisor en la barrera.

Pasamos por la barrera y vamos a lo largo del andén hasta llegar al primer vagón del tren. Éste no está muy lleno y parece que vamos a tener un viaje bastante tranquilo. De repente Manuel se para antes de subir al vagón.

— El empleado ha dicho que no hay coche restaurante — dice — y he olvidado todos mis comestibles, aun aquel chocolate excelente que mi hermano ha traído de Suiza.

— No importa — digo. — Puedes comprar algo al llegar a Carmona.

En este momento grita en voz alta un vendedor de fruta, chocolate y bebidas que ha aparecido cerca de la barrera.

— Voy a comprar algo a ese vendedor — dice Manuel.

¡Dicho y hecho! Deja caer su mochila al suelo y corre hacia el vendedor. Entretanto yo he subido al tren y me he sentado en un asiento al lado de la ventanilla, colocando mi mochila en la red. Unos minutos más tarde vuelve corriendo Manuel sin aliento y llevando unas naranjas, chocolate y una botella de sidra. Ha llegado a tiempo porque en este momento el tren comienza a salir despacio de la estación camino de Córdoba. Hemos decidido bajar en Carmona y comenzar en ese pueblo nuestra vuelta a Andalucía.

Manuel ¿Qué periódicos has comprado?
Yo Estos tres – el ABC, El País y La Vanguardia. ¿Cuál prefieres leer?
Manuel Éste (*indica El País*), pero primero tengo que buscar mis gafas que están en mi mochila. (*Se levanta y mira, atónito, la red.*) Caramba, ¿dónde está? Ay, Dios mío, he dejado mi mochila en el andén. ¡Qué idiota! Gracias a Dios que me he acordado de guardar la cartera en el bolsillo.
Yo ¡Qué suerte!

Vocabulario

el asiento seat
el bolsillo pocket
el coche restaurante restaurant car
el chocolate chocolate
el empleado clerk, employee
el ferrocarril railway

el idiota idiot
el revisor ticket collector, inspector
el vagón carriage

la barrera barrier, gate
la bebida drink

la cartera   wallet
la entrada   entrance
la fruta   fruit
las gafas   glasses
la librería   bookstall, bookshop
la naranja   orange
la red   rack, net, network
la RENFE (red nacional de ferro-
   carriles españoles)   Spain's
   national railway network
la sidra   cider
Suiza   Switzerland

acercarse a   to approach, come
   up to
acordarse (ue) de   to remember
aparecer   to appear, come into
   view
buscar   to look for, seek
colocar   to put, place
comenzar (ie)   to begin
decidir   to decide
decir   to say, tell
dejar caer   to drop
guardar   to keep
importar   to matter
mostrar (ue)   to show
pararse   to stop

parecer   to seem, appear
quedarse   to stay, remain
querer (ie) decir   to mean
sacar billetes   to buy tickets
subir (a)   to get on/into
tener que   to have to
traer   to bring, carry

aquel, aquella   that
atónito   astonished, surprised
ese, esa   that
este, esta   this
segundo   second
sencillo   single; simple
tranquilo   peaceful, quiet
trescientos   three hundred

a lo largo de   along
camino de   on the way to
¡caramba!   good heavens!
de repente   suddenly
despacio   slowly
¡dicho y hecho!   no sooner said
   than done!
¡Dios mío!   good heavens!
¡qué suerte!   how lucky! what
   luck!
sin aliento   out of breath

Gramática

1 Perfect tense of regular verbs

he hablado   (I have spoken)   hemos hablado   (we have spoken)
has hablado   (you have spoken)   habéis hablado (you have spoken)
ha hablado   (he, she has   han hablado   (they have spoken)
                  spoken)   (you have spoken)
               (you have spoken)

he comido	(I have eaten)	*hemos comido*	(we have eaten)
has comido	(you have eaten)	*habéis comido*	(you have eaten)
ha comido	(he, she has eaten)	*han comido*	(they have eaten)
	(you have eaten)		(you have eaten)

The Perfect tense is formed by the Present of the verb *haber* and the past participle. The past participle of *-AR* verbs is formed by adding *-ADO* to the stem (e.g. *hablado*) and of *-ER* and *-IR* verbs by adding *-IDO* to the stem (e.g. *comido, venido*).

To form the negative *no* is placed before the whole verb.
e.g. *Yo no he comido las manzanas.* I haven't eaten the apples.
No se han levantado antes de las ocho. They haven't got up before eight o'clock.

2 The irregular verb decir (to say, to tell)

digo	*decimos*	Present participle:	*diciendo*
dices	*decís*	Past participle:	*dicho*
dice	*dicen*		

Note the expression *querer decir* which means 'to mean',
e.g. *¿Qué quiere decir 'gafas'? Quiere decir 'glasses'.*

3 Comprar algo a uno

Just as you must use *a* before the person you ask for something (*pedir algo a Juan*), so you must use *a* before the person you buy something *from*,
e.g. *Voy a comprar sidra a ese vendedor.*
I'm going to buy cider *from* that vendor.

4 To appear

Do not confuse *aparecer* and *parecer* which can both be translated into English by 'appear'.

Aparecer means 'to appear' in the sense of 'to come into view',
e.g. *Por fin aparece el cartero.* At last the postman appears.

Parecer means 'to appear' in the sense of 'to seem', 'to look',
e.g. *Juanita no parece bien.* Juanita doesn't look/seem well.

5 Demonstrative adjectives and pronouns

este hombre	this man	*esta mujer*	this woman
estos hombres	these men	*estas mujeres*	these women
ese hombre	that man	*esa mujer*	that woman
aquel hombre	that man (further away)	*aquella mujer*	that woman (further away)
esos hombres	those men	*esas mujeres*	those women
aquellos hombres	those men (further away)	*aquellas mujeres*	those women (further away)

Note the distinction between *ese* and *aquel* which enables the Spanish speaker to make his meaning clear without having to add such expressions as 'over there' or 'further away', etc.

éste	this one	*ésta*	this one	*éstos*	these	*éstas*	these
ése	that one	*ésa*	that one	*ésos*	those	*ésas*	those
aquél	that one	*aquélla*	that one	*aquéllos*	those	*aquéllas*	those

The same forms bearing an accent are used as pronouns. Their form depends on the gender and number of the noun they replace.

e.g. *Me gustan estas flores pero aquéllas son más bonitas.*
I like these flowers but those are prettier.
Este chocolate es mejor que ése.
This chocolate is better than that.

Ejercicios

A Choose the correct answer to each question and write it out in full.

1 ¿Qué compra Manuel al empleado?
   a unos periódicos
   b billetes de ida y vuelta
   c billetes de ida
2 ¿Dónde han decidido comenzar su vuelta a Andalucía?
   a en Granada
   b en Carmona
   c en Córdoba

3 ¿Dónde ha ido Salvador mientras Manuel saca los billetes?
 a a la barrera
 b al andén número tres
 c a una librería
4 ¿Por qué se ha parado Manuel antes de subir al tren?
 a porque ha olvidado su billete
 b porque no ha traído nada que comer
 c porque está sin aliento
5 ¿Qué ha dejado Manuel en el andén?
 a sus comestibles
 b su mochila
 c su cartera
6 ¿Qué ha comprado Salvador?
 a una botella de sidra
 b unas naranjas
 c unos periódicos
7 ¿Qué ha tenido que buscar Manuel?
 a sus gafas
 b El País
 c su mochila
8 ¿Por qué se ha levantado Manuel?
 a para buscar sus gafas
 b para mirar la red
 c para leer el periódico

B In the following replace the definite article by the appropriate form of *este, esta, estos, estas.*

1 Yo he comprado los periódicos en la librería.
2 Manuel va a comer la naranja.
3 El hombre ha olvidado sus billetes.
4 Las gafas que he hallado son de Manuel.
5 No van a subir al tren.
6 Mi primo quiere comprar las corbatas de ante.
7 Los jóvenes están corriendo a lo largo del andén.
8 Tengo que encontrar a Juan en la estación.
9 Mis padres no van a comprar la casa.
10 Los aviones nuevos son muy cómodos.
11 El viaje desde Londres hasta Madrid es muy largo.
12 Las fotos de Sevilla son muy interesantes.

C In the following sentences replace *este, esta*, etc., by the appropriate form of *ese*, etc.

1 Ha recibido esta carta de su hermana en Barcelona.
2 He sacado estos billetes para mi tío.
3 Estas naranjas son las mejores que he comprado.
4 ¿Pasa este tren por Córdoba?
5 Esta lección es la más fácil del libro.
6 Me pregunto qué hay en este paquete grande.
7 ¿Cuánto cuestan estas flores amarillas?
8 ¿Estos transeúntes van camino de la estación?
9 Voy a vender el reloj a este cliente.
10 Creo que esta región es la más hermosa de toda España.

D Repeat the above with the appropriate form of *aquel, aquella*, etc.

E Complete the following with the appropriate form of *ése*, etc.

No quiero comprar este coche sino...
No quiero comprar estas maletas sino...
No quiero comprar esta casa sino...
No quiero comprar este periódico sino...
No quiero comprar estos lápices sino...
No quiero comprar esta mochila sino...

F Complete the following with the appropriate form of *aquél*, etc.

No quieren estas manzanas, prefieren...
No quieren este chocolate, prefieren...
No quieren estos sillones, prefieren...
No quieren esta alfombra, prefieren...
No quieren este disco, prefieren...
No quieren estas tazas, prefieren...

G Complete the following with the appropriate form of *éste*, etc.

Aquel hombre es más inteligente que...
Esas novelas son más interesantes que...
Ese árbol es más alto que...
Esos mapas son mejores que...
Aquella pensión es más cómoda que...
Aquellas chicas son más bonitas que...

H Fill in the blanks with the correct form of *aparecer* or *parecer* as appropriate.

1 El periódico de Salvador ... muy interesante.
2 El revisor ha ... en la puerta.
3 ... que no hay coche restaurante.
4 De repente ... unos jóvenes españoles.
5 Conchita ... al otro lado de la calle.
6 Esas naranjas ... deliciosas.
7 ... que va a hacer mucho calor.
8 Un avión ha ... en el cielo.

I In the following replace the Present tense by the Perfect.

1 Los hermanos de Manuel llegan a la estación a tiempo.
2 ¿Por qué prefieres ir de vacaciones en mayo?
3 ¿Qué decís?
4 No encuentro mis gafas.
5 Nos lavamos en el cuarto de baño.
6 Comemos todo el chocolate que compra.
7 ¿No te preguntas por qué llego tarde?
8 ¿Entráis por aquella puerta o por ésta?
9 Decidimos dar el regalo a Jaime.
10 Se despiden de sus amigos en el parque.

J Change the verb in the following sentences according to the new subject given.

1 Ha venido aquí para aprender el español.	Yo
2 Nunca he querido ir allí.	Los niños
3 ¿Por qué has pedido más café?	Vosotros
4 Os habéis sentado en el sillón más cómodo de la casa.	Yo
5 No han entendido ni una palabra.	El señor García
6 ¿Se han levantado temprano para ir al colegio?	Tú
7 Tres hombres han aparecido en la entrada.	Nadie
8 Ha dicho que está muy cansado.	Yo
9 Las niñas han cantado en voz alta.	Vosotros
10 Manuel ha pensado salir muy pronto.	Nosotros

K Conteste en español.

1 ¿En qué mes ha decidido Vd. ir de vacaciones?
2 ¿Ha visitado Vd. España?
3 ¿Ha saludado a su profesor de español hoy?
4 ¿Se ha lavado Vd. esta mañana?
5 ¿Se ha afeitado su padre esta mañana?
6 ¿Cuántas tazas de café o té ha bebido Vd. hoy?
7 ¿Cómo ha venido Vd. al colegio esta mañana?
8 ¿Ha entendido Vd. toda esta lección?
9 ¿Quién ha preparado su desayuno hoy?
10 ¿Qué ha dicho Vd. al profesor al entrar en la clase?
11 ¿Han aprendido Vds. todas las palabras nuevas de esta lección?
12 ¿A cuántos españoles ha encontrado Vd.?

L You go to the ticket office at Córdoba station and ask the ticket clerk for a return ticket to Seville (1st class). You ask if there is a restaurant car, what time the train leaves Córdoba and arrives in Seville, which platform it leaves from and how much it costs. Write out a conversation between the clerk and yourself based on the above suggestions.

Lección catorce

El florero roto

Es una tarde agradable de primavera y el señor García acaba de volver de la oficina. Esta tarde tiene que preparar la cena porque su esposa ha ido a Vigo a pasar unos días con sus padres. Mercedes y Enrique han vuelto antes que su padre. Mercedes ya ha comenzado a preparar la cena y Enrique ha puesto la mesa. El señor García ha abierto la puerta del cuarto de estar y ha entrado, pero no se ha sentado porque no encuentra su pipa.

El señor García   Enrique, ¿has visto mi pipa? He olvidado dónde la he puesto.

Enrique   No la he visto, papá. ¿Quizás la has dejado en la cocina?

Mercedes (*que ha entrado mientras están hablando*) ¿Qué buscáis?

El señor García   Mi pipa. Quiero fumar un poco antes de preparar la cena.

Mercedes   La has dejado en la mesa pequeña. ¿No la ves? Está a la izquierda de aquel florero azul.

El señor García   Ah, sí, la veo. Gracias, Mercedes.

Va a cogerla, pero resbala y tropieza con la mesa. El florero cae al suelo.

Mercedes   Papá. ¿Qué has hecho? ¿Está roto el florero?

El señor García   Sí, hija, lo he roto.

Mercedes   Oh, papá, ¿qué va a decir mamá? Siempre ha dicho que es su florero favorito por ser un regalo de su tía Juana.

El señor García   Vamos a ver. Vuestra madre vuelve el viernes. Tenemos cuatro días para encontrar otro florero semejante. Vais a ayudarme, ¿verdad?

Al día siguiente el señor García explica a su amigo don Carlos lo que ha hecho. Éste quiere ayudarle y dice que hay una tienda en una bocacalle cerca de la Puerta del Sol donde venden este tipo de cerámica.

— No he tenido suerte — dice a don Carlos al volver a la oficina — Los han vendido todos y no es posible obtener más. ¡Quién sabe qué va a decir mi esposa!

Sus hijos no han tenido suerte tampoco. Han visitado muchas tiendas sin encontrar ningún florero semejante.

— Jaime nos ha ayudado — dice Enrique — pero no hemos encontrado nada.

La señora de García vuelve de Vigo el viernes y los otros van a la estación a recibirla. Además de su maleta, lleva un paquete grueso y algo misterioso. No quiere abrirlo antes de llegar a casa. Camino de la casa su esposo explica como ha roto el florero. Ella no dice nada.

En casa pone su paquete sobre la mesa. Saca las tijeras y corta la cuerda con la cual está atado el paquete. Lo abre y saca otro florero idéntico.

— Lo he comprado en Vigo — dice — y así te perdono haber roto el otro.

Papá está contento otra vez.

Nota: La Puerta del Sol es una plaza famosa de Madrid.

Vocabulario

el esposo   husband

la bocacalle   street turning

la cena   dinner, supper

la cerámica   pottery

la cuerda   string, cord

la esposa   wife

la primavera   spring

la tienda shop
las tijeras scissors

acabar de to have just
atar to tie
ayudar to help
caer to fall
cortar to cut
cubrir to cover
descubrir to discover
perdonar to forgive
poner to put
poner la mesa to lay the table
resbalar to slip
romper to break
saber to know (facts)
tener suerte to be lucky
tropezar (ie) con to bump into

favorito favourite
grueso thick, bulky
idéntico identical

izquierdo left
misterioso mysterious
roto broken
semejante similar

a la izquierda on the left, to the left
éste the latter
la her, it, you
las them, you
le him, you
les them, you
lo him, it, you
lo que what, which (*not a question*)
los them, you
me me
nos us
os you
tampoco neither
te you

Gramática

1 *Irregular verbs*

	caer (to fall)	*poner* (to put)	*saber* (to know)
	caigo	*pongo*	*sé*
	caes	*pones*	*sabes*
	cae	*pone*	*sabe*
	caemos	*ponemos*	*sabemos*
	caéis	*ponéis*	*sabéis*
	caen	*ponen*	*saben*
Present participle:	*cayendo*	*poniendo*	*sabiendo*
Past participle:	*caído*	*puesto*	*sabido*

Note the irregular past participle of *poner*. The Perfect tense is, therefore, *he puesto* (I've put) etc.

2 Irregular past participles

In addition to *dicho* and *puesto*, the following verbs which you already know have an irregular past participle:

abrir (to open)	*abierto*	*he abierto* (I've opened)
cubrir (to cover)	*cubierto*	*he cubierto* (I've covered)
descubrir (to discover)	*descubierto*	*he descubierto* (I've discovered)
escribir (to write)	*escrito*	*he escrito* (I've written)
hacer (to do/make)	*hecho*	*he hecho* (I've done/made)
morir (to die)	*muerto*	*ha muerto* (he's died)
romper (to break)	*roto*	*he roto* (I've broken)
ver (to see)	*visto*	*he visto* (I've seen)
volver (to return)	*vuelto*	*he vuelto* (I've returned)

3 Direct object pronouns

Los chicos **me** *han visto.*	The boys have seen *me*.
El profesor **te** *ha visto.*	The teacher has seen *you*.
¿Quién tiene el dinero?	Who's got the money?
No **lo** *tengo.*	I haven't got *it*.
¿Quién ha comprado la casa?	Who's bought the house?
Juan **la** *ha comprado.*	Juan's bought *it*.
¿Has encontrado a Pepe?	Have you met Pepe?
Sí, **lo/le** *he encontrado.*	Yes, I've met *him*.
¿Has encontrado a Lola?	Have you met Lola?
Sí, **la** *he encontrado.*	Yes, I've met *her*.
*¿***Me** *han visto?*	Have they seen *me*?
Sí, señor, **lo/le** *han visto?*	Yes, sir, they've seen *you*.
*¿***Me** *han visto?*	Have they seen *me*?
Sí, señora, **la** *han visto.*	Yes, madam, they've seen *you*.
Nos *han olvidado.*	They've forgotten *us*.
Os *han visto.*	They've seen *you*.
¿Dónde están los periódicos?	Where are the papers?
Los *ha puesto en la mesa.*	He's put *them* on the table.
¿Dónde están las naranjas?	Where are the oranges?
Las *he comido.*	I've eaten *them*.
¿Has visto a los chicos?	Have you seen the boys?
Sí, **los/les** *he visto.*	Yes, I've seen *them*.
¿Has visto a las chicas?	Have you seen the girls?
Sí, **las** *he visto.*	Yes, I've seen *them*.

*¿**Nos** han visto?*	Have they seen *us*?
*Sí, señores, **los/les** han visto.*	Yes, gentlemen, they've seen *you*.
*¿**Nos** han visto?*	Have they seen *us*?
*Sí, señoras, **las** han visto.*	Yes, ladies, they've seen *you*.

N.B.
- The direct object is placed immediately before the verb, coming after both the subject and *no*.
- *Lo* and *le* may be used to denote him (*m.*) or you (*m.*); *lo* only for it (*m.*).
- *Los* and *les* may be used to denote them (*m.*), you (*m.*).
- *Lo/la/le* and *los/les/las* are used when referring to people normally addressed as *Vd.* or *Vds; te* and *os* for those addressed as *tú* or *vosotros*.
- Since *lo, le, la, los, les, las* are open to confusion, *a él, a ella, a Vd., a ellos, a ellas, a Vds.* are often written after the verb to show clearly about whom one is speaking.

  e.g. *Lo he visto a él.*   I've seen him.

  Lo he visto a Vd.   I've seen you.

  Las he visto a ellas.   I've seen them (*f.*).

  Las he visto a Vds.   I've seen you (*f.*).
- *Voy a hacerlo.*   I'm going to do it.

  Están mirándome.   They're looking at me.

As you have seen with reflexive verbs, pronouns are normally attached to the end of infinitives and present participles.

4 *Lo que*

Lo que means 'what' or 'which' when you are not asking a question.

Paco explica lo que ha hecho. Paco is explaining what he's done.

Mañana voy a Méjico, lo que me gusta mucho.

Tomorrow I'm going to Mexico, which pleases me greatly.

Lo que, in fact, sums up some event or feeling. Notice the difference with *qué*, which does ask a question even if it is rather indirect.

No sé qué va a decir mi padre. I don't know what my father's going to say.

5 *Acabar de*

Note that this means 'to have just' and must always be followed by an infinitive,

e.g. *Acaba de llegar el tren.*   The train has just arrived.

Ejercicios

A Conteste en español.

1 ¿De dónde acaba de volver el señor García?
2 ¿Por qué no se ha sentado en el cuarto de estar?
3 ¿Qué han hecho Mercedes y Enrique?
4 ¿Ha visto Enrique la pipa de su padre?
5 ¿Dónde la ha dejado su padre?
6 ¿Qué ha roto?
7 ¿Quiénes van a ayudarle?
8 ¿Qué ha explicado a don Carlos?
9 ¿Dónde ha ido a comprar otro florero?
10 ¿Por qué no ha tenido suerte?
11 ¿En qué día ha vuelto su esposa de Vigo?
12 ¿Dónde la han recibido?
13 ¿Qué ha comprado la señora de García en Vigo?
14 ¿Cómo lo ha llevado a Madrid?
15 ¿Dónde lo ha abierto?

B In the following replace the Present tense by the Perfect.

1 Su padre pone la pipa en la mesa y sale.
2 Nuestro gato rompe las gafas de mi madre.
3 Enrique no abre la puerta del cuarto de estar para su hermano.
4 Mis amigos vuelven de España esta tarde.
5 Don Carlos dice que su esposa lo hace.
6 Le vemos en la calle todas las mañanas.
7 Lola pone la mesa.
8 No escribo lo que dice el profesor.
9 Mi hija descubre muchas tiendas interesantes en Madrid.
10 ¿No ves el televisor nuevo que ha comprado mi tío?

C In the following sentences replace the noun in *italics* by the correct direct object pronoun.

1 La señora de García cierra *su libro* y se levanta.
2 Han dado *todo el dinero* a sus amigos.
3 Están buscando *a los hijos del señor García*.
4 No quiero leer *este libro*; no es muy interesante.
5 Ya han vendido *las naranjas*.

6 Acabo de sacar *los billetes* en la taquilla.
7 ¿Has escrito *las cartas* a tus amigos españoles?
8 Ha comprado *los periódicos* en aquella librería.
9 He puesto *todas las maletas* en la red.
10 ¿Habéis recibido *a mi tía* en la estación?

D Answer the following questions using the appropriate direct object pronoun in your answer.

1 ¿Ve Vd. al profesor?
2 ¿Está escuchándole (a Vd.) el profesor ahora?
3 ¿Ha dejado Vd. sus libros en casa?
4 ¿Quién te ha acompañado al colegio?
5 ¿Está Vd. mirando la pizarra ahora?
6 ¿Visita Vd. a sus tíos muchas veces?
7 ¿Os castiga vuestro profesor cuando no trabajáis?
8 ¿Quién ha preparado su desayuno hoy?
9 ¿Ha abierto Vd. la ventana de la clase?
10 ¿Ayuda Vd. a su madre en casa?
11 ¿Has leído el periódico hoy?
12 ¿Les visitan a Vds. sus amigos muchas veces?
13 ¿Suele su padre fumar la pipa en el jardín?
14 ¿Ayuda Vd. a su padre en el jardín?
15 ¿Quién le ha ayudado a contestar ésta?

E Mark Vigo on your map of Spain. Find out what region it is in, why it is important, its population, and how far it is from Madrid.

F Answer the following sentences negatively.

1 ¿Ha visitado Vd. alguna vez España?
2 ¿Ha comprado Vd. chocolate?
3 ¿Ha hecho su padre algo importante?
4 ¿Ha visto Vd. alguien en la calle camino del colegio?
5 ¿Han encontrado Vds. a Juan o a su hermano?
6 ¿Tiene Vd. algunas fotos de Granada?
7 ¿Se levantan Vds. siempre antes de las seis?
8 ¿Hay alguien en aquel café?
9 ¿Habéis comprado algo para los niños?
10 ¿Quién lo ha hecho, Vd. o su amigo?

G Translate into Spanish.

1 Have you seen the new watch that Jaime has bought?
2 I have just written to my uncle.
3 They are going to look at what (*lo que*) we have done.
4 My cousins have got up early to meet us at the station.
5 What have you (*vosotros*) been doing in the garden?
6 Where have I put my paper? I cannot find it in the lounge.
7 Why have you opened the parcel before your birthday?
8 I am looking for my glasses. I always put them on the table but they are not there now.
9 I have not seen her since 9 o'clock
10 We have not been able to find them either.

H Answer these questions using *acabar de* and the appropriate pronoun in your answers.
Por ejemplo: ¿Has recibido su carta? Sí, acabo de recibirla.

1 ¿Has escrito la carta?
2 ¿Has visto a Juan?
3 ¿Has abierto el paquete?
4 ¿Has roto las gafas?
5 ¿Has puesto la mesa?
6 ¿Has dicho la verdad?
7 ¿Has comido el chocolate?
8 ¿Has bebido la sidra?

I Answer the questions as shown in the example.
Ejemplo: ¿Vas a leer la carta? Ya la he leído.

1 ¿Vas a sacar los billetes?
2 ¿Vas a comprar esta casa?
3 ¿Vas a vender los cuadros?
4 ¿Vas a recibir a los chicos?
5 ¿Vas a buscar el dinero?
6 ¿Vas a abrir el paquete?
7 ¿Vas a poner la mesa?
8 ¿Vas a preparar la cena?

J Guillermo cannot find various things he seems to need. He asks his sister, Luisa, if she has seen them and each time she replies that she hasn't seen them, until he asks about his new record. Luisa has seen it. In fact when asked where it is she admits she's broken it. Here are Guillermo's questions. Supply Luisa's answers and write out their conversation in full, using the appropriate direct object pronouns in your answers.

Guillermo ¿Has visto mi cartera?
Luisa
Guillermo ¿Has visto mi dinero?
Luisa
Guillermo ¿Has visto mis billetes?
Luisa
Guillermo ¿Has visto mi pipa?
Luisa
Guillermo ¿Has visto mi disco nuevo?
Luisa
Guillermo ¿Dónde está?
Luisa

Lección quince

En la terraza del café

Todos los días don José sale de su oficina a la una y va a casa. En el camino siempre se para en el mismo café para tomar algo antes de almorzar. Don José siempre se sienta a una mesa al aire libre bajo un parasol que le protege del sol. Le gusta estar sentado a la sombra cuando hace sol. Por lo general encuentra a su amigo don Alfonso en el café y toman una copa juntos antes de volver a casa. Ya es tarde cuando llega don José y don Alfonso está sentado en la terraza esperándole. Se levanta para saludar a su amigo y se estrechan la mano.

Don Alfonso   Buenas tardes, amigo, ¿qué hay? Llegas algo tarde hoy, ¿verdad? ¿Sabes que ya son las dos menos cuarto?

Don José   Sí, ya lo sé. Hemos estado muy ocupados en la oficina y he tenido muchas cartas que firmar; pero, ¿qué tal, hombre?

Don Alfonso   Bastante bien. ¿Qué quieres tomar? Ya tengo una cerveza.

Don José   Voy a tomar una cerveza también. Tengo mucha sed.

El camarero llega. Se llama Pepe. Conoce muy bien a los dos señores y le gusta servirles. Saluda a don José.

Camarero   Buenas tardes, señor. ¿Lo de siempre?

Don José   Sí, una cerveza, por favor.

Camarero   Sí, señor, y ¿algo que comer?

Don Alfonso   Sí. ¿Qué tienen Vds.?

Camarero   Pues, tenemos aceitunas, patatas fritas, sardinas y una tortilla de patatas y guisantes muy buena. ¿Quieren Vds. un trozo?

Don José   Sí, un trocito por favor. Me gusta mucho la tortilla. Y unas aceitunas también.

Camarero   Sí, señor.

Don Alfonso   Pues, yo voy a tomar unas sardinas. Tengo hambre. Y patatas fritas para los dos.

Pronto el camarero vuelve con una bandeja sobre la cual tiene las tapas y la cerveza que han pedido los dos hombres. La pone en la mesa. Los dos hombres beben su cerveza y comen las tapas. A las dos y cinco don Alfonso llama al camarero y le pide la cuenta.

Las Ramblas, Barcelona

Camarero ¿La cuenta, señor?
Don Alfonso Sí, la cuenta. ¿Cuánto es?
Camarero Ciento veinte pesetas, señor.
Don Alfonso Muy bien. Aquí tiene ciento cincuenta. (Se las da al camarero.)
Camarero Gracias, señor. Aquí tiene las treinta pesetas de cambio. Hasta mañana, señores.

Después de pagar la cuenta los dos señores salen del café. Dejan una propina sobre la mesa para el camarero y se dirigen al metro que está muy cerca.

Vocabulario

el camarero waiter
el cambio change
el camino way, road
el guisante pea
el metro metro, underground
el parasol sunshade
el trocito small piece
el trozo slice, piece

la aceituna olive
la bandeja tray
la cerveza beer
la copa glass, drink
la cosa thing
la cuenta bill
la patata potato
las patatas fritas crisps, fried potatoes
la propina tip
la sardina sardine
la sombra shade, shadow
las tapas snacks, appetisers
la terraza terrace
la tortilla omelette

almorzar (ue) to have lunch
conocer to know (people, places)

dirigirse a to make one's way to
firmar to sign
pagar to pay for
proteger to protect
tener hambre to be hungry
tener sed to be thirsty

al aire libre in the open air
bajo under, underneath, below
en camino on the way
hasta mañana see you tomorrow
juntos together
le to him, to her, to you
les to them, to you
lo de siempre the usual
me to me
nos to us
os to you
¿qué hay? what's up? what's the matter?
te to you
ya lo sé I know

Gramática

1 Conocer (to know)

conozco	conocemos	Present participle: *conociendo*
conoces	conocéis	Past participle: *conocido*
conoce	conocen	

Conocer is used in the sense of knowing a person or a place (*i.e.* being acquainted with) and sometimes has the meanings of 'to get to know' or 'to recognise'.

e.g. *Conozco muy bien Valencia.*   I know Valencia very well.
     ¿Conoces a Julián?   Do you know Julián?

You will note that this usage is different from that of *saber* which means 'to know' in the sense of knowing facts or how to do something. In the latter case it is often translated by 'can' in English.

e.g. *¿Sabes dónde está Juan?*   Do you know where Juan is?
     María sabe hablar español.   María can speak Spanish.

2 Indirect object pronouns

Juan **me** *da el libro.*	Juan gives *me* the book.
Juan **te** *da el libro.*	Juan gives *you* the book.
Juan **le** *da el libro (a él).*	Juan gives *him* the book.
Juan **le** *da el libro (a ella).*	Juan gives *her* the book.
Juan **le** *da el libro (a Vd.).*	Juan gives *you* the book.
Juan **nos** *da el libro.*	Juan gives *us* the book.
Juan **os** *da el libro.*	Juan gives *you* the book.
Juan **les** *da el libro (a ellos).*	Juan gives *them* the book.
Juan **les** *da el libro (a ellas).*	Juan gives *them* the book.
Juan **les** *da el libro (a Vds.).*	Juan gives *you* the book.

Just like the direct object pronouns these are placed before the verb except when they are attached to the end of an infinitive or a present participle.

e.g. *No quiero darte el dinero.*   I don't want to give you the money.
     Está escribiéndole una carta. He's writing her a letter.

As *le* and *les* can have more than one meaning, *a él, a ella, a Vd., a ellos, a ellas, a Vds.* may be added after the verb if necessary to show which person is referred to.

When two object pronouns are used together, the indirect precedes the direct. If both are third person, the indirect (*le* or *les*) becomes *se*.

e.g. *Se lo da a él.*   He gives it to him.

No voy a dársela a ellas.   I'm not going to give it to them.

Note that when two pronouns are added to the infinitive an accent is needed on the stressed vowel.

3 Gustar

In Lesson 10 we met the forms *me gusta/n* and *te gusta/n*. The indirect object pronouns above may be used with *gusta* and *gustan* so that the construction may be applied to other people.

e.g. *¿Le gustan las manzanas?*   Do you like apples?

Les gusta ir al café.   They like going to the café.

4 Note the use of *que* followed by the infinitive in expressions such as:

¿Hay algo que comer?   Is there anything *to* eat?

No tengo nada que hacer.   I've got nothing *to* do.

Tengo muchas cosas que hacer.   I've got many things *to* do.

5 Verbs ending in -GER and -GIR

These verbs change *g* to *j* when followed by the letters *a* or *o*. Consequently the *yo* form of *proteger* in the Present tense is *protejo* and of *dirigirse* it is *me dirijo*. The change is made to indicate in writing that the pronunciation remains the same.

6 The pronoun *lo* is often used with a verb to sum up something already mentioned or understood when in English we should not normally use anything at all.

e.g. *Juan ha llegado. Ya lo sé.* Juan has arrived. I know.

Sometimes it is translated into English by *so*,

e.g. *Ya lo creo. I think so.*

Ejercicios

A Conteste en español.

1 ¿A qué hora sale don José de la oficina?
2 ¿Adónde va camino de casa?
3 ¿Dónde le gusta estar sentado? ¿Por qué?
4 ¿A quién encuentra en el café?
5 ¿Qué les gusta a los dos hombres hacer antes de almorzar?
6 ¿Cómo se saludan al encontrarse?
7 ¿A qué hora llega don José hoy?
8 ¿Dónde está su amigo cuando llega?
9 ¿Por qué ha llegado tarde don José?
10 ¿Qué ha pedido don Alfonso mientras está esperando?
11 ¿Por qué pide don José una cerveza?
12 ¿Qué tapas comen?
13 ¿Por qué pide don José un trocito de tortilla?
14 ¿Cuánto tiempo pasan en el café?
15 ¿Qué le pide don Alfonso al camarero antes de salir?
16 ¿Cuánto cuesta todo?
17 ¿Cuántas pesetas le da al camarero?
18 ¿Cuántas le da Pepe de cambio?
19 ¿Cuántas pesetas de propina le dan a Pepe?
20 ¿Cómo sabe Vd. que por lo general don José toma una cerveza?

B In the following choose the correct form of *saber* or *conocer*.

1 ¿Sabe/conoce Vd. dónde está el café?
2 ¿Saben/conocen Vds. muy bien Londres?
3 Sé/conozco a los amigos de Juan.
4 Mi hermano sabe/conoce escribir una carta en español.
5 ¿Sabes /conoces el café cerca del metro?
6 Sabemos/conocemos donde comprar muy buena fruta.
7 ¿Sabéis/conocéis el camino a la estación?
8 Yo sé/conozco al joven que lo ha hecho.
9 ¿Saben/conocen Vds. quién lo ha hecho?
10 No sabemos/conocemos por qué no le ha gustado el regalo.

C In the following replace the words in *italic* by the correct form of the indirect pronoun.

  1 Doy una propina *al camarero.*
  2 Está escribiendo una carta *a sus tíos en Sevilla.*
  3 ¿Qué voy a decir *a mi madre?*
  4 Mis padres hablan *a la chica* al entrar en la tienda.
  5 ¿Vas a vender tu casa *a los padres de Manuel?*
  6 Conchita da un regalo *a su amiga.*
  7 No dice *a su esposa* que va a volver tarde.
  8 Está hablando *al profesor.*
  9 Hemos dado todo el dinero *a nuestras hijas.*
10 No han escrito ninguna carta *a sus primos.*

D Answer the questions to confirm that Pepe does indeed give the various things mentioned to the people concerned, but replacing the nouns by the appropriate direct and indirect object ponouns.

  1 ¿Pepe da las tapas a don Alfonso?
  2 ¿Da la tortilla a las chicas?
  3 ¿Da las aceitunas a don José?
  4 ¿Da las patatas a Juanita?
  5 ¿Da la cerveza al chico?
  6 ¿Da el café a Enrique?
  7 ¿Da la propina a su hijo?
  8 ¿Te da la cuenta?
  9 ¿Te da el cambio?
10 ¿Te da las gracias?

E In the following replace all the nouns by pronouns.

  1 Dan las corbatas a mi padre.
  2 Voy a escribir una carta a Juanita.
  3 ¿Quieres ayudarme a buscar mis gafas?
  4 El camarero no da las tapas a los chicos.
  5 Hemos pedido al camarero la cuenta.
  6 Está leyendo la novela a su hermano menor.
  7 ¿Por qué estás dando tus discos a Mercedes?
  8 Vende el coche nuevo a la señora de García.
  9 No va a decir a su madre lo que han hecho sus hermanas.
10 He puesto mis maletas aquí.

F In the following replace the verb in *italics* by the new verb given.

1 No he *cerrado* la ventanilla.   abrir
2 Mis amigos *quieren* unas patatas fritas.   pedir
3 Están *escribiendo* una novela interesante.   leer
4 Nunca he *regresado* antes de las once.   volver
5 Su padre no me ha *encontrado* en la calle.   ver
6 Yo *me levanto* a eso de las seis y media.   despertarse
7 Las niñas *parecen* cansadas.   sentirse
8 ¿Quién se lo ha *explicado*?   decir
9 Le *saludo* al entrar en su casa.   dar las gracias
10 Está *fumando* en el café.   dormir

G Answer the following using pronouns wherever possible.

1 ¿Ha escrito Vd. a sus tíos hoy?
2 ¿Ha dejado Vd. sus libros de español en casa?
3 ¿Sus padres le dan dinero muchas veces?
4 ¿Está hablándoles su profesor de español ahora?
5 ¿Quién va a prepararle la cena esta noche?
6 ¿Quiere Vd. venderme su reloj nuevo?
7 ¿Has dado tu cuaderno de español a tu profesor?
8 ¿Has tenido que buscar tus llaves antes de venir al colegio?
9 ¿Dais regalos a vuestros padres?
10 ¿Vas a decir a tu madre lo que has hecho hoy?

H Conteste en español.

1 ¿Le gusta a Vd. ir al colegio?
2 ¿Les gusta a sus padres ir al trabajo?
3 ¿Les gusta a Vds. aprender el español?
4 ¿Le gusta a su madre el chocolate?
5 ¿Les gusta a sus amigos la cerveza?
6 ¿Le gustan a Vd. las patatas fritas?
7 ¿Le gustan a Vd. las aceitunas?
8 ¿Les gustan a Vds. las sardinas?
9 ¿Te gusta viajar en el metro?
10 ¿Os gustan las patatas?

I You stop at a café in Spain for a drink and some snacks before lunch. You are both hungry and thirsty and you ask the waiter what there is to eat and drink before you order. Later you ask him for the bill. Ask the waiter if there is a metro station or bus stop nearby before you leave.

J Translate into Spanish.

Every day don Alfonso goes to a little café near the Puerta del Sol to have a drink before lunch. He always meets his friend don José there and they like to spend half an hour talking and watching the passers by. To-day don Alfonso has arrived rather early because he has not had to do anything in the office. It is his birthday and he is wearing a new watch which his wife has given him.

Pepe, the waiter, knows don Alfonso and don José very well and he knows what they want to drink. When don José arrives he brings them beer and some olives. Don Alfonso is very pleased with his watch. He puts it on the table because don José and Pepe want to look at it.

After half an hour don Alfonso asks Pepe for the bill. The waiter gives it to him. Don Alfonso pays him, gives him a large tip and leaves the café with his friend. He has forgotten that he has left his watch on the table. However Pepe has seen it, picks it up and runs out of the café. He knows that don Alfonso catches a bus in the Puerta del Sol and so he is able to find him and give him his watch.

Lección dieciséis

El enfermo

Durante las vacaciones de verano muchas familias madrileñas van a pasar unas semanas en San Sebastián, porque no hace tanto calor allí como en Madrid. La familia García va siempre, pero este año Enrique está enfermo y todos han tenido que quedar en la capital. Madrid tiene un clima terrible en el verano, pero San Sebastián es un sitio muy agradable. Enrique acaba de escribir una carta a un amigo suyo, Andrés, que ya está en San Sebastián.

Calle de Pelayo, 81,
Madrid.
viernes, 28 de julio

Querido Andrés:

No he podido ir a San Sebastián porque estoy enfermo. Me he resfriado tanto que tengo que quedarme aquí en la cama hasta el lunes. El médico me ha visitado y no me ha permitido levantarme ni siquiera para ver mis programas preferidos de televisión. De vez en cuando oigo el ruido de la televisión de abajo y me molesta mucho estar aquí. Sin embargo tengo sobre mi mesita de noche una radio, y aunque mi hermana ha dicho que no hemos podido ir a San Sebastián por culpa mía, me ha comprado un libro sobre los planetas y las estrellas. Es casi tan interesante como el tuyo.

Hace muchísimo calor aquí en Madrid y hoy se ha registrado una temperatura de treinta y cinco grados. Apuesto que no hace tanto calor en San Sebastián como en Madrid en este momento. Me molesta mucho estar enfermo durante las vacaciones y no poder ir a la playa. Siempre me ha gustado nadar en el mar.

Como no es posible ir a la costa ahora, mi padre ha decidido llevarnos a todos a la Costa del Sol en el otoño. Dice que es la mejor estación del año para visitar esa parte de España. Nunca he visitado Andalucía y espero que nuestras vacaciones allí van a ser tan agradables como las tuyas. Después de seis días en la cama estoy tan aburrido como en las clases y tengo ganas de verte para saber lo que has hecho en San Sebastián. Supongo que estás pasando bien tus vacaciones. Espero con ganas las mías.

Tengo que acabar esta carta ahora porque la pluma con que la he escrito no es mía. Es de Mercedes y creo que va a necesitarla ahora. He perdido la mía.

Saluda de mi parte a tus padres,

tu amigo,

Enrique.

P.D. ¿Por qué no me has enviado una postal hasta ahora?

Conversación

Mercedes Enrique, esa pluma es mía, ¿verdad?

Enrique Sí, acabo de escribir una carta a Andrés.

Mercedes ¿Dónde está la tuya? ¿La has perdido?

Enrique Creo que sí. Es que no la encuentro.

Mercedes ¿Cómo te sientes ahora? ¿Tienes calor?

Enrique Sí, mucho y me he aburrido tanto.

Mercedes ¡Anímate, chico! Hay un programa sobre los deportes en la radio ahora. ¿Por qué no la enciendes?

Enrique Mi transistor no anda bien. Necesita pilas. ¿Quieres prestarme el tuyo?

Vocabulario

los deportes sport
el grado degree
el mar sea
el médico doctor
el otoño autumn
el planeta planet
el programa programme
el sitio place
el transistor transistor

la cama bed
la culpa blame
la estación season
la estrella star
la medicina medicine
la mesita de noche bedside table
la pila battery
la playa beach
la pluma pen
la radio radio
la temperatura temperature

aburrirse to get bored
acabar to finish, end
animarse to cheer up, liven up
apostar (ue) to bet
encender (ie) to switch on, turn on; to light
enviar to send
molestar to annoy, bother, disturb

nadar to swim
necesitar to need
oír to hear
pasar bien to enjoy
perder (ie) to lose
permitir to let, allow, permit
prestar to lend
registrarse to register, record
resfriarse to catch a cold
suponer to suppose
tener calor to be hot (people)
tener ganas de to be keen to

aburrido bored
enfermo ill, sick
muchísimo very, very much
querido dear

abajo below
como as, like
mío mine
ni siquiera not even
nuestro ours
sobre about
suyo his, hers, yours, theirs
tan ... como as ... as
tanto ... como as much ... as
tantos ... como as many ... as
tuyo yours
vuestro yours

Gramática

1 The irregular verb oír (to hear)

oigo	*oímos*	Present participle: *oyendo*
oyes	*oís*	Past participle: *oído*
oye	*oyen*	

2 Note that *oír* and similar verbs like *ver, encontrar* and *sentir* are used without *poder* whereas in English we use 'can' followed by 'hear', 'see', 'find', 'feel', etc.

e.g. *Pablo oye el ruido de la calle.*	Pablo can hear the noise from the street.
¿Ves el coche blanco?	Can you see the white car?
No encuentro mis llaves.	I can't find my keys.

In each case we are dealing with simple statements of fact and not with someone's inherent ability to do something (*poder*) or knowing how to do something (*saber*).

3 Possessive pronouns

Singular		Plural		
Masc.	Fem.	Masc.	Fem.	
(el) mío	*(la) mía*	*(los) míos*	*(las) mías*	mine
(el) tuyo	*(la) tuya*	*(los) tuyos*	*(las) tuyas*	yours
(el) suyo	*(la) suya*	*(los) suyos*	*(las) suyas*	his, hers, yours
(el) nuestro	*(la) nuestra*	*(los) nuestros*	*(las) nuestras*	ours
(el) vuestro	*(la) vuestra*	*(los) vuestros*	*(las) vuestras*	yours
(el) suyo	*(la) suya*	*(los) suyos*	*(las) suyas*	theirs, yours

The above pronouns agree in number and gender with the noun they replace.

e.g. *¿Es éste mi libro?*   Is this my book?

Sí, es tuyo.   Yes, it's yours.

¿De quién es esta casa?   Whose house is this?

Es suya.   It's his.

¿Estos libros son míos?   Are these books mine?

No, son suyos.   No, they are hers.

¿De quién es este dinero?   Whose is this money?

Es nuestro.   It's ours.

Tengo mis gafas y las tuyas.   I've got my glasses and yours.

He vendido mi reloj y el suyo.   I've sold my watch and his.

Han olvidado sus maletas y las vuestras.   They've forgotten their cases and yours.

N.B. • The definite article is omitted when the pronouns follow the verb *ser*.

- Since *suyo*, etc., may be ambiguous it is often replaced by *de él, de ella, de Vd., de ellos, de ellas, de Vds.*
  e.g. *¿Es de él?*   Is it his?
  No, es de ella.   No, it's hers.
- *un amigo mío*   a friend of mine
  una carta suya   a letter of his

4 Comparison of equality

Mi casa es tan *hermosa* como *la vuestra.*
My house is as beautiful as yours.
Estos discos son tan *buenos* como *los míos*
These records are as good as mine.
Yo no soy tan *grande* como *mi hijo.*
I am not as big as my son.
No tienen tanto *dinero* como *sus amigos.*
They do not have as much money as their friends.
Aquí no hace tanto *calor* como *en Madrid.*
It is not as hot here as in Madrid.
He comido tantas *aceitunas* como *Pedro.*
I've eaten as many olives as Pedro.

> *Tan ... como* is the form used with an adjective.
> *Tanto*, etc.... *como* is the form used with a noun.

5 *Santo* (Saint) becomes *San* before a masculine singular name except when the name begins with *Do-* and *To-*. Thus we have *San Juan* (St John), *San Pedro* (St Peter), BUT *Santo Domingo* (St Dominic) and *Santo Tomás* (St Thomas).

Ejercicios

A Choose the answer which best fits the facts given in the reading passage and then write it out in full.

1 ¿Por qué no han ido los García a San Sebastián?
   a porque no tienen vacaciones
   b porque Enrique no está bien
   c porque les gusta el clima de Madrid

2 ¿Por qué ha tenido Enrique que quedarse en cama?
   a porque se ha resfriado
   b porque hace tanto calor
   c porque tiene frío
3 ¿Por qué ha decidido el señor García llevar a su familia a la Costa del Sol?
   a porque le gusta San Sebastián
   b porque hace tanto calor en octubre
   c porque no pueden ir a la costa en julio
4 ¿Qué le ha dado Mercedes a Enrique?
   a su transistor
   b un libro
   c su pluma
5 ¿Qué ha hecho Enrique con la pluma de Mercedes?
   a ha escrito una carta
   b la ha perdido
   c la ha roto
6 ¿Por qué no ha encendido la radio?
   a no le gustan los deportes
   b quiere mirar la televisión
   c necesita pilas
7 ¿Cuántos días tiene que pasar en la cama?
   a nueve
   b seis
   c quince
8 ¿Qué le gusta a Enrique hacer durante las vacaciones?
   a mirar la televisión
   b ir a Andalucía
   c ir a la playa

B Using the appropriate possessive pronouns answer these questions put to you by a customs officer (*aduanero*) at an airport. You are with a friend. Make sure you don't confuse the officer!

1 ¿Estas maletas son suyas?
2 ¿Esta maleta roja es de Vd.?
3 ¿De quién es la maleta pequeña?
4 Y esta radio, ¿de quién es?
5 ¿De quién es este reloj?
6 ¿De quién son estos discos?

7 ¿Estos papeles son suyos?
8 ¿De quién es esta revista?
Está bien. Buen viaje.

C Replace the possessive adjective and noun in the following by the correct possessive pronoun.

1 He olvidado mi billete.
2 Estoy leyendo tu periódico.
3 ¿Ha abierto sus maletas?
4 ¿Vas a vender tu radio?
5 No he oído sus discos.
6 Mis padres no hablan español.
7 ¿Pasáis vuestras vacaciones en Italia?
8 He perdido nuestras postales.
9 ¿Dónde está mi cerveza?
10 Ésta es nuestra casa.

D Answer the following using *tan(to) . . . como* in place of *más . . . que.*

1 ¿Ha comido Vd. más chocolate que yo?
2 ¿Ha comprado Vd. más naranjas que manzanas?
3 ¿Ha gastado Vd. más dinero que sus amigos?
4 ¿Tiene Vd. más hermanos que hermanas?
5 ¿Bebe Vd. más cerveza que su padre?
6 ¿Lee Vd. más novelas que periódicos?
7 ¿Tiene su padre más pelo que Vd.?
8 ¿Hay más días en septiembre que en abril?
9 ¿Hace Vd. más ruido en casa que en clase?
10 ¿Le gusta a Vd. el té más que el café?
11 ¿Le gusta a Vd. ir al campo más que a la playa?
12 ¿Tiene su libro de español más páginas que el mío?
13 ¿Ha pasado Vd. más años en España que en Inglaterra?
14 ¿Le gusta a su profesor dormir más que trabajar?
15 ¿Hace más calor en Madrid que en Barcelona ahora?

E On your map of Spain indicate San Sebastián. Why is it so well known? Find out its population and distance from Madrid. What is the name given to this part of Spain and its inhabitants?

F In the following replace the nouns by pronouns wherever possible.

1 No quiero ir a ver al médico.
2 Esta noche no he visto las estrellas.
3 Mis amigos me han enviado la postal desde España.
4 ¿Quién va a mostrar el cuadro a María?
5 Pascual está buscando su pluma.
6 Dan los paquetes al cartero.
7 ¿Ha decidido el profesor castigar a los alumnos?
8 ¿Por qué no me habéis dado la carta?
9 Hemos dado los billetes a nuestros hijos.
10 ¿Dónde ha puesto Vd. mi radio?

G Conteste en español.

1 ¿Conoce Vd. Madrid o San Sebastián?
2 ¿Envía Vd. postales a sus amigos cuando está de vacaciones?
3 ¿Está Vd. enfermo muchas veces?
4 ¿Le gusta a Vd. mirar la televisión?
5 ¿Cuál es su programa preferido?
6 ¿Sabe Vd. nadar? ¿Le gusta nadar en el mar?
7 ¿Vive Vd. cerca de una playa?
8 ¿Cuál es su estación preferida? ¿Por qué?
9 ¿Ha recibido Vd. una carta o una postal esta mañana?
10 ¿Le interesan a Vd. los otros planetas?
11 ¿Está Vd. aburrido durante sus clases de español?
12 ¿Hace tanto calor en Londres como en Madrid durante el verano?
13 ¿Le gustan a Vd. los programas de televisión tanto como los de radio?
14 ¿Le gustan los deportes?

H You have caught a bad cold and have had to stay home in bed. A friend calls to see you. He/she asks you how you feel, what is the matter, if the doctor has been to see you, what he has said, how long you must stay in bed, if he has given you any medicine etc. Your friend has also brought you a present. Compose a dialogue between yourself and your friend taking into account the suggestions given and making suitable replies to your friend's questions and comments.

I You are in bed with a cold, the doctor has just left and so has a friend who has been to visit you. Write a letter to another friend telling him/her what has happened and that as a result you cannot go to the beach with him/her on Saturday. Write about 120–150 words.

Lección diecisiete

El cuerpo (the body)

los *bigotes* moustache
el *brazo* arm
el *codo* elbow
el *corazón* heart
el *cuello* neck
el *dedo* finger, toe
el *diente* tooth
el *estómago* stomach
el *hombro* shoulder
el *hueso* bone
el *labio* lip
el *ojo* eye
el *pecho* chest, breast
el *pelo* hair
el *pie* foot
el *pulgar* thumb, big toe
el *rostro* face

la *barba* beard
la *boca* mouth
la *cabeza* head
la *calavera* skull
la *cara* face

la *carne* flesh; meat
la *cintura* waist
la *costilla* rib
las *espaldas* shoulders, back
la *frente* forehead, brow
la *garganta* throat
la *lengua* tongue
la *mano* hand
la *muñeca* wrist
la *nariz* nose
la *oreja* ear
  el *oído* ear (inner)
la *piel* skin
la *pierna* leg
la *rodilla* knee
la *sangre* blood

calvo bald
castaño brown
corto short
moreno dark (hair); dark, swarthy
rubio fair, blond

Remember that in Spanish you normally use the definite article with parts of the body. The possessive adjective is only used when you wish to emphasise the person concerned. Note that in Spanish *tener* is often used when we would use the verb 'to be' in English,

e.g. Tiene las manos grandes. His hands are large.

Draw (or cut out and stick in your exercise book) and label a body and a face. Then write a brief description of the person involved.

Finally answer the following questions in Spanish:

1 ¿Tiene Vd. mucho pelo?
2 ¿De qué color es su pelo?
3 ¿De qué color son sus ojos?
4 ¿De qué color son sus dientes?
5 ¿Cuántos dientes tiene Vd.?
6 ¿Cuántos dedos tiene Vd.?
7 ¿Tiene Vd. la nariz larga?
8 ¿Tiene su profesor pelo largo o corto?
9 ¿Tiene su padre los pies grandes?
10 ¿De qué color son los ojos de su madre?

Repaso

A Change the verb according to the new subject given.

1 No *sabemos* por qué ha llegado tan tarde.	Yo
2 ¿*Quieres* ir a San Sebastián este verano?	Vosotros
3 ¿A qué hora *volvéis* de la estación?	Sus padres
4 Le *dice* a Manuel que está lloviendo.	Yo
5 *Conoce* muy bien a la señora de Mendoza y a sus hijos.	Yo
6 *Podéis* venir a verme mañana a las tres.	Vds.
7 Mi amigo *se sienta* cerca de la chimenea.	Nosotros
8 ¿A qué hora *se despiertan* Vds. por la mañana?	Tú
9 Su esposa le *encuentra* en el café.	Nosotros
10 María *pone* el paquete en la mesa antes de abrirlo.	Yo
11 ¿Por qué no *te lavas* antes de desayunar?	Vosotros
12 Estos alumnos *cierran* las ventanas antes de salir.	La niña
13 ¿Dónde *vas* a despedirte de tu amigo inglés?	Vosotros
14 *Pido* al camarero dos cafés y unas patatas fritas.	Los clientes
15 Se lo *dan* a Manuel y *salen*.	Yo

B Change the verbs in the following from the Present to the Perfect.

1 No me dicen lo que hacen aquí.
2 El cliente abre la puerta del café y entra.
3 ¿Dais una propina al camarero?

4 ¿Hace mucho sol en Madrid hoy?
5 Nos sentimos algo enfermos después de tal viaje.
6 Subo al tren y pongo mi maleta en la red.
7 Descubrimos que nuestros amigos no están aquí.
8 El señor García se pregunta quién saca los billetes.
9 ¿Quién te escribe esa carta?
10 Nunca voy a España en el invierno.
11 ¿Vienes a este café muchas veces?
12 Carmen dice que no ve a nadie en la playa.
13 Volvemos a casa a las tres de la madrugada.
14 El médico recibe un paquete de su hermano en Barcelona.
15 Mi padre deja caer una taza de té.

C Change the nouns in the following to pronouns.

1 Estoy buscando la cartera.
2 Nos ha pedido nuestros billetes.
3 Ayuda a su madre a preparar la cena.
4 Envían muchas tarjetas a sus parientes.
5 Ha escrito una carta importante a María.
6 Están comprando panecillos.
7 Tiene que visitar al médico.
8 ¿Cuándo van a abrir las puertas?
9 Dan el dinero a Juanita y salen.
10 Vende el chocolate y la fruta a mi hermano.
11 ¿Dónde hemos puesto el horario?
12 Desde aquí Vds. pueden ver el mar.
13 ¿Por qué no habéis dado el depósito al agente?
14 Está en cama leyendo una novela española.
15 No quiero ir a recibir a tu hijo.

D Translate into Spanish.

1 Manuel cannot come and see us until Tuesday afternoon.
2 We do not have as much money as our parents.
3 Do you (*vosotros*) have to shave before going out in the morning?
4 Don José has asked me for another cup of coffee.
5 On the way to the station we do not see many people.
6 Has he forgotten the letter? No, he has just given it to me.
7 Do you know if your cousin knows my father?
8 I have never liked travelling by train to Spain.

9 That map is yours. I cannot remember where I have put mine.
10 Carmen has sat down because she feels ill.
11 How do we know that you have read it all?
12 Has your doctor allowed you to get up today?
13 We have not been able to find the book you have told us about.
14 Who is the woman they have been looking for?
15 A friend of mine has done it better than you.

E Conteste en español.

1 ¿Sabe Vd. nadar?
2 ¿Está lloviendo ahora?
3 ¿Ha llegado Vd. tarde o temprano al colegio?
4 ¿En dónde se lava Vd. por la mañana?
5 ¿Le gusta a Vd. escuchar la radio en cama?
6 ¿Se levanta Vd. más tarde los domingos que los otros días?
7 ¿Cuántas cartas ha escrito Vd. hoy?
8 ¿Ha tenido Vd. que preparar el desayuno?
9 ¿Quién le ha despertado esta mañana?
10 ¿Qué ha dicho su profesor al entrar en la clase?
11 ¿A qué hora vuelve Vd. a casa por la tarde?
12 ¿Come Vd. tanta fruta como chocolate?
13 ¿Le gustan a Vd. las patatas fritas y las aceitunas?
14 ¿Tiene su madre pelo rubio o negro?
15 ¿Ha olvidado Vd. hacer algo importante hoy?

F In what part of Spain is Pamplona? Mark it on your map and find out its population and distance from Madrid. What is the San Fermín festival for which Pamplona is famous?

G Vocabulary test.

Give the Spanish for:

it is misty;	first of all;
at exactly 4.15 a.m.;	let's see;
there is no doubt;	out of breath;
it consists of;	I am lucky;
no sooner said than done;	on the way to;
to have to;	it is about.

H Read through this letter from Carlos to his friend Jaime and then reply to it as though you were Jaime.

Querido Jaime:

   Siento mucho no haberte escrito en tanto tiempo. Es que he estado muy ocupado. María me ha dicho que estás enfermo y que has tenido que quedarte en casa. Te has resfriado, ¿verdad? Espero que te sientas mejor ahora. ¡Qué suerte no tener que ir al colegio! Supongo que has pasado unos días bastante agradables escuchando la radio, mirando la televisión y leyendo revistas.
   Escribo ahora para preguntarte si quieres ir a la playa el domingo que viene. Como sabes, mis padres han ido de vacaciones a Italia y me han prestado su coche. Podemos ir a la playa a nadar y después ir a cenar a ese restaurante francés en la Plaza Mayor. ¿Qué te parece?
   Esperando tus noticias.
   Un fuerte abrazo.

Carlos

I Study the pictures carefully and then use them as a basis for a short composition in Spanish.

Lección dieciocho

En el restaurante

El señor Ruiz quiere que celebren la última noche de sus vacaciones en San Sebastián con una cena excelente y los otros están de acuerdo.

Andrés   ¿Adónde vamos a comer, mamá?

La señora Ruiz   No sé. He dicho a tu padre que él decida porque conoce unos buenos restaurantes aquí.

El señor Ruiz   Sí, conozco bien al dueño de un pequeño restaurante en el barrio de pescadores cerca de la Concha, donde la cocina es estupenda. Voy a telefonearle ahora para reservar una mesa para esta noche porque su restaurante está siempre lleno por las noches.

Don Pepe   Restaurante Atlántico. ¡Dígame!

El señor Ruiz   Don Pepe, soy Martín Ruiz de Madrid. Estoy aquí en San Sebastián de vacaciones con mi familia.

Don Pepe   Ah, excelente. Quiere Vd. que les reserve una mesa para esta noche, ¿verdad?

El señor Ruiz   Sí, quiero reservar una mesa para cuatro personas para las nueve y media. ¿Le viene bien?

Don Pepe   Sí, señor, me viene muy bien. Adiós, hasta más tarde.

Llegan al restaurante a las nueve y media y aunque está muy concurrido, el dueño, don Pepe, les recibe. Está muy contento de que el señor Ruiz visite su restaurante otra vez y que su familia le acompañe.

— He reservado una mesa para Vds. en ese rincón — dice. — Quiero que prueben una copita de mi mejor jerez antes de comenzar su comida. ¡Que aprovechen!

Los Ruiz aceptan con mucho gusto y mientras beben el jerez muy seco y frío miran el menú que les ha entregado un camarero. Para empezar los padres toman los entremeses pero los chicos prefieren sopa. Andrés escoge sopa de ajo y su hermana, Rosario, gazpacho andaluz (una sopa fría). Luego todos comen pescado que es un plato excelente en este restaurante. Andrés y su padre comen calamares en

su tinta y Rosario y su madre merluza. Con el pescado beben un buen vino blanco de Galicia y agua mineral.

El señor Ruiz Vamos a ver. ¿Qué queréis tomar ahora?

La señora Ruiz Pues, me has dicho que la paella es excelente aquí. Voy a probarla.

Rosario Yo también.

Andrés Y yo.

Camarero ¿Qué desean ahora, señores?

El señor Ruiz La señora y los chicos desean paella. Yo he decidido tomar un filete con patatas fritas. No quiero comer más pescado.

Camarero ¿Y algo más para beber, señor?

El señor Ruiz Sí, media botella de vino tinto de Rioja para beber con la carne. Y unos palillos, por favor.

Camarero En seguida, señor.

— ¿Podemos tomar helados de chocolate de postre, papá? — pregunta Rosario cuando ha terminado la paella.

— Claro, hija — responde el señor Ruiz. — Tu madre y yo preferimos fruta, ¿verdad, Carlota?

El camarero les lleva una cesta enorme de fruta, de la cual la señora de Ruiz escoge unas uvas y su marido una naranja. Después, todos beben café cortado (café con un poquito de leche) con excepción del señor Ruiz. Le gusta beber el café solo (café sin leche) y lo toma con un poco de coñac. Por fin pide al camarero que le lleve la cuenta.

Don Pepe viene a ver si todo ha ido bien y si les ha gustado la comida.

— Ha sido una comida excelente — le asegura la señora de Ruiz. — Estamos muy contentos.

Su marido paga la cuenta y a eso de las once se despiden de don Pepe y vuelven a su hotel.

Vocabulario

el ajo   garlic
el Atlántico   Atlantic
el barrio   district, quarter
el café cortado   coffee with a little milk
el café solo   black coffee
los calamares   squid
el coñac   brandy
el dueño   owner, landlord
los entremeses   hors d'œuvres
el filete   steak
el gazpacho   cold tomato-based soup
el helado   ice cream
el impuesto   tax
el jerez   sherry
el marido   husband
el menú   menu
el palillo   toothpick
el pan   bread
el pescado   fish (when dead)
el pescador   fisherman
el plato   dish, plate
el postre   dessert
el rincón   corner (inside)
el servicio   service
el vino   wine

el agua   (*fem.*) water
la cesta   basket

la cocina   cooking
la comida   meal, food
la Concha   a famous beach in San Sebastián
la copita   sherry glass
Galicia   Galicia
la leche   milk
la merluza   hake
la paella   a rice dish with shell-fish, chicken, meat, tomato, peppers etc.
la sopa   soup
la tinta   ink
la torre   tower
la uva   grape

aceptar   to accept
asegurar   to assure
entregar   to hand, deliver
escoger   to choose
probar (ue)   to try, taste
reservar   to reserve, book
responder   to reply, answer
rogar (ue)   to ask (as a favour), request, beg
telefonear   to telephone
venirle bien   to suit

andaluz   Andalusian
concurrido   crowded
enorme   huge

mineral   mineral
seco   dry
tinto   red (of wine)
último   last

claro   of course
con excepción de   except for
con mucho gusto   with great
  pleasure

¡dígame!   hello! (on the phone)
hasta más tarde   see you later,
  cheerio
¡que aproveche/n!   bon appétit!
  eat well!

Gramática

1 The Present Subjunctive of regular verbs

Mirar	Comer	Vivir
mire	*coma*	*viva*
mires	*comas*	*vivas*
mire	*coma*	*viva*
miremos	*comamos*	*vivamos*
miréis	*comáis*	*viváis*
miren	*coman*	*vivan*

To form the Present Subjunctive of an -*AR* verb take the first person singular of the Present Indicative (*e.g. miro*), remove the ending and then substitute the endings -*e*, -*es*, -*e*, -*emos*, -*éis*, -*en*.

To form the Present Subjunctive of an -*ER* or -*IR* verb take the first person singular of the Present Indicative (*e.g. como, vivo*), remove the ending and then substitute the endings -*a*, -*as*, -*a*, -*amos*, -*áis*, -*an*.

In a radical changing verb the change takes place in the Present Subjunctive in the same persons as in the Present Indicative.

e.g. poder	*pueda*	*podamos*
	puedas	*podáis*
	pueda	*puedan*

The exception to this is -*IR* verbs (which change *e* to *i*) where the radical change takes place throughout the Present Subjunctive.

e.g. pedir	*pida*	*pidamos*
	pidas	*pidáis*
	pida	*pidan*

2 Uses of the Subjunctive

The Present Subjunctive replaces the Present Indicative in certain cases and circumstances which will be explained gradually during this and succeeding lessons. It is used:

a After verbs of wanting or wishing
   e.g. Quiere que yo le **visite** *en Madrid.*
      He wants me to visit him in Madrid.
      ¿Quieres que **comamos** *ahora?*
      Do you want us to eat now?
      No quiero que me **esperes** *en la estación.*
      I don't want you to wait for me at the station.

b After verbs of *emotion*
   e.g. Estoy contento de que **puedas** *venir.*
      I'm glad that you can come.
      Siente que **estés** *enfermo.*
      He's sorry that you are ill.
      (N.B. *Está contento de estar aquí.*   He's pleased to be here.)

c After verbs of commanding or instructing
   e.g. Me dice que yo **decida**.
      He tells me to decide.
      Nos piden que **paguemos** *la cuenta.*
      They ask us to pay the bill.
      Le ruego que nos **reciba** *en el aeropuerto.*
      I'm asking him to meet us at the airport.

Note the *u* which is inserted in the Present Subjunctive of verbs ending in -*CAR* and -*GAR* in order to keep the sound of the *c* and *g* hard.
e.g. pagar – pague; llegar – llegue; buscar – busque; sacar – saque.

The Subjunctive is used in all the above cases when the subject of the verb in the subordinate clause is different from that in the main clause and in some way depends upon it. Note the difference in the following examples.

Quiero visitar Madrid.	I want to visit Madrid.
Quiero que visites Madrid.	I want you to visit Madrid.
Estoy contento de poder venir.	I'm happy to be able to come.
Estoy contento (de) que puedas venir.	I'm happy that you can come.

Ejercicios

A Choose the answer which best fits the events in the reading passage and then write it out in full.

1 ¿Por qué quiere doña Carlota que su marido escoja un restaurante?
   a porque conoce a don Pepe
   b porque conoce San Sebastián
   c porque es la última noche de las vacaciones
2 ¿Dónde está el restaurante de don Pepe?
   a en la Concha
   b en el rincón
   c en el barrio de los pescadores
3 ¿Qué le ruega el señor Ruiz a don Pepe que les reserve?
   a un jerez seco
   b una mesa para las nueve y media
   c una mesa en la terraza
4 ¿Por qué quiere doña Carlota probar la paella?
   a porque su marido le ha dicho que es muy buena
   b porque no le gusta el pescado
   c porque prefiere merluza
5 ¿Por qué pide el señor Ruiz vino tinto?
   a porque va a comer pescado
   b porque no le gusta el vino blanco
   c porque quiere tomar un filete
6 ¿Qué toma doña Carlota de postre?
   a un helado de chocolate
   b unas uvas
   c nada
7 ¿Qué toma Andrés después de la comida?
   a café cortado
   b café con leche
   c coñac
8 ¿Qué le pide el señor Ruiz al camarero?
   a más café
   b un poco de leche
   c la cuenta

B Complete the following by putting the verb given in the correct part of the Present Subjunctive.

1 Quiere que Vd.... abrir la puerta.
2 Quiere que ellos ... beber el jerez.
3 Quiere que tú ... reservar una mesa.
4 Quiere que nosotros ... comprar unas flores.
5 Quiere que ella ... llegar a la una.
6 Quieren que vosotros ... ver este programa.
7 Quieren que Vds.... probar el pescado.
8 Quieren que tú ... pagar la cuenta.
9 Quieren que ella ... escoger el vino.
10 Quieren que yo ... pedir palillos.

C Instructions as for exercise B.

1 Están contentos de que ella ... escribirles.
2 Están contentos de que Vds.... aceptar el regalo.
3 Están contentos de que yo ... preferir su restaurante.
4 Están contentos de que nosotros ... visitarles.
5 Están contentos de que tú ... vivir aquí.
6 Sentimos que vosotros ... querer ir.
7 Sentimos que él no ... poder venir.
8 Sentimos que el coche no ... funcionar.
9 Sentimos que ellas ... deber salir temprano.
10 Sentimos que tú ... no encontrar tu reloj.

D Instructions as for Exercise B.

1 Me dice que yo ... telefonear a mi amigo.
2 Te dice que tú ... buscar su pipa.
3 Le dice que él ... leer el menú.
4 Le dice que Vd. ... quedarse en cama.
5 Nos dice que nosotros ... hablar con el dueño.
6 Les piden que ellas ... sentarse aquí.
7 Me ruegan que yo ... recibir a su hijo.
8 Os ruegan que vosotros ... sacar los billetes.
9 Le ruegan que ella ... preparar una comida.
10 Te piden que tú ... cerrar la ventana.

E Conteste en español.

1 ¿Ha visitado Vd. un restaurante español alguna vez?
2 ¿Ha probado Vd. la comida española?
3 ¿Qué prefiere Vd. comer – el pescado o la carne?
4 ¿Le pide su padre que le ayude en el jardín?
5 ¿Le dice su madre que le escriba cuando está de vacaciones?
6 ¿Le gusta a Vd. comer en un restaurante más que en casa?
7 ¿Ruega Vd. a su padre que le compre discos muchas veces?
8 ¿Quiere su profesor que hablen Vds. español en clase?
9 ¿Le gusta a Vd. beber vino con su comida?
10 ¿Prefiere Vd. café con leche, café cortado o café solo?
11 ¿Quiere Vd. que su padre compre un coche nuevo?
12 ¿Quieren sus padres que el profesor le castigue cuando no trabaja bien?
13 ¿Le da a Vd. mucho gusto que Vds. no deban ir al colegio todos los días?
14 ¿Ruega Vd. a su profesor que le permita salir de la clase temprano?
15 ¿Quiere Vd. que sus padres le lleven a España en el verano?

F Mark on your map Jerez de la Frontera, the town in Andalucía which has given its name to sherry, the province of Galicia and the wine producing region of Rioja.

G Translate into Spanish.

1 They are very sorry that you cannot visit them this year.
2 Do you want me to meet her at the station?
3 My uncle is very pleased that I want to buy his old car.
4 The ticket collector asks them to show him their tickets.
5 Her husband tells the waiter to bring them the menu and two glasses of sherry.
6 Carmen's aunt is pleased that we like her cooking.
7 I am asking you (*vosotros*) not to arrive late tomorrow.
8 The restaurant owner wants us to try his paella.
9 My teachers are sorry that I do not want to learn Spanish.
10 Do your parents tell you to get up very early in the morning?

Restaurante de la Torre—carta

Sopas	Sopa de ajo	*Garlic soup*
	Gazpacho andaluz	*Andalusian cold tomato-based soup*
	Sopa de pescado	*Fish soup*
Entremeses	Entremeses variados	*Hors d'oeuvres*
	Judías saltadas	*Tossed green beans*
	Jamón serrano con melón	*Serrano ham with melon*
	Tortilla española	*Spanish omelette*
	Huevos a la flamenca	*Eggs flamenco style*
Pescado 	Merluza en salsa verde	*Hake in green sauce*
	Calamares en su tinta	*Squid in its ink*
	Calamares a la romana	*Squid fried in batter*
	Trucha con almendras	*Trout with almonds*
	Paella a la valenciana	*Paella Valencian style*
	Gambas al ajillo	*Prawns in garlic sauce*
Carne	Filete de ternera	*Veal*
	Pollo asado	*Roast chicken*
	Cochinillo asado	*Roast sucking pig*
	Pato a la sevillana	*Duck Sevillian style*
	Chuleta de cordero a la parrilla	*Grilled lamb chop*
	Riñones al jerez	*Kidneys in sherry sauce*
	Lomo de cerdo	*Fillet of pork*
Legumbres	Patatas fritas	*Fried potatoes / chips*
	Patatas asadas	*Roast potatoes*
	Arroz	*Rice*
	Judías verdes	*Green beans*
	Guisantes	*Peas*
	Espinaca	*Spinach*
	Zanahorias	*Carrots*
	Ensalada mixta	*Salad*
Postres	Flan	*Crème caramel*
	Fruta del tiempo	*Fresh fruit*
	Helados de chocolate, café, vainilla, fresa	*Chocolate, coffee, vanilla, strawberry ices*
	Queso manchego	*La Mancha cheese*
	Queso gallego	*Galician cheese*
Bebidas	Vino de Rioja (tinto y blanco)	*Rioja wines (red and white)*
	Vino de la casa (tinto, blanco y rosado)	*House wines (red, white and rosé)*
	Cerveza	*Beer*

Pan, café, servicio e impuestos incluídos
Bread, coffee, service and taxes included

H Study the menu shown and use it as a basis for composing the following dialogues:

a You and a companion order sherry and then sit and discuss the menu which the waiter has handed you. You decide what to order when the waiter returns.

b The waiter comes to take your order. You order both the food and drink for yourself and your companion. You might well want to ask the waiter's advice. Order as large a meal as you like!

Write about six parts for each speaker in each dialogue.

Lección diecinueve

Dolor de muelas

Mercedes tiene dolor de muelas pero no quiere que lo sepa su madre. No quiere ir a ver al dentista porque no hay nada que tema más que una visita a su casa aunque es un hombre simpático. Por fin no puede aguantar más el dolor y dice a Enrique lo que tiene. Éste le dice que vaya a la farmacia a ver si pueden darle algo que mitigue el dolor. Ella va a la farmacia de la esquina. Está bastante llena de gente y mientras el farmacéutico les sirve, Mercedes mira todas las botellas y cajas en el mostrador buscando algún remedio. Claro que no lo encuentra. Explica al farmacéutico lo del dolor de muelas y le pide consejo. El farmacéutico se sonríe.

— No puedo ayudarle mucho. No hay más remedio que ir al dentista cuanto antes, pero si le parece, puede comprar unas aspirinas para mitigar el dolor un poco.

Mercedes vuelve a casa con las aspirinas.

— El farmacéutico no me ha dado más que estas aspirinas — dice a Enrique, echando agua en un vaso — y dice que debo ir al dentista.

Está para tragarse una cuando entra su madre que no ha podido menos de oír todo lo que ha dicho su hija.

— Si tienes dolor de muelas, hija, sabes lo que debes hacer ¿verdad? Mañana por la mañana vamos a ver al dentista. No hay nada más que decir. Lo mejor que puedes hacer es tragarte esa aspirina y acostarte temprano.

Pobre Mercedes. Al día siguiente, acompañada de su madre, va a ver al dentista. Se ha puesto pálida y está temblando cuando las recibe la ayudante del dentista. No tiene que esperar mucho antes de ver al dentista que le examina la boca con mucho cuidado y paciencia.

— Temo que no pueda empastarle este diente — dice. — Voy a sacarlo, pero es preciso que no tenga miedo. No voy a hacerle daño.

Cuando ha terminado Mercedes está muy contenta de que le haya sacado el diente. Le está muy agradecida al dentista.

— De nada, pero si no quiere sufrir el mismo dolor de nuevo, le aconsejo que no coma tantos caramelos.

Un constipado

Farmacéutico   ¿En qué puedo servirle?

Antonio   Me he resfriado y tengo dolor de cabeza. Me siento muy mal.

Farmacéutico   Entonces, ¿por qué no va a ver al médico? Parece algo pálido.

Antonio   No tengo tiempo; estoy demasiado ocupado. Además, hace falta esperar tanto en casa del médico antes de verle.

Farmacéutico   ¿Tiene fiebre?

Antonio   Creo que sí.

Farmacéutico   Bueno, puedo darle unas aspirinas.

Antonio   ¿No tiene nada más fuerte?

Farmacéutico   No, lo siento. Si está Vd. constipado, le aconsejo que vaya a casa, tome unas aspirinas y se acueste. No hay más remedio.

Antonio   Supongo que tiene razón, pero antes voy a tomar unas copas de coñac.

Vocabulario

el *caramelo*   sweet
el *consejo*   advice
el *constipado*   cold
el *cuidado*   care
el *dentista*   dentist
el *dolor*   pain, ache
el *dolor de muelas*   toothache
el *farmacéutico*   chemist
el *remedio*   remedy
no hay más remedio   there's no
   alternative
el *vaso*   glass

la *aspirina*   aspirin
la *ayudante*   assistant
la *esquina*   corner (outside)
la *farmacia*   chemist's shop
la *fiebre*   temperature (fever)
la *gente*   people
la *paciencia*   patience
la *visita*   visit

aconsejar   to advise
acostarse (ue)   to go to bed, lie
   down
aguantar   to bear, put up with
creo que sí   I think so
echar   to throw, pour
empastar   to fill (of teeth)
estar constipado   to have a cold
estar para   to be about to, on
   the point of

examinar   to examine
hacer daño   to hurt, harm
mitigar   to deaden, kill (pain)
si le parece   if you like
no poder menos de   to be unable
   to help, unable to avoid
ponerse   to become (emotions)
servir (i)   to serve
sonreírse   to smile
(me sonrío   etc.)
sufrir   to suffer
temblar (ie)   to tremble
temer   to fear, be afraid
tener miedo   to be afraid
tragarse   to swallow

agradecido   grateful
fuerte   strong
pálido   pale
pobre   poor
preciso   necessary

cuanto antes   as soon as possible
de nada   it's nothing, it's a
   pleasure
de nuevo   again
¿en qué puedo servirle?   can
   I help you?
lo mejor   the best thing
lo que tiene   what's the matter
mañana por la mañana   tomorrow morning

Gramática

1 The Present Subjunctive of irregular verbs

Caer: caiga, caigas, caiga, caigamos, caigáis, caigan.

Conocer: conozca, conozcas, conozca, conozcamos, conozcáis, conozcan.
(Similarly *aparecer—aparezca, parecer—parezca.*)
Decir: diga, digas, diga, digamos, digáis, digan.
Hacer: haga, hagas, haga, hagamos, hagáis, hagan.
Oír: oiga, oigas, oiga, oigamos, oigáis, oigan.
Poner: ponga, pongas, ponga, pongamos, pongáis, pongan.
(Similarly *suponer—suponga.*)
Salir: salga, salgas, salga, salgamos, salgáis, salgan.
Tener: tenga, tengas, tenga, tengamos, tengáis, tengan.
Traer: traiga, traigas, traiga, traigamos, traigáis, traigan.
Venir: venga, vengas, venga, vengamos, vengáis, vengan.

From the above it will be seen that the rule given for the formation of the Present Subjunctive also applies to the majority of irregular as well as regular verbs. It does not apply, however, to those verbs whose first person singular in the Present Indicative does not end in *o*, as will be seen in the following verbs.

2	*Dar*	*Estar*	*Haber*	*Ir*	*Saber*	*Ser*
	dé	*esté*	*haya*	*vaya*	*sepa*	*sea*
	des	*estés*	*hayas*	*vayas*	*sepas*	*seas*
	dé	*esté*	*haya*	*vaya*	*sepa*	*sea*
	demos	*estemos*	*hayamos*	*vayamos*	*sepamos*	*seamos*
	deis	*estéis*	*hayáis*	*vayáis*	*sepáis*	*seáis*
	den	*estén*	*hayan*	*vayan*	*sepan*	*sean*

The Present Subjunctive of *haber* together with the past participle will, of course, form the Perfect Subjunctive.
e.g. Siento que no hayas podido hacerlo.
I'm sorry you have been unable to do it.
The subjunctive form of *hay* is *haya*.

3 *Further use of the Subjunctive*

a After a negative or indefinite antecedent
e.g. No encuentro a nadie que le **conozca.**
I can find nobody who knows him.
No hay nada que **podamos** *hacer.*
There is nothing we can do.
Busco alguien que **sepa** *hacerlo.*
I am looking for somebody who can do it.
Buscamos un hombre que **hable** *inglés.*

We are looking for a man who speaks English (*i.e.* any man who speaks English). Notice the omission of the personal *a* in such a case.

b After certain impersonal verbs and expressions

es mejor que ⎤ *más vale que* ⎦	it is best that
es preciso que ⎤ *es menester que* ⎟ *es necesario que* ⎟ *hace falta que* ⎦	it is necessary that
es posible que	it is possible that
es imposible que	it is impossible that
es probable que	it is probable that
puede (ser) que	it may be that

e.g. Más vale que no venga.	It is best for him not to come.
Es preciso que les visites.	It is necessary for you to visit them.
Es posible que lo tenga.	It is possible that he has it.

N.B. the difference between:

● *Es imposible hacerlo.*	It is impossible to do it.
Es preciso llegar mañana.	It is necessary to arrive tomorrow.

and

Es imposible que yo lo haga.	It's impossible for me to do it.
Es preciso que llegues mañana.	It's necessary for you to arrive tomorrow.

● Expressions of certainty such as *es cierto que* (it is certain that) do *not* take the subjunctive except when used negatively.

4 *The neuter article 'lo'*

Notice the following expressions:

lo mejor que puedes hacer	the best thing you can do
lo interesante de este libro	the interesting thing about this book
Me ha explicado lo de la casa.	He has explained to me all that business about the house.

Lo is used when what is referred to is vague and has no gender.

Ejercicios

A Conteste en español.

1 ¿De qué sufre Mercedes?
2 ¿Por qué no quiere que su madre sepa lo que tiene?
3 ¿Qué le aconseja Enrique?
4 ¿Por qué va Mercedes a la farmacia?
5 ¿Cómo la ayuda el farmacéutico?
6 ¿Cómo sabe su madre que Mercedes tiene dolor de muelas?
7 ¿Qué le dice a Mercedes que haga?
8 ¿Cómo está Mercedes al llegar a la casa del dentista?
9 ¿Qué tiene que hacer el dentista después de examinar la boca de Mercedes?
10 ¿De qué está contenta Mercedes?
11 ¿Cuándo va al dentista?
12 ¿Cuál es el consejo del dentista?
13 ¿Por qué ha ido Antonio a la farmacia?
14 ¿Por qué se ha puesto pálido?
15 ¿Qué le aconseja el farmacéutico?
16 ¿Cuál es el remedio de Antonio?

B Complete the following by putting the verb given into the correct part of the Present Subjunctive.

1 No conozco a nadie que ... saber dónde está.
2 No conozco a nadie que ... poder ayudarme.
3 No conozco a nadie que ... ir a España.
4 No conozco a nadie que ... tener tanto dinero.
5 No conozco a nadie que ... decirme la verdad.
6 No conocemos a nadie que ... querer venir.
7 No conocemos a nadie que ... haberlo hecho.
8 No conocemos a nadie que ... venir.
9 No conocemos a nadie que ... levantarse temprano.
10 No conocemos a nadie que ... darnos tal consejo.

C Instructions as for exercise B

1 No hay nada que me ... gustar más.
2 No hay nada que ellos ... temer más.
3 No hay nada que tú ... preferir hacer.

4 No hay nada que nosotros ... poder hacer.
5 No hay nada que él ... querer comprar.
6 No hay nada que les ... ser interesante.
7 No hay nada que nos ... dar más gusto.
8 No hay nada que él ... hacer mejor que yo.
9 No hay nada que vosotros ... esperar con más ganas.
10 No hay nada que me ... parecer más agradable.

D Instructions as for exercise B

1 Buscamos unos hombres que ... saber hacerlo.
2 Buscamos unos hombres que ... tener los cuadros.
3 Buscamos unos hombres que ... ser simpáticos e inteligentes.
4 Buscamos unos hombres que ... hablar inglés.
5 Buscamos unos hombres que ... poder abrirlo.
6 Quiero hablar con alguien que me ... aconsejar.
7 Quiero hablar con alguien que le ... conocer.
8 Quiero hablar con alguien que ... venir de Madrid.
9 Quiero hablar con alguien que ... haber visitado Francia.
10 Quiero hablar con alguien que ... tener ganas de ir.

E Instructions as for exercise B

1 Es probable que Juan ... llegar esta noche.
2 Es mejor que Vds. ... volver a casa.
3 Puede que todos ... estar esperándonos en el hotel.
4 Me han dicho que es posible que yo ... tener que quedarme aquí.
5 Hace falta que tú ... ir a la farmacia.
6 Más vale que vosotros ... salir ahora.
7 No es cierto que mis padres lo ... haber hecho.
8 Mi profesor siempre dice que es preciso que yo ... trabajar mucho.
9 Creo que es imposible que ellos me ... haber visto.
10 ¿Es posible que nosotros ... haber llegado a París?

F Make a suitable comment on each of the following statements using *es preciso que* and a phrase involving the subjunctive.
Por ejemplo: Manuel está constipado. Es preciso que vaya a la farmacia.

 1 Juanito quiere comprar revistas.
 2 María está cansada.
 3 Alfonso tiene dolor de muelas.
 4 Yo tengo hambre.
 5 Los chicos tienen sed.
 6 Mi hermano quiere reservar una mesa.
 7 Mi hijo se siente mal.
 8 Este señor quiere pagar la cuenta.
 9 Tengo dolor de cabeza.
10 La señorita quiere sacar un billete.

G Conteste en español.

 1 ¿Es posible que Vd. visite España este año?
 2 ¿Tiene Vd. que ir a ver al dentista muchas veces?
 3 ¿Tiene Vd. miedo al dentista?
 4 ¿Qué hace Vd. cuando tiene dolor de muelas?
 5 ¿Quiere Vd. que sus padres sepan lo que hace en clase?
 6 ¿Conoce Vd. a alguien que escriba novelas?
 7 ¿Prefiere Vd. que el dentista le empaste las muelas o que se las saque?
 8 ¿Come Vd. muchos caramelos en clase? ¿Da algunos al profesor?
 9 ¿A qué hora se acuesta Vd. por lo general? ¿Y los sábados?
10 ¿Conoce Vd. a alguien que haya vivido en Madrid?
11 ¿Qué hace Vd. cuando está constipado?
12 ¿Qué prefiere tomar su padre cuando no se siente bien?

H Translate into Spanish.

 1 It is necessary for him to come and see me at once.
 2 There is nothing more that you can do until tomorrow.
 3 I am looking for somebody who can tell me about that business concerning the train.
 4 There is no alternative to going to the doctor when you are ill.
 5 He never asks anyone to help him to do it.
 6 There is nothing they like more than swimming in the sea.
 7 The important thing is not to be afraid.
 8 It is much better for us to do it now and not to wait for him.
 9 Do you want me to ask the dentist to see you?
10 I do not want you to tell me now. I am about to go to bed.

I Continue this dialogue in which Pablo is suffering from toothache, but is reluctant to visit the dentist. His friend Ángela tries to persuade him to go. Write about 80–100 words.

Pablo   ¿Quieres un caramelo?
Ángela   Sí, gracias. Mm. es muy bueno.
Pablo   ¡Ay!
Ángela   ¿Qué te pasa? ¿Tienes dolor de muelas?

Lección veinte

Por teléfono

El Tablero de Llegadas

Suena el teléfono en casa de los García. Mercedes va a contestar.

Mercedes   Diga.

El señor Mendoza   Oiga, soy el señor Mendoza. ¿Quién está al habla?

Mercedes   Soy Mercedes.

El señor Mendoza   Oye, Mercedes. Quiero hablar con tu padre, por favor.

Mercedes   Lo siento, señor Mendoza, pero no está.

El señor Mendoza   ¡Qué lástima! Entonces llama a tu madre, por favor.

Mercedes   Sí, señor, en seguida.

(*Va al comedor donde su madre acaba de poner en la mesa un mantel blanco, los platos, los cuchillos, los tenedores, las cucharas y las servilletas para la cena.*)

Mercedes   Mamá, ven al teléfono. Es el señor Mendoza. Quiere hablar con papá, pero le he dicho que no está en casa ahora.

La señora de García   Voy en seguida. (*Va al teléfono.*) Oye, Mateo, soy yo, Isabel. ¿Cómo estás? ¿De dónde llamas?

El señor Mendoza   Estoy en Barajas, en el aeropuerto. He estado en América del Sur, de negocios, sabes. Es preciso que hable con Antonio lo más pronto posible. Lástima que no haya vuelto.

La señora de García   Sí, pero si es tan importante que le hables ¿por qué no vienes aquí para cenar esta noche? Si llegas temprano tú y Antonio podéis hablar de negocios en el despacho mientras yo preparo la cena y los chicos hacen los deberes. ¿Qué te parece? (*En este momento oye un ruido estrepitoso de música popular que no le permite continuar la conversación. Viene de la radio.*) Dispénsame un momento, Mateo. ¡Por Dios, Enrique, apaga la radio!

Enrique   Pero mamá, es un programa de...

La señora de García   Haz lo que te digo. Estoy al teléfono. (*Enrique la obedece.*) A ver, Mateo. ¿Qué te parece?

El Aeropuerto de Barajas, Madrid

El señor Mendoza   Eres muy amable, Isabel, muchas gracias. ¿A qué hora quieres que llegue?

La señora de García   Me es igual. Cenamos a las diez.

El señor Mendoza   Muy bien. He traído algo de Buenos Aires para los chicos pero no les digas nada ahora. Quiero que sea una sorpresa, ¿sabes?

La señora de García Sí, y gracias, Mateo. Hasta más tarde.

El señor Mendoza Hasta luego.

(*Cuelga la señora de García.*)

Un poco más tarde el señor García vuelve de la oficina. Su esposa le recibe.

La señora de García Mateo acaba de telefonear.

El señor García ¿Cómo? ¿De Argentina?

La señora de García No, esta aquí en Madrid.

El señor García ¡Qué raro! ¿Ha dejado algún recado?

La señora de García Dice que necesita consultarte acerca de algún negocio importante. Así le he invitado a cenar.

El señor García Muy bien. Estoy contento de que venga a vernos otra vez, pero temo que haya sucedido algo desastroso.

Vocabulario

el cuchillo knife
el deber duty
los deberes homework (several assignments)
el mantel tablecloth
los negocios business
el recado message
el teléfono telephone
el tenedor fork

América del Sur South America
la cuchara spoon
la música music
la servilleta napkin, serviette
la sorpresa surprise

apagar to switch off, put out
colgar (ue) to hang (up)
consultar to consult
dispensar to excuse
invitar to invite

obedecer to obey
sonar (ue) to ring
suceder to happen

amable kind
desastroso disastrous
estrepitoso deafening
popular popular
raro strange, odd

acerca de about, concerning
al habla speaking
de negocios on business
diga hello, yes
(*es una*) *lástima que* (it's a) pity that (+ subjunctive)
hasta luego cheerio
lo más pronto posible as soon as possible
me es igual I don't mind, it's all the same to me
oiga/oye hello, listen

| *por Dios* | for goodness' sake | *¿qué te/le parece?* | what do you |
| *¡qué lástima!* | what a pity! | | think? |

Gramática

1 The Imperative mood

The command forms in Spanish differ according to the person one is addressing. As there are four different ways of expressing 'you' in Spanish it is logical that there should be four forms of the Imperative of each verb. Of these only the positive commands for *tú* and *vosotros* are the 'pure' Imperatives, as the appropriate forms of the Present Subjunctive are used for *Vd.*, and *Vds.* and all negative commands. Hence the full forms for each verb are as follows:

		mirar		*comer*	
(tú)	*mira*	*no mires*	*come*	*no comas*
(vosotros)	*mirad*	*no miréis*	*comed*	*no comáis*
(Vd.)	*mire*	*no mire*	*coma*	*no coma*
(Vds.)	*miren*	*no miren*	*coman*	*no coman*

		vivir	
(tú)	*vive*	*no vivas*
(vosotros)	*vivid*	*no viváis*
(Vd.)	*viva*	*no viva*
(Vds.)	*vivan*	*no vivan*

Note that the *tú* form is the same as the THIRD person singular of the Present Indicative. The pronouns *tú*, *vosotros*, *Vd.*, and *Vds.* are often used after the command for the sake of emphasis.

2 Irregular Imperatives

Verbs with irregular Imperatives (as distinct from irregular Subjunctives) so far used in this book are:

decir	*di*	*ser*	*sé*
hacer	*haz*	*salir*	*sal*
ir	*ve*	*tener*	*ten*
poner	*pon*	*venir*	*ven*

These are all *tú* forms. *Vosotros* forms are all regular – even *ir* follows the rule and becomes *id*.

The *Vd.* and *Vds.* forms and all the negative forms are those of the Present Subjunctive.

3 First person Imperative

e.g. *cantemos* let's sing; *comamos* let's eat; *salgamos* let's go out.
These too are Present Subjunctive forms.
N.B. 'Let's go' is usually rendered by *vamos* and not *vayamos*.

4 Object pronouns and the Imperative

Object pronouns are attached to the end of the command form unless the command is negative.

e.g.	*dígale*	tell him	*no le diga*	don't tell him
	hágalo	do it	*no lo haga*	don't do it
	dámelo	give it to me	*no me lo des*	don't give it to me

The same rule applies to reflexive verbs, hence the following forms:

levantarse

(tú)	*levántate*	*no te levantes*
(vosotros)	*levantaos*	*no os levantéis*
(Vd.)	*levántese*	*no se levante*
(Vds.)	*levántense*	*no se levanten*
(nosotros)	*levantémonos*	*no nos levantemos*

ponerse

(tú)	*ponte*	*no te pongas*
(vosotros)	*poneos*	*no os pongáis*
(Vd.)	*póngase*	*no se ponga*
(Vds.)	*pónganse*	*no se pongan*
(nosotros)	*pongámonos*	*no nos pongamos*

sentirse

(tú)	*siéntete*	*no te sientas*
(vosotros)	*sentíos*	*no os sintáis*
(Vd.)	*siéntase*	*no se sienta*
(Vds.)	*siéntanse*	*no se sientan*
(nosotros)	*sintámonos*	*no nos sintamos*

N.B.
- When *os* is added to the *vosotros* form the final *d* is dropped. In an *-IR* verb an accent then becomes necessary on the *i*.
- When *nos* is added to the *nosotros* form the final *s* is dropped.
- Notice how the addition of an extra syllable or two may lead to a verb requiring a written accent. Revise the accentuation rules contained in the Introduction.

5 Subjunctive after *lástima que*

Note that *es una lástima que* is followed by the subjunctive, e.g. *Es una lástima que no pueda ir*. It's a pity he can't come.

6 The verb *obedecer* (to obey)

Just like *conocer* this verb ends in *-zco* in the first person singular of the Present Indicative and hence in the Present Subjunctive.

Present Indicative		*Present Subjunctive*	
obedezco	obedecemos	obedezca	obedezcamos
obedeces	obedecéis	obedezcas	obedezcáis
obedece	obedecen	obedezca	obedezcan

Conocer and *obedecer* can be taken as a model for verbs ending in *-CER*.

Ejercicios

A Choose the answer which best suits each question according to the events of the reading passage and write the answer out in full.

1 ¿Quién está al habla en casa de los García?
  a El señor Mendoza
  b La señora de García
  c Mercedes
2 ¿Qué es una lástima?
  a que Mercedes conteste
  b que el señor García no esté en casa
  c que la señora de García ponga la mesa
3 ¿Qué quiere el señor Mendoza que haga Mercedes?
  a que llame a su madre
  b que venga al teléfono
  c que tome un recado

4 ¿Por qué está en el aeropuerto?
   a porque está de negocios
   b porque ha traído regalos para los chicos
   c porque acaba de volver de Buenos Aires
5 ¿A qué le invita doña Isabel?
   a a hablar con su marido
   b a escuchar música
   c a cenar
6 ¿A qué hora quiere que llegue?
   a antes de las diez
   b a las diez en punto
   c le es igual
7 ¿Qué quiere doña Isabel que haga Enrique?
   a que apague la radio
   b que haga sus deberes
   c que le dispense
8 ¿De qué está contento el señor García?
   a de que Mateo haya vuelto de Argentina
   b de que Mateo venga a cenar
   c de que haya sucedido algo desastroso

B Make the following phrases into commands by using the *tú* form.

1 (Venir) a verme.
2 (Hablar) con el profesor.
3 (Preparar) una comida.
4 (Hacer) tus deberes ahora.
5 (Sentarse) aquí.
6 (Tener) cuidado.
7 (Poner) tus cosas en la mesa.
8 (Darme) el dinero.
9 No (salir) antes de las cinco.
10 No (comer) estos caramelos.
11 No (levantarse) tarde mañana.
12 No (abrir) todas las ventanas.

C Make the following phrases into commands by using the *vosotros* form.

1 (Despertarse) en seguida.
2 (Dirigirse) a la Catedral.

3 (Recibirme) en la estación.
4 (Lavarse) las manos antes de comer.
5 (Volver) a casa a cenar.
6 (Acostarse) a las nueve.
7 (Decirle) qué hacer.
8 (Ir) a París en abril.
9 No (peinarse) en el comedor.
10 No (buscarlo) en la mochila.
11 No (sacar) los billetes hoy.
12 No (beber) tanto.

D Make the following phrases into commands by using the *Vd.* form.

1 (Oír), es Juan.
2 (Dispensarme) por favor.
3 (Decirme) la verdad.
4 (Colgarlo) en la pared.
5 (Pedirle) otra botella de leche.
6 (Poner) las maletas en la red.
7 (Telefonearme) después de las tres.
8 (Explicármelo).
9 No (tener) miedo.
10 No (dejar) caer el vaso.
11 No (ser) necio.
12 No (olvidar) su cartera.

E Make the following phrases into commands by using the *Vds.* form.

1 (Pagar) la cuenta, por favor.
2 (Ir) a pie.
3 (Salir) a ver lo que pasa.
4 (Probar) la sopa aquí.
5 (Reservar) un asiento en el tren.
6 (Coger) el autobús en la esquina.
7 (Servir) a los clientes.
8 (Cubrirlo) de papel.
9 No (fumar) en la clase, señores.
10 No (leer) en voz alta.
11 No (perdonarle).
12 No (venir) juntos.

F Make the following commands positive.

1 No me esperéis.
2 No les inviten a cenar.
3 No pongas tu cesta en mi cama.
4 No me den las cartas.
5 No os levantéis.
6 No lo hagas aquí.
7 No vayas al café ahora.
8 No les ayuden a hacerlo.
9 No vengas con tus amigos.
10 No se despierten.
11 No lleguen tarde.
12 No salgas solo.

G Make the following commands negative.

1 Acuéstate ahora.
2 Ten paciencia.
3 Hable despacio.
4 Escuchadle.
5 Pídale más dinero.
6 Diles lo que ha pasado.
7 Apague la radio.
8 Buscad las aspirinas.
9 Coge el tren para Sevilla.
10 Llama a tus padres.
11 Siéntense en la sala.
12 Venid a vernos mañana.

H In the following exchanges you have to repeat what you want someone to do more abruptly, as the person you are talking to seems not to hear you properly.
Por ejemplo: Quiero que vengas a verme. ¿Cómo? Ven a verme.

1 Quiero que llames a tu padre.   ¿Cómo?
2 Quiero que me digas la verdad.   ¿Cómo?
3 Quiero que te levantes ahora.   ¿Cómo?
4 Quiero que pongas la mesa.   ¿Cómo?
5 Quiero que vayas a Madrid.   ¿Cómo?
6 Quiero que apagues la radio.   ¿Cómo?

I Carry out the instruction given in the following commands. Note carefully which command form you must use (*Vd.* or *Vds.*).
Por ejemplo: Dile que venga ahora. Venga ahora.

1 Dile que se despierte.
2 Dile que se levante.
3 Diles que se acuesten.
4 Diles que vuelvan pronto.
5 Dile que nos traiga la cuenta.
6 Dile que nos dé el cambio.
7 Diles que lo hagan en seguida.
8 Diles que la paguen ahora.

J Conteste en español.

1 ¿Hay teléfono en su casa?
2 ¿Le gusta a Vd. hablar por teléfono?
3 ¿Escucha Vd. los programas de música popular en la radio?
4 ¿Escucha Vd. la radio en la cama?
5 ¿Le gusta a Vd. la música?
6 ¿Tiene su madre que ir a Londres de negocios de vez en cuando?
7 ¿A qué hora cenan Vds. en casa?
8 ¿Ha visitado Vd. Buenos Aires alguna vez?
9 ¿En qué país está Buenos Aires?
10 ¿Cuál es la mejor estación del año para visitar Argentina?
11 ¿Cenamos más tarde en Inglaterra que en España?
12 ¿Es más grande Buenos Aires que Madrid?

K Use the information given to complete this telephone conversation.

Juan es estudiante en Valladolid. Está en la estación de Valladolid. Llama a sus padres que viven en Madrid. Va a Madrid a visitarles. Ha sacado su billete pero ha perdido su dinero. Ruega a su padre que le reciba en la estación en Madrid. Le dice a qué hora llega el tren.

El señor Reyes   Diga. Pablo Reyes al habla.
Juan   Oye, papá. Soy Juan.

L Translate into Spanish.

It is half past two in the morning and don José is in bed sleeping. Suddenly the telephone on the bedside table rings loudly. Don José wakes up startled. Who can it be at such an hour? 'Hello', he says. 'This is José. Who is calling?' 'José, it's me, Mateo. I have just arrived from Burgos. Listen, something terrible has happened and I want you to give me some advice. It is important for me to talk to you as soon as possible.' 'Well,' replies José, 'Go out of the station, take a taxi (*el taxi*) and come here straightaway. You know where I live, don't you?' Don Mateo does not reply and hangs up. Although don José waits until five o'clock, nobody comes.

M Burgos was formerly capital of Spain and its inhabitants claim to speak the purest form of Spanish (*el español castizo*). Mark Burgos on your map and find out its population and distance from Madrid. Do the same for the city of Valladolid.

Lección veintiuno

Haciendo las compras

El año pasado la señora de García estaba muy enferma y todos los otros miembros de la familia tenían que ayudar con los quehaceres que ella solía hacer. Mercedes se encargaba de hacer las compras y de cocinar, y su padre y su hermano hacían todo lo que podían. Los sábados Mercedes hacía muchas compras y llevaba consigo a las tiendas dos cestas y una bolsa grande. Llevaba el dinero en un portamonedas que guardaba cuidadosamente en el bolsillo de su chaqueta o abrigo. Por lo general Enrique la acompañaba para ayudarla a llevar las cestas pesadas y, como decía, para refrescarle la memoria. No le gustaba ir de compras, sobre todo porque unos amigos suyos se burlaban de él al verle con las cestas o en las tiendas. Sin embargo lo hacía, aunque de muy mala gana, y muchas veces él y su hermana reñían.

Enrique   ¿Adónde vamos esta mañana? Espero que no tengamos que hacer muchas compras.

Mercedes   No seas perezoso.

Enrique   No soy perezoso, pero he dicho a Jaime que me espere en la biblioteca a las once y media.

Mercedes   Puedes ir más tarde. Mamá quiere que hagamos muchas compras hoy. Me ha dicho que mañana va a cocinar ella misma. Quiere preparar una paella y me ha dado una lista larga de todo lo que necesita.

Enrique   Déjame verla. Pollo, mariscos, pan, mantequilla, harina, leche, nata, una docena de huevos, fruta, legumbres, arroz. ¡Qué pesado!

Mercedes   Vámonos. Hay mucho que hacer.

Enrique   ¿Por qué no vamos al supermercado de la esquina en vez de ir a todas esas tiendas distintas donde perdemos tanto tiempo? El supermercado tiene de todo, el servicio es mucho más rápido y, a mi ver, es más barato también.

Mercedes   Estoy de acuerdo contigo, pero mamá quiere que vayamos a las tiendas donde conoce muy bien a los dueños. Saben exactamente lo que le gusta.

Enrique   ¿Supongo que tenemos que ir a siete u ocho tiendas como siempre?

Mercedes   Vamos a ver. Tenemos que ir a la carnicería por pollo, a la pescadería por los mariscos, a la lechería por leche, nata y huevos, a la panadería, a la frutería, a la verdulería y a la tienda de ultramarinos por las otras cosas. Son siete en total.

Enrique   Me decías anoche que de vez en cuando has hecho las compras en el supermercado, ¿verdad? El sábado pasado, por ejemplo.

Mercedes   Sí, pero llovía a cántaros. No podía llevar el paraguas conmigo y no quería mojarme yendo de una tienda a otra. No olvides que estaba sola puesto que tú estabas jugando al baloncesto y yo tenía que llevar todo.

Enrique   Bien, bien. Vamos. No discutamos más.

N.B. We say '*todo* lo *que*', not '*todo que*' for 'all that'.

En la tienda de ultramarinos

Tendero   Buenos días, señorita. ¿En qué puedo servirle?

Mercedes   Quiero un kilo de harina y medio kilo de azúcar, por favor.

Tendero   Sí, señorita. ¿Es todo?
Mercedes   No, también quiero un litro de aceite y medio kilo de sal.
Tendero   ¿Algo más?
Mercedes   No, nada más, gracias.
Tendero   Ya está, señorita. Son doscientas pesetas.
(*Mercedes le da un billete de quinientas pesetas.*)
Tendero   Tenga, trescientas de cambio.
Mercedes   Vale. Adiós, señor.

Vocabulario

el abrigo   overcoat
el aceite   oil, olive oil
el arroz   rice
el baloncesto   basketball
el billete   note
el huevo   egg
el kilo   kilo(gram)
el lechero   milkman
el litro   litre
los mariscos   shellfish
el miembro   member
el paraguas   umbrella
el pollo   chicken
el portamonedas   purse
el quehacer   task, chore
el supermercado   supermarket
el tendero   shopkeeper

la biblioteca   library
la bolsa   bag
la carnicería   butcher's shop
la chaqueta   jacket
la docena (*de*)   dozen
la frutería   fruiterer's
la harina   flour
la lechería   dairy
las legumbres   vegetables
la mantequilla   butter

la nata   cream
la panadería   baker's shop
la pescadería   fishmonger's
la sal   salt
la tienda de ultramarinos
   grocer's shop
la verdulería   greengrocer's

burlarse de   to make fun of
cocinar   to cook
discutir   to argue
encargarse de   to undertake,
   take charge of
hacer las compras   to do the
   shopping
ir de compras   to go shopping
llover a cántaros   to pour with
   rain
mojarse   to get wet/soaked
refrescar la memoria   to remind,
   jog one's memory
reñir (*i*)   to quarrel, argue
saltar   to jump

barato   cheap
distinto   different
doscientos   two hundred
mismo   self
pasado   last

perezoso	lazy	*en total*	in all
pesado	heavy; boring, dull	*en vez de*	instead of
varios	several	*exactamente*	exactly
		nada más	nothing else
a mi ver	in my opinion	*¡qué pesado!*	how dull/boring!
anoche	last night	*sobre todo*	especially, above all
cuidadosamente	carefully	*vale*	O.K., that's right, that's
de mala gana	unwillingly		correct
de todo	everything	*ya está*	that's it, there you are

Gramática

1 The Imperfect tense

Mirar
miraba   I was looking at,
mirabas   used to look at, etc.
miraba
mirábamos
mirabais
miraban

Comer   *Vivir*
comía   I was eating, etc.   *vivía*   I was living, etc.
comías   *vivías*
comía   *vivía*
comíamos   *vivíamos*
comíais   *vivíais*
comían   *vivían*

The Imperfect tense in Spanish is used to describe:

a past continuous, uncompleted action

e.g. *Llovía.*   It was raining.
Miraba por la ventana.   I was looking through the window.
Me esperaba.   He was waiting for me.

b past habitual or regular action

e.g. *Me acostaba a las siete.*   I used to go to bed at seven.
Vivían en Madrid.   They used to live in Madrid.
Volvíamos a casa a las cinco.   We used to return home at five.

c for description with *estar* and *ser*

e.g. *Estaba cansado.*   He was tired.

The Imperfect is sometimes translated in English by the Simple Past,

e.g. Tenía una casa en el campo.   He had a house in the country.

or by 'would',

e.g. Todos los días nos levantábamos temprano.
We would get up early every day.

Formation

To form the Imperfect of an *-AR* verb the endings *-aba, -abas, -aba, -ábamos, -abais, -aban* are added to the stem.

e.g. hablaba, gritaba, fumaba, jugaba, estaba.

To form the Imperfect of an *-ER* or *-IR* verb the endings *-ía, -ías, ía, -íamos, -íais, -ían* are added to the stem.

e.g. salía, podía, pedía, venía, había.

These rules apply to all verbs except for *ser, ir, ver.* (See Lesson 22.)

N.B.   •   Radical changing verbs do not change in the Imperfect.
      •   *Había* (there was/were) is the Imperfect of *hay.*
      •   The Imperfect of *estar* with the present participle forms the Continuous Imperfect.

      e.g. Estaban cantando.   They were singing.
      Estabas durmiendo.   You were sleeping.

2   *Conjunctive pronouns*

mí	me	*nosotros, nosotras*	us
ti	you	*vosotros, vosotras*	you
él, sí	him, it	*ellos, sí*	them
ella, sí	her, it	*ellas, sí*	them
Vd., sí	you	*Vds., sí*	you

a Notice that with the exception of *mí, ti,* and *sí,* the forms are those of the subject pronouns. They are used following prepositions.

e.g. Los caramelos son para mí.   The sweets are for me.
   Estoy detrás de vosotros.   I am behind you.

b The form *sí* (him, her, it, you, them) is used when the person referred to is the same person as the subject of the verb.

e.g. Lo pone delante de sí.   He puts it in front of him.
   Lo pone delante de él.   He puts it in front of him (somebody else).

c With the preposition *a* these forms are used for emphasis and with verbs of motion.

e.g. A mí me gusta la casa.	*I* like the house.
A Vd. da mucho, pero a mí nada.	He gives *you* a lot, but *me* nothing.
El gato salta a ellos.	The cat jumps at them.

d These pronouns are often used with *mismo, misma,* for greater emphasis.

e.g. Lo hace para sí mismo.   He is doing it for himself.

e *Mí, ti, sí* may not be used with *con.* The correct forms are: *conmigo, contigo, consigo.*

e.g. Lo llevan consigo.   They are taking it with them.

Ven conmigo.   Come with me.

3 *Spelling changes*

O (or) becomes *u* before a word beginning with *o* or *ho*.

e.g. Tengo siete u ocho.   I have seven or eight.

Y (and) becomes *e* before a word beginning with *i* or *hi*.

e.g. padre e hijo   father and son

Ejercicios

A Conteste en español.

1 ¿Por qué tenía Mercedes que hacer las compras?
2 ¿Qué hacían su padre y Enrique?
3 ¿En qué día hacía más compras Mercedes?
4 ¿Cómo llevaba todo lo que compraba?
5 ¿En qué guardaba el dinero?
6 ¿Por qué la acompañaba Enrique?
7 ¿Por qué no le gustaba ir de compras?
8 ¿Por qué reñían Enrique y Mercedes?
9 ¿Dónde quería ir Enrique?
10 ¿Qué quería hacer su madre al día siguiente?
11 ¿A cuántas tiendas tenían que ir?
12 ¿Qué tiempo hacía el sábado antes?

13 ¿Por qué no podía llevar Mercedes el paraguas consigo?
14 ¿Por qué estaba sola?
15 ¿Dónde prefería Enrique hacer las compras?

B Change the verb according to the new subject given.

1 El dueño guardaba el dinero en una caja.	Nosotros
2 Hablaban conmigo por las tardes.	Su esposa
3 Todos los días salíamos muy temprano.	El médico
4 Nunca venían a vernos.	Vosotros
5 Nos acostábamos a las once todas las noches.	Yo
6 ¿Hacía Vd. las compras siempre en el supermercado?	Tú
7 Les daba muchos consejos a mis alumnos.	Ellas
8 Tenían que hablar en español todo el tiempo.	Nosotros
9 Lo comíamos muchas veces.	¿Tú?
10 ¿A qué hora se levantaban Vds.?	Vosotros

C In the following change the verb in *italics* from the Present to the Imperfect.

1 No *podemos* menos de oírle.
2 Sus amigos se *burlan* de él.
3 En España *cenamos* a eso de las diez.
4 Se *pone* pálido cuando *visita* al dentista.
5 ¿*Telefoneas* a tus padres todos los días?
6 Nunca me *lavo* antes de desayunar.
7 ¿*Tenéis* miedo de ir en avión?
8 *Creo* que *estamos* de acuerdo contigo.
9 El parasol les *protege* del sol.
10 Mi desayuno *consiste* en panecillos y una taza de café.

D Complete the following with the correct pronoun to show that the person concerned is the same as the subject of the verb.

1 Juan llevaba su mochila con...
2 Lo has puesto en la mesa detrás de...
3 ¿Vais a hacerlo para...?
4 Las niñas hablaban entre...
5 No he traído mis gafas con...
6 ¡No lo pongas cerca de...!

7 He comprado estos caramelos para...
8 ¿No vas a llevarme con...?
9 Lo decían entre...
10 Él colgaba el cuadro en la pared delante de...

E Replace the nouns following a preposition by the correct pronoun.

1 El niño está corriendo hacia sus padres.
2 Todos venían con excepción de María.
3 Carmen estaba sentada detrás de su madre.
4 ¿Vivíais cerca de la biblioteca?
5 Nos dirigíamos al dueño de la tienda.
6 Estaba yo de pie en medio de todos mis parientes.
7 He venido sin mis hermanos.
8 El gato venía hacia la casa.
9 El camarero abre la puerta para sus clientes.
10 Acabamos de hablar con el médico.

F Complete the following with a suitable weather expression in the
CORRECT TENSE.

1 Nadaba en el mar cuando...
2 Se quedaban en casa cuando...
3 No salíamos en coche cuando...
4 Llevaba el paraguas cuando...
5 Te gustaba beber la cerveza muy fría cuando...
6 Tomaban la cena en la terraza cuando...
7 Nunca sabíais qué hacer cuando...
8 Pasábamos muchas horas leyendo en la biblioteca cuando...
9 Tenía ganas de ir al campo cuando...
10 Tomaban helados de postre cuando...

G Conteste en español.

1 ¿A qué hora se levantaba Vd. durante las vacaciones?
2 ¿A qué hora se acostaba?
3 ¿Tiene Vd. que hacer las compras de vez en cuando?
4 ¿Tenía que hacerlas el sábado pasado?
5 ¿Compra muchas cosas para sí cuando hace las compras?
6 ¿Pasaba Vd. mucho tiempo estudiando durante las vacaciones?
7 ¿Qué hacía Vd. durante las vacaciones cuando llovía?

8 ¿Estaba nevando cuando venía al colegio hoy?

9 ¿Prefiere su madre hacer las compras en un supermercado o en otras tiendas?

10 ¿Dónde va Vd. a comprar panecillos?

11 ¿Ha trabajado Vd. en una tienda alguna vez?

12 ¿Va Vd. muchas veces a la biblioteca? ¿Por qué?

13 ¿Hay una biblioteca en su colegio? ¿Cómo es?

14 ¿Sabe Vd. jugar al baloncesto? ¿Le gusta?

15 ¿Hacía buen tiempo el verano pasado?

H Last year you had a self-catering holiday in Spain and had to do your own food shopping. Use the pattern *tenía que ir a ... por ..* to tell a friend where you had to go to buy bread, milk, chicken, fish, grapes, potatoes, flour and aspirins.

Por ejemplo: Tenía que ir al supermercado por aceite.

I Doña Isabel has gone to the dairy to buy eggs, milk, cream and butter. When she comes to pay for her purchases she discovers she has lost her purse. Has she left it in another shop? Complete this dialogue between doña Isabel and the shopkeeper taking these facts into consideration.

Lechero Buenos días, doña Isabel. ¿En qué puedo servirle?

Doña Isabel Buenos días, señor Vázquez. Necesito varias cosas.

J Translate into Spanish.

Last month my mother was ill and had to stay in bed for a fortnight. Since I was on holiday I was able to take charge of all the tasks that she used to do. I would get up very early to prepare breakfast for my father and myself and then I would take my mother a cup of hot coffee. Afterwards I would go out to do the shopping. Although my mother always used to do it in several different shops in our district, I preferred to go to the supermarket near the metro station where I could buy all I needed. My father did not want to give me too much work to do and so he used to have lunch in a little restaurant near his office. He would always telephone me during the day to see how my mother was. He would return home at about seven o'clock and then I would cook the supper, which I would take to my mother on a tray. When I went to bed I was always very tired but I cannot say that I did everything. My father would do as much as he could and from time to time my cousin María used to come and help me.

Lección veintidós

La Navidad en España

Es la tarde del día de Navidad y los niños, cansados de jugar con sus juguetes nuevos, quieren que su abuelo vuelva a decirles algo acerca de su vida en España cuando era joven.

— Dinos cómo pasabas la Navidad, abuelo — le ruegan — ¿Qué hacías cuando vivías en Madrid?

— Pues, cuando vivía yo en Madrid pasábamos muy bien la Navidad — les dice. — Debéis daros cuenta de que la celebramos de una manera algo distinta en España. Por ejemplo, para el niño español el día más importante es el seis de enero, día de los Reyes.

— ¿Qué reyes, abuelo? — pregunta su nieto más pequeño.

— Estos reyes son los Reyes Magos. En España son los Reyes Magos los que llevan los regalos a los niños el seis de enero. Me acuerdo bien de aquellas Navidades de mi juventud. Desde principios de diciembre nos poníamos muy nerviosos pensando en los Reyes y los regalos; íbamos por las calles mirando los juguetes y pasteles en los escaparates, cantábamos villancicos y, con mi padre, construíamos un Belén con todas las figuras del nacimiento de Jesús.

Entonces en la Nochebuena, como buenos católicos, todos íbamos a la iglesia para oír la Misa del Gallo, primera misa de la Navidad. Después volvíamos a casa para una cena especial que comíamos a eso de las dos de la madrugada.

— Pero, ¿no recibías los regalos el día de Navidad? ¡Qué barbaridad!

— Tal vez, pero pasábamos muy bien el día. Mis padres nos llevaban a visitar a mis abuelos a quienes queríamos mucho. Mi abuelo era abogado y mi abuela nos daba a cada uno una caja de turrón. No obstante no pensábamos más que en el día de Reyes. La víspera salíamos a la calle a ver la cabalgata de los Reyes — tres hombres vestidos como los Reyes Magos que iban montados en camellos. Podíamos verla desde el balcón de nuestra casa pero nos gustaba más mezclarnos con la muchedumbre que la miraba desde la acera.

Más tarde solíamos prepararnos para la llegada de los Reyes. Poníamos los zapatos al balcón para los regalos y también dejábamos

unas palanganas de agua para los camellos que tenían sed después de un viaje tan largo. Al despertarnos por la mañana salíamos a ver los regalos. ¡Qué ruido, qué animación! todo el mundo hablando por los codos.

En este momento entra la madre de los niños y les dice que es la hora de acostarse.

— Abuelito nos ha contado como pasaba la Navidad en España — dicen. — Ha sido muy interesante. Nos gusta tener un abuelo español.

Le dan las buenas noches y se acuestan. ¡Sueñan con turrón, camellos y Reyes Magos!

Felices Pascuas

El teléfono suena en casa de los Ruiz.
La señora de Ruiz   Diga.
Paul   Quisiera hablar con Andrés, por favor. Soy Paul, de Londres.
La señora de Ruiz   Espera un momentito. Andrés, es tu amigo inglés, Paul.
Andrés   ¿Cómo? Ya voy, mamá.
Hola, Paul, soy Andrés.
Paul   Hola. Llamo para desearte Felices Pascuas.
Andrés   Gracias, Paul, ¡Feliz Navidad! ¿Recibiste mi Christmas?
Paul   Sí, y las castañuelas también. Muchísimas gracias. Son muy divertidas, pero no sé tocarlas muy bien.
Andrés   Sí, son muy típicas. ¿Has recibido otros regalos?
Paul   Sí, mis padres me han comprado una guitarra eléctrica y mi hermana me ha dado un bolígrafo muy caro.
Andrés   Chico, que tienes mucha suerte. Yo tengo que esperar hasta el día de Reyes.
Paul   ¿Vas a celebrar la Nochevieja?
Andrés   Sí, voy a una fiesta en casa de la novia de mi hermano.
Paul   Bueno, debo colgar ahora. Adiós, Andrés.
Andrés   Adiós, Paul. Feliz Año Nuevo.

Vocabulario

el abogado	lawyer	*el Belén*	Christmas crib
el abuelo	grandfather	*el bolígrafo*	ball-point pen
el balcón	balcony	*el camello*	camel

el católico catholic
el Christmas Christmas card
el escaparate shop window
el gallo cockerel
el juguete toy
un momentito just a moment
el nacimiento birth
el nieto grandson
el pastel cake
el rey king
los Reyes Magos Wise Men, Magi
el turrón sweet soft nougat made of honey and almonds
el villancico carol
el zapato shoe

la abuela grandmother
la acera pavement
la animación excitement
la cabalgata procession
las castañuelas castanets
la fiesta party, feast, festival
la figura figure
la guitarra guitar
la iglesia church
la juventud youth
la Misa Mass
la Misa del Gallo Midnight Mass
la muchedumbre crowd
la Navidad Christmas
las Navidades Christmas (period)
la nieta granddaughter
la Nochebuena Christmas Eve
la Nochevieja New Year's Eve
la novia fiancée, girl friend
la palangana bowl
la vida life
la víspera eve, day before

construir to build
contar (ue) to tell, relate; count
contener to contain
dar las buenas noches to say good night
hablar por los codos to talk nineteen to the dozen
mezclarse to mix, mingle
pensar (ie) de to think of (opinion)
pensar (ie) en to think about
querer (ie) to love
soñar (ue) con to dream of
tocar to play (instruments, music)
volver (ue) a to do again

caro dear
cierto certain, a certain
divertido amusing
eléctrico electric
especial special
feliz happy
joven young
mil thousand
montado mounted
nervioso excited, nervous
típico typical (of country, region etc.)
vestido de dressed in

cada uno each one, every one
Felices Pascuas Happy Christmas, Happy Easter
no obstante nevertheless, however
principios de beginning of
¡qué barbaridad! how awful!
tal vez perhaps
todo el mundo everybody

Gramática

1 *Irregular Imperfects*

ser		ir		ver	
era	*éramos*	*iba*	*íbamos*	*veía*	*veíamos*
eras	*erais*	*ibas*	*ibais*	*veías*	*veíais*
era	*eran*	*iba*	*iban*	*veía*	*veían*

These are the only three verbs with an irregular Imperfect. All others form the Imperfect according to the rules given in Lesson 21.

2 *Lo que*

The relative pronoun *lo que* is used to convey a vague or general meaning, or to sum up the whole of the preceding clause.

e.g. *Esto es todo lo que tengo.*   This is all I have.
No quiero saber lo que ha dicho.   I don't want to know what he has said.
Juan quiere que yo vaya a España con él, lo que me ha gustado mucho.
Juan wants me to go to Spain with him, which has pleased me greatly.

3 *Omission of the articles*

The *definite* article is omitted in Spanish in the following cases:
a Before a noun in apposition
  e.g. *Soy de Madrid, capital de España.*
       I come from Madrid, the capital of Spain.

b Between the name and number of a ruler.
  e.g. *Isabel primera*   Elizabeth the first
       Jorge tercero   George the third

The *indefinite* article is omitted in Spanish in the following cases.
a Before a noun in apposition.
  e.g. *Visita Barcelona, ciudad que conocía bien cuando era joven.*
       He is visiting Barcelona, a city he knew well when he was young.

b Before a noun denoting rank, profession, status, or occupation, unless that noun is qualified by an adjective.

  e.g. *El padre de Antonio es dentista.* Antonio's father is a dentist.
   Yo quiero ser autor. I want to be an author.
   ¿Eres español? Are you a Spaniard?
   ¿Es Vd. profesor? Are you a teacher?
  BUT ˙*Su esposo es un buen médico.* Her husband is a good doctor.

c Before *otro* (other), *cierto* (certain), *ciento* (hundred), *mil* (thousand), *medio* (half).

  e.g. *Han comprado otro coche.* They have bought another car.
   Cierto amigo va a recibirnos. A certain friend is going to meet us.
   He perdido cien pesetas. I've lost a hundred pesetas.
   Tengo mil cosas que hacer. I've a thousand things to do.
   Estaba allí media hora. He was there half an hour.

d After *tal* and *semejante* (such a), *qué* (what a).

  e.g. *Nunca he visto tal hombre.* I've never seen such a man.
   No quiero leer semejante novela. I don't want to read such a novel.
   ¡Qué hombre eres! What a man you are!

4 *The verb construir (to build)*

construyo	*construimos*	Present participle:	*construyendo*
construyes	*construís*	Past participle:	*construido*
construye	*construyen*		

This verb may be taken as a model for verbs ending in *–UIR*.

Ejercicios

A Choose the answer which best suits each question according to the events of the reading passage and conversation and then write the answer out in full.

  1 ¿Adónde iba el abuelo en la Nochebuena?
   a a ver la cabalgata
   b a una fiesta
   c a la Misa

2 ¿Cuándo iban montados los Reyes Magos por las calles?
   a la Nochevieja
   b el día de Navidad
   c la víspera del día de Reyes
3 ¿Dónde dejaban los regalos?
   a en el balcón
   b en palanganas
   c en el Belén
4 ¿Adónde iba el abuelo para ver la cabalgata?
   a al balcón
   b a la iglesia
   c a la calle
5 ¿Que hacía al despertarse el día de Reyes?
   a salía al balcón
   b salía a la calle
   c cantaba villancicos
6 ¿Por qué piensa Andrés que su amigo tiene suerte?
   a porque ha ido a una fiesta
   b porque ya ha recibido sus regalos
   c porque va a celebrar la Nochevieja
7 ¿Qué quiere la señora de Ruiz que haga Paul?
   a que le desee Feliz Navidad
   b que espere un momento
   c que llame a Andrés
8 ¿Por qué le da Paul las gracias a Andrés?
   a por haberle deseado Felices Pascuas
   b por el bolígrafo
   c por las castañuelas

B Change the verb according to the new subject given.

1 Mis padres iban a la iglesia en la Nochebuena.   Nosotros
2 ¿Comías mucho turrón cuando vivías en España?   Vds.
3 Su amigo contaba todo el dinero que tenía.   Las chicas
4 Nunca los veían el día de Navidad.   Tú
5 El señor Martínez era profesor de inglés en un
   colegio de Madrid.   Yo
6 ¿Pensaba en el nacimiento de Jesús?   Vosotros
7 Los Reyes Magos nunca venían a nuestra casa.   Mi abuela
8 Todos hablábamos por los codos.   Todo el mundo

9 Eran los mejores alumnos de la clase.   Nosotros
10 Me decían lo que iban a hacer.   Tú

C In the following change the verb in *italics* to the Imperfect.

1 Los Reyes Magos no *llevan* regalos para los niños traviesos.
2 Jaime *está* jugando al baloncesto.
3 Siempre *voy* a la iglesia los domingos.
4 Aquellos hombres *construyen* casas muy buenas.
5 *Cantamos* villancicos en las calles del pueblo.
6 *Estoy* seguro de que *sois* franceses.
7 Le *doy* las buenas noches antes de acostarme.
8 Sus abuelos *oyen* misa en la Catedral de Sevilla.
9 No *hay* nada interesante que hacer.
10 *Conozco* muy bien al dueño del hotel.

D Use the Imperfect tense to prepare 10 questions for your teacher asking him/her about when he/she was young.

E Rewrite the following, omitting articles where necessary.

1 Carlos el primero era el rey de Inglaterra.
2 Mi hermano quiere ser un médico.
3 Acabo de hablar con María, la hija única de don Mateo.
4 Están de vacaciones en San Sebastián, una ciudad importante de España.
5 La chica que me ha visitado es una inglesa.
6 Quiero comprar unos zapatos que he visto en un cierto escaparate de la Calle Mayor.
7 ¡Qué una niña tan bonita es Mercedes!
8 El tío de Elena era un abogado famoso.
9 Un cierto amigo me lo ha dicho.
10 No quieren tomar una otra taza de café.

F Link the following clauses together with the correct relative pronoun.

1 Su abuela le ha dado todo . . . tiene en la casa.
2 Ven a ver el Belén . . . hemos construido.
3 Don Juan es el abogado . . . veías todos los días en el parque.
4 Hemos llegado a la estación cerca de . . . vive un primo mío.
5 Voy a llevar los zapatos . . . me ha dado mi padre.

6 Este verano voy a España con los niños ... acabamos de encontrar.
7 Éstos son los camellos sobre ... van a pasar por las calles.
8 Muchas personas había ... miraban la procesión desde sus balcones.
9 Mañana va a hacer buen tiempo, ... me gusta mucho.
10 ¿Cómo se llama la iglesia en ... vamos a oír misa mañana?

G Fill in the blanks in the following with the correct preposition to follow the verb concerned.

1 La cena consistía ... sopa, paella y queso.
2 No querían subir ... tren sin sus maletas.
3 Yo soñaba ... el día de Reyes.
4 ¿Qué piensas ... hombre que acaba de llegar?
5 Estamos ... salir al restaurante.
6 No se han dado cuenta ... lo que hemos hecho.
7 Tenían ... despedirse ... sus amigos en la calle.
8 ¿Te has acordado ... dinero que me debes?
9 ¿Tiene Vd. ganas ... ir a España?
10 Estoy pensando ... las vacaciones.

H *Either* write a letter in Spanish (120–150 words) to a Spanish friend telling him/her how you spend Christmas and how you used to spend it when you were younger.

Or write some 120–150 words in Spanish using the Imperfect tense to describe the regular daily actions of yourself and family in the summer holidays.

I Conteste en español.

1 ¿Cuál es la fecha de la Nochebuena?
2 ¿Cuál es la fecha del día de Reyes?
3 ¿Ha probado Vd. el turrón?
4 ¿Va Vd. a la iglesia los domingos? ¿El día de Navidad?
5 ¿Se levantaba Vd. más temprano el día de Navidad cuando era joven?
6 ¿Canta Vd. villancicos en la calle durante el mes de diciembre?
7 ¿Sabe Vd. tocar la guitarra? ¿Las castañuelas?
8 ¿Pasa Vd. la Navidad en casa o en casa de unos parientes?
9 ¿Se ponía Vd. nervioso esperando el día de Navidad?

10 ¿Se acuesta Vd. temprano la Nochebuena o va Vd. a la Misa del Gallo?
11 ¿A qué hora comienza la Misa del Gallo?
12 ¿Había un Belén en su iglesia la Navidad pasada?
13 ¿Cuándo era más joven prefería Vd. recibir libros, juguetes o dinero?
14 ¿Cómo celebra Vd. la Nochevieja?
15 ¿En qué estás pensando ahora?

J Translate into Spanish.

'When I was a boy,' my grandfather would say, 'we always went to spend Christmas with some relatives who had a large house in the country far from London. On the way to their house we would spend a few hours in London, walking through the main streets and looking at all the toys and interesting things in the shop windows, before going to Paddington station to catch the train. My parents always carried with them mysterious parcels and boxes which we knew contained our Christmas presents.

On Christmas Eve there was a great deal of excitement and we used to become very excited thinking about what we were going to do on the following day. On the following morning we would wake very early to see what presents we had. Then, after breakfast, we all had to go to the little old church in the village. Nobody had a car so we used to walk through the fields. Sometimes it would pour with rain or snow but we still had to go to church before being able to settle down to play with our new toys or read our new books.'

Lección veintitrés

Los vestidos/la ropa (clothes)

el *abrigo* overcoat
el *algodón* cotton
el *anillo* ring
el *ante* suede
el *bolso* handbag
el *botón* button
el *calcetín* sock
el *camisón* nightdress
el *cinturón* belt
el *collar* necklace, collar
el *cuero* leather
el *chaleco* waistcoat
el *encaje* lace
el *guante* glove
el *impermeable* raincoat
el *jersey* jersey, pullover
los *leotardos* tights
el *material* material
el *nilón* nylon
el *número* size
los *pantalones* trousers
el *paño* cloth
el *pañuelo* handkerchief
el *par* pair
el *pendiente* earring
el *pijama* pyjamas
el *plástico* plastic
el *poncho* poncho
el *sombrero* hat
el *suéter* sweater
el *terciopelo* velvet
el *tergal* terylene

el *traje* suit
el *uniforme* uniform
el *vestido* dress
el *zapato* shoe

la *blusa* blouse
la *boina* beret
la *bota* boot
la *bufanda* scarf
la *camisa* shirt
la *capa* cape
la *cinta* ribbon
la *corbata* tie
la *cremallera* zip fastener
la *falda* skirt
la *gorra* cap
la *lana* wool
la *mantilla* mantilla, lace stole
la *media* stocking
la *pana* corduroy
las *pantimedias* tights
la *pulsera* bracelet
la *rebeca* cardigan
la *ropa interior* underclothes
la *seda* silk
la *tela* cloth
la *zapatilla* slipper

llevar to wear
ponerse to put on
quitarse to take off
vestirse (i) to dress

1 Write a few sentences to describe the two people in the illustrations, referring to both their looks *and* their clothes.

2 *¿Quién es?* Each student should prepare a description of someone likely to be well known to the rest of the class. Each student reads out his/her description in turn. The student who guesses most descriptions correctly is the winner. The answer may be made orally, or written down for subsequent checking. Remember that you can also refer to the way someone *used to* look or be dressed by using the Imperfect tense of verbs like *ser, estar, tener, llevar* etc.

Repaso

A Complete the following by putting the verb in brackets into the correct part of the Present Subjunctive.

1 El abuelo quiere que le (dar) las buenas noches antes de acostarme.
2 Es lástima que yo no (poder) venir mañana.
3 Diles que no (comer) demasiado turrón.
4 Voy a rogarle que (construir) un Belén para nosotros.
5 Siento mucho que Vds. (haberse) burlado de ella.
6 No hay nada que nosotros (querer) hacer para ti.
7 Mis padres quieren que yo (ir) a la iglesia los domingos.
8 Es muy importante que tú me (refrescar) la memoria.
9 Su madre le dice que (apagar) la radio en seguida.
10 Os ruego que (hacer) las compras hoy.
11 Estamos muy contentos de que le (gustar) los pasteles.
12 No conozco a nadie que (saber) ayudarme.
13 Queremos que Vds. (probar) el vino tinto.
14 Es preciso que tú (contar) todo el dinero.
15 Dígales que me (traer) un regalo de París.
16 ¿Quién te ha pedido que les (invitar) a cenar?
17 Me temo que (estar) lloviendo otra vez.
18 Buscamos un hombre que (tener) un camello.
19 Puede ser que ellos (llegar) el viernes.
20 ¿Quiere Vd. que el médico (venir) a verle?

B Change the verb in *italics* in the following to the Imperfect.

1 El hombre gordo *es* el dueño del restaurante.
2 Sus nietos *sueñan* con los Reyes Magos.
3 Todo el mundo *habla* por los codos en la calle.
4 No *vamos* al colegio los domingos.
5 Mi hermana *tiembla* de miedo cuando *visita* al dentista.
6 Los niños siempre *pasan* bien las vacaciones de Navidad.
7 No me *gusta* llevar un abrigo cuando *hace* calor.
8 Todos *venimos* con excepción de mi hermano mayor.
9 Muchas veces *voy* a España de negocios.
10 ¿*Estás* para salir a verle?
11 Mercedes *escribe* muchas cartas a sus amigas.
12 ¿Siempre *tenéis* sed después de jugar al baloncesto?
13 ¿A quién *ves* en la playa?

14 El camarero no *ve* la maleta debajo de la mesa.
15 El abogado *está* pensando en su juventud.

C Make the following into commands by using the form indicated.

Tú	1	Vestirse de prisa.
	2	Quitarse las zapatillas.
	3	Ponerse las botas.
	4	No llevar la gorra.
	5	Prepararse para salir.
Vosotros	1	Levantarse ahora.
	2	Ir a recibirles.
	3	Llevarles a su hotel.
	4	Pedirles el dinero.
	5	No tener miedo.
Vd.	1	No salir hoy.
	2	Tomar estas aspirinas.
	3	Tragar esta medicina.
	4	Acostarse temprano.
	5	Quedarse en casa mañana.
Vds.	1	Ir a la fiesta.
	2	Darle los discos.
	3	Tocar la guitarra.
	4	Hacerlo en seguida.
	5	No llegar tarde.

D Answer the following in Spanish replacing nouns following prepositions by pronouns as and where appropriate.

1 ¿Va Vd. de compras con su madre los sábados?
2 ¿Habla Vd. con su profesor de español todos los días?
3 ¿Habla Vd. consigo muchas veces?
4 ¿Va Vd. de vacaciones con sus padres?
5 ¿Se ha despedido Vd. de sus padres esta mañana?
6 ¿Se burlan Vds. del profesor de vez en cuando?
7 ¿Vive Vd. cerca del supermercado?
8 ¿Ha comprado Vd. algo para sus padres hoy?

E Conteste en español.

1 ¿Le ha dicho su madre que llegue a casa temprano esta tarde?

2 ¿Conoce Vd. alguien que sepa preparar una paella?
3 ¿A su padre le gusta beber coñac después de una comida?
4 ¿Qué lleva Vd. cuando llueve a cántaros?
5 ¿Qué lleva Vd. cuando hace mucho frío?
6 ¿Estaba su profesor en España el verano pasado?
7 ¿Le gusta a Vd. la música popular?
8 ¿Escucha Vd. programas españoles en la radio de vez en cuando?
9 ¿Tiene Vd. una chaqueta de cuero o de ante?
10 ¿Salía Vd. muchas veces con sus amigos durante las vacaciones?

F Pilar and Isabel plan to do some shopping. Isabel has to go to the supermarket for food and afterwards to buy clothes for herself and her children. She needs some new boots for the winter, Rosita needs a raincoat and Paco a scarf. She also intends to buy toys for her grandchildren. She cannot accept Pilar's invitation to lunch as she has to go to the dentist's. Bearing this in mind write in Isabel's part in this conversation, taking due note of what Pilar says.

Pilar   ¿Qué piensas hacer hoy, Isabel?
Isabel
Pilar   Depende. ¿Adónde vas?
Isabel
Pilar   ¿Qué ropa debes comprar?
Isabel
Pilar   ¿Y qué regalos quieres comprar?
Isabel
Pilar   Bueno, voy a acompañarte. Te invito a comer conmigo en el Restaurante Galicia.
Isabel

G Write sentences to show that you understand the difference in meaning between the following verbs:
sonar, soñar con; pensar, pensar de, pensar en; volver, volver a.

H Write a telephone conversation in Spanish (120–150 words) between yourself and a friend who invites you to supper and to listen to some new records. Are you able to go?

I Study the pictures carefully and then use them as a basis for a short composition in Spanish.

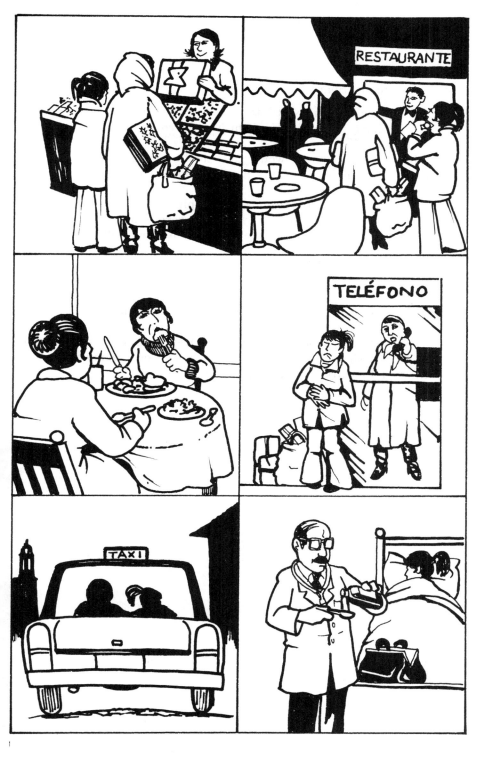

J Translate into Spanish.

1 Don Pepe tells the waiter to serve the customers at once.
2 They have just returned from Navalcarnero, a little town near Madrid.
3 In the afternoons she would go to the library to read.
4 My Spanish friend wants me to spend Christmas with him in Spain.
5 Tomorrow it is going to snow, which pleases me greatly.
6 We were hoping to see him when we were in Madrid.
7 They have brought sweets and nougat for themselves and cakes for me.
8 Do not ask him why he is in London.
9 Take your raincoat and umbrella with you as I fear it is going to rain.
10 Mercedes could not put up with the pain any longer.

K Give the Spanish for: with great pleasure; he cannot help listening; if you like; the best thing; as soon as possible; cheerio; in my opinion; of all kinds; I am thirsty; at the beginning of January.

Lección veinticuatro

A orillas del mar

Lo prometido es deuda y por ello el señor García llevó a su familia a la Costa del Sol en el mes de octubre para pasar quince días allí. Viajaron en coche desde Madrid y se hospedaron en un hotel muy cómodo en el pueblo de Torremolinos, que está situado a ocho kilómetros al oeste de Málaga. En esta estación del año hay casi tantos turistas en Torremolinos como en el verano y no resultó muy fácil reservar buenas habitaciones en el hotel. La habitación de los padres estaba en el tercer piso y las de los chicos en el quinto. Las tres daban al jardín del hotel y desde los balcones podían ver muy cerca la playa y el mar. Les gustaba mucho a todos ver entrar y salir del puerto de Málaga los barcos grandes.

Recepcionista   Buenas noches, señores. ¿Tienen reservación?
El señor García   Sí, llamé por teléfono ayer para reservar tres habitaciones a nombre de García.
Recepcionista   Ah, sí.Una habitación doble y dos sencillas, ¿verdad?
El señor García   Sí, con cuarto de baño y balcón.
Recepcionista   Está bien. La habitación doble está en el tercer piso, es el número treinta y dos. Las dos sencillas (números cincuenta y siete y cincuenta y ocho) están en el quinto piso. Todas dan al jardín y a la piscina.
Enrique   ¿Tienen teléfono y radio?
Recepcionista   Sí, señor, tienen teléfono y radio.
Mercedes   ¡Qué bien!
Recepcionista   Quiere Vd. rellenar esta ficha, por favor.
(El señor García la rellena.)
El señor García   Ya está.
Recepcionista   Tenga Vd. las llaves. ¡Mozo!

Hacía muy buen tiempo durante toda su visita y los chicos, por lo general vestidos sólo de traje de baño, pasaban muchas horas nadando en la piscina del hotel o en el mar, que estaba todavía bastante caliente.

Un día, después de desayunar, Enrique y Mercedes se paseaban por la playa antes de bañarse cuando vieron a muchos chicos que, sirviéndose de palos y cubos, cavaban en la arena. Construían castillos y otros edificios.

Mercedes   Mira, es un concurso. ¿Quieres participar?

Enrique   ¡Qué va! Eso es para los pequeños.

Mercedes   El primer premio es una excursión en avión a Tánger para dos personas, según este cartel.

Enrique   No vale. Voy a hablar con el viejo pescador a quien encontramos ayer.

Se dirigió a unos barcos de pesca amarrados en la playa. En ese momento uno de los burros que estaban en la playa pisó el castillo de un pequeñito y lo derribó. El castillo quedó destruido y el niño se marchó llorando. Mercedes estaba para seguir a Enrique cuando vio relucir algo en la arena. Lo cogió.

Mercedes   Enrique. Ven aquí, de prisa.

Enrique   ¿Qué pasa? ¿Por qué estás gritando?

Mercedes   Mira lo que encontré en la arena. Es un anillo de oro con diamantes y rubíes. Es muy hermoso, ¿verdad?

Enrique   Sí. Es mucho más grande que el de mamá. Estas joyas son enormes.

Mercedes   Tenemos que llevarlo a la comisaría.

En la comisaría mostraron el anillo a un policía y Mercedes le explicó como lo encontró. El policía le escuchó y luego se levantó y salió. Volvió sonriendo unos minutos más tarde.

— ¡Tienen suerte! — exclamó. — Este anillo pertenece a una princesa árabe. Acabo de telefonear a su marido, el príncipe, y él va a darles una recompensa de cincuenta mil pesetas.

Ambos chicos quedaron muy satisfechos. ¡Claro que valió la pena no participar en el concurso!

Vocabulario

el barco   boat, ship
el barco de pesca   fishing boat
el burro   donkey
el cartel   poster, notice
el castillo   castle
el concurso   contest, competition
el cubo   bucket
el diamante   diamond
el edificio   building
el kilómetro   kilometre
el mozo   porter, boy, lad
el oeste   west
el oro   gold
el pequeñito   small child, little
   one
el policía   policeman
el príncipe   prince
el puerto   port, harbour
el/la recepcionista   receptionist
el rubí   ruby   (pl. *rubíes*)
el traje de baño   swimming
   costume
el turista   tourist

la arena   sand
la comisaría   police station
la deuda   debt
la excursión   trip, excursion
la ficha   form, card

la habitación   room
la joya   jewel, gem
la pala   spade
la piscina   swimming pool
la princesa   princess
la recompensa   reward
Tánger   Tangiers

bañarse   to bathe
cavar   to dig
dar a   to overlook, look onto
derribar   to destroy, knock down
exclamar   to exclaim
hospedarse   to stay
llenar   to fill
llorar   to cry, weep
marcharse   to go off, go away
participar   to take part
pasar   to happen
pasearse   to stroll, go for a walk
pertenecer   to belong
pisar   to trample on, step on
relucir   to shine
rellenar   to fill in
resultar   to result, turn out
seguir (i)   to follow, continue
servirse (i) de   to use, make use
   of
valer la pena   to be worthwhile

amarrado   moored, drawn up
ambos   both
árabe   Arab, Arabic
destruido   destroyed
doble   double
hermoso   beautiful
un millón de   a million
satisfecho   satisfied
sencillo   single, simple
situado   situated

a nombre de   in the name of
ayer   yesterday

buenas noches   good night/
   evening
lo prometido es deuda   a promise
   is a promise
no vale   it's not worth it
por ello   therefore
¡qué bien!   how nice
¡qué va!   not likely!
quince días   a fortnight
sólo   only

Gramática

1 The Preterite tense

mirar
miré   I looked at, did look at
miraste
miró
miramos
mirasteis
miraron

comer
comí   I ate, did eat
comiste
comió
comimos
comisteis
comieron

vivir
viví   I lived, did live
viviste
vivió
vivimos
vivisteis
vivieron

The Preterite tense in Spanish is used to describe single completed actions in the past.

e.g. Ayer visité a mis   Yesterday I visited my grand-
   abuelos.   parents.
Me vendió su coche.   He sold me his car.

Note how it differs from and can be used with the Imperfect:

Cuando estaba en Madrid, compré una mantilla.
When I was in Madrid, I bought a mantilla.
Llovía cuando salió de la casa.
It was raining when he left the house.

Formation

To form the Preterite of a regular *-AR* verb add the endings *-é, -aste, -ó, -amos, -asteis, -aron* to the stem.

To form the Preterite of a regular *-ER* or *-IR* verb add the endings *-í, -iste, -ió, -imos, -isteis, -ieron* to the stem.

N.B. The *yo* form of the Preterite of *llegar* is *llegué*, of *pagar*, *pagué* and of *buscar*, *busqué*.

2 Los números (cont.)

100	*cien, ciento*	900	*novecientos, -as*
200	*doscientos, -as*	1.000	*mil*
300	*trescientos, -as*	2.000	*dos mil*
400	*cuatrocientos, -as*	100.000	*cien mil*
500	*quinientos, -as*	1.000.000	*un millón*
600	*seiscientos, -as*	hundreds of	*centenares de*
700	*setecientos, -as*	thousands of	*millares de*
800	*ochocientos-as*		

N.B.
- The hundreds are adjectives with a separate feminine form, e.g. *Tengo quinientas pesetas.* I have 500 pesetas.
- Remember that *ciento* becomes *cien* before a noun, e.g. *Hay cien personas en la calle.* There are 100 people in the street.
- *Mil* is invariable and is never used with *un* or *una*, e.g. *Hay mil flores en el parque.* There are a thousand flowers in the park.
- *Un millón* (plural: *millones*) requires *de* before a noun, e.g. *Un millón de personas viven en esta ciudad.* A million people live in this city.
- *Su padre tiene cincuenta y tantos años.* His father is fifty-odd.
- Remember that *ciento* is followed directly by the next number, e.g. *ciento uno* a hundred and one

After 999 *mil* must be used in Spanish numbers. There is no equivalent of the English twelve hundred, etc. Hence the date 1984 is *mil novecientos ochenta y cuatro*. The full date may now be expressed thus:

Miércoles, ocho de septiembre de mil novecientos ochenta y tres.
Wednesday, September the 8th, 1983.

3 *El, la, los, las de*

Study the following examples:
Tengo mi libro y el de José.
I have my book and José's.
Ha traído su bolsa y la de María.
She has brought her bag and María's.
He perdido mis discos y los de Antonio.
I have lost my records and Antonio's.
No puedo llevar sus maletas y las de Miguel.
I cannot carry her cases and Miguel's.

The *el, la, los, las* are used according to the gender of the object spoken about. It does not agree with the person to whom it belongs.

4 *Plural of nouns ending in í*

To form the plural of nouns ending in *í* you add *es* to the singular, e.g. *rubí – rubíes*.

Ejercicios

A Conteste en español.

1 ¿Dónde pasaron sus vacaciones?
2 ¿Cómo viajaron a Torremolinos?
3 ¿Dónde está situado Torremolinos?
4 ¿Por qué les resultó algo difícil reservar habitaciones?
5 ¿Qué habitaciones reservaron?
6 ¿Qué veían desde los balcones?
7 ¿Cómo pasaban los días Mercedes y Enrique?
8 ¿Qué hacían los chicos a quienes vieron en la playa?
9 ¿Por qué lloró el pequeñito?

10 ¿Qué encontró Mercedes?
11 ¿Cómo lo encontró?
12 ¿A quién lo mostró?
13 ¿Adónde lo llevaron?
14 ¿A quién pertenecía el anillo?
15 ¿Por qué quedaron satisfechos los chicos?

B Change the verb according to the new subject given.

1 Se afeitaron antes de desayunar.   Yo
2 No me abrió la puerta.   Ellos
3 ¿Qué comisteis en el restaurante?   Tú
4 Enrique se dirigió al puerto.   Nosotros
5 En la arena encontré un anillo de oro.   Mi hermana
6 El médico me visitó el domingo.   Mis tíos
7 Perdieron las joyas de su madre.   Yo
8 ¿A qué hora te levantaste ayer?   Vosotros
9 Carlos no me conoció en la calle.   Vosotros
10 ¿Los turistas volvieron al hotel a cenar?   Tú

C In the following change the verb in *italics* to the Preterite.

1 Mercedes *compra* un bolso de cuero rojo.
2 Los turistas no *vuelven* hasta las dos de la madrugada.
3 Esta novela no me *parece* muy interesante.
4 *Busco* al hombre que se hospeda con mi tío.
5 ¿*Ves* al viejo pescador en la playa?
6 No *comemos* nada antes del almuerzo.
7 No nos *gustan* aquellos edificios.
8 ¿*Vivís* en Madrid o en Barcelona?
9 A las once y media *salen* a pasearse por el parque.
10 ¿Por qué no me *invitáis* a cenar?

D Complete the following with the correct part of the Preterite of the verb indicated.

1 Cuando estaban en Madrid ... visitar el Prado.
2 Cuando estaban en Madrid ... comprar una mantilla.
3 Cuando estaban en Madrid ... perder todo su dinero.
4 Cuando estaban en Madrid ... aprender el español.
5 Cuando estaban en Madrid ... ver a Carmen.

6 Mi padre estaba durmiendo cuando yo ... entrar.
7 Mi padre estaba durmiendo cuando yo ... salir de casa.
8 Mi padre estaba durmiendo cuando yo ... volver.
9 Mi padre estaba durmiendo cuando yo ... telefonear.
10 Mi padre estaba durmiendo cuando yo ... acostarme.

E Complete the following as shown in the example.
Ejemplo: Tengo mis libros y *los* de mi hermana.

1 Olvidé mi anillo y ... de mi hermana.
2 Comí mis caramelos y ... de mi hermana.
3 Voy a vender mi radio y ... de mi hermana.
4 Buscaba mis fotos y ... de mi hermana.
5 Perdí mi dinero y ... de mi hermana.
6 No encontré mis guantes ni ... de mi hermana.
7 Pagué mi cuenta y ... de mi hermana.
8 Dejé caer mi botella y ... de mi hermana.
9 Tengo mis gafas y ... de mi hermana.
10 Rompí mi vaso y ... de mi hermana.

F Conteste en español.

1 ¿Dónde pasó Vd. sus vacaciones el verano pasado?
2 ¿A qué hora se levantó Vd. esta mañana?
3 ¿Recibió Vd. unas cartas esta mañana?
4 ¿A qué hora se acostó Vd. anoche?
5 ¿Con qué soñó Vd. anoche?
6 ¿Le compró su padre caramelos ayer?
7 ¿Estaban Vds. sentados cuando entró el profesor esta mañana?
8 ¿Nevó mucho en su ciudad durante el invierno?
9 ¿Cuándo comenzó Vd. a aprender el español?
10 ¿Miró Vd. algún programa de televisión anoche? ¿Le gustó?
11 ¿En qué consistió su desayuno esta mañana?
12 ¿A qué hora salió Vd. de casa?
13 ¿Qué bebieron sus padres con su cena anoche?
14 ¿A quién encontró Vd. camino del colegio hoy?
15 ¿Costaron mucho sus vacaciones de verano?

G Find out why the Costa del Sol is suitable for a seaside holiday in the late autumn. What other parts of Spain, if any, would be equally suitable?

H Write out/read the following, expressing the numbers in Spanish.

1 Había 5.000 personas en la Plaza Mayor.
2 Hay 365 días en un año.
3 Cristóbal Colón descubrió América en 1492.
4 Pagaron más de 500 pesetas por este libro.
5 Recibieron una carta que contenía £950.
6 10.000.000 de personas vieron ese programa de televisión.
7 La chaqueta de cuero la costó unas 15.000 pesetas.
8 Mi padre va a visitar el Brasil en 1985.
9 La caja contenía más de 1.000.000 de diamantes y rubíes.
10 Vivieron en España hasta 1711.

I You and your family arrive at a Spanish hotel after dark without having made a reservation. You are the only one who speaks Spanish. Compose a dialogue between yourself and the hotel receptionist in which you ask if there are any rooms available, book the correct number and type of rooms and ask about the hotel's facilities (do the rooms overlook the sea/garden/road/swimming pool, do they have telephone/radio/TV/bathroom, is the food good, is there a disco etc.) The conversation might begin like this:
Vd. ¿Hay habitaciones libres?
Recepcionista Sí, señor. Tenemos habitaciones.

J Translate into Spanish.

Yesterday evening we left the beach at about half past six and returned to the hotel in our car. Our hotel was situated in the village about five kilometres from the beach and our friends' two kilometres further on. On our way to the village we saw an old fisherman walking slowly along the road. He was about sixty-odd and was carrying a large box in his hand. We stopped the car and asked him where he was going. He explained to us that he had just found the box in the sand near his fishing boat. When he opened it he found some papers and underneath a packet containing thousands of pesetas. Now he was making his way to the police station in the village. He got into the car and we took him to the police station where he handed everything to a policeman.

Lección veinticinco

Ganando una propina

Una tarde de mayo hace muchos años estaba yo paseándome por la Gran Vía en Madrid. Eran las cinco y media y los almacenes y las tiendas acababan de abrirse otra vez después de la siesta. Había mucha gente en las calles; las bocas del metro estaban muy concurridas y colas largas se formaban en las paradas de autobuses. Circulaba mucho tráfico en la Avenida. Yo iba calle arriba con rumbo a la Plaza del Callao y acababa de pasar por delante de un hotel muy grande y célebre cuando vi en el camino un coche inmenso y lujoso que se dirigía hacia el hotel.

Monumento a Cervantes, Plaza de España, Madrid

La Puerta del Sol, Madrid

Todo el mundo se paró para contemplar este coche tan imponente; parecía ser de marca norteamericana. Era muy largo y ancho y cabían por lo menos ocho personas en él. El conductor fumaba un puro y llevaba un sombrero parecido a los de los vaqueros americanos. No cabía duda de que era un hombre muy rico. El coche se acercó a la acera y se detuvo delante de la puerta principal del hotel.

De repente un chico pobre de unos doce años que se hallaba muy cerca de mí mirando el fenómeno, echó a correr a toda prisa hacia el coche. Llegó allí antes que el portero, que avanzaba con gran dignidad para abrir la puerta, y con gran aplomo y frescura la abrió para el americano, quitándose al mismo tiempo la gorra algo sucia. Cuando el señor bajó de su coche, el muchacho extendió la mano esperando una propina. El americano se asustó pero le dio una moneda de veinticinco pesetas. El muchacho le dio las gracias con mucha cortesía. En este momento el portero, que apenas podía creer lo que pasaba, avanzó hacia él con aspecto muy enfadado y severo. Casi se le salían los ojos de las órbitas.

— Sinvergüenza, — gritó con rabia — Eres un mendigo. Si yo te veo por aquí otra vez te...

Pero el chico no oyó el resto de la amenaza. Ya huía calle abajo con sus veinticinco pesetas y una sonrisa maliciosa en los labios.

Mentiras

Policía   Raúl, ¿qué hizo Vd. anoche?

Raúl   Nada. No hice nada. Tuve que quedarme en casa.

Policía   ¿Está Vd. seguro?

Raúl   Sí, señor. Tuve que esperar una llamada del Perú.

Policía   ¿De quién?

Raúl   De mi hermano Manuel. Fue al Perú de negocios la semana pasada.

Policía   Vaya, Raúl. Yo le vi a Vd. en la Calle Mayor a las nueve y media. No soy ciego.

Raúl   Ah sí, me olvidaba. Tuve que salir a echar una carta al buzón de la esquina.

Policía   ¿Echar una carta? Fue a echar un trago al Bar Mediterráneo.

Raúl   Vd. se equivoca, señor policía. Fue otra persona. No me gusta el vino.

Policía   Vd. no bebió vino; bebió cerveza. Encontró a su hermano y le dio esta máquina que robó de la casa del alcalde. Es Vd. un ladrón, Raúl. Vámonos. Le esperan en la comisaría.

Raúl   ¡Ay, qué soy inocente! No quiero ir a la cárcel.

Vocabulario

el alcalde mayor	*el sinvergüenza* good for nothing
el almacén department store	
el aplomo aplomb	*el tráfico* traffic
el aspecto look, appearance	*el vaquero* cowboy
el bar bar	
el buzón pillar box, post box	*la amenaza* threat
el camino road	*la avenida* avenue
el conductor driver	*la calle mayor* main street, High Street
el fenómeno phenomenon	
el ladrón thief	*la cárcel* prison, gaol
el Mediterráneo Mediterranean	*la cortesía* courtesy, politeness
el mendigo beggar	*la dignidad* dignity
el muchacho boy	*la frescura* cheek, impudence
el Perú Peru	*la llamada* call
el portero doorman	*la máquina* camera; machine
el puro cigar	*la mentira* lie
el resto rest	*la moneda* coin

la muchacha girl
la órbita socket (of eye)
la rabia rage, anger
la siesta siesta, afternoon rest
la sonrisa smile
la vía way, path
la Gran Vía a famous street in Madrid

asustarse to be startled
avanzar to advance
caber to be room for
circular to move (of traffic)
contemplar to gaze at, look at
detener to stop, detain, arrest
detenerse to stop, come to a halt
echar a to start, begin
echar una carta to post a letter
echar un trago to have a drink
equivocarse to be wrong, make a mistake
estar seguro to be sure
extender (ie) to stretch out
hallarse to be (position)
huir to flee
olvidarse to forget
robar to steal, rob

americano American

ancho broad, wide
célebre famous, well known
ciego blind
enfadado angry, annoyed
imponente imposing
inmenso immense, huge
inocente innocent
lujoso luxurious
malicioso malicious, wicked
norteamericano American (not from Latin America)
parecido a just like
rico rich
severo severe, stern

a toda prisa at full speed
calle abajo down the street
calle arriba up the street
con rumbo a on the way to
hace muchos años many years ago
por allí that way
por aquí around here; this way
por delante de in front of (motion)
por lo menos at least
según according to
vámonos let's go
¡vaya! come on! really!

Gramática

1 Some irregular Preterites

Dar	*Ir*	*Ser*
di	fui	fui
diste	fuiste	fuiste
dio	fue	fue
dimos	fuimos	fuimos
disteis	fuisteis	fuisteis
dieron	fueron	fueron

You will notice that *ir* and *ser* have the same forms, but this is not as confusing as you might think. Note that there are no accents needed with these three verbs.

2 *Pretéritos graves*

Hacer	*Tener*
hice	*tuve*
hiciste	*tuviste*
hizo	*tuvo*
hicimos	*tuvimos*
hicisteis	*tuvisteis*
hicieron	*tuvieron*

Pretéritos graves are Preterites in which the stress in the first and third persons singular falls on the last syllable but one (*hice, tuvo*) and not on the last syllable as in normal Preterites. They are also irregular in formation.

3 *Use of the definite article*

Contrary to English usage the definite article is used in Spanish in the following cases:

a In place of the possessive adjective with parts of the body and articles of clothing.

> e.g. *Se lavó las manos.* He washed his hands.
> *Se peinó el pelo.* He combed his hair.
> *Se ha roto la camisa.* He's torn his shirt.

b With nouns used in a general sense.

> e.g. *No me gusta el café.* I don't like coffee.
> *El gazpacho es una sopa fría.* Gazpacho is a cold soup.

c Before titles except in direct address.

> e.g. *El señor García es un hombre simpático.*
> **Mr García is a kind man.**
> *El Rey Carlos primero es muy famoso.*
> King Charles the first is very famous.

BUT *Buenos días, señor García.* Good morning, Mr García.
> *Don José es autor.* Don José is an author.

d With the names of masculine countries.

e.g. *El Japón*   Japan   *El Ecuador*   Ecuador
    El Perú   Peru   *El Paraguay*   Paraguay
    El Canadá   Canada   *El Uruguay*   Uruguay
    Los Estados Unidos The United States

Also *La India* (India), *La China* (China), and *La Argentina* (Argentina).

e In percentages.

e.g. *El treinta y cinco por ciento de mis alumnos son españoles.*
Thirty-five per cent of my pupils are Spanish.

f With *nosotros, vosotros, Vds.,* as follows:
nosotros los ingleses   we English
vosotros los franceses ⎫
Vds.   ⎬ you French
          ⎭

g With a proper name qualified by an adjective.

e.g. *La pobre Mercedes tiene dolor de muelas.*
Poor Mercedes has toothache.

BUT   *¡Pobre Mercedes!* *Tiene dolor de muelas.*
Poor Mercedes!   She has toothache.

h Sometimes with the infinitive used as a verbal noun.

e.g. *El ver es creer.*
Seeing is believing.

i In certain expressions which must be learned by practice.

e.g. *Va al colegio.*   He's going to school.
    Va a la iglesia.   He's going to church.
    Va al centro.   He's going to town.
    Le di las buenas noches.   I said goodnight to him.

Look out for further examples in your reading.

4 *Pobre*

Note the difference in the following examples:

¡Pobre papá! Está enfermo.   Poor father! He is ill.
Carmen es una chica muy pobre. Carmen is a very poor girl.

5 *Detener and detenerse*

Note the difference between these two verbs:
El policía detuvo a Raúl.   The policeman stopped Raúl.
El coche se detuvo.   The car stopped.

Ejercicios

A Conteste en español.

1 ¿Dónde y cuándo pasó todo esto?
2 ¿Por qué había mucha gente en las calles?
3 ¿Adónde iba yo?
4 ¿Qué vi en el camino?
5 ¿Por qué creí que el conductor era un americano rico?
6 ¿Dónde se detuvo el coche?
7 ¿Quiénes fueron a abrir la puerta del coche?
8 ¿Cómo era el chico?
9 ¿Qué hizo después de abrir la puerta?
10 ¿Cómo sabe Vd. que no le gustó al portero lo que hizo el chico?
11 ¿Qué hizo el muchacho después de recibir su propina?
12 ¿Qué le llamó el portero?

B In the light of the conversation between Raúl and the policeman choose which answer best suits each question and write it out in full. Note the word *según*: according to.

1 ¿En dónde dice Raúl que estaba su hermano?
   a en el bar
   b en el Perú
   c en la calle mayor
2 ¿Qué tuvo que esperar Raúl?
   a la llegada de su hermano
   b una llamada de su hermano
   c una carta
3 ¿Por qué tuvo que salir, según él?
   a para echar una carta
   b para encontrar a su hermano
   c para robar al alcalde
4 ¿Qué hizo en el bar?
   a bebió vino

    b hizo una llamada al Perú
    c dio una máquina a Manuel
5 ¿Dónde le vio el policía?
    a en la esquina de la calle
    b en la cárcel
    c en la calle mayor
6 ¿Quién ha dicho que Raúl bebió vino?
    a el policía
    b nadie
    c Manuel
7 ¿Dónde esperaban a Raúl?
    a en casa del alcalde
    b en el Bar Mediterráneo
    c en la comisaría
8 ¿Por qué le detuvo el policía?
    a porque robó la casa del alcalde
    b porque dice mentiras
    c porque bebió demasiada cerveza

C Change the verb according to the new subject given.

1 ¿Qué hizo Vd. en la Gran Vía?	Tú
2 No le di más de veinte pesetas.	Ellos
3 Fue el alcalde el que me lo explicó.	Mis profesores
4 Tuve que salir en seguida.	Nosotros
5 ¿Qué te dieron los turistas?	El policía
6 ¿Quiénes hicieron las compras ayer?	¿Quién?
7 El año pasado fuimos a visitar el Perú.	Yo
8 ¿Fuiste a la biblioteca el sábado?	Vosotros
9 No hicimos nada interesante anoche.	Yo
10 ¿Te diste cuenta de lo que pasaba?	Vosotros

D In the following change the verb in *italics* to the Preterite.

1 No *entiendo* por qué no *vais* con ella.
2 *Decidimos* comprar unos puros en la tienda.
3 Me *telefonean* a las once y media en punto.
4 El coche se *detiene* al otro lado del camino.
5 No *veo* al americano de quien *hablas*.
6 ¿Por qué *haces* tanto ruido aquí?
7 Me *acerco* a la puerta principal de la comisaría.

8 ¿Qué te *parece* el sombrero de tu madre?
9 Me *dan* las gracias y *salen* a la calle.
10 Los señores se *quitan* el sombrero y *entran*.

E Complete the following with the correct part of the Preterite of the verb indicated.

1 Cuando ibas a la estación, ... ¿ver al agente?
2 Cuando ibas a la estación, ... ¿encontrar al policía?
3 Cuando ibas a la estación, ... ¿hallar el reloj?
4 Cuando ibas a la estación, ... ¿comprar un periódico?
5 Cuando ibas a la estación, ... ¿detenerse en el parque?
6 Hacía mucho sol cuando ellos ... bajar del tren.
7 Hacía mucho sol cuando ellos ... irse.
8 Hacía mucho sol cuando ellos ... salir del bar.
9 Hacía mucho sol cuando ellos ... llegar a Madrid.
10 Hacía mucho sol cuando ellos ... decidir salir.

F Conteste en español.

1 ¿Qué hizo Vd. anoche?
2 ¿Fumó su padre un puro después de cenar anoche?
3 ¿Tiene Vd. coche? ¿De qué marca es?
4 ¿Les diste las buenas noches a tus padres antes de acostarte anoche?
5 ¿Qué te dieron tus padres el día de tu cumpleaños?
6 ¿Qué hizo el profesor de español cuando entró en la clase?
7 ¿Fue Vd. a la iglesia el domingo pasado?
8 ¿Ha visitado Vd. los Estados Unidos alguna vez?
9 ¿A qué hora tuviste que levantarte esta mañana?
10 ¿Tuvo tu madre que despertarte?
11 ¿Qué es la Gran Vía?
12 ¿Cuál es la capital del Uruguay? ¿Y del Ecuador?

G Retell in Spanish (120–150 words) the story of the reading passage of this lesson as if you were *either* the boy who opened the door of the car *or* the commissionaire of the hotel.

H A policeman suspects you, quite wrongly, of a robbery. Continue this conversation in which he questions you about your movements on Saturday night. You were not at the café or bar he mentions.

Perhaps you were at a party or disco, or even at home watching TV.
Was anyone with you?
Policía   Pablo/Teresa, ¿qué hiciste el sábado por la noche?
Pablo/Teresa   ¿El sábado por la noche? ¿Por qué?

I Translate into Spanish.

1 Enrique went to the bathroom and washed his hands.
2 His mother has never liked wine.
3 Mr Gómez returned from Japan yesterday.
4 Tomorrow we are going to church with them.
5 Poor Manuel has not been able to go to the beach.
6 They said goodnight to me and returned home.
7 When she came in she took off her hat and gloves.
8 'When did you break your leg?' asked the doctor.
9 Lima is the capital of Peru.
10 We English like to drink tea in the mornings.

Lección veintiséis

De pesca

Cuando Enrique se hospedaba con su amigo Andrés, los dos chicos iban a menudo a un bosque cercano para pescar en el río. Es un sitio muy tranquilo y agradable. Por lo general cogían tres o cuatro peces pero estoy seguro de que nunca van a olvidar lo que les sucedió anteayer cuando no cogieron nada.

Decidieron pasar todo el día en las orillas del río y, por eso, además de sus cañas de pescar llevaron consigo una cesta con bocadillos de jamón y queso, alguna fruta y botellas de gaseosa. Les acompañó, como siempre, el perro de Andrés, Toni, a quien le gusta ir al bosque a cazar los pájaros y los conejos que viven allí.

Cuando llegaron al río pusieron la cesta en la hierba, se sentaron en la ribera y comenzaron a pescar. En el río vieron muchos peces grandes — aun algunas truchas — y Andrés dijo que a su ver iban a tener mucha suerte aquel día.

Durante media hora no sucedió nada.

— Me gusta la pesca — dijo Andrés, — es tan agradable estar sentado aquí sin nada más que hacer.

De repente Enrique se levantó gritando.

— Ya picó — gritó a su amigo. — Ven a ayudarme.

Mientras Andrés le ayudaba, el perro, atraído por tanto griterío, vino a ver lo que pasaba en el agua. Ladraba sin cesar y en su animación se asomó demasiado a la orilla y cayó al río. Era evidente que la corriente era fuerte y peligrosa y que el perro luchaba en vano contra ella.

— Está ahogándose — gritó desesperadamente Andrés, que al pronto no supo qué hacer.

Sin embargo Enrique, sin más, se tiró al agua para salvar al pobre perro. Logró asirlo por el collar y lo trajo sano y salvo a la ribera donde Andrés les ayudó a salir del agua.

— Tienes que secarte la ropa — dijo Andrés, — si no, vas a resfriarte. Hay una choza cerca donde puedes hacerlo. El viejo que vive allí es amigo mío. Me temo que se haya escapado tu pez.

Con el perro muy asustado y Enrique mojado hasta los huesos anduvieron medio kilómetro a lo largo de la ribera hasta llegar a un puente. Cruzaron el puente y se acercaron a la choza que se hallaba unos metros más allá. El viejo estaba durmiendo la siesta pero estuvo muy contento de volver a ver a su amigo joven. Cuando vio a Enrique y se enteró del suceso, les hizo entrar y sentarse delante del fuego. Enrique se quitó la ropa y se envolvió en una manta que le entregó el viejo. Andrés pidió una toalla al viejo y secó al pobre Toni. Luego fue a casa a buscar ropa seca para Enrique. Por fin regresó. Enrique se vistió y los dos volvieron al río a pescar.

— Quizás tengáis más suerte ahora — les dijo el viejo.

No fue así. Aquel día no pudieron pescar nada, pero ayer lograron coger una buena trucha que le dieron al viejo por su amabilidad.

Conversación

El viejo   ¡Madre mía! ¿Qué ha pasado? Pasad, pasad, por favor.
Andrés   Es que el perro cayó al río y Enrique le salvó la vida.
El viejo   Bueno. Enrique, debes quitarte esta ropa mojada. Sécate con esta toalla.
Enrique   Gracias, señor. ¡Brr. tengo mucho frío!
El viejo   Siéntate aquí delante del fuego y envuélvete en esta manta.

Voy a prepararte una taza de café. Andrés, seca al perro con esta toalla.

Andrés   Gracias, tío Adolfo.

El viejo   Ahora debes volver a casa para buscar ropa seca para Enrique. Vete, de prisa.

Andrés   Ya me voy.

El viejo   Eres un chico muy valiente, Enrique. Este río es profundo y tiene una corriente fuerte.

Enrique   Ya lo creo. Tuve suerte, ¿verdad?

Vocabulario

el bocadillo   sandwich
el bosque   wood
el conejo   rabbit
el griterío   shouting
el jamón   ham
el metro   metre
el pájaro   bird
el perro   dog
el pez   fish (alive)
el puente   bridge
el queso   cheese
el río   river
el sitio   place, spot
el suceso   happening, event
el viejo   old man

la amabilidad   kindness
la caña de pescar   fishing rod
la corriente   current
la choza   hut, shack
la hierba   grass
la manta   blanket
la orilla   bank
la pesca   fishing
la ribera   bank
la toalla   towel
la trucha   trout

ahogarse   to drown
asomarse a   to lean over, lean out
asir   to seize, grasp
cazar   to chase, hunt
cruzar   to cross
dormir (ue) la siesta   to take a siesta
enterarse de   to learn about, understand, realise
envolverse (ue)   to wrap oneself
escaparse   to escape
ladrar   to bark
lograr   to manage, succeed in
luchar   to fight, struggle
pescar   to fish
¡ya picó!   I've got a bite
reír (i)   to laugh
salvar   to save
secar   to dry
tener frío   to be cold
tirarse a   to dive into

atraído   attracted
cercano   neighbouring, nearby
evidente   obvious, evident
mojado hasta los huesos   soaked to the skin

peligroso   dangerous
profundo   deep
sano y salvo   safe and sound
valiente   brave

al pronto   at first
a menudo   often
anteayer   day before yesterday
cerca   nearby (*adv.*)

desesperadamente   desperately
en vano   in vain
¡madre mía!   heavens above!
más allá   beyond, further on
sin cesar   incessantly
sin más   without more ado
ya lo creo   I'll say, I can well
  believe it

Gramática

1 Pretéritos graves (cont.)

Andar	*Caber*	*Decir*
anduve	cupe	dije
anduviste	cupiste	dijiste
anduvo	cupo	dijo
anduvimos	cupimos	dijimos
anduvisteis	cupisteis	dijisteis
anduvieron	cupieron	dijeron

Estar	*Haber*	*Poder*	*Poner*
estuve	hube	pude	puse
estuviste	hubiste	pudiste	pusiste
estuvo	hubo	pudo	puso
estuvimos	hubimos	pudimos	pusimos
estuvisteis	hubisteis	pudisteis	pusisteis
estuvieron	hubieron	pudieron	pusieron

Querer	*Saber*	*Traer*	*Venir*
quise	supe	traje	vine
quisiste	supiste	trajiste	viniste
quiso	supo	trajo	vino
quisimos	supimos	trajimos	vinimos
quisisteis	supisteis	trajisteis	vinisteis
quisieron	supieron	trajeron	vinieron

2 *The Preterite of radical changing verbs (e–i)*

e.g. *pedir*   *pedí*   *pedimos*
              pediste   *pedisteis*
              pidió   *pidieron*

Note the change from *e* to *i* in the third persons. Likewise we have:

preferir (prefirió, prefirieron)   *servir (sirvió, sirvieron)*
reir (rió, rieron)   *sonreir (sonrió, sonrieron)*
sentir (sintió, sintieron)   *vestirse (se vistió, se vistieron)*

3 *Preterite of caer*

                  caí   *caímos*
                  caíste   *caísteis*
                  cayó   *cayeron*

Note the spelling change which occurs with *y* replacing *i* in the third person forms.

4 *Use of the Subjunctive (cont.)*

The subjunctive is often used after *quizás* and *tal vez* (perhaps). Normally this is when there is a considerable amount of doubt or uncertainty as to the outcome.

e.g. **Quizás venga mañana.**   Perhaps he will come tomorrow.

Here the speaker is not very hopeful about his coming.

Ejercicios

A Conteste en español.

1 ¿Para qué iban los chicos al bosque?
2 ¿Por qué decidieron llevar una cesta consigo?
3 ¿Qué contenía la cesta?
4 ¿Por qué le pareció a Andrés que iban a tener suerte?
5 ¿Qué le sucedió al perro?
6 ¿Quién tuvo que tirarse al río? ¿Por qué?
7 ¿Logró Enrique salvar al perro?
8 ¿Cómo estaban al salir del río?

9 ¿Adónde fueron después? ¿Por qué?
10 ¿Dónde estaba la choza del viejo?
11 ¿Qué hacía el viejo cuando llegaron?
12 ¿Qué hizo el viejo al enterarse del suceso?
13 ¿Por qué volvió Andrés a casa?
14 ¿Qué pensó de Enrique el viejo?
15 ¿Cómo dieron las gracias al viejo?

B Change the verb according to the new subject given.

1 ¿Quién trajo estas maletas?	¿Quiénes?
2 El viejo no supo qué hacer cuando lo vio.	Yo
3 No quise probar ni el jamón ni el queso.	Nosotros
4 ¿A qué hora tuvieron Vds. que llegar?	Vosotros
5 No pudo entrar por la puerta principal.	Yo
6 ¿Qué dijisteis al agente?	Tú
7 Mis amigos estuvieron en Madrid dos días.	Carlos
8 Puse los bocadillos en una cesta.	Ellos
9 Vino a pescar en este río.	Nosotros
10 Anduvisteis por el bosque hasta la choza.	Su mujer
11 Se vistió antes de bajar al comedor.	Los niños
12 Tú no quisiste acompañarme, ¿verdad?	Vosotros
13 ¿Para qué sirvieron las toallas?	La manta
14 Juan prefirió sentarse en la terraza.	Yo
15 ¿Cuánto dinero le pediste?	Vd.

C In the following change the verb in *italics* to the Preterite.

1 Sus hermanos no *quieren* hacer las compras.
2 *Vengo* a buscar al perro.
3 ¿*Pones* las monedas en una caja fuerte?
4 No *sabemos* qué hacer.
5 Mi padre se *siente* muy mal y *va* a ver al médico.
6 ¿Quién te *dice* eso?
7 Los clientes le *piden* unos mariscos.
8 No *puedo* hacer nada para él.
9 Me *visto* de prisa y *bajo* la escalera.
10 Los turistas *andan* por la playa hasta el castillo.
11 ¿Quiénes *están* en el almacén?
12 El viejo *cae* del puente al río.

D Complete the following with the correct part of the Preterite of the verb indicated.

1 Los hombres que estaban en el café ... decir la verdad.
2 Los hombres que estaban en el café ... ir a la comisaría.
3 Los hombres que estaban en el café ... pedir más vino.
4 Los hombres que estaban en el café ... darme una propina.
5 Los hombres que estaban en el café ... venir a verme.
6 Los hombres que estaban en el café ... tener que salir.
7 La chica que estaba sentada en el balcón ... no hacer nada.
8 La chica que estaba sentada en el balcón ... ponerse pálida.
9 La chica que estaba sentada en el balcón ... no poder más.
10 La chica que estaba sentada en el balcón ... darme unas flores.
11 La chica que estaba sentada en el balcón ... no saber qué hacer.
12 La chica que estaba sentada en el balcón ... no querer ayudar.

E Make the following commands negative.

1 Despídase de ellos aquí.
2 Haced las compras.
3 Pesca aquí.
4 Váyanse mañana.
5 Quítate el sombrero.
6 Vestíos de prisa.
7 Deme la toalla.
8 Ponte el abrigo.
9 Asómate a la ventana.
10 Cruza por aquí.

F Make the following commands positive.

1 No te acerques más.
2 No lo ponga aquí.
3 No os sentéis.
4 No le dejen entrar.
5 No vengas esta noche.
6 No me digáis más.
7 No nos esperen.
8 No se sirva de la pala.
9 No salgáis ahora.
10 No le pida más.

G Conteste en español.

1 ¿Le gusta a Vd. ir a pescar? ¿Va muchas veces?
2 ¿Fue Vd. a pescar durante las vacaciones pasadas?
3 ¿Hay un bosque cerca de su casa?
4 ¿Le gusta ir de paseo por el bosque?
5 ¿Come Vd. bocadillos todos los días?
6 ¿Quiso Vd. levantarse esta mañana?
7 ¿Se vistió antes o después del desayuno?
8 ¿Qué le dijeron sus padres cuando salió Vd. de la casa?

9 ¿Cómo vino Vd. al colegio hoy?
10 ¿Tiene Vd. un perro? ¿Cómo se llama?
11 ¿Pasa un río por su ciudad? ¿Tiene una corriente peligrosa?
12 ¿Ha salvado Vd. la vida a alguien?
13 ¿Vive Vd. en una choza en el campo?
14 ¿Le sucedió algo interesante ayer?
15 ¿Escuchó Vd. la radio antes de salir esta mañana?

H Use the two phrases given to form sentences.
Por ejemplo: hacer sol; salir
                Hacía sol cuando salimos.

1 llover; llegar al río
2 leer; llamar a la puerta
3 dormir la siesta; ladrar el perro
4 mirar la televisión; poner la mesa
5 estar nevando; ir a Toledo
6 estar en el café; darme el dinero

I *Either* retell the events of the reading passage as if you were the old man *or* imagine you are Enrique writing a letter to Jaime in Madrid to tell him what happened. Write approximately 150 words.

J Translate into Spanish.

Yesterday morning my cousin José asked me if I wanted to go fishing with him. I do not like fishing at all but I knew that José wanted to go very much and so I decided to accompany him. We took some sandwiches and a bottle of wine and made our way to the river near the old castle. José started fishing at once, but I sat down on the grass under a nearby tree and began to read the newspaper. José fished for two hours but had no luck and caught nothing. He realised that I was very bored and got up to open the bottle of wine. At that moment he slipped and fell into the river, which was neither dangerous nor deep. I began to make fun of him, but then, remembering he could not swim, I jumped into the river. I grasped him by his hair and managed to bring him safely to the bank. We went home in a bad mood, soaked to the skin, and now I have caught a cold and have had to stay in bed while he has gone fishing again.

Lección veintisiete

La Vuelta a España

El suceso deportivo que el público español sigue quizás con mayor atención es la Vuelta a España. Por medio de las emisiones especiales de la T.V.E. y la radio, y los artículos en la prensa, el aficionado al ciclismo puede saber hasta el mínimo detalle de la carrera más importante del año. Intervienen en esta carrera los ciclistas más famosos de Europa y es imposible estimar el gran número de espectadores que les miran durante los quince o veinte días que dura la Vuelta. El día en que pasan los ciclistas es como un día de fiesta para los habitantes, sobre todo para los que viven en los pueblos y aldeas del campo. Tal vez suceda algo sensacional que haga famoso su pueblo por toda España.

Así había mucha animación ayer en las calles de un pueblo en las montañas de León por donde iba a pasar la quinta etapa de la Vuelta. Media hora antes de su llegada, la Plaza Mayor estaba tan concurrida que unos guardias civiles tuvieron que abrir paso para los coches oficiales que venían delante de los ciclistas.

Por fin llegó el primero, un italiano calvo, que tenía una ventaja de sólo treinta segundos sobre cinco perseguidores que iban aproximándose a él. Gracias a la T.V.E. la muchedumbre había podido reconocer a todos los ciclistas notables.

— Aquí va el belga que ganó la etapa de ayer — gritó alguien.

— Aquí vienen el líder, el del jersey amarillo, y Muñoz, rey de la montaña — exclamó otro.

En diez minutos casi todos habían pasado por la plaza.

— ¿Dónde está Ortega? — preguntó alguien. — No le he visto pasar.

— Tuvo que cambiar de bicicleta por causa de un pinchazo — explicó su amigo.

Apenas hubo hablado cuando Ortega apareció a la zaga, seguido por otros dos pedaleando furiosamente. De repente un perro salió de la muchedumbre y corrió a través de la plaza. Uno de los ciclistas se desvió para no atropellarlo, perdió la dirección y se estrelló violentamente con el otro. Los dos cayeron estrepitosamente al suelo. El uno se levantó al instante pero el otro quedó inerte sobre la carretera, la cabeza echando sangre. El perro huyó.

Afortunadamente había un médico entre los espectadores que habían presenciado el accidente y cuando le hubo vendado la cabeza al desgraciado ciclista, le pusieron sobre una camilla y le subieron a una ambulancia que le llevó al hospital.

Un accidente

Guardia Lo siento, señor. No se puede pasar por aquí.

Motorista ¿Por qué? ¿Qué ha sucedido?

Guardia Hubo un accidente en el camino de la sierra.

Motorista ¿Fue grave?

Guardia Sí, señor. Un camión se desvió para no atropellar a un cura que iba montado en una moto y chocó contra un autocar. Iba a toda velocidad. Murieron los conductores al instante y creo que unos pasajeros quedaron muertos también.

Motorista ¡Qué horror!

Guardia ¿Vd. va a Madrid?

Motorista Sí, voy a una boda y tengo prisa.

Guardia Entonces debe dar la vuelta y tomar el camino a la derecha. Conduce a la autopista.

Motorista Gracias. ¿Hay una estación de servicio por aquí? Necesito gasolina y aceite.

Guardia Hay una estación de servicio a la izquierda a unos quinientos metros.

Vocabulario

el accidente accident
el artículo article
el autocar motor coach
el belga Belgian
el camión lorry
el ciclismo cycling
el ciclista cyclist
el cura priest
el detalle detail
el día de fiesta holiday
el espectador spectator
el garaje garage
el guardia policeman
el guardia civil Civil Guard
  (member of *La Guardia Civil*, a
  paramilitary police force)
el habitante inhabitant
el hospital hospital
el león lion
el líder leader
el motorista motorist
el pasajero passenger
el perseguidor pursuer
el pinchazo puncture
el público public
el segundo second

la aldea village
la ambulancia ambulance
la atención attention
la autopista motorway
la bicicleta bicycle
la boda wedding
la camilla stretcher

la carrera race
la carretera main road
la emisión broadcast,
  transmission
la estación de servicio service
  station, garage
la etapa stage (of a race)
la gasolina petrol
la montaña mountain
la moto(cicleta) motor cycle
la prensa press
la sierra mountains, mountain
  range
la T.V.E. Televisión Española
la ventaja advantage
la vuelta tour
la zaga rear

abrir paso to make way
aproximarse a to catch up
atropellar to knock down
cambiar de to change
conducir to drive
chocar contra to crash into
dar la vuelta to turn round
desviarse to swerve
durar to last
estimar to estimate
estrellarse to collide
intervenir to take part
pedalear to pedal
perder la dirección to lose
  control
presenciar to witness, see

reconocer to recognise
tener prisa to be in a hurry
vendar to bandage

deportivo sporting
desgraciado unfortunate
herido injured, wounded
inerte motionless
mínimo smallest
muerto dead
notable notable, well-known
oficial official
quinto fifth
sensacional sensational

se one, you, they

afortunadamente fortunately
a la derecha on the right
al instante at once
apenas scarcely, hardly
a toda velocidad at full speed
a través de across
furiosamente furiously
por medio de by means of
¡qué horror! how dreadful!
violentamente violently

Gramática

1 The Preterite of radical changing verbs (o-ue) in -IR

dormir		*morir*	
dormí	*dormimos*	*morí*	*morimos*
dormiste	*dormisteis*	*moriste*	*moristeis*
durmió	*durmieron*	*murió*	*murieron*

Note the change from *o* to *u* in the third person forms.

2 The Preterite of huir, leer and oír

huir		*leer*		*oír*	
hui	*huimos*	*leí*	*leímos*	*oí*	*oímos*
huiste	*huisteis*	*leíste*	*leísteis*	*oíste*	*oísteis*
huyó	*huyeron*	*leyó*	*leyeron*	*oyó*	*oyeron*

Just like *caer* these verbs replace *i* with *y* in the third person forms.

3 The Pluperfect tense

mirar	
había mirado (I had looked at)	*habíamos mirado*
habías mirado	*habíais mirado*
había mirado	*habían mirado*

comer
había comido (I had eaten)
habías comido
había comido
habíamos comido
habíais comido
habían comido

vivir
había vivido (I had lived)
habías vivido
había vivido
habíamos vivido
habíais vivido
habían vivido

The Pluperfect tense is formed by the Imperfect of *haber* and the past participle of the verb concerned. With an important exception which will be seen in a later lesson it is used in the same way as the English equivalent.

e.g. No habíamos terminado cuando llegó Manuel.
We hadn't finished when Manuel arrived.
El policía no sabía quién lo había hecho.
The policeman didn't know who had done it.

4 *The Past Anterior tense*

decir

hube dicho
hubiste dicho
hubo dicho

hubimos dicho
hubisteis dicho
hubieron dicho

Formed by the Preterite of *haber* and the past participle of the verb concerned, the Past Anterior replaces the Pluperfect in the following cases:

a After *apenas* (scarcely) when the verb in the main clause is Preterite.
e.g. Apenas hubo salido cuando comenzó a llover.
Scarcely had he left when it began to rain.

b In an adverbial clause of time when the verb in the main clause is Preterite.
e.g. Cuando hubo abierto la caja, encontró los papeles.
When he had opened the box, he found the papers.

The Past Anterior can always be replaced by the Preterite,
e.g. Apenas salió cuando comenzó a llover.
Cuando abrió la caja encontró los papeles.

5 The Present tense of conducir (to drive, lead)

conduzco	*conducimos*
conduces	*conducís*
conduce	*conducen*

6 Formation of adverbs

Many Spanish adverbs are formed directly from adjectives. This is done by adding *-mente* to the feminine form of the adjective.

e.g. desesperada	*desesperadamente*	desperately
rápida	*rápidamente*	quickly

When there is no separate feminine form *-mente* is added to the singular.

e.g. fácil	*fácilmente*	easily
total	*totalmente*	totally

Note that the accent in the adjective remains.

7 The pronoun se

Se is very frequently used in Spanish in the sense of 'one', 'you' (in a general sense) or 'they' (in a general or vague sense).

No se puede pasar por aquí.	You can't go this way. (*i.e.* nobody is allowed to go this way)
No se puede fumar aquí.	You can't smoke here. (*i.e.* it's not allowed)
Se habla español en ese hotel.	They speak Spanish in that hotel/Spanish is spoken in that hotel.
Se venden postales en el quiosco.	Postcards are sold at the kiosk.

N.B.
- *No* precedes *se* in a negative sentence.
- The verb must be in the plural when referring to a number of things, as in the last example.
- The translation is often in the Passive in English (*i.e.* the verb 'to be' + past participle) as shown in the last two examples.

Ejercicios

A Conteste en español.

1 ¿Dónde se hallaba este pueblo?
2 ¿Por qué había tanta animación allí ayer?
3 ¿Cómo saben los españoles los detalles de la Vuelta?
4 ¿Quiénes intervienen en la Vuelta a España?
5 ¿Cómo sabe Vd. que la Vuelta ya había durado cuatro días?
6 ¿Por qué estaban los guardias civiles en la Plaza Mayor?
7 ¿Quién llegó primero al pueblo?
8 ¿Cómo reconocieron los espectadores a los ciclistas?
9 ¿Quién había ganado la cuarta etapa?
10 ¿Por qué llegó tan tarde Ortega?
11 ¿Por qué se estrellaron los dos ciclistas?
12 ¿Qué les pasó después?
13 ¿Quién había presenciado el accidente? ¿Qué hizo?
14 ¿Cuándo llevaron al ciclista al hospital?
15 ¿Cómo lo llevaron allí?

B Complete each of the following in the light of the conversation between the motorist and the policeman.

1 El motorista no podía pasar porque ...
2 El conductor del camión murió porque ...
3 Unos pasajeros murieron porque ...
4 El motorista tenía prisa porque ...
5 Tuvo que dar la vuelta para ...
6 Buscaba una estación de servicio porque ...

C Change the verb in the main clause from the Imperfect to the Pluperfect, placing *ya* before the verb in each answer.

1 Cuando llegué, salían de la casa.
2 Cuando te telefoneé, escribías la carta.
3 Cuando le vi, lo hacía.
4 Cuando les encontré, pagaban la cuenta.
5 Cuando llegaron, el tren entraba en la estación.
6 Cuando entraron, yo abría la caja.
7 Cuando viniste a verme, yo ayudaba a mis padres.
8 Cuando te vimos, vendías el cuadro.

9 Cuando le encontré, pedía el dinero a su padre.
10 Cuando entramos, leía el periódico.

D In the following change the verb after *apenas* from the Preterite to the Past Anterior.

1 Apenas salió cuando comenzó a llover.
2 Apenas me levanté cuando oí un ruido estrepitoso.
3 Apenas terminaron la cena cuando salieron a jugar.
4 Apenas llegaron los guardias civiles cuando se fueron todos.
5 Apenas decidió hacerlo cuando comenzó a escribir.
6 Apenas se abrió la puerta cuando el perro salió ladrando.
7 Apenas se lo dijo cuando salió a recibirte.
8 Apenas hablaste cuando te reconocí.
9 Apenas volvieron a Madrid cuando empezaron a reñir otra vez.
10 Apenas me examinó el dentista cuando me sacó dos muelas.

E Complete the following with a suitable adverb.

1 Los ciclistas llegaron pedaleando ...
2 Salimos corriendo ...
3 Aprendió el español ...
4 Mi padre escribió la carta ...
5 Los dos coches se estrellaron ...
6 El profesor le castigó ...
7 Los alumnos entraron gritando ...
8 Los motoristas hablaron con el guardia ...
9 ¿Hiciste tus deberes ...?
10 El médico le vendó la cabeza ...

F Answer the following, substituting pronouns for nouns in your answers wherever suitable.

1 ¿Viniste al colegio con tus amigos hoy?
2 ¿Querías hacer tus deberes anoche?
3 ¿Visitaste a tus abuelos el domingo pasado?
4 ¿Buscaste el periódico para tu padre esta mañana?
5 ¿Dio tu madre puros a tu padre el día de su cumpleaños?
6 ¿Cuando visitaste al dentista te sacó unas muelas?
7 ¿Lees los artículos deportivos en la prensa?
8 ¿Se despidieron tus padres de ti cuando saliste esta mañana?

9 ¿Durmió Vd. bien anoche?
10 ¿Leyó Vd. el periódico ayer?

G Conteste en español.

1 ¿Te gusta el ciclismo?
2 ¿Tienes una bicicleta? ¿De qué marca es? ¿Quién te la dio?
3 ¿Has visto la Vuelta a España?
4 ¿Hay una Vuelta a Gran Bretaña?
5 ¿Habían comenzado las clases cuando llegaste al colegio hoy?
6 ¿Has presenciado un accidente en la calle alguna vez?
7 ¿Habías visitado España alguna vez antes de comenzar a estudiar el español?
8 ¿Has tenido que pasar mucho tiempo en el hospital?
9 ¿Te gustan los programas de televisión que tratan de los hospitales?
10 ¿Está situada tu ciudad en las montañas?
11 ¿Qué te gusta hacer los días de fiesta?
12 ¿Ha sucedido jamás algo sensacional en tu ciudad?
13 ¿Has tenido un accidente en tu bicicleta?
14 ¿Has tenido un pinchazo? ¿Qué hiciste?
15 ¿Qué suceso deportivo te interesa más?

H Make a suitable comment using *se* and an appropriate verb in the correct form on each of the following statements.
Ejemplo: Voy a tomar un coñac. No se sirve coñac aquí.

1 Quiero fumar.
2 Quiero comprar aceitunas.
3 Voy a salir por aquí.
4 Necesito aceite.
5 Quiero tomar unas sardinas.
6 Voy a hablar inglés.
7 Quiero entrar.
8 Necesito unos huevos.

I *Either* write an account of a street accident (120–150 words) which you have seen *or* compose a dialogue between yourself and a policeman in which he asks you about an accident. Your conversation might begin like this:
Policía ¿Sabe Vd. qué ha sucedido aquí?

Vd. Sí, señor policía. Ha habido un accidente.

J Translate into Spanish.

When we were in Spain last year we spent a night in a small village in the mountains north of Madrid. Scarcely had we arrived there when the owner of the hotel where we were going to stay told us that the following day the cyclists taking part in the tour of Spain were going to pass through the village. I had seen it before but my friends were very interested and so we all got up very early in order to see it. However when we reached the Plaza Mayor we found a huge crowd already awaiting the arrival of the'tour'. There was great excitement when at last the leaders appeared behind the official cars. Soon they had all gone and everybody went to the cafés to talk about what they had seen. Nothing sensational had happened but everybody seemed to be very pleased. In the evening we watched a special television programme in which we saw the cyclists passing through the Plaza Mayor on their way to Madrid.

Lección veintiocho

La granja

El abuelo de Enrique y Mercedes es granjero. Desde hace más de cincuenta años es propietario de una granja modesta, situada a unos cincuenta kilómetros del pueblo de Puertollano en la provincia de Ciudad Real. Es un lugar algo aislado aunque muy bello. La granja está casi rodeada de montañas pero la tierra es llana, aunque un poco árida. Don Luis, que así se llama el abuelo, no es rico y ahora que se ha hecho viejo y un poco débil encuentra cada vez más duro el trabajo de la granja. Su esposa murió el año pasado y la agricultura no le interesa de ningún modo a su hijo, Pablo. Así, ha decidido vender la granja.

En el campo

Esta mañana se levantó muy temprano y después de tomar el desayuno de churros y chocolate salió a sentarse al fresco para fumar un cigarrillo. Era un día espléndido. El sol brillaba pero don Luis se sentía algo infeliz, porque sabía que dentro de unas semanas iba a abandonar la granja para siempre. Rafael y Marcos, los dos campesinos que le ayudan con el trabajo, ya estaban ocupados con los animales. Son muy trabajadores pero, como don Luis, son viejos. Rafael atravesó el corral para dar de comer a los gallos y las gallinas mientras Marcos fue a la cuadra a buscar los bueyes que usa para trabajar la tierra. Don Luis le seguía a la cuadra cuando oyó aproximarse un coche. El coche se detuvo y bajó un hombre a quien no reconoció don Luis. Se acercó a Rafael.

El señor Carrasco Busco a don Luis Mateos.
Rafael Esta ahí adentro. (*Indica la cuadra.*)
El señor Carrasco ¿Es Vd. don Luis?
Don Luis Sí. ¿Quién es Vd.?
El señor Carrasco Soy Pedro Carrasco. Estoy veraneando en una casa de campo en el valle. Me dicen que quiere vender la finca.
Don Luis Eso es verdad. Soy viejo y quiero jubilarme. ¿Le interesa?
El señor Carrasco Sí. Me interesa mucho la agricultura y hace mucho tiempo que quiero ser propietario de mi propia finca.
Don Luis Bueno, señor Carrasco. ¿Quiere Vd. dar una vuelta a la granja?
El señor Carrasco Con mucho gusto.
Don Luis Es mejor ir a caballo. ¿Sabe Vd. montar?
El señor Carrasco Sí, me enseñaron cuando era soldado.
Don Luis Bueno, pase por aquí pero tenga cuidado. Es que hay mucho lodo a causa de la lluvia de ayer.

Los dos hombres fueron a buscar los caballos. Luego don Luis le mostró a su visitante el ganado – los toros, las vacas, las ovejas, las cabras y los cerdos.
El señor Carrasco ¿No cría toros bravos para las corridas?
Don Luis No, no creo que esta finca sea lo bastante grande para eso. Los toros que tengo no son muy fieros.
El señor Carrasco ¿Qué cultiva en la granja?
Don Luis Pues trigo, como ve, y en la huerta tengo árboles frutales – naranjos y olivos.

Cuando hubieron terminado la vuelta a la finca, don Luis invitó a
su visitante a tomar algo en la casa. Esto le gustó mucho al señor
Carrasco y charlaron un poco de asuntos familiares.

El señor Carrasco ¿Vd. nació aquí en la finca?

Don Luis No, nací en una aldea en los Pirineos, pero hace unos cincuenta años que vivo aquí. ¿Y Vd.?

El señor Carrasco Yo soy de Extremadura pero he viajado por todas
partes de España. Ahora quiero permanecer aquí y cultivar la tierra.

Don Luis Y esta finca, ¿qué le parece?

El señor Carrasco Me gusta y quiero comprarla. Primero debo ir
a hablar con el abogado sobre el precio. Tenga, mi dirección. Hasta
otro día don Luis, y gracias.

El señor Carrasco salió al coche pero antes de montar miró hacia
atrás. Se iba enterando cuánto don Luis iba a echar de menos la
granja.

Vocabulario

el animal animal
el asunto affair, matter
el buey ox
el caballo horse
el campesino peasant
el cerdo pig, pork
el cigarrillo cigarette
el corral yard
el churro kind of doughnut
el este east
el ganado cattle, livestock
el granjero farme.·
el lodo mud
el lugar place
el naranjo orange tree
el olivo olive tree
los Pirineos Pyrenees
el propietario owner
el soldado soldier
el toro bull
el trabajo work
el trigo wheat
el valle valley
el visitante visitor

la cabra goat
la casa de campo country house
la corrida bullfight
la cuadra stable
la dirección address; direction
la finca estate, farm
la gallina hen
la granja farm
la huerta orchard
la oveja sheep
la tierra land, earth
la vaca cow

abandonar to leave, abandon
atravesar (ie) to cross
criar to rear, raise
cultivar to cultivate, grow
charlar to chat
dar de comer to feed
dar una vuelta to tour
echar de menos to miss
enseñar to teach, to show
hacerse to become
interesar to interest
jubilarse to retire
montar (a caballo) to ride
montar en to get in (car)
nacer to be born
permanecer to stay
sentir (ie) to feel
tener cuidado to take care
usar to use
veranear to spend the summer

aislado isolated, remote
árido arid, dry
bello beautiful
bravo brave
débil weak
duro hard
familiar family (*adj.*)
fiero fierce, ferocious
frutal fruit (*adj.*)
infeliz unhappy
llano flat
modesto modest
propio own
real royal
rodeado de surrounded by
trabajador hard-working

aquello that
eso that
esto this

a caballo   on horseback
a causa de   because of
adentro   inside
ahí   there
al fresco   in the open air
algo   rather
cada vez más   more and more

desde hace   for, since
hacia atrás   behind, back
hasta otro día   see you soon
más de   more than
para siempre   for ever
por todas partes   everywhere, in all parts

Gramática

1 Desde hace

¿Desde cuándo vives en España?
¿Desde hace cuánto tiempo vives en España? } How long have
¿Cuánto tiempo hace que vives en España? } you lived in Spain?

Note that the Present tense of the verb is used in the above questions in Spanish, although in English we use the Perfect tense. The reason is that we are referring to an action begun in the past which is not yet complete. In fact the action is still going on. Hence the answer to the above can be expressed as follows:

Vivo en España desde hace diez años.   I've been living in
Hace diez años que vivo en España.   Spain for ten years.

Further examples

¿Cuánto tiempo hace que estás esperándoles?   How long have you been waiting for them?

Hace media hora que les espero.
Les espero desde hace media hora. } I've been waiting for them for half an hour.

In the same way the Imperfect tense is used in Spanish when we would use the Pluperfect,

e.g. Hacía diez años que vivía en España cuando murió su marido.

Vivía en España desde hacía diez años cuando murió su marido. } She had lived in Spain for ten years when her husband died.

Hacía mucho tiempo que no visitaban a sus padres.

No visitaban a sus padres desde hacía mucho tiempo.

} They hadn't visited their parents for a long time.

Notice too the way in which the verb *llevar* can be used to refer to actions begun in the past which are still continuing.

Pablo lleva veinte minutos escribiendo la carta.
Pablo has been writing the letter for twenty minutes.
Llevaba dos días en Irún cuando se rompió el brazo.
He'd been in Irún for two days when he broke his arm.

2 Comparison of adverbs

The comparative and superlative of adverbs is formed by placing *más* before the adverb concerned.

e.g. *Lo ha hecho más fácilmente que su padre.*
He has done it more easily than his father.
La persona que más se sirve de nuestro coche es mi madre.
The person who uses our car most is my mother.

Notice the following irregularities:

bien	(well)	*mejor*	(better, best)
mal	(badly)	*peor*	(worse, worst)
mucho	(much, a lot)	*más*	(more, most)
poco	(little)	*menos*	(less, least)

N.B. *Más bien* means 'rather'.

3 Neuter pronouns

esto (this); *eso* (that); *aquello* (that)
Just like *lo que* these three cannot refer to a particular noun but to the whole of a preceding clause, idea, or concept.

e.g. *En el verano mi tío nos visitaba. Esto nos gustaba mucho.*
In the summer my uncle used to visit us. This pleased us greatly.
Eso de levantarme a las seis no me gustaba de ningún modo.
I didn't like that business of getting up at six at all.

4 *Further use of the Subjunctive*

No creo que vayan a ayudarnos.	I don't think they're going to help us.
No digo que sea culpa tuya.	I don't say it is your fault.

As will be seen from the above examples the subjunctive is used following verbs of saying or believing used negatively.

5 *Más que* (more than) becomes *más de* before a number.
e.g. Tengo más de tres. I have more than three.

Ejercicios

A Choose the most suitable answer to each of the following questions and write it out in full.

1 ¿Desde hacía cuánto tiempo era granjero don Luis?
   a casi cincuenta años
   b cincuenta y tantos años
   c desde la muerte de su esposa
2 ¿Por qué decidió vender la finca?
   a porque se había hecho viejo
   b porque no le interesaba la agricultura
   c porque se había hecho rico
3 ¿En qué pensaba don Luis mientras fumaba?
   a su desayuno de chocolate y churros
   b su hijo, Pablo
   c que iba a abandonar la granja dentro de unas semanas
4 ¿Por qué fue Marcos a la cuadra?
   a para dar de comer a los caballos
   b porque quería fumar
   c para buscar los bueyes
5 ¿Qué le dijo Rafael al visitante?
   a que no le reconoció
   b que don Luis estaba en la casa
   c que el propietario estaba en la cuadra

6 ¿Por que visitó Carrasco la granja?
  a porque estaba veraneando en el valle
  b porque había oído que don Luis quería venderla
  c porque le gustaban los caballos

7 ¿Qué tiempo había hecho el día antes?
  a Había brillado el sol.
  b Había sido un día espléndido.
  c Había llovido.

8 ¿Qué hicieron los dos señores después de dar una vuelta
a la finca?
  a Permanecieron en el corral.
  b Entraron en la casa para tomar algo.
  c Fueron a la huerta.

9 ¿Dónde nació Carrasco?
  a en Andalucía
  b en los Pirineos
  c en Extremadura

10 ¿Qué hizo al despedirse de don Luis?
  a Le dio su dirección.
  b Miró hacia atrás.
  c Habló con el abogado.

B Answer the following as shown in the example.
Ejemplo: ¿Don Luis es granjero? (50 años) Sí, hace cincuenta años
       que es granjero/es granjero desde hace cincuenta años.

1 ¿Tu abuelo está jubilado? (5 años)
2 ¿Esos campesinos cultivan trigo? (más de 10 años)
3 ¿Tu hermana enseña inglés? (unos meses)
4 ¿Estáis esperando al abogado? (3 horas)
5 ¿Se cultiva fruta en esta finca? (muchos años)
6 ¿Julián está muy enfermo? (mucho tiempo)
7 ¿Os interesa la agricultura? (unos 6 meses)
8 ¿Su familia vive en los Pirineos? (más de 100 años)
9 ¿Rafael está dando de comer a los animales? (media hora)
10 ¿El propietario está durmiendo? (20 minutos)

C Make the following pairs of sentences into one sentence as shown.
Ejemplo: Lo hago bien. Mi padre lo hace mejor.
      Mi padre lo hace mejor que yo.

1 Mi amigo habla español mal. Su hermana lo habla peor.
2 Yo como poco. Mi mujer come menos.
3 Juan corre rápidamente. Su primo corre más rápidamente.
4 Ella hace los deberes fácilmente. Los hago más fácilmente.
5 Sus amigos gastan mucho. Sus mujeres gastan más.
6 Los chicos cantan bien. Las chicas cantan mejor.
7 La vieja se sonríe poco. Su esposo se sonríe menos.
8 Me interesa mucho el ciclismo. A María le interesa más.

D Answer the following negatively.

1 ¿Crees que el español es un idioma difícil?
2 ¿Crees que hace buen tiempo mañana?
3 ¿Crees que tiene tu profesor mucho dinero?
4 ¿Crees que cuesta mucho ir a Rusia?
5 ¿Crees que vienen a verte esta noche?
6 ¿Crees que van tus padres a España?
7 ¿Crees que podemos acompañarte?
8 ¿Crees que yo he hecho mis deberes?
9 ¿Crees que han perdido su dinero?
10 ¿Crees que funciona bien la radio?

E Change the following from direct to reported speech as shown.
Ejemplo: Juan dijo — Han tenido que irse.
      Juan dijo que habían tenido que irse.

1 Dijeron — No hemos podido encontrarlo.
2 Mi madre dijo — El tío Juan ha llegado de Madrid.
3 Don José dijo — Voy a comprar una finca.
4 Yo les dije — Pablo está en la biblioteca.
5 Le dijimos — El tren ya ha salido.
6 Me dijo — Vd. tiene razón.
7 Alguien nos dijo — No quedan más de dos caballos en la cuadra.
8 Su hermano le dijo — Hay alguien en el corral.
9 Me dijiste — Los soldados están entrando en la casa.
10 Le dije — He escrito la carta.

F Instructions as for exercise E
Ejemplo: Me pregunto — ¿Han llegado los García?
    Me preguntó si habían llegado los García.

1 Me preguntó — ¿Tiene Vd. los libros de Juan?
2 Me preguntó — ¿Has olvidado el dinero que me debes?
3 Me preguntó — ¿Has abierto la caja?
4 Me preguntó — ¿Es el hijo de doña Carmen?
5 Me preguntó — ¿Sabes nadar?
6 Le pregunté — ¿Cuál es el tren para Sevilla?
7 Le pregunté — ¿Dónde has puesto los cigarrillos que busco?
8 Le pregunté — ¿Cuándo vais a salir para Italia?
9 Le pregunté — ¿Cómo piensas hacerlo?
10 Le pregunté — ¿A quién encuentras camino de la sierra?

G Conteste en español.

1 ¿Desde cuándo vive Vd. en su ciudad?
2 ¿Lleva Vd. mucho tiempo estudiando el español?
3 ¿Ha vivido Vd. en una granja?
4 ¿Le gustan a Vd. los animales?
5 ¿Hablan Vds. español mejor que su profesor?
6 ¿Se sirve Vd. del coche de su padre de vez en cuando?
7 ¿Le interesan los asuntos familiares?
8 ¿Cree Vd. que la vida en una granja es dura?
9 ¿En dónde y cuándo nació Vd.?
10 ¿En dónde y cuándo nacieron sus padres?
11 ¿Hay una huerta cerca de su casa?
12 ¿Está rodeada de árboles su casa?
13 ¿Habla su padre más despacio que su madre?
14 ¿Corre Vd. más de prisa que sus amigos?
15 ¿Hace mucho tiempo que Vd. es alumno de este colegio?

H Rewrite the events of the reading passage as if you were don Luis, Rafael or Sr. Carrasco. Write about 120–50 words.

I Translate into Spanish.

1 We have been living here for eight years.
2 He had been waiting for you for two hours when I saw him.
3 The lawyer has been speaking for ten minutes.

4 For how long have you wanted to be a soldier?
5 I had been ill for a week when the doctor visited me.
6 How long have you been waiting for the train?
7 We have been trying to buy a farm for six months.
8 The house had belonged to her for a week when she decided to
   sell it.
9 How long have you been learning Spanish?
10 The old man has not worked for many years.

J Translate into Spanish.

For many years my grandfather had wanted to buy a farm in the
south of England and when a friend of his told him on the telephone
one day that he wanted to sell his, he decided to visit him immediately. His friend met us at the station and hardly had we got into his
car when my grandfather began to ask him questions about the farm.
When we arrived my grandfather's friend showed us everything —
the buildings, the animals, and the orchards — and soon I could see
very well that my grandfather had decided to buy the farm. When we
had finished lunch the two men began to discuss the price, whilst I
went to look at the animals again. Half an hour later my grandfather
was the owner of a very fine farm where he has now been living for
twelve years.

Lección veintinueve

La casa (the house)

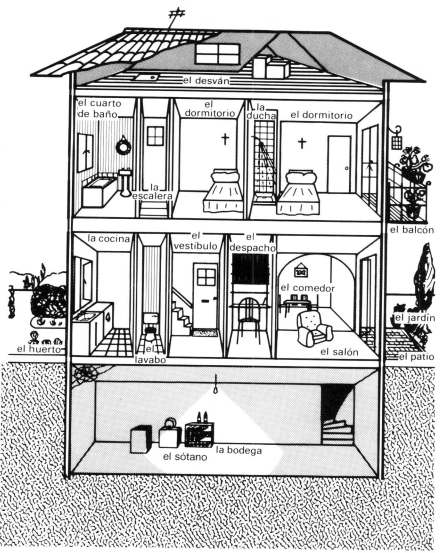

el balcón   balcony
el baño   bath; WC, loo
el comedor   dining room
el cristal   window pane
el cuarto de baño   bathroom
el cuarto de estar   living room
el despacho   study
el desván   attic, loft
el dormitorio   bedroom
el exterior   outside
el huerto   kitchen garden
el lavabo   wash basin; loo
los muebles   furniture
el muro   wall (external)
el pasamanos   banisters
el pasillo   passage, corridor
el patio   courtyard
el piso   floor, storey
el retrete   lavatory, toilet
el salón   living room, lounge
el sótano   cellar
el suelo   ground, floor
el techo   ceiling
el tejado   roof
el timbre   bell
el vestíbulo   entrance hall

la alcoba   bedroom

la aldaba   door knocker
la bodega   wine cellar
la calefacción central   central heating
la cocina   kitchen
la cocina de gas   gas cooker
la cocina eléctrica   electric cooker
la cortina   curtain
la criada   maid
la ducha   shower
la escalera   staircase
la habitación   room
la lámpara   lamp
la pared   wall (internal)
la persiana   blind
la planta baja   ground floor
la puerta   door, gate
la sala   living room, lounge
la ventana   window

cepillar   to brush
ducharse   to have a shower
limpiar   to clean
planchar   to iron

encima de   over, above, on top of
por encima   above, up above (adverb)

Ejercicios

A *Either* imagine that you are in Spain and wish to rent a house for six months. Continue this dialogue with a house agent in which you ask him about a particular house he recommends. You ask him where it is located, how big it is, how many bedrooms it has, what amenities it has etc. Do you decide to take it?
Vd. Buenos días. Quiero alquilar una casa por seis meses.
Agente Bueno. Vamos a ver. Quizás esta casa le venga bien.
Or write a letter to a friend telling him/her about the new house you have just gone to live in.

B Conteste en español.

1 ¿Cuántas habitaciones hay en su casa/piso? ¿Cuáles son?
2 ¿Cuál es la habitación más grande de su casa? ¿Y la más pequeña?
3 ¿Quién limpia su casa? ¿La criada?
4 ¿En dónde hace Vd. sus deberes?
5 ¿En dónde come Vd. su desayuno?
6 ¿Hay calefacción central en su casa?
7 ¿Cuántos pisos tiene su casa?
8 ¿Cuántas personas viven en su casa?
9 ¿Quién plancha la ropa en su casa?
10 ¿Adónde da su dormitorio? ¿Tiene un balcón?

Repaso

C In the following change the verb in *italics* to the Preterite.

1 Nos *ponemos* en camino a eso de las dos.
2 ¿Quién le *da* todo su dinero?
3 ¿*Reconocéis* a los hombres en el campo?
4 Cuando *llega* su padre, *tienen* que acostarse en seguida.
5 *Quieren* pasar por delante de la estación.
6 ¿*Vas* a pescar en el río durante el verano?
7 El viejo *viene* a buscar a su perro.
8 Apenas *ha* llegado el médico, cuando *muere* la vieja.
9 *Intento* secar la ropa delante del fuego.
10 ¿Quiénes *dicen* que estoy muy enfermo?
11 ¿Qué *haces* en el desván?
12 Al entrar en su casa no *sé* qué decirle.
13 No *podemos* entrar por la ventana del comedor.
14 Los guardias *abren* paso para los ciclistas.
15 *Busco* el anillo de oro de mi esposa.

D Rewrite the following, changing the verbs to the correct past tense.

1 Cuando ha cerrado la caja se acuesta.
2 Nunca va a pescar los sábados.
3 El coche se desvía y atropella al gato que cruza la calle.

4 Aunque me piden el caballo, no puedo dárselo.
5 ¿Por qué te pones pálido?
6 Caigo al río y mis hermanos no hacen nada.
7 El médico ha llegado pero el viejo ya está muerto.
8 Llueve cuando llegamos a Barcelona.
9 Todos los días pasan dos horas en el café.
10 ¿Dónde pone Vd. el dinero que gana?
11 El tren se detiene en la estación y sus padres bajan.
12 Apenas ha salido el profesor cuando los alumnos comienzan a cantar.

E In the following put the verb in brackets into the Present Subjunctive.

1 Quizás Vd. (tener) más suerte mañana.
2 No creo que tus amigos ya (haber) llegado.
3 Es preciso que los ciclistas (pasar) muy de prisa.
4 No digo que vosotros (ser) demasiado viejos.
5 ¿Queréis que yo (venir) a ayudaros?
6 No cree que nosotros (tener) que quedarnos aquí.
7 No conozco a nadie que lo (haber) hecho.
8 Estamos muy contentos de que Vds. (poder) cambiar de casa.
9 Es muy importante que nosotros se lo (pagar) en seguida.
10 No creo que mi abuelo (saber) hablar francés.

F Conteste en español.

1 ¿Qué hizo Vd. antes de desayunar hoy?
2 ¿Vino Vd. al colegio en bicicleta esta mañana?
3 ¿Conoce Vd. alguien que haya visitado los Estados Unidos?
4 ¿Cree Vd. que es fácil aprender el ruso?
5 ¿Tiene Vd. dolor de muelas ahora?
6 ¿Les gusta a sus padres pasar sus vacaciones a orillas del mar?
7 ¿En dónde durmió Vd. anoche?
8 ¿Nació Vd. en el Japón?
9 ¿Desde cuándo habla Vd. francés?
10 ¿Cuántas personas viven en su ciudad?
11 ¿Le gusta a Vd. ir montado a caballo?
12 ¿Va su familia a la iglesia los domingos?

G Complete the following choosing a suitable person in each case.
Use the following example as a model.
Ejemplo: Visité su granja y *la* de Pilar

  1 He fumado mis puros y...
  2 Se sirvió de mi caña de pescar y...
  3 Quiero comprar tu caballo negro y...
  4 ¿Has comido tus bocadillos y...?
  5 Ha perdido su anillo y...
  6 Voy a vendar tu cabeza y...
  7 Encontré a tu padre y a...
  8 Compraron casas en esta aldea y en...
  9 No quiero oír ni tus palabras ni...
10 He planchado mi blusa y...

H Use *se* and a suitable expression to complete the following as
shown in the examples. *Poder* and *tener que* may be useful verbs to
use. Do not limit yourself to the Present tense. Use some Imperfects.
Ejemplos: ... *en la panadería. Se vende pan en la panadería.*
          ... *cuando llovía. Se llevaba el paraguas cuando llovía.*

  1 ... en la farmacia.
  2 ... en la granja.
  3 ... en la finca.
  4 ... después del almuerzo.
  5 ... en la taquilla.
  6 ... en Francia.
  7 ... en el buzón.
  8 ... en el bar.
  9 ... en el río.
10 ... en la estación de servicio.
11 ... al Perú en avión.
12 ... cuando hay mucho tráfico.

I Read the following passage carefully and then complete each sentence according to the information given.

Hacía muchos años que los señores Vallejo querían visitar América
del Sur y sobre todo a un primo del señor Vallejo que es dueño de una
granja en las Pampas. Por desgracia nunca tenían bastante dinero.
Sin embargo, el año pasado la señora de Vallejo ganó un premio
grande en la lotería nacional y así pudieron aceptar la invitación de
su pariente. Después de pasar unos días en Buenos Aires volaron
muy temprano por la mañana a Córdoba, que era la ciudad más
cercana a la granja, la cual se hallaba a unos cien kilómetros hacia el
este. Amanecía cuando el avión iba aproximándose a Córdoba y por
las ventanillas se veía la nieve en la sierra al oeste de la ciudad.

Su primo, Pepe, les esperaba en el aeropuerto y dentro de poco estaban en camino para la granja en su coche. Era un día espléndido, el sol brillaba y todavía muchos campesinos trabajaban en los campos. Atravesaron un río y pasaron por un valle. Después el paisaje se hizo más llano. Por fin llegaron a la granja donde les recibió cordialmente Lola, la mujer de Pepe.

  1 Hacía muchos años que los Vallejo no...
  2 Pudieron aceptar la invitación de Pepe porque...
  3 La granja de Pepe...
  4 Para ir a ver a Pepe los Vallejo...
  5 Al aproximarse a Córdoba en el avión...
  6 Para llegar a la granja tuvieron que...
  7 En los campos vieron...
  8 Cuando llegaron a la granja...

J You have lost your wallet either in the street or on the beach. Compose a conversation between yourself and the policeman at the police station when you go to report your loss. Write 120–150 words.

K Translate into Spanish.

  1 I don't think that your friend is going to arrive on time.
  2 When he had washed his hands and face, he went to bed and slept well.
  3 My parents do not like coffee; they prefer to drink tea.
  4 Your friends speak Spanish better than I.
  5 We had been living in Spain for two years when our cat died.
  6 The diamond you found belonged to an old French lady.
  7 Where did you put the cheese sandwiches you brought with you?
  8 Scarcely had the accident happened when an ambulance and doctor arrived.
  9 The policeman did not read the letter I handed to him.
 10 The balcony of my bedroom looked on to an orchard full of olive trees.

L Give the Spanish for:
This is not worthwhile; at full speed; he ran down the street; they live around here; many years ago; I was soaked to the skin; he arrived safe and sound; let's go; on the way to Madrid; on the right.

M Study the pictures and then use them as the basis for a short composition in Spanish.

Lección treinta

Vamos a la corrida

Don José y su amigo, don Alfonso, se pasean una tarde por las Ramblas.

Don José El domingo se celebrará una corrida en la Plaza Monumental. ¿Quieres ir? Creo que será una buena corrida.

Don Alfonso Sí. Hace mucho tiempo que no veo una corrida. ¿Quiénes torean?

Don José No estoy seguro. Se dice que El Gaditano tomará la alternativa, pero quiero saber más detalles de los que he leído en este periódico. Será preciso encontrar algún cartel que nos diga lo que queremos saber.

Don Alfonso Será la primera corrida de la temporada en la Monumental, ¿verdad, José?

Una corrida de toros

Don José Creo que sí, aunque el miércoles por la noche se celebrará allí una novillada. Ahora busquemos un cartel.

Siguen paseándose con rumbo al puerto donde más tarde darán una vuelta en una lancha motora.

Don Alfonso Mira, José, ahí hay un cartel taurino junto a aquel quiosco de periódicos. Vamos a ver lo que dice.

Por desgracia don Alfonso ha olvidado las gafas y para intentar leer el anuncio tiene que ponerse de puntillas. Esto lo encuentra muy incómodo y por ello ruega a su amigo que se lo lea.

Don José Domingo, 18 de abril de 1982, a las cinco de la tarde una grandiosa corrida de toros. Con superior permiso y si el tiempo no lo impide se picarán, banderillearán y serán muertos a estoque seis soberbios y bravos toros con divisa, celeste y blanca, de la prestigiosa ganadería de don Pablo Gómez y Amador de Salamanca...

Don Alfonso Sí, sí, pero ¿quiénes son los toreros?

Don José Paciencia, hombre, no me interrumpas. A ver. Los matadores son Manolo Blasco, Vicente Jiménez y El Gaditano que tomará la alternativa.

Don Alfonso Me parece que será muy buena pero puesto que es la primera corrida de la temporada, ¿no crees que será algo difícil conseguir entradas?

Don José Tal vez. Hay una taquilla más allá a la derecha. Sacaremos las entradas ahora mismo. ¿Prefieres sol o sombra?

Don Alfonso Prefiero sombra, pero si no las tienen estaré contento con sol y sombra.

Se acercan a la taquilla.

Don José Quiero dos entradas de sombra para la corrida del domingo, por favor.

Empleado Lo siento, señor. No las tengo pero nos quedan unas cuantas de sol y sombra. Son setecientas pesetas.

Don José Eso es más de lo que había pensado pagar por sol y sombra.

Empleado Estarán Vds. a la sombra más de la mitad de la corrida en esta estación del año.

Don José Estoy por comprarlas. ¿Qué crees?

Don Alfonso Yo también. Será la primera corrida que veo desde hace mucho tiempo y he oído hablar tanto de El Gaditano. Sí, cómpralas.

Don José paga las entradas y los dos siguen su camino hacia el puerto.

Una cita

Juan está llamando de Sevilla a una amiga suya en Madrid. Ambos son aficionados a los toros.

Juan   ¿Estarás en Sevilla para Semana Santa y la feria?
Marta   ¡Cómo no! ¿Por qué?
Juan   Tengo dos entradas para la corrida del domingo. ¿Quieres ir?
Marta   Quizás. ¿Son sol o sombra?
Juan   Sombra, naturalmente. ¿Qué te parece?
Marta   Estupendo. Comenzará a las cinco, ¿no?
Juan   Claro. Te buscaré en casa de tu tía a las cuatro, ¿está bien?
Marta   Sí, gracias. ¿Y después de la corrida?
Juan   Después de la corrida iremos a un tablao flamenco, como siempre.

Notas

La Plaza Monumental: The leading bullring in Barcelona.

Las Ramblas: Tree-lined street leading from the *Plaza de Cataluña* to the harbour in Barcelona. Famed for its flower, book and newspaper stalls.

El Gaditano: Like the other two an imaginary bullfighter. His name would indicate that he comes from Cádiz whose inhabitants are called *gaditanos*.

El cartel: What don José reads aloud is what one might find on a typical bullfight poster.

Sol, sombra, sol y sombra: Sol indicates seats in the sun, *sombra* seats in the shade. *Sol y sombra* are seats in which part of the fight is watched in the sun and part in the shade. *Sombra* are the most expensive seats.

Semana Santa: Holy Week (or Easter Week) is celebrated in a particularly spectacular fashion in Seville. Each day there are solemn, impressive, religious processions all over the city. Huge ornate figures of Christ, the Virgin Mary and scenes from the Passion are carried through the streets. On Easter Sunday the solemnity of Holy Week is cast aside as the famous Seville Fair begins, with all kinds of entertainments including flamenco and bullfighting.

Vocabulario

el estoque bullfighter's sword
el matador bullfighter
el permiso permission
el quiosco kiosk, stall
el tablao Flamenco show
el torero bullfighter

la cita date, appointment
la divisa emblem
la entrada ticket (for bullfights, cinema, theatre, football, etc.)
la feria fair
la ganadería bull breeding farm
la lancha motora motor boat
la mitad half
la novillada novice bullfight
la Semana Santa Holy Week (Easter Week)
la temporada season (in sport)

a ver let's see
banderillear to place the banderillas (goads) in a bull's neck
celebrarse to take place, hold
conseguir (i) to obtain
estar por to be for, in favour of

impedir (i) to prevent
intentar to try
interrumpir to interrupt
oír hablar to hear tell
picar to goad
ponerse de puntillas to stand on tiptoe
tomar la alternativa to become a fully-fledged bullfighter
torear to fight bulls

celeste light blue
difícil difficult
flamenco Andalusian gypsy style of singing and dancing
grandioso magnificent, grand
incómodo uncomfortable
prestigioso renowned
soberbio proud
superior official
taurino bullfighting (*adj.*)
unos cuantos a few

junto a next to
por desgracia unfortunately
puesto que since, as

Gramática

1 The Future tense

mirar	*comer*
miraré (I shall look at, be looking at)	*comeré* (I shall eat, be eating)
mirarás	*comerás*
mirará	*comerá*
miraremos	*comeremos*
miraréis	*comeréis*
mirarán	*comerán*

vivir
viviré (I shall live, be living)
vivirás
vivirá
viviremos
viviréis
vivirán

This tense is formed by adding the endings *-é, -ás, -á, -emos, -éis, -án* to the infinitive. It corresponds to the English Future tense.

e.g. *Llegaré a las seis.* I shall arrive at six.
¿A qué hora volverá a casa? At what time will he return home?

2 *¿Quiere Vd. ayudarme?* Will you help me?
When the 'will' means 'willing to' the verb *querer* is used and not the future tense.

3 *Comparisons of inequality*

*Tengo **más** dinero **que** Vd.*	I've got more money than you.
*Ha comprado **más** pan **del que** necesita.*	He's bought more bread than he needs.
*Tiene **más** ropa **de la que** necesita.*	She's got more clothes than she needs.
*Cría **más** toros **de los que** piensan.*	He raises more bulls than they think.
*Escribe **más** cartas **de las que** recibe.*	He writes more letters than he receives.
*Su padre es **más** viejo **de lo que** piensas.*	His father is older than you think.

From the above example it will be seen that where the noun of the first clause is compared with the following clause itself, *del que, de la que, de los que, de las que,* according to the number and gender of the noun concerned, are used in place of the *que* of the first example. *De lo que* is used where the comparison is between the two clauses as shown in the last example.

Ejercicios

A Conteste en español.

1 ¿Cuándo y dónde se celebrará la corrida que quieren ver don Alfonso y don José?
2 ¿Por dónde se paseaban los dos hombres?
3 ¿Quién tomará la alternativa el domingo? ¿De dónde es?
4 ¿Por qué buscaban un cartel taurino? ¿Dónde lo encontraron?
5 ¿Por qué será difícil conseguir entradas?
6 ¿Por qué se puso de puntillas don Alfonso?
7 ¿Por qué encontró difícil leer el cartel?
8 ¿A qué hora comenzará la corrida?
9 ¿Quiénes torearán el domingo?
10 ¿Qué entradas sacaron? ¿En dónde las sacaron?
11 ¿Por qué estuvo por comprar sol y sombra don Alfonso?
12 ¿Cuánto costaron las entradas?
13 ¿Qué pasará en la Plaza Monumental el miércoles por la noche?
14 ¿Dónde estará Marta durante la Semana Santa?
15 ¿Por qué le telefoneó Juan?
16 ¿Qué quiso saber Marta antes de aceptar la invitación?
17 ¿En dónde se encontrarán el domingo?
18 ¿Cómo pasarán la tarde?

B Change the verbs in *italics* in the following to the Future tense.

1 *Voy* a sacar las entradas mañana.
2 El día de Navidad me *dan* una botella de vino.
3 ¿Te *levantas* temprano por la mañana?
4 Don José *recibe* a sus sobrinos en la estación.
5 Éstos *son* para tus padres.
6 *Debéis* ir a verle mañana.
7 El programa no *comienza* hasta las diez y cuarto.
8 *Abrimos* las puertas a las ocho en punto.
9 Nos *telefonea* antes de medianoche.
10 La Vuelta a España *dura* quince días.

C Change the verb to agree with the new subject given.

1 En España cenaremos a las diez de la noche.   Tú
2 Si llueve mañana, me quedaré en casa.   Nosotros

3 Irán de vacaciones a San Sebastián.   Nosotros
4 Mañana estaremos en Madrid.   Ellos
5 María te verá en el café.   Yo
6 ¿A qué hora llegarán Vds. el sábado?   Vosotros
7 Los niños se acostarán después de cenar.   Yo
8 Si llego a tiempo, cogeré el autobús en la
   Plaza Mayor.   Su padre
9 El torero irá al tablao flamenco.   Tú
10 Si no te quitas el sombrero, sus amigos se
   burlarán de ti.   Tu esposa

D Answer each question in the Future tense using the cue given.

1 ¿A qué hora te levantarás el sábado?   (las 7.30)
2 Y tus padres ¿a qué hora se levantarán?   (las 7.00)
3 ¿Adónde irás después de desayunar?   (de compras)
4 ¿En dónde comerás el almuerzo?   (casa)
5 ¿Cómo pasarás la tarde?   (televisión)
6 ¿En dónde cenarás?   (restaurante)
7 ¿Adónde irás por la noche?   (discoteca)
8 ¿Cuándo volverás a casa?   (medianoche)

E Answer these questions about your future intentions which an inquisitive Spanish neighbour puts to you, using the Future tense.

1 ¿Adónde piensas ir para la Semana Santa?
2 ¿Con quién piensas ir?
3 ¿Cómo piensas viajar?
4 ¿Cuánto tiempo piensas pasar allí?
5 ¿Cuánto dinero piensas llevar contigo?
6 ¿En dónde piensas hospedarte?
7 ¿Cuándo piensas volver?
8 ¿Dónde piensas veranear?

F Conteste en español.

1 ¿Gana Vd. más dinero del que necesita?
2 ¿Es Vd. más inteligente de lo que piensa su profesor?
3 ¿Vive Vd. en o cerca de un puerto?
4 ¿Le gusta a Vd. dar vueltas en lancha?
5 ¿Qué dará Vd. a su padre el día de su cumpleaños?

6 ¿A qué hora se levantará Vd. mañana?
7 ¿Cuándo terminan las clases de hoy?
8 ¿Irán Vds. a la iglesia el domingo que viene?
9 ¿A qué hora se acostará Vd. esta noche?
10 ¿Irá Vd. a España el año que viene?
11 ¿A qué hora desayunará Vd. mañana por la mañana?
12 ¿Sabe Vd. cómo se llama algún torero español?
13 ¿En qué mes del año comienza la temporada taurina en España?
14 ¿Ha presenciado Vd. una corrida de toros?
15 ¿Ha estado Vd. en un tablao flamenco?

G On holiday in Barcelona you decide to go to a bullfight. You ask the man at the tourist office for advice. Write out the conversation you have with him. His answers to your questions are given below.

Vd.
Empleado En la Plaza Monumental.
Vd.
Empleado El domingo.
Vd.
Empleado A las cinco en punto.
Vd.
Empleado Puede sacarlas en la Plaza misma o en una taquilla.
Vd.
Empleado Sí, hay una taquilla en las Ramblas.
Vd.
Empleado Se encuentra un poco más allá del cine, rumbo al puerto.

H Mark on your map Cádiz and Salamanca. Find out the size of their populations, distance from Madrid and for what they are famous. Also find out all you can about the world famous Holy Week and Easter celebrations in Seville.

I Translate into Spanish.

1 My grandfather has seen more bullfights than I thought.
2 The box contained more coins than they needed.
3 They have visited more countries than you think.
4 His parents used to give him more money than he could spend.
5 Has he bought more than he can pay for?
6 She gave me more cigars than I could smoke.

7 He had eaten more fruit than he had realised.
8 They bought more newspapers than they wanted.
9 I have received more letters than I can remember.
10 This novel is more interesting than many people think.

J Translate into Spanish.

On Sunday my grandfather will take us to the bullfight. Although I have seen some bullfights on television, this will be my first visit to a bullring as the little town in Extremadura where I live has no bullring. I hope I shall like it. He told me this morning on the telephone that he had managed to obtain very good tickets and that we shall be sitting in the shade for the whole fight. It will begin at five o'clock and my grandfather says that many people will be present. In his opinion the bullfighters who will be taking part are the best in the whole of Spain, and as it will be the first fight of the season here in Madrid, he thinks something sensational will happen. We shall see.

Lección treinta y uno

¿Las vacaciones?

Pasado mañana será el primer día de las vacaciones que espero con ganas desde hace seis meses. He trabajado tanto en la fábrica que apenas puedo creer que durante las tres semanas que vienen no tendré que hacer nada que no me guste.

Pasaré la primera semana en casa y luego mi esposa y yo iremos otra vez a Escocia donde podremos descansar entre sus lagos y montañas. Saldremos de Londres en tren el martes por la mañana y llegaremos a Edimburgo antes de la hora de cenar. No nos quedaremos en la capital escocesa más de una noche y el día después nos pondremos en marcha hacia las montañas del norte. Hasta que salgamos para Escocia no haré nada sino descansar y espero muchísimo que este año no vendrá a visitarnos mi suegra, porque, si viene, no me dirá nada más que tonterías.

Me levantaré tarde y después de desayunar pasaré el día sentado en el jardín (o en el cuarto de estar cuando haga mal tiempo) leyendo y durmiendo. Quizás iré a la taberna algunas veces a echar un trago con unos compañeros míos. Disfrutaré muchísimo esta semana.

Pero, ¿estaré soñando? Sé muy bien que mi esposa se aprovechará mucho de mi tiempo libre. En cuanto vuelva yo a casa mañana por la tarde, esto es lo que oiré.

— Vamos a ver. Tenemos ocho días antes de ir a Escocia y hay muchísimas cosas que hacer. Podrás reparar el aspirador que hace mucho no funciona bien, nos falta otro cristal en el tragaluz del desván y quiero que empapeles las paredes del comedor que están muy sucias. También querré que me lleves al centro a hacer las compras y a la peluquería, ¿sabes? ¡No creas que no vas a hacer nada! Podrás descansar cuando lleguemos a Escocia. Y antes de que se me olvide decírtelo, mi madre vendrá el viernes para pasar el fin de semana con nosotros y para cuidar del perro mientras estemos ausentes.

¿Qué vacaciones son éstas? No me dejará en paz hasta que estemos en Escocia.

Vacaciones al extranjero

Lola   ¿Podrás salir de compras conmigo hoy?

Carmen   Lo siento, Lola, pero tendré que estar en el aeropuerto a las tres.

Lola   Ah, irás a París como de costumbre, ¿no?

Carmen   No, chica, voy a Lima ... con Felipe.

Lola   ¿Felipe? ¿Quién es Felipe?

Carmen   Es un fotógrafo peruano. Le encontré en Marbella en mayo.

Lola   Será rico, ¿verdad?

Carmen   Sí, chica, riquísimo y guapo también. Su padre es político. Me ha invitado a pasar un mes con su familia.

Lola   ¡Qué suerte! Habrá muchos monumentos históricos que ver en el Perú.

Carmen   Sí, y Felipe sabrá arreglarlo todo. Ha prometido llevarme al Cuzco, a Macchu Picchu y al lago Titicaca.

Lola   Tendrás que contarnos todas tus aventuras cuando volvamos.

Carmen   ¿De dónde?

Lola   ¿No te lo dije? Carlos tendrá que pasar seis meses en las Filipinas y yo iré con él.

El Lago Titicaca

Macchu Picchu

El Cuzco

Vocabulario

el aspirador   vacuum cleaner
el centro   centre, town centre
el compañero   companion, friend
el fin de semana   weekend
el fotógrafo   photographer
el lago   lake, loch
el monumento   monument, sight
el norte   north
el político   politician
el suegro   father-in-law
el tragaluz   skylight

la aventura   adventure
Edimburgo   Edinburgh
Escocia   Scotland
la fábrica   factory
las Filipinas   Philippines
París   Paris
la paz   peace
la peluquería   hairdresser's
la suegra   mother-in-law
la taberna   tavern, pub
las tonterías   nonsense

aprovecharse de   to take advantage of
cuidar de   to look after, care for
descansar   to rest
disfrutar   to enjoy
empapelar   to paper
nos falta   we need
ponerse en marcha   to set off
reparar   to repair

ausente   absent, away
escocés   Scottish, Scots
guapo   handsome, good looking
histórico   historic
libre   free, spare
sucio   dirty

al extranjero   abroad
antes de que   before (*conj.*)
así que   as soon as
como de costumbre   as usual
en cuanto   as soon as (*conj.*)
hasta que   until (*conj.*)
pasado mañana   the day after tomorrow

Gramática

1 Irregular Futures

Decir	*Haber*	*Hacer*	*Poder*	*Poner*
diré	*habré*	*haré*	*podré*	*pondré*
dirás	*habrás*	*harás*	*podrás*	*pondrás*
dirá	*habrá*	*hará*	*podrá*	*pondrá*
diremos	*habremos*	*haremos*	*podremos*	*pondremos*
diréis	*habréis*	*haréis*	*podréis*	*pondréis*
dirán	*habrán*	*harán*	*podrán*	*pondrán*

Querer	Saber	Salir	Tener	Venir
querré	sabré	saldré	tendré	vendré
querrás	sabrás	saldrás	tendrás	vendrás
querrá	sabrá	saldrá	tendrá	vendrá
querremos	sabremos	saldremos	tendremos	vendremos
querréis	sabréis	saldréis	tendréis	vendréis
querrán	sabrán	saldrán	tendrán	vendrán

Note that the irregularity is in the stem and not in the endings.

2 Note the following examples:

¿Quién será?	Who can it be?
Será mi amigo.	It must be my friend.
¿Cuántos años tendrá?	How old can he be?
Tendrá cincuenta años.	He must be fifty.

3 Further uses of the Subjunctive

Cuando llegues a la estación, tendrás que sacar un billete.
When you reach the station, you will have to buy a ticket.
Se lo diré cuando venga.
I shall tell him when he comes.
Quiere hablar con ellos antes de que salgan.
He wants to talk to them before they leave.
No quiero decir nada hasta que hayas leído la carta.
I don't wish to say anything until you've read the letter.
Mientras estés en España, iré a las montañas.
While you're in Spain, I'll go to the mountains.
Así que llegue, pídaselo.
En cuanto llegue, pídaselo. } As soon as he arrives, ask him for it.
Luego que llegue, pídaselo.

The Subjunctive is used after conjunctions and expressions of time when the action has not yet taken place.

4 The absolute superlative

This is formed by adding *-ísimo(a)* to the end of the adjective,
e.g. *Es un hombre riquísimo.*   He's a very rich man.
   Me gusta muchísimo.   I like it very much.

Les da muchísimas gracias.   He thanks them very much.
or by placing *muy* before the adjective,
e.g. Es Vd. muy amable.   You are most kind.
   Esto es muy interesante.   This is most interesting.
N.B. There is no element of comparison here.

Ejercicios

A Conteste en español.

  1 ¿Cuándo comienzan las vacaciones?
  2 ¿Desde cuándo las espera con ganas?
  3 ¿Cuántas semanas de vacaciones tendrá?
  4 ¿Dónde trabaja este hombre?
  5 ¿Cómo pasará sus vacaciones?
  6 ¿Qué parte de Escocia visitarán?
  7 ¿Cuándo se pondrán en marcha para Escocia?
  8 ¿Cómo viajarán?
  9 ¿Por qué no quiere que su suegra les visite este año?
 10 ¿Para qué irá a la taberna algunas veces?
 11 ¿Por qué cree que estará soñando?
 12 ¿Qué le dirá su mujer en cuanto vuelva a casa?
 13 ¿Qué tendrá que hacer antes de ir a Escocia?
 14 ¿Cuándo podrá descansar?
 15 ¿Por qué vendrá a estar con ellos la suegra?

B Complete the following according to the information given in the
conversation between Carmen and Lola.

  1 Lola quiere que Carmen....
  2 Carmen no podrá acompañarla porque....
  3 En mayo Carmen....
  4 Carmen ha aceptado....
  5 Felipe se gana la vida....
  6 Cuando esté en el Perú, Carmen....
  7 Cuando vuelva ésta del Perú, Lola....
  8 Cuando vuelvan Lola y Carlos, Carmen.....

C In the following change the verb in *italics* to the Future tense.

  1 Mi suegro no *puede* reparar el aspirador.

2 *Queremos* que vayáis a vernos en Sevilla.
3 El autobús *sale* al mediodía.
4 ¿Qué *hacéis* en las montañas de Escocia?
5 Me han dicho que *vienes* mañana.
6 Me *pongo* en marcha para Londres pasado mañana.
7 ¿Quiénes *saben* lo que has hecho?
8 *Tengo* que quedar en casa y cuidar del perro.
9 ¿Qué *dices* a tu mujer al volver a casa?
10 No *hay* mucho que hacer en este pueblo.

D Complete the following as shown in the example.
Ejemplo: Cuando llegue, hablar conmigo.
Cuando llegue, hablarán conmigo.

1 Cuando llegue ... saber la verdad.
2 Cuando llegue ... decir la verdad.
3 Cuando llegue ... venir a recibirme.
4 Cuando llegue ... poder hacerlo.
5 Cuando llegue ... querer verme.
6 Hasta que vengas, ... no hacerlo.
7 Hasta que vengas, ... no tener dinero.
8 Hasta que vengas, ... no salir.
9 Hasta que vengas, ... no ponerse en marcha.
10 Hasta que vengas, ... no decir nada.

E Complete the following with the correct part of the Present Subjunctive of the verb indicated.

1 Podremos hacerlo cuando ... hacer sol.
2 Podremos hacerlo cuando ... tú llegar.
3 Podremos hacerlo cuando ... tú venir.
4 Podremos hacerlo cuando ... tú querer.
5 Podremos hacerlo cuando ... tú ser mayor.
6 No podré dormir hasta que ellos ... estar aquí
7 No podré dormir hasta que ellos ... irse.
8 No podré dormir hasta que ellos ... callarse.
9 No podré dormir hasta que ellos ... saberlo.
10 No podré dormir hasta que ellos ... volver.

F Translate into Spanish.

1 I shall not be able to rest until we get to Madrid.

2 His wife has broken the vacuum cleaner and he cannot repair it.
3 Who will look after your children while you are in Brazil?
4 As soon as we see John we shall tell him what you have said.
5 Last night she dreamed about the weekend she spent in Scotland.
6 Why don't you leave me in peace?
7 My mother wants me to do the shopping tomorrow morning.
8 They took a trip around the lake in a motor boat.
9 The doctor will come and visit you when you have returned home.
10 Will you come and help us to look for it?

G *Turista (en la estación de Torreblanca)* ¿Por dónde se va al Ayuntamiento?
Empleado Salga de la estación y tuerza a la derecha. Pase por delante del Museo Marítimo y tuerza a la derecha a la Calle de Puerto. Siga adelante hasta llegar a la Plaza Mayor. El Ayuntamiento está enfrente, al otro lado de la Plaza en la esquina del Paseo de Cervantes.

Give directions to strangers to Torreblanca as follows:

1 To go from the Hotel Pizarro to the Stadium.
2 To go from the Iberia Terminal to the Bullring.
3 To go from the Police Station to the Restaurante de la Torre.
4 To go from the Swimming Pool to the Hospital.
5 To go from the Colegio Larra to the Playa Menor.
6 To go from the Lorca Theatre to the Café Sol.

Describe the route taken by the following inhabitants of Torreblanca from their home to their place of work.

1 María que vive en la Calle Colón y trabaja en la biblioteca.
2 Carlos que es médico en el hospital y vive en el Camino del Rey.
3 Jacinta que vive en la Calle Pizarro y trabaja en la Comisaría.
4 Manuel que vive en la Calle San Juan (al lado del cine) y trabaja en la Zona Industrial.
5 Teresa que vive en la esquina de la Avenida de la Reina y la Calle Santa Teresa y trabaja en el Teatro Lorca.
6 Jaime que es cura de la Iglesia de San Pedro y vive en la Avenida de Galdós al lado del Museo.

TORREBLANCA

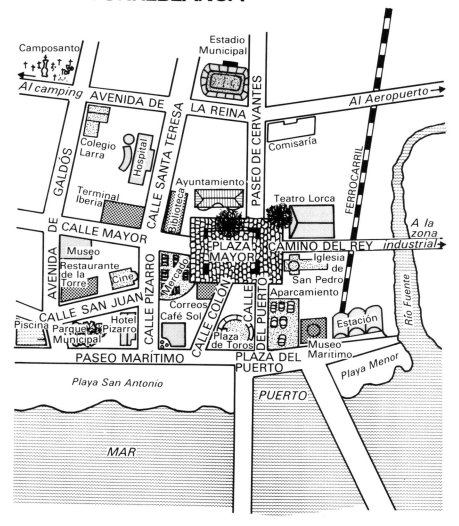

Vocabulario

el aparcamiento	car park	*Correos*	Post Office
el ayuntamiento	town hall	*el estadio*	stadium
el camposanto	cemetery	*la fuente*	fountain
el cine	cinema	*el mercado*	market

el museo museum
la reina queen
el teatro theatre
la terminal terminal
la zona zone

industrial industrial
marítimo maritime

municipal municipal
doblar la esquina to turn the corner
seguir (i) to continue, follow
seguir (i) adelante to go straight on
torcer (ue) to turn

H Conteste en español.

1 ¿Qué quiere Vd. ser cuando sea mayor?
2 ¿Comenzará a trabajar en cuanto llegue a casa?
3 ¿Podrá Vd. ir a España durante las vacaciones?
4 ¿Cuántas semanas de vacaciones tendrá Vd.?
5 ¿Qué hará Vd. esta noche?
6 ¿Cuántos años tendrá Vd. el día de su cumpleaños?
7 ¿Son sus padres ingleses?
8 ¿Ha visitado Vd. Escocia?
9 ¿Nació Vd. en Escocia o en Inglaterra?
10 ¿A cuántos estaremos pasado mañana?
11 ¿Habrá mucha gente en su casa el día de Navidad?
12 ¿Saldrán Vds. del colegio en cuanto terminen las clases?
13 ¿Sabrá Vd. hablar bien español cuando visite España?
14 ¿Qué tiempo hará mañana?
15 ¿Qué le dirán sus padres si vuelve Vd. tarde a casa esta noche?

I Write an account using the Future tense as appropriate of how you plan to spend next weekend (*el fin de semana*) or your next school holiday. Write 120–150 words.

Lección treinta y dos

Primera visita a España

El viaje desde Londres hasta Madrid es muy fatigoso a menos que se lo haga en avión; en tren y barco dura más o menos treinta y seis horas. Así, cuando llegó el tren a la Estación del Norte de Madrid a las nueve y media de la noche estaba yo muy cansado. Siempre lo encuentro difícil dormirme en el tren y por desgracia había pasado la noche anterior en un departamento de segunda clase donde un matrimonio francés había querido que la ventanilla quedase abierta y unas señoras españolas, vestidas de luto, habían querido que estuviese cerrada. Me era igual con tal que me dejaran en paz para dormir. Después de llegar a la frontera y pasar por la Aduana española cambiamos de tren y aproveché la ocasión para trasladarme a un departamento de primera clase. ¡Claro que tuve que pagar la diferencia! Así, se puede comprender por qué, al llegar a la capital de España, no tenía ganas de hacer otra cosa que acostarme.

Visitaba España por primera vez y puesto que me habían mandado a Madrid sin previo aviso no había tenido tiempo de reservar una habitación en un hotel; ni tenía ninguna dirección que pudiese ayudarme y comencé a inquietarme. Sin embargo no tenía por qué temer. Apenas hube bajado del tren cuando un mozo se me acercó preguntando.

—¿Quiere hotel o pensión, señor?

No me inspiraba confianza, pero ¿qué podía hacer?

— Sí — repliqué — pero no puedo pagar mucho.

— Bien, bien — dijo. — Vamos a la Pensión Florida; es de segunda clase, muy limpia y bastante barata.

Dicho esto, cogió mis dos maletas y se alejó hacia la salida. Una vez en la calle, llamó un taxi, dio la dirección al conductor y puso mis maletas en el maletero. Le di lo que me pareció una propina conveniente y subí al taxi. ¡Ahora me doy cuenta de que con cien pesetas fui demasiado generoso!

Diez minutos más tarde llegamos a la pensión. El taxista me indicó la puerta principal y se fue. La pensión se encontraba en el quinto piso del edificio y yo tuve que subir a pie porque no funcionaba el ascensor. Pero todo esto valió la pena. La pensión era muy buena y me dieron una habitación espléndida con un balcón que daba a un parque.

En el tren

La escena: un departamento concurrido. Es de noche y los pasajeros se preparan a pasar la noche en el tren.

Una señora gorda Haga el favor de cerrar la ventanilla, señor. Ya ha anochecido y hace mucho frío aquí.

Un señor anciano Ay, señora, no se puede respirar en este departamento cuando somos nueve. Además tengo mucho calor.

Una señora gorda Y yo tengo mucho frío. Debo insistir, señor. Mi hija no está bien y temo que vaya a resfriarse.

Una señora francesa Pues, en tal caso más vale dejar abierta la ventanilla; lo que necesita es aire fresco. Parece algo pálida.

Una señora rubia Es Vd. muy maleducada, señora, y haga el favor de decirle a su marido que se prohibe fumar en este departamento.

Un señor anciano Esto no tiene nada que ver con el fumar.

Una señora gorda Pues pregunte a los demás.

Un señor calvo La señora tiene razón. No sea tan egoísta. Cierre la ventanilla por ella.

Una chica morena Déjela abierta, por favor. Este departamento se parece a un horno.

Un señor anciano Así somos cuatro a cuatro. Y a Vd., señor, ¿qué le parece?

Yo Señor, a mí me es completamente igual. Con la ventanilla cerrada no se puede respirar; abierta, la corriente de aire es tan fría que no se puede dormir. No sé qué hacer.

La puerta se abre y aparece el revisor.

Yo Revisor, ¿hay asientos libres en primera clase?

Revisor No, señor. Tendrá que esperar a que cambiemos de tren en la frontera. Lo siento.

Vocabulario

el barco ship, steamer
el caso case
los demás the rest, others
el departamento compartment
el horno oven

el luto mourning
el maletero boot (of car)
el matrimonio married couple
el por qué reason
el taxi taxi
el taxista taxi driver

la Aduana   Customs
la confianza   confidence
la corriente de aire   draught
la diferencia   difference
la escena   scene
la frontera   frontier, border
la multa   fine
la ocasión   opportunity, occasion

alejarse   to move away/off
anochecer   to grow dark, fall (of night)
aprovechar   to take advantage of
comprender   to understand
dormirse (ue)   to go to sleep
encontrarse (ue)   to be situated, to be
inquietarse   to worry
insistir   to insist
inspirar   to inspire
irse   to go away/off
mandar   to send; order
parecerse a   to be like, resemble
prepararse   to get ready
prohibirse   to be forbidden
replicar   to reply
respirar   to breathe
no tener nada que ver con   to have nothing to do with
trasladarse   to change

abierto   open
anciano   old
anterior   previous, before (*adj.*)
cerrado   closed, shut
conveniente   suitable
egoísta   selfish
fatigoso   tiring
francés   French
generoso   generous
limpio   clean
mal educado   rude, impolite

a condición de que   on condition that
a menos que   unless
a no ser que   unless
con tal que   provided that
cual si   as if
de noche   by night, at night
dicho esto   having said this
haga el favor de   please (more formal than *por favor*)
más o menos   more or less
para que   in order that, so that
por primera vez   for the first time
siempre que   provided that
sin previo aviso   without warning
sin que   without
una vez   once

Gramática

1 *The Imperfect Subjunctive*

		mirar			
mirara	or	*mirase*	*miráramos*	or	*mirásemos*
miraras	or	*mirases*	*mirarais*	or	*miraseis*
mirara	or	*mirase*	*miraran*	or	*mirasen*

comer

comiera	or	*comiese*	*comiéramos*	or	*comiésemos*
comieras	or	*comieses*	*comierais*	or	*comieseis*
comiera	or	*comiese*	*comieran*	or	*comiesen*

vivir   *ser*

viviera	or	*viviese*	*fuera*	or	*fuese*
vivieras	or	*vivieses*	*fueras*	or	*fueses*
viviera	or	*viviese*	*fuera*	or	*fuese*
viviéramos	or	*viviésemos*	*fuéramos*	or	*fuésemos*
vivierais	or	*vivieseis*	*fuerais*	or	*fueseis*
vivieran	or	*viviesen*	*fueran*	or	*fuesen*

tener   *haber*

tuviera	or	*tuviese*	*hubiera*	or	*hubiese*
tuvieras	or	*tuvieses*	*hubieras*	or	*hubieses*
tuviera	or	*tuviese*	*hubiera*	or	*hubiese*
tuviéramos	or	*tuviésemos*	*hubiéramos*	or	*hubiésemos*
tuvierais	or	*tuvieseis*	*hubierais*	or	*hubieseis*
tuvieran	or	*tuviesen*	*hubieran*	or	*hubiesen*

Formation

ALL verbs form this tense in the same way by taking the third
person plural of the Preterite, removing the ending *-ron* and replacing it by the endings *-ra, -ras, -ra, -ramos, -rais, -ran*, or *-se, -ses, -se,
-semos, -seis, -sen.* Note the accent on the *nosotros* form. Thus we
have:

venir — *viniera* or *viniese*

decir — *dijera* or *dijese*

hacer — *hiciera* or *hiciese*

oír   — *oyera* or *oyese*

Either form of the Imperfect Subjunctive may normally be used
although the *-ra* form is more common. The *-ra* form may be used to
replace the Conditional tense.

e.g. Quisiera ir contigo.   I should like to go with you.

2 *Use of the Imperfect Subjunctive*

The Imperfect Subjunctive is used in the same circumstances as the
Present Subjunctive, when referring to past time.

e.g. Quería que yo fuese a España con él.
He wanted me to go to Spain with him.
Le dije que lo hiciera en seguida.
I told him to do it at once.
Rogaron a sus padres que les llevaran a la corrida.
They asked their parents to take them to the bullfight.

3 Further uses of the Subjunctive

The Subjunctive is used after the following conjunctions:

con tal que
siempre que } on condition that, provided that
a condición de que

a menos que
a no ser que } unless

como si, cual si   as if
para que   in order that, so that
sin que   without

e.g. Con tal que no cueste demasiado, te acompañaré.
Provided that it doesn't cost too much, I'll come with you.
Entraron sin que lo supiesen sus padres.
They came in without their parents knowing.
Nos dieron el dinero para que pudiéramos ir a Londres.
They gave us the money so that we might visit London.
N.B. *Como si, cual si* are followed by the Imperfect Subjunctive.
e.g. Habla como si hubiese visto la corrida.
You are talking as if you had seen the bullfight.

Ejercicios

A Complete the following according to the information given in the reading passage.

1 El autor llegó cansado porque...
2 No durmió bien...
3 El matrimonio francés había querido que...
4 Las señoras españolas habían querido que...
5 Éstas iban...
6 Cambiaron de tren...
7 Después de cambiar de tren...

8 El mozo quería saber...
9 Después de llamar un taxi...
10 El viaje a la pensión...
11 Al llegar a la pensión el taxista...
12 La habitación del autor...

B Conteste en español.

1 ¿Qué hacían los pasajeros?
2 ¿Qué quería la señora gorda? ¿Por qué?
3 ¿Por qué no estaba de acuerdo el anciano?
4 ¿Por qué insistió la señora gorda?
5 ¿Qué pensó la señora francesa? ¿Por qué?
6 ¿Quién estaba fumando?
7 ¿Qué quería la señora rubia que la señora francesa dijera a su marido?
8 ¿Qué quería el señor calvo?
9 ¿Con quién estaba de acuerdo la chica morena?
10 ¿Quería el autor que la ventanilla estuviera abierta o cerrada?
11 ¿Qué le preguntó al revisor?
12 ¿A qué tenía que esperar?

C In the following put the verb in brackets into the Imperfect Subjunctive.

1 El mozo quería que yo le (dar) una propina.
2 Estábamos muy contentos de que tú (haber) ganado el premio.
3 Buscaban un hombre que (saber) repararlo.
4 Era preciso que nosotros (cambiar) de tren.
5 No me dijo que Vds. (estar) en ese tren.
6 No creía que yo (poder) hacerlo.
7 Le dio el dinero para que Vd. (ir) a la peluquería.
8 No encontré a nadie que (hablar) español.
9 Nos dijo que lo (hacer) antes de que (venir) el profesor.
10 Andaba como si (estar) enfermo.

D Combine each pair of sentences as shown in the example.
Ejemplo: Lo hizo. No le vi. Lo hizo sin que le viera.

1 Lo hizo. No lo supe.
2 Lo hizo. No le ayudé

3 Lo hizo. No le oí.
4 Lo hizo. No le rogué.
5 Lo hizo. No se lo expliqué.

E Change the following to reported speech as shown in the example.
Ejemplo: Venga a verme. Me dijo que viniera a verle.

1 Démelo.
2 Váyase.
3 Hágalo.
4 Véndamelo.
5 Duérmase.

6 Acuéstese.
7 No se inquiete.
8 No se traslade aquí.
9 No insista.
10 No me lo dé.

F Complete the following with the phrase given, putting the verb in the correct form of the Imperfect Subjunctive.

1 Les di el dinero para que ... ir a México.
2 Les di el dinero para que ... comprar el coche.
3 Les di el dinero para que ... jubilarse.
4 Les di el dinero para que ... alquilar el barco.
5 Les di el dinero para que ... vestirse bien.
6 Me hablaba como si ... entender el francés.
7 Me hablaba como si ... ser imbécil.
8 Me hablaba como si ... saber hacerlo.
9 Me hablaba como si ... estar enfermo.
10 Me hablaba como si ... conocerme.

G Rewrite the following in the past.

1 Mis amigos se van sin que lo sepan sus padres.
2 No hay nada que me interese más que esto.
3 No creo que el suyo sea más grande que el mío.
4 Hace falta que Vds. paguen la diferencia en seguida.
5 Sentimos mucho que no estéis aquí.
6 Te ruego que no escribas la carta hasta que vuelva tu madre.
7 No creo que mi hermano haya vuelto.
8 No me gusta que la puerta esté abierta.
9 Es importante que no dure mucho tiempo.
10 El médico quiere que te quedes en cama.

H Translate into Spanish.

1 Portuguese is spoken in Brazil.
2 Talking in the library is forbidden.
3 It is said that he has sold his house.
4 You cannot buy fish in this supermarket.
5 Can one see the sea from your bedroom window?
6 One never knows if the train will arrive on time.
7 You may not enter this way (*por aquí*).
8 Is English spoken in that boarding house?
9 I am told that Mercedes has gone to Italy.
10 You may fly from London to Madrid in two hours.

I *Either* write a letter in Spanish (150–200 words) to your parents describing your arrival at the station of a Spanish town which you haven't visited before.
Or compose a dialogue in which there is an argument in a non-smoking compartment of a train caused by someone smoking. The matter is resolved by the appearance of the inspector who tells the offender he/she must pay a fine (*una multa*).

J Conteste en español.

1 ¿Ha viajado Vd. alguna vez desde Londres hasta Madrid? ¿Cómo?
2 ¿Se ha hospedado Vd. en una pensión española?
3 ¿Lo encuentra Vd. difícil dormir cuando viaja?
4 ¿Se inquieta Vd. cuando pasa por la Aduana?
5 ¿Viajan Vds. siempre en primera clase en tren?
6 ¿Cuál es la dirección de su casa?
7 ¿Quería tu madre que te levantaras temprano hoy?
8 ¿Querías que tu madre te preparara café esta mañana?
9 ¿Se sirve buena comida en tu colegio?
10 ¿Se permite que Vds. fumen en clase?
11 ¿Se enseña el portugués en tu colegio?
12 ¿Se puede ir a Londres en tren desde tu ciudad?

K Translate into Spanish.

Yesterday morning I received a mysterious letter from a friend of mine whom I had not seen for five years. In the letter he asked me to meet him in a little café in the Gran Vía and said that it was very important for me to be there at four o'clock exactly. He did not say why he wanted me to go and see him. He only said that he wanted me to help him and that he had something he wanted to me to see. I went to the café by taxi and arrived at a quarter to four. Although I waited there for more than an hour my friend did not come and so at about five o'clock I returned to my office. I could not understand what had happened and I began to worry. When I returned home that night my wife told me that he was waiting for me in the lounge. The door was open and I could see my friend sitting in an armchair near the fire. He had fallen asleep and looked tired and ill.

Lección treinta y tres

Vamos al cine

En mayo don José García recibió una carta de Antonio e Isabel en la cual éstos le dijeron que les gustaría que pasara unos días con ellos en Madrid. Aceptó la invitación con mucho gusto. Le gusta mucho visitar a sus parientes porque quiere mucho a sus sobrinos, Enrique y Mercedes. Don José no está casado; es soltero. A los chicos les gusta mucho salir de paseo por Madrid con su tío que conoce muy bien la Corte donde era estudiante hace veinte años.

Don José llegó a Madrid el sábado por la tarde y a la mañana siguiente, después de asistir a la misa, fue de paseo con sus sobrinos. Se pasearon por la Gran Vía mirando los escaparates hasta llegar al Cine Lope de Vega, donde echaban una película extranjera titulada 'El Cid'. Enrique se detuvo para contemplar un rato las carteleras que estaban a la entrada.

Don José ¿Habéis visto esta película?

Enrique No, pero he oído hablar de ella. Dicen que es muy buena. Querría mucho verla. ¿Qué te parece, Mercedes?

Mercedes Yo no. Preferiría ver algo que tenga más gracia.

Don José Ya la he visto en Barcelona pero me gustaría volver a verla. Dudo que haya localidades para hoy, pero vamos a ver.

Mercedes Es Vd. muy amable, tío, pero es que esta tarde tengo una cita.

Don José En ese caso Enrique y yo iremos juntos, ¿verdad?

Enrique ¡Cómo no!

Entraron en el cine y se acercaron a la taquilla donde don José habló con la señorita que vendía las entradas.

— Lo siento, señor, no hay localidades para la sesión de esta tarde, pero tenemos unas para la de la noche — explicó la señorita.

— Bien. Quiero dos de entresuelo si es posible.

— Sí, señor.

La señorita le dio las entradas y don José se las pagó. Después de sacar las entradas, los tres salieron del cine y se dirigieron a Correos para echar unas cartas y comprar sellos. Luego don José dijo que deberían aprovechar la ocasión para ir al Museo del Prado, que estaba muy cerca, ya que le gustaría volver a ver los cuadros de Goya. Pasaron una hora en el museo y cuando salieron fueron a tomar café y pasteles a una cafetería antes de volver a casa.

Don José   Esta noche Enrique y yo vamos a ver 'El Cid'. Invité a Mercedes también pero dijo que no podría ír.
Doña Isabel   Tendrá una cita sin duda.
Don José   Parece que sí. Sabía que no valdría la pena compraros localidades. No os gusta el cine mucho, ¿verdad?
Don Antonio   En absoluto. Preferimos el teatro.

Después de la cena don José y Enrique se prepararon para salir al cine. Eran las diez y media y la película comenzaría a las once. Como no querían llegar tarde don José llamó a un taxi cuando salieron de casa. El taxista no tardó mucho en conducirles al cine y tuvieron bastante tiempo para encontrar sus butacas que estaban en la delantera del entresuelo. El cine estaba completamente lleno, y a los pocos minutos se apagaron las luces y empezó 'El Cid'. Era un espectáculo magnífico y les gustó mucho a Enrique y don José. Cuando llegó el descanso no se quedaron sentados sino que fueron al bar para estirar las piernas y tomar una cerveza muy fría ya que, a pesar del aire acondicionado, hacía bastante calor en el cine. Don José aprovechó la ocasión para fumar, lo que se prohibía en el cine mismo. Enrique encontró a dos amigos suyos y pasaron unos minutos charlando antes de volver a sus asientos. Todos se divertían mucho. La segunda parte del film pasó muy de prisa y a eso de las dos de la madrugada todo el mundo tuvo que salir. Aunque era muy tarde no tenían sueño y camino de casa cambiaron opiniones sobre el film. A Enrique le impresionaron más la bravura y el valor del héroe nacional de España. ¡Cuántos moros mató!

— ¿Has leído el poema de Mío Cid? — preguntó don José.
— No, tío — contestó Enrique — no lo he leído, pero creo que papá tiene un ejemplar del poema en su despacho. Quisiera mucho leerlo ahora que he visto esta película.
— Vale la pena — exclamó su tío. — Es un poema muy emocionante e interesante.

Notas
Lope de Vega (1562–1635) – el mayor dramaturgo español. Escribió más de cuatrocientas comedias.

El Cid – guerrero español del siglo once y héroe del poema medieval; famoso por su valor y nobleza en la lucha contra los moros.
Francisco Goya y Lucientes (1746–1828) – gran pintor español. Hay muchas obras suyas en el Museo del Prado.

Vocabulario

el aire acondicionado   air conditioning
Correos   Post office
el descanso   interval
el dramaturgo   dramatist
el ejemplar   copy
el entresuelo   balcony (cinema or theatre)
el espectáculo   spectacle
el film   film
el guerrero   warrior
el héroe   hero
el moro   Moor
el poema   poem
el rato   moment, while
el sello   stamp
el siglo   century
el sobrino   nephew
el soltero   bachelor
el valor   courage, valour; value

las afueras   outskirts
la bravura   bravery
la butaca   cinema seat, stall
la cafetería,   cafeteria, café; buffet
la cartelera   picture outside cinema
la comedia   play
la Corte   Court (name often given to Madrid)
las Cortes   Spanish Parliament
la delantera   front row

la gracia   wit
la invitación   invitation
la localidad   ticket (cinema etc.)
la lucha   struggle, fight
la luz   light
la nobleza   nobility
la obra   work (of art)
la película   film
la sesión   performance, showing
la sobrina   niece
la soltera   spinster

asistir a   to attend
cambiar opiniones   to discuss
divertirse (ie)   to enjoy oneself
dudar   to doubt
echar   to show (films etc.)
estirar   to stretch
hacer entrar   to show in
impresionar   to impress
ir de paseo   to go for a walk
matar   to kill
negar (ie)   to deny
salir de paseo   to go out for a walk
tardar en   to be long in, take time in
tener gracia   to be amusing (film, play, etc.)
tener sueño   to be sleepy

casado   married
emocionante   exciting

extranjero foreign	*a los pocos minutos* in a few minutes
gracioso amusing, witty	
medieval mediaeval	*a pesar de* in spite of, despite
nacional national	*completamente* completely
titulado entitled	*en absoluto* not at all, not in the least

Gramática

1 The Conditional tense

	mirar		*comer*
miraría	(I should/would look at, be looking at)	*comería*	(I should/would eat, etc.)
mirarías		*comerías*	
miraría		*comería*	
miraríamos		*comeríamos*	
miraríais		*comeríais*	
mirarían		*comerían*	

	vivir	
viviría	(I should/would live)	*viviríamos*
vivirías		*viviríais*
viviría		*vivirían*

Formation

To form the Conditional replace the ending of the Future tense by the endings *-ía, -ías, -ía, -íamos, -íais, -ían.* This rule applies for both regular and irregular verbs.

Decir	*Haber*	*Hacer*	*Poder*	*Poner*
diría	*habría*	*haría*	*podría*	*pondría*
dirías	*habrías*	*harías*	*podrías*	*pondrías*
diría	*habría*	*haría*	*podría*	*pondría*
diríamos	*habríamos*	*haríamos*	*podríamos*	*pondríamos*
diríais	*habríais*	*haríais*	*podríais*	*pondríais*
dirían	*habrían*	*harían*	*podrían*	*pondrían*

Querer	Saber	Salir	Tener	Venir
querría	*sabría*	*saldría*	*tendría*	*vendría*
querrías	*sabrías*	*saldrías*	*tendrías*	*vendrías*
querría	*sabría*	*saldría*	*tendría*	*vendría*
querríamos	*sabríamos*	*saldríamos*	*tendríamos*	*vendríamos*
querríais	*sabríais*	*saldríais*	*tendríais*	*vendríais*
querrían	*sabrían*	*saldrían*	*tendrían*	*vendrían*

This tense corresponds to the English Conditional.
e.g. Me dijo que no vendría.   He told me he wouldn't come.
Tu hermano no haría esto.   Your brother wouldn't do this.

2 Note the following points.

a When 'would' means 'willing to' *querer* is used.
   e.g. Me preguntó si quería ayudarle.
   He asked me if I would help him.

b 'Would' is often the Imperfect tense.
   e.g. Se levantaba cada día a las cinco.
   He would get up every day at five.

c When 'should' means 'ought to' the Conditional of *deber* is used.
   e.g. Deberías ir al instante.
   You should go at once.

d The Conditional may be replaced by the -*ra* form of the Imperfect
   Subjunctive.
   e.g. Quisiera ir a Guayana.
   I should like to go to Guayana.

3 Further use of the Subjunctive

The subjunctive is used following verbs of doubt or denial.
e.g. Dudo que hayan llegado sus padres.
   I doubt if your parents have arrived.
   Negaron que Juan lo hubiera hecho.
   They denied that Juan had done it.
N.B. If these verbs are used with a negative the Indicative is used.
   e.g. No dudo que están aquí.
   I don't doubt they are here.

Ejercicios

A Conteste en español.

1 ¿Qué les gustaría a Antonio e Isabel?
2 ¿Por qué aceptó la invitación don José?
3 ¿Dónde era estudiante don José?
4 ¿Cuándo fue de paseo con sus sobrinos?
5 ¿Qué había hecho antes?
6 ¿Dónde se detuvo Enrique? ¿Por qué?
7 ¿Cómo sabes que a don José le había gustado mucho 'El Cid'?
8 ¿Qué dudó?
9 ¿Por qué no quería Mercedes acompañarles al cine?
10 ¿Qué localidades compró don José?
11 ¿Qué hicieron antes de volver a casa?
12 ¿Por qué creyó don José que no valdría la pena invitar a Antonio e Isabel?
13 ¿Cómo fueron al cine?
14 ¿En dónde se sentaron?
15 ¿Por qué no se quedaron sentados durante el descanso?
16 ¿Con quiénes habló Enrique en el bar?
17 ¿A qué hora terminó la película?
18 ¿Qué le preguntó a Enrique su tío camino de casa?

B Complete the following with the correct part of the Conditional of the verb indicated.

1 Mi tío creyó que yo no ... saberlo.
2 Mi tío creyó que yo no ... poder hacerlo.
3 Mi tío creyó que yo no ... verle.
4 Mi tío creyó que yo no ... decírselo.
5 Mi tío creyó que yo no ... salir de paseo.
6 Les dijimos que Vds.... venir mañana.
7 Les dijimos que Vds.... tener las entradas.
8 Les dijimos que Vds.... quererlo.
9 Les dijimos que Vds.... llegar a tiempo.
10 Les dijimos que Vds.... pedir permiso.

C Look at the plan of the centre of Madrid and then give directions on how to make the following journeys:

1 From the Puerta del Sol to Cibeles
2 From the Cortes to the Retiro
3 From the Correos to the Puerta del Sol
4 From the Prado to the Plaza Mayor

Madrid

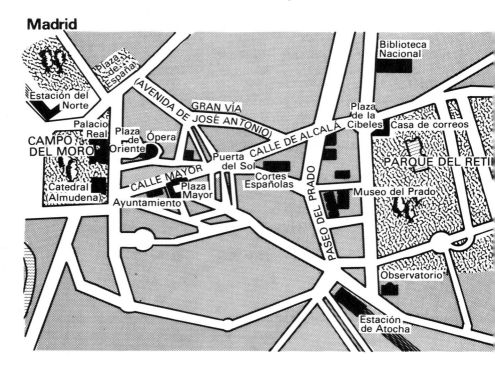

D Rewrite the following, putting the first verb in the Preterite and the second in the Conditional.

1 Me dice que llegará a las diez de la mañana.
2 Su profesor cree que hará mucho frío esta noche.
3 Les explico que no podré comprarlas hasta el verano.
4 Me preguntan por qué no estarás en casa.
5 Los jóvenes quieren saber a qué hora abrirán las puertas.
6 Le dicen a su padre que no volverán antes de medianoche.
7 Juan me pregunta si habrá mucha gente en la corrida.

8 Les pregunta cuándo saldrán.
9 Mercedes no quiere saber cuándo terminará la película.
10 Mis padres y yo creemos que no tendrán que venderla.

E Give some suitable advice to the persons concerned telling them what they ought to do to solve their particular problems.
Ejemplo: Yo necesito dinero. Deberías ir al banco.

1 Isabel quiere ver el film.
2 Los estudiantes necesitan sellos.
3 Queremos localidades para esta noche.
4 Quiero ver los cuadros de Goya.
5 Mi madre quiere oír misa.
6 Alberto quiere café y pasteles.
7 Necesito gasolina.
8 Tenemos mucha sed.

F In the following put the verb in brackets in the correct form and tense of the Subjunctive.

1 Dudaron que (haber) llegado los amigos de Carmen.
2 Estos alumnos niegan que (haber) pasado la tarde en el cine.
3 Dijo que no quería ir a no ser que yo le (acompañar).
4 ¿Dudas todavía que yo (tener) tu cuadro?
5 El viejo negó que sus hijos (haber) hallado la bicicleta.
6 Marisol no quiso que su hermana (ir) con ellas.
7 No creían que yo (tener) razón.
8 Les dio el dinero para que (sacar) unas entradas.
9 Mis amigos negaron que tú les (visitar) anoche.
10 No creo que 'El Cid' (ser) una buena película.

G Either write an account in Spanish (150–200 words) of a film you have seen recently *or* of a recent visit to a theatre or cinema.

H Conteste en español.

1 ¿Tiene parientes en Madrid?
2 ¿Qué es un soltero?
3 ¿Qué es la Corte?
4 ¿Le gusta a Vd. ir al cine?
5 ¿Fue Vd. al cine anoche?

6 ¿Ha visto Vd. la película titulada 'El Cid'?
7 ¿Cómo se llama la mejor película que ha visto?
8 ¿Ha visto Vd. algunas películas españolas?
9 ¿Querría Vd. ver una película española?
10 ¿Le gustan a Vd. localidades de entresuelo cuando va al cine?
11 ¿Te gustaría pasar un año en Madrid de estudiante?
12 ¿Prefieres las películas extranjeras o las inglesas?
13 ¿Tienes que asistir a la misa los domingos?
14 ¿Tienes un tío soltero o una tía soltera?
15 ¿Prefieres ir al cine o al teatro?
16 ¿Se permite fumar en los cines ingleses?
17 ¿Crees que deben permitirlo?
18 ¿Has leído el poema del Cid? ¿Te gustaría leerlo?
19 ¿Tiene tu casa aire acondicionado?
20 ¿Crees que todos los cines deben tenerlo?

I Translate into Spanish.

1 I asked him if he would help me to repair the puncture.
2 We should very much like to go and see that foreign film.
3 Juanito denied that they had broken their friend's radio.
4 My grandmother would go to Mass before breakfast every day before she became ill.
5 Those students ought to study more.
6 Although all his brothers are married don José has remained a bachelor.
7 The children enjoyed themselves on the beach yesterday.
8 She said she would be able to go out without her aunt knowing.
9 Would you like to come to France with me next year?
10 You may not smoke in Spanish cinemas.

J Translate into Spanish.

When I realised that I had lost all the money she had given me, I began to be very worried. I knew that I should have to tell my uncle what had happened and I did not doubt that he would be very angry. However I knew that there was no other alternative than to explain everything to him, and so I made my way slowly to his house on the *outskirts* of the town. The door was open but I rang the bell before entering. My uncle met me in the hall and *showed me into* his study where he said we should be able to talk without anyone disturbing us.

When we had both sat down I explained to him what had happened and then waited trembling. He said nothing for a few minutes. Then he picked up the telephone and called the police station, saying that he would like a policeman to come to his house as soon as possible. Finally he looked at me and said, 'I am not angry, Pedro. It was not your fault'.

outskirts—*las afueras;* to show me into—*hacerme entrar en.*

Lección treinta y cuatro

El Cid

Mercedes ya estaba de vuelta cuando Enrique y su tío llegaron a casa. Ella también había ido al cine Lope de Vega. Su amigo, Julián, había obtenido localidades unos días antes sin que lo supiera Mercedes que había tenido que telefonear a su madre para explicar por qué iba a volver tarde a casa.

— ¿Qué te pareció la película? — le preguntó Enrique.

— Me gustó mucho — respondió. — El Cid era tan noble y generoso.

— El caballero perfecto, ¿no? — declaró don José.

— Sí. Admito que no pude menos de llorar cuando murió – añadió Mercedes.

A la mañana siguiente llovía a cántaros y nadie quería salir. Enrique se acordó del ejemplar del 'Poema de Mío Çid' y fue a buscarlo. Cuando lo hubo encontrado se sentó a leerlo pero lo encontró muy difícil de entender porque estaba escrito en castellano antiguo. Mercedes intentó leerlo también pero sin mucho éxito.

— Prefiero la película — dijo ella después de cinco minutos. — Esto es demasiado difícil.

En este momento entró su tío que tenía dos libros en la mano.

— Creí que el ejemplar de vuestro padre sería demasiado difícil para vosotros y por ello salí a comprar éstos — dijo, mostrándoles los libros. — Mirad, en una página hay el texto original y en la de enfrente un texto en español moderno. De esta manera podréis leer el poema sin dificultad. Es muy útil.

Comenzaron a leer el poema y, como en el cine la noche antes, se maravillaron de las hazañas y la nobleza del héroe de España. Pasaron todo el día leyendo y durante el almuerzo y la cena charlaron casi sin cesar del guerrero famoso y de lo bueno que era el poema. Sin embargo, cuando terminaron el poema, don José tuvo que desilusionarles, diciéndoles algo más del Cid.

Don José   Por desgracia, chicos, el Cid no era el caballero tan noble e ideal que imagináis; no era el personaje del poema ni de la película. El poema es una leyenda en que hay unas partes auténticas y unas

Rodrigo Díaz de Bivar, El Cid

partes falsas. La historia nos dice que por lo general el Cid no luchaba por su rey y su religión sino por sí mismo y por el tesoro que podía ganar.

Enrique　Esto no puede ser.

Don Antonio　Sí, es verdad, hijo. Unas veces luchaba contra los cristianos y otras contra los moros. Dependía de quién le diera más dinero; quería ser rico.

Mercedes　¡Ay, qué lástima!, pero no importa. Para mí el Cid será siempre el caballero del poema y de la película. Prefiero la leyenda a la historia.

Enrique　Y yo también. Dinos, tío, ¿por qué se llamaba Cid?

Don José　Cid viene de la palabra árabe 'sidi'. Significa 'jefe' y se dice que los moros le dieron el nombre porque admiraron tanto su valor.

Pidiendo permiso

Doña Isabel   Diga.
Mercedes   Mamá, un amigo de Julián nos ha ofrecido dos localidades para la sesión de noche de 'El Cid'. ¿Me permites ir?
Doña Isabel   Creí que no querías ver esa película.
Mercedes   Esto es diferente. Iría con Julián. Ha de informar a su amigo si queremos las localidades antes de las siete. Por favor, mamá; me gustaría ir. Julián insistió en que te pidiera permiso.
Doña Isabel   Ya, ya, puedes ir pero vuelve a casa en cuanto termine la película.
Mercedes   Naturalmente. Gracias, mamá. Adiós.

Vocabulario

el caballero   knight, gentleman
el castellano   Castilian, Spanish
el cristiano   Christian
el éxito   success
el jefe   chief, leader
el personaje   character
el tesoro   treasure
el texto   text

la dificultad   difficulty
la hazaña   deed, exploit
la historia   story, history
la leyenda   legend
la religión   religion

admirar   to wonder at, admire
admitir   to admit
añadir   to add
declarar   to declare
desilusionar   to disappoint
estar de vuelta   to be back
imaginar   to imagine
informar   to inform, let know

maravillarse de   to marvel at
significar   to mean
tener éxito   to be successful, to succeed

antiguo   old, ancient
auténtico   authentic
diferente   different
falso   false, untrue
ideal   ideal
moderno   modern
noble   noble
original   original
perfecto   perfect
útil   useful

contra   against
de esta manera   in this way
enfrente   opposite
unas veces   sometimes

Gramática

1 *The Future Perfect tense*

mirar	comer
habré mirado (I shall have looked)	*habré comido* (I shall have eaten)
habrás mirado	*habrás comido*
habrá mirado	*habrá comido*
habremos mirado	*habremos comido*
habréis mirado	*habréis comido*
habrán mirado	*habrán comido*

The Future Perfect is formed with the future of *haber* and the past participle. It corresponds to the English Future Perfect.

2 *The Conditional Perfect tense*

mirar	comer
habría mirado (I should/	*habría comido* (I should/would
habrías mirado would have looked)	*habrías comido* have eaten)
habría mirado	*habría comido*
habríamos mirado	*habríamos comido*
habríais mirado	*habríais comido*
habrían mirado	*habrían comido*

The Conditional Perfect tense is formed with the Conditional of *haber* and the past participle. It corresponds to the English Conditional Perfect.

3 Note the following points:

a Where the 'should' has the sense of 'ought to', the Conditional Perfect of *deber* is required.
e.g. Habría debido venir. He should have come.
(alternative form *debería haber venido*)

b The Conditional Perfect of *poder* may be translated by 'could have'.
e.g. Habrían podido hacerlo. They could have done it.
(alternative form *podrían haberlo hecho*)

4 *Haber de* followed by the infinitive is used in similar fashion to *tener que*. It normally has less force than *tener que*.

e.g. *He de ir a verle hoy.*   I am to see him today.
        Tengo que verle hoy.   I have to see him today.

5 *The Passive Voice*

This is formed by *ser* and the past participle.

El chico fue atropellado por un coche.   The boy was knocked down by
                                                                                      a car.
La carta fue enviada a mi padre.   The letter was sent to my father.
Las chicas no fueron invitadas.   The girls weren't invited.

Notice that the past participle agrees with the subject of *ser*. The Passive is not as common in Spanish as in English and there are a number of constructions which Spaniards prefer to use to convey the same information. The most important are:

a Using the pronoun *se* as already outlined in Lesson 27.
  Aquí se vende vino.   Wine is sold here.
  Se prohibe fumar.   Smoking is forbidden.
  Se venden localidades en las taquillas del club.
  Tickets are sold at the ticket offices of the club.
  Se cannot, of course, be used when the person or agent responsible for the action is named,
  e.g. *La localidad fue vendida por Pedro.*

  Note that *se* cannot be used with a reflexive verb. Instead *uno* is used,
  e.g. *Uno se levanta muy temprano en el campo.*
  One gets up very early in the country.

  Likewise *se* cannot be used when the effect would be to make the verb reflexive,
  e.g. *El rey fue matado.*   The king was killed.
          El rey se mató.   The king killed himself.

b Using the third person plural of the verb, much as in English we refer to the vague 'they'.
  No invitaron a las chicas.   They didn't invite the girls.
  Enviaron la carta a mi padre.   They sent the letter to my father.
  Dicen que se ha escapado.   They say he's escaped.

6 Estar and the past participle

La puerta estaba abierta. The door was open.
Estamos sentados en el cine. We're sitting in the cinema.
Estoy preparado. I'm ready.

The above examples all illustrate a state, *i.e.* the result of an action. Note that as with *ser* the past participle agrees with the subject. Remember that:
SER + PAST PARTICIPLE describes an ACTION;
ESTAR + PAST PARTICIPLE describes a STATE.

Ejercicios

A Complete the following according to the information given in the reading passage.

1 Mercedes había ido al cine...
2 Cuando murió el Cid...
3 Al día siguiente los chicos no salieron...
4 Resultó difícil leer el poema...
5 Los libros que compró don José...
6 Don José les desilusionó a sus sobrinos...
7 El Cid luchaba...
8 Mercedes dijo que prefería...
9 Mercedes tuvo que telefonear a su madre...
10 Quería ir al cine...
11 Julián había insistido que...
12 Doña Isabel le dio permiso a Mercedes con tal que...

B Complete the following by putting the verb indicated into first the Future Perfect and then the Conditional Perfect.

1 Antes de caer la noche yo ... hacerlo.
2 Antes de caer la noche nosotros ... verle.
3 Antes de caer la noche Vd. ....escribirla.
4 Antes de caer la noche tú ... irse.
5 Antes de caer la noche ellos ... llegar.
6 Antes de caer la noche vosotros ... volver.
7 Antes de caer la noche ella ... decírmelo.
8 Antes de caer la noche yo ... descubrirlo.
9 Antes de caer la noche nosotros ... abrirlo.
10 Antes de caer la noche Vds. ... dormirse.

C In the following fill in the gaps with the correct part of the Preterite or Imperfect of *ser* or *estar* according to sense.

1 Cuando entré en el cuarto todas las ventanas ... abiertas.
2 Mis padres ... recibidos en la estación por mi tío.
3 El pinchazo ... reparado dentro de veinte minutos.
4 Mis amigos ... preparados para salir cuando llegué.
5 La cena ... preparada y nos sentamos a comer.
6 Los cuadros ... colgados en la pared del comedor.
7 Todos los vasos ... rotos.
8 La catedral ... construida en tiempos del Cid.
9 Puse el bolso en la mesa que ... cubierta de papeles.
10 El dinero ... entregado a un agente.

D Rewrite the following so as to avoid using the Passive.

1 El jefe fue informado.
2 El tesoro fue robado.
3 Serán despertados a las cinco.
4 Cien moros fueron matados.
5 La comida será servida a las dos.
6 Sus gritos fueron oídos aun en la calle.
7 La botella fue tirada al río.
8 El caballero fue matado en América.
9 No es permitido fumar en el cine.
10 Apenas hube entrado cuando las puertas fueron cerradas.

E Complete this dialogue between two friends who are discussing where to go on Saturday evening. Should they go to the theatre or the cinema, which session should they go to, will they be able to get tickets, what seats would they like etc.
Carlos ¿Adónde iremos el sabado?
Teresa Podríamos ir al teatro o al cine. ¿Qué te parece?

F Conteste en español.

1 ¿Prefieres leer novelas o poemas?
2 ¿Has leído algo escrito en castellano antiguo?
3 ¿Sabes leer el inglés antiguo?
4 ¿Por qué decidió aprender el castellano?
5 ¿Qué hablaban los moros?
6 ¿Te interesaría estudiar árabe?

7 ¿De qué parte de España es el castellano?
8 ¿Cuándo se escribió el poema del Cid?
9 ¿Prefieres el Cid de la leyenda o el de la historia?
10 ¿Quién es el personaje de la historia a quien admiras más?
11 ¿Quisieras ser rico?
12 ¿Crees que tu profesor de español es rico?
13 ¿Quién es el héroe nacional de Escocia/Gales/Inglaterra/Irlanda?
14 ¿Tienes que pedir permiso cuando quieres volver tarde a casa por la noche?
15 ¿Tardaste mucho en volver a casa anoche?

G Translate into Spanish.

1 Fruit and vegetables are sold in this shop.
2 Manuel could not have come yesterday; he had a headache.
3 We ought not to have spent so much here.
4 Your brother would not have said that.
5 I shall have finished supper when you return.
6 My father was about to read the paper when the lights went out.
7 When we arrived at the bullring all the gates were closed.
8 Neither French nor English are spoken in our hotel.
9 One may not leave the house without permission.
10 The doctor was called at four in the morning.

H Translate into Spanish.

Last night the two English students went to a Spanish cinema for the first time. As they had been told that they would have to book seats before going, they went to the cinema during the morning and managed to obtain two seats in the front row of the circle for the late night showing. They cost 500 pesetas each.

When they arrived at the cinema at ten minutes to eleven, they went upstairs at once and were shown to their seats by a pretty young woman to whom they had to give a small tip. The film began at eleven o'clock and after a short while one of the students wanted to smoke his pipe. However his friend warned him that this was not allowed and that he would have to wait until the interval. During the interval, which lasted a quarter of an hour, they went to the bar for a drink and to smoke. The film ended at half past one and the students left the cinema and walked back to their pensión. On the way they stopped at a café for a cup of hot chocolate before going to bed.

Lección treinta y cinco

Las frutas (fruits)

el albaricoque   apricot
el dátil   date
el higo   fig
el limón   lemon
el melocotón   peach
el melón   melon
el pepino   cucumber
el plátano   banana
el pomelo   grapefruit
el tomate   tomato

la almendra   almond
la cereza   cherry
la ciruela   plum
la frambuesa   raspberry
la fresa   strawberry
la manzana   apple
la naranja   orange
la nuez   walnut
la pera   pear
la piña   pineapple
la sandía   water melon
la toronja   grapefruit
la uva   grape

Las legumbres (vegetables)

el champiñón   mushroom
el garbanzo   chickpea
el guisante   pea
el pimiento   pepper
el repollo   cabbage

la cebolla   onion
la col   cabbage
la coliflor   cauliflower
la ensalada   salad
el haba (fem.)   broad bean
la judía   green bean
la lechuga   lettuce
la lenteja   lentil
la patata   potato
las verduras   greens
la zanahoria   carrot

fresco   fresh
maduro   ripe

A Conteste en español.

1 ¿Le gusta a Vd. comer mucha fruta?
2 ¿Cuál es su fruta preferida?
3 ¿Qué prefiere Vd. comer de postre, fruta o helado?
4 ¿Se cultivan higos y dátiles en Inglaterra?
5 ¿Le gusta comer toronja para comenzar el desayuno?

6 ¿Come Vd. muchas legumbres?
7 ¿Qué legumbres le gustan más?
8 ¿Cultiva muchas legumbres en su jardín? ¿Cuáles son?
9 ¿Qué legumbres le gustan en una ensalada?
10 ¿Qué sopa de legumbres prefiere Vd.?
11 ¿Dónde prefiere Vd. comprar fruta y legumbres?
12 ¿Se sirve fruta de postre en su colegio?

B You are at the market in a Spanish town and you go to a stall selling fruit and vegetables. You ask the stallholder whether certain things come from other countries or if they are local (*de la región*), whether he/she has certain things, how much per (*por*) kilo or dozen various items are and make comments on prices and quality. Finally you buy. Compose a dialogue between yourself and the stallholder along these lines.

Repaso

C Rewrite placing the verbs in brackets in the Subjunctive.
   1 El médico quería que el taxista le (conducir) a la estación.
   2 Les di el dinero para que ellos (divertirse) el domingo.
   3 Ayer fuimos al cine sin que nos (dar) permiso nuestros padres.
   4 Negué al policía que tú (estar) aquí.
   5 Dudaron que nosotros (haber) probado sopa de ajo.
   6 Nunca he dicho que Vd. (ser) un sinvergüenza.
   7 No creían que nosotros (querer) venir.
   8 Su padre les dijo que (acostarse) en seguida.
   9 Sentimos mucho que Vds. no (poder) acompañarnos.
   10 Dijo que escribiría la carta cuando (volver) de la iglesia.
   11 Cierra las ventanas antes de que (comenzar) a llover.
   12 Vayan a ver una corrida de toros mientras (estar) en Sevilla.
   13 ¡No te acuestes hasta que (haber) leído este capítulo!
   14 Nos darán el dinero en cuanto (encontrarlo).
   15 Podréis fumar cuando (salir) del cine.

D Complete the following by placing the verb in brackets in the
Future.
   1 Cuando lleguéis al cine, (poder) entrar en seguida.
   2 Hasta que vuelvan sus padres, Vd. (tener) que quedar aquí.
   3 Antes de que llegue el policía, los jóvenes (haberse) escapado.
   4 Mientras yo esté enfermo, no (salir) de la casa.
   5 En cuanto todos estén sentados, nosotros (comenzar) a cantar.
   6 Antes de que volvamos, nuestra madre (haber) preparado la
      cena.
   7 Cuando sepan Vds. la verdad, no (querer) verle.
   8 Mientras Vd. se prepare a salir, los chicos (bajar) las maletas.
   9 Yo no (decírtelo), hasta que lo hayamos hecho.
   10 En cuanto recibas la carta, (saber) lo que ha sucedido.

E Place the verbs in brackets in the Conditional or Conditional
Perfect.
   1 Me dijo que Pablo (hacerlo) antes de cenar.
   2 Mis padres sabían que yo (venir) a ayudarles muy pronto.
   3 Esto no se (permitir) en su propia casa.
   4 No nos dimos cuenta de que ella (haberlo) preparado a tiempo.
   5 Estos estudiantes (querer) mucho ir a España este año.

6 Yo no (haberles) dicho esto.
7 Os dije que vosotros (tener) que esperar, ¿verdad?
8 Tú no (deber) pagar tanto dinero por una corbata nueva.
9 Nosotros no (poder) haberle salvado la vida solos.
10 Creí que Vds. ya (haberse) marchado.

F Translate into Spanish.

1 The film turned out more exciting than we had expected.
2 Why did you deny that I came to see you last night?
3 It was the most magnificent spectacle they had ever seen.
4 You ought not to have asked her to go alone.
5 I was sure that he would have more courage than everybody thought.
6 Where can the parcels be? They must be in the boot.
7 The poems I have just read are most interesting.
8 The window will be open and you must take advantage of that to go in.
9 I told them I would give them your address as soon as we knew it.
10 His nephew and niece very much like travelling by boat.
11 The porter told me where I should be able to find a cheap, clean pensión.
12 Maribel is dressed in mourning because her husband died two months ago.
13 We shall have to change trains and pass through the Customs at the French frontier.
14 The married couple had more cases than the porter knew.
15 The old lady did not want me to shut the window.

G Conteste en español.

1 ¿Irá Vd. a una discoteca con sus amigos esta noche?
2 ¿Volverá Vd. a casa en cuanto terminen las clases?
3 ¿Cree Vd. que vale la pena dormir la siesta?
4 ¿Le gustaría dormir la siesta después de su comida?
5 ¿Quisiera Vd. ser torero cuando sea mayor?
6 ¿Tiene Vd. más dinero del que saben sus padres?
7 ¿Cuál es la dirección de su colegio?
8 ¿Se tiene que pasar por la Aduana en la frontera entre Escocia e Inglaterra?

9 ¿Pagaría Vd. diez mil libras por un coche nuevo?

10 ¿Iría Vd. a España sin haber reservado habitaciones en un hotel o pensión?

11 ¿Le gustaría a Vd. más asistir a un tablao flamenco o a una corrida?

12 ¿Cree Vd. que sería emocionante presenciar una corrida de toros?

13 ¿Tendrá Vd. una cita el sábado? ¿Adónde irá?

14 ¿Hay un aparcamiento cerca del colegio?

15 ¿Se permite aparcar delante de su casa?

H Give the Spanish for:

Of course not; they will not be long in coming; without warning; for the first time; having said this; in a few minutes they set off; we had a drink together; we think so; he is for leaving the day after tomorrow; on the right of.

I Write sentences to illustrate the difference in meaning of the following:

entrada, billete; dar una vuelta, dar la vuelta; antes de, antes de que; cansado, fatigoso; casado, soltero; intentar, pensar; cita, fecha; éxito, salida.

J Prepare six questions and answers to give directions for getting from one point to another in your own town. You need not restrict yourself to people on foot but could give directions to a car driver or tell someone where to catch a particular bus, where to get off etc. The questions and answers could form a quiz with points given for both questions and answers.

K Castilian Spanish is considered to be the language of all educated and cultured Spaniards. *El español castizo* is the equivalent of Queen's English. Other languages, however, are spoken in Spain. Find out what they are and in what parts of Spain they are spoken. Mark these areas on your map.

L Study the pictures and then use them as a basis for a composition in Spanish.

M Write 150 words in Spanish on:

Either how did you spend your holidays last year? Where did you go, with whom, how did you travel, where did you stay, for how long, what did you enjoy most, why did you decide to go there, would you go again?

Or what are your plans for your next holiday? Where will you go, with whom, how will you travel, where will you stay, for how long, why have you decided to go there?

Lección treinta y seis

En el estanco

Dependiente   Buenos días, señora Jiménez. ¿En qué puedo servirle?
La señora de Jiménez   Buenos días, Pilar. Quiero una caja de cerillas y tabaco para mi marido. Vd. sabe qué marca prefiere, ¿verdad?
Dependiente   Sí, señora. Aquí están las cerillas y el tabaco. ¿Quiere algo más?
La señora de Jiménez   Sí, cinco sellos de diez pesetas, por favor, y una postal. Vamos a ver. Sí, vale ésta del palacio real de Madrid. Ah, me olvidaba, necesito también un peine.
Dependiente   Son ciento noventa pesetas. Hace unos días que no veo al señor Jiménez. ¿Está enfermo?
La señora de Jiménez   No, ha estado muy ocupado. Mañana ha de ir a Buenos Aires a ver a un cliente muy importante.
Dependiente   ¡Qué suerte tiene! Me gustaría tanto ir a América del Sur. Pero, ¿ha oído Vd. lo del doctor Sánchez?
La señora de Jiménez   No, ¿qué le ha pasado?
Dependiente   Anoche hubo un incendio en su casa. Uno de sus

pacientes tuvo que saltar del primer piso y se rompió la pierna. La mayor parte de la casa fue destruida pero el doctor está vivo. Se dice que un loco pegó fuego a la casa.

La señora de Jiménez   ¡Qué barbaridad! Bueno, ahora me voy. Debo ir a la perfumería por jabón y perfume y quiero comprar unas chuletas para la comida. Adiós, Pilar.

Dependiente   Hasta la vista, señora.

En el banco

Empleado   Buenos días, señor Jiménez. ¿En qué puedo servirle?

El señor Jiménez   Quiero cambiar estos francos suizos y comprar unos cheques de viajero y unos pesos argentinos.

Empleado   Bueno, podemos cambiar los francos ahora. Tendrá que volver esta tarde por los cheques y los pesos. ¿Cuántos quiere?

El señor Jiménez   Lo he escrito en esta hoja.

Empleado   Ah, sí. Cheques por valor de cincuenta y seis mil pesetas y pesos por valor de dos mil ochocientos. No estoy seguro de la cotización actual. Su pasaporte, por favor.

El señor Jiménez   Tenga Vd.

El empleado escribe algunos detalles en un papel y devuelve el pasaporte al señor Jiménez.

Empleado Necesito su firma aquí por las pesetas y aquí por los cheques de viajero y los pesos.... Ya está. Haga el favor de pasar a la caja para cobrar su dinero.

El señor Jiménez Gracias. Hasta más tarde.

En correos

La señorita Rojas Quisiera mandar esta carta a Santiago.

Empleado ¿Santiago de Compostela o Santiago de Chile, señorita?

La señorita Rojas ¿Qué le parece? Santiago de Compostela, naturalmente.

Empleado ¿Quiere mandarla certificada?

La señorita Rojas Pues, es algo pesada. ¿Cuánto me costará?

Empleado Vamos a ver. *(Mete la carta en el pesacartas y mira la tarifa.)* Quinientas pesetas, señorita.

La señorita Rojas Vale. También quiero enviar un telegrama.

Empleado Tendrá que pasar por allá. Un momento, señorita. Haga el favor de firmar aquí y de poner su nombre y dirección en el sobre.

La señorita Rojas Perdón. Tenga Vd.

Empleado Gracias, señorita Rojas. ¿Y su número de teléfono?

La señorita Rojas No sea tonto.

Vocabulario

el *cheque*   cheque
el *cheque de viajero*   traveller's cheque
el/la *dependiente*   shop assistant
el *doctor*   doctor (title)
el *estanco*   tobacconist's
el *franco*   franc
el *incendio*   fire, blaze
el *jabón*   soap
el *loco*   madman
el *paciente*   patient
el *palacio*   palace
el *peine*   comb
el *perfume*   perfume, scent
el *pesacartas*   balance, scales
el *peso*   peso; weight
el *sobre*   envelope
el *tabaco*   tobacco
el *telegrama*   telegram
el *viajero*   traveller

la *agencia publicitoria*   advertising agency
la *caja*   cash desk
la *casa editorial*   publisher's
la *cerilla*   match

la *cotización*   rate of exchange
la *chuleta*   chop, cutlet
la *hoja*   sheet of paper; leaf
la *mayor parte*   most
la *oficina de turismo*   tourist office
la *perfumería*   perfumery
la *relojería*   watchmaker's
la *tarifa*   list of charges, rate

cobrar   to collect (money)
devolver (ue)   to give back, return
meter   to put
pegar fuego   to set fire
pesar   to weigh

actual   current, present
argentino   Argentinian
certificado   registered
loco   mad
suizo   Swiss
tonto   silly, foolish
vivo   alive

hasta la vista   cheerio, bye for now, see you

Gramática

1 *Infinitives*

Verbs which are followed directly by the infinitive of any verb dependent on them include:

a All impersonal verbs,
   e.g. *es preciso* (it is necessary), *hace falta* (it is necessary), *me gusta* (I like), etc.

b Verbs of perception,
e.g. *oír* (to hear), *sentir* (to feel), *ver* (to see).

c

aconsejar	to advise	*ordenar*	to order
deber	to have to	*parecer*	to seem, appear
decidir	to decide	*pensar (ie)*	to intend
dejar	to let, allow	*permitir*	to permit, let
desear	to desire, wish	*poder (ue)*	to be able
esperar	to hope	*preferir (ie)*	to prefer
fingir	to feign, pretend	*prohibir*	to prohibit
hacer	to make	*prometer*	to promise
impedir (i)	to prevent	*querer (ie)*	to wish, want
intentar	to try	*recordar (ue)*	to remember
lograr	to succeed in, manage	*rehusar*	to refuse
		saber	to know how to
mandar	to order	*soler (ue)*	to be accustomed to
necesitar	to need		
ofrecer	to offer	*temer*	to fear, be afraid
olvidar	to forget		

2 Verbs which require *a* before a dependent infinitive include:

a Verbs of motion,
e.g. *ir* (to go), *venir* (to come), *subir* (to go up), *salir* (to go out), *bajar* (to go down), *entrar* (to go in), *llegar* (to arrive), *correr* (to run), etc.

b Verbs of beginning,
e.g. *comenzar*, *empezar*, *ponerse*, *echarse*, etc.

c

atreverse	to dare	*invitar*	to invite
ayudar	to help	*mandar*	to send
convidar	to invite	*negarse (ie)*	to refuse
decidirse	to decide	*obligar*	to oblige
detenerse	to stop	*persuadir*	to persuade
enseñar	to teach	*volver (ue)*	to do again
incitar	to incite, encourage		

These lists are not exhaustive but may be useful as a guide and for reference. The student should look out for further examples in his/her reading.

3 *The ordinal numbers*

1st	*primero, -a*	7th	*séptimo, -a*
2nd	*segundo, -a*	8th	*octavo, -a*
3rd	*tercero, -a*	9th	*noveno, -a (nono, -a)*
4th	*cuarto, -a*	10th	*décimo, -a*
5th	*quinto, -a*	11th	*undécimo, -a*
6th	*sexto, -a*	12th	*duodécimo, -a*

N.B. • These are adjectives and are normally placed before the noun.

   e.g. la primera casa   the first house

• They are placed after the names of rulers.

   e.g. Carlos quinto   Charles the fifth
   La Reina Isabel primera   Queen Elizabeth the first

• The ordinals above *duodécimo* are not frequently used, being replaced by the cardinal number, which is placed after the noun.

   e.g. el siglo veinte   the twentieth century

• Remember that *primero* and *tercero* apocopate before a masculine singular noun.

Ejercicios

A Conteste en español.

1 ¿Qué compró la señora de Jiménez en el estanco?
2 ¿Qué marca de tabaco compró?
3 ¿Qué postal escogió?
4 ¿Por qué no veía Pilar al señor Jiménez desde hacía unos días?
5 ¿Cómo se rompió la pierna el paciente del doctor Sánchez?
6 ¿Qué había hecho el loco?
7 ¿Adónde tuvo que ir la señora de Jiménez al salir del estanco?
8 A Pilar, ¿qué le gustaría hacer?
9 ¿Qué iban a comer los señores Jiménez?
10 ¿Qué quería el señor Jiménez que hiciera el empleado del banco?
11 ¿Cómo supo éste cuánto dinero necesitaba el señor Jiménez para su viaje?
12 ¿Qué tuvo que darle el señor Jiménez para poder cobrar su dinero?
13 ¿Qué tuvo que hacer antes de cobrar?

14 ¿Cómo sabes que el señor Jiménez iba a Argentina?
15 ¿Para qué había ido la señorita Rojas a Correos?
16 ¿Cómo supo cuánto iba a costarle para enviarla certificada?
17 ¿Qué tuvo que hacer antes de poder enviarla?
18 ¿Qué más quería hacer en Correos?
19 ¿Cómo sabes que al empleado le gustaba la señorita Rojas?
20 ¿Qué pensó la señorita Rojas de él?

B Replace the verbs in *italics* by the new one given.

1 *Decidieron* cobrar el dinero por la tarde.	preferir
2 Mi esposa *prometió* comprarme tabaco.	olvidar
3 *¿Intentaste* salvarle la vida al pobre hombre?	lograr
4 No *debí* hacer las compras ayer.	querer
5 Nos *prohibieron* entrar hasta la llegada del jefe.	impedir
6 Nunca *ofrecían* cuidar del perro de su abuela.	rehusar
7 No me *vieron* entrar por la ventana.	oír
8 Ese paciente *teme* decir tonterías al médico.	soler
9 No creo que Martín *finja* pegar fuego a la casa.	saber
10 Les *ordenaré* salir para Portugal sin esperarte.	aconsejar

C Replace the verb in *italics* by the new one given.

1 La señorita *fue* a enviar un telegrama.	detenerse
2 No *nos negamos* a contestar tal pregunta.	atreverse
3 Sus padres le *obligaron* a aprender el portugués.	enseñar
4 Juanito me *ayudó* a reparar el coche.	incitar
5 ¿Les *invitaréis* a cenar el domingo que viene?	convidar
6 El portero *subió* a decirnos lo que había pasado.	venir
7 El jefe *bajará* a verles dentro de media hora.	salir
8 Los cristianos *se decidieron* a oír misa.	volver
9 *Persuadí* al mozo a buscarme un taxi.	obligar
10 Su hermana *empezó* a coser sin decir ni una palabra.	ponerse

D Replace the verb in *italics* by the new one given, putting in or omitting *a* where necessary.

1 Mi abuelo me *aconsejó* viajar por toda Europa.	incitar
2 Está segura de que la *convidaré* a acompañarme.	permitir
3 Después de cenar *debo* telefonear a mis padres.	haber de
4 Mis padres me *dejaban* nadar en el mar.	enseñar

 5 ¿Habéis *decidido* devolver el dinero?   decidirse
 6 *Voy* a hablarle en cuanto entre.   pensar
 7 ¿Creíste que yo *olvidé* hacerlo?   volver
 8 *Vendré* a discutirlo contigo el sábado.   intentar
 9 Ese rico *rehusó* ayudar a sus parientes pobres.   negarse
10 Me *mandó* a sacar las entradas para la sesión de
    noche.   persuadir

E Translate into Spanish.

 1 Tomorrow we are to send him to stay with his relatives in Málaga.
 2 The rich old man ordered the porter to bring down his cases.
 3 We did not dare to fight against the Moors in the mountains.
 4 That was the fifth film that my sister has seen this week.
 5 I think that I shall be able to persuade them to do it this way.
 6 He said that the crowd incited him to set fire to the bank.
 7 The clerk advised me to send the parcel by registered post.
 8 My pupils were unable to understand the original text; it was written in Arabic.
 9 We spent the seventh day of our journey resting on the banks of a river.
10 This is the fourth time I have tried to telephone him this evening.

F Conteste en español.

 1 ¿Te gustaría trabajar en un banco? ¿En Correos?
 2 ¿Cómo se cobra dinero en un banco español?
 3 ¿Vale la pena enviar los paquetes certificados?
 4 ¿Crees que cuesta demasiado enviar cartas y paquetes en Gran Bretaña?
 5 ¿En dónde se venden sellos en España?
 6 ¿Qué más se vende en un estanco?
 7 ¿Cómo se sabe cuánto va a costarle enviar un paquete?
 8 ¿Has presenciado un incendio?
 9 ¿Qué quiere decir 'pesar'?
10 ¿Has fingido estar enfermo alguna vez? ¿Por qué?
11 ¿Has prometido volver a casa temprano esta noche?
12 ¿Recordaste hacer tus deberes anoche?

G Santiago de Compostela in Galicia was an important place of pilgrimage in the Middle Ages as it is believed to be the burial place of St. James, the patron saint of Spain. Mark it on your map and find out more about it.

H You have just moved to a flat on the 10th floor of an eleven storey building in a Spanish town (ground floor plus ten others). On the ground floor there are two shops (*una perfumería* and *una relojería*); on the 1st floor there is a tourist office (*una oficina de turismo*); on the 2nd floor a publisher's (*una casa editorial*); on the 3rd an advertising agency (*una agencia publicitoria*); on the 4th a restaurant and on the 5th a pensión. On the 6th, 7th, 8th and 9th there live respectively an Arab student, a Belgian painter, a lawyer and a rich spinster. On the roof there is a swimming pool. Describe your building and those who live in it.

I You go into an *estanco* to buy cards and stamps. You also want to send a telegram and a parcel. You are directed to the post office. Compose a dialogue between yourself and the assistant in the *estanco*.

J Imagine that you overheard one of the conversations in the *estanco*, bank or post office at the start of the lesson. Write an account of what you heard (120–150 words) without quoting directly what any of the speakers said.

Lección treinta y siete

Un viaje de negocios

Ángel Jiménez se desabrochó el cinturón, sacó un puro y lo encendió. Diez minutos antes el avión había despegado del aeropuerto de Madrid rumbo a Buenos Aires, con escala en Caracas. Ángel es hombre de negocios; es representante de una casa industrial de Bilbao que fabrica productos de hierro. Ayer su jefe le dijo inesperadamente que tendría que ir a la capital argentina al día siguiente para ver a un cliente muy importante. Al principio Ángel no le creyó pero pronto se dio cuenta de que el jefe hablaba en serio. ¡Qué susto! Si el jefe le hubiera advertido con unos días de anticipación, habría podido prepararse mejor para el viaje. Así iba cargado de equipaje y tendría que estudiar muchos papeles antes de llegar a Buenos Aires.

Un avión de Iberia

Miró por la ventanilla. Allá abajo vio la meseta, la región montañosa de Castilla. Todavía había nieve en lo alto de las montañas. Suspiró. Si no hubiese llegado tarde al aeropuerto de Bilbao, ya estaría en Caracas. La culpa fue suya. Si hubiera leído con atención la información que le había dado el agente de viajes no habría perdido el avión en Bilbao ni la conexión en Barajas. Afortunadamente no le había resultado difícil obtener un asiento en otro avión aunque tuvo que esperar seis horas en Madrid.

Unas horas más tarde el capitán les anunció que pronto iban a aterrizar en Caracas. Por la ventanilla Ángel vio el Mar Caribe y unas islas pequeñas. Dentro de poco apareció la costa de Venezuela. Le gustaba mucho a Ángel viajar al extranjero y ya había visitado la mayoría de los países de Europa. Ahora iba a visitar América por primera vez. Por el altavoz una azafata muy mona les agradeció a los pasajeros su cortesía al volar por Iberia mientras añadía que esperaba verles a bordo nuevamente.

En el aeropuerto de Buenos Aires, doce horas más tarde, Ángel mostró su pasaporte a un oficial, recogió su equipaje y entró en la Aduana. Un aduanero, que por lo visto sospechó que tenía escondido algo en sus maletas, le detuvo. Fue muy cortés.

Aduanero ¿Éste es su equipaje, señor?
Ángel Sí.
Aduanero ¿Tiene algo que declarar?
Ángel Pues, no. Sólo ropa y documentos. Soy hombre de negocios.
Aduanero Haga el favor de abrir las maletas.
Ángel ¿Qué está buscando?
Aduanero Drogas, señor, y billetes falsos de banco. Bueno, está bien. Puede pasar.
Ángel Gracias.

Ángel salió de la Aduana. En Caracas había avisado a su cliente por teléfono que iba a llegar con retraso. Éste le había dicho que no se preocupara; le estaría esperando en el aeropuerto. Ángel miró alrededor. Vio a una señorita muy guapa y bien peinada acompañada de un hombre bajo vestido de chófer. Se le acercaron.

La señorita ¿Es Vd. el señor Jiménez de Bilbao?
Ángel Sí, soy Ángel Jiménez.

Buenos Aires

La señorita   Mucho gusto en conocerle, señor Jiménez. Soy Teresa Gallego. Bienvenido a Buenos Aires.

Ángel   Encantado, señorita Gallego.

La señorita   Mi padre me pidió que le recibiera. Ha tenido que asistir a una reunión muy importante. Pase por aquí. El coche está fuera. El chófer llevará las maletas.

Ángel   ¿Adónde vamos ahora?

La señorita   A su hotel. Querrá descansar un poco después de un viaje tan largo. ¿Cuánto tiempo estará en Buenos Aires?

Ángel   Ocho días. Bastante tiempo para los negocios, me parece, y para sacar unas fotos.

La señorita   Sin duda. El chófer le buscará a la una. Mi padre quiere que nos reunamos los tres en su club para almorzar antes de ir a su oficina.

Ángel   Perfectamente ... Bueno, estamos llegando. Muchas gracias, señorita Gallego. Adiós.

La señorita   Hasta luego, señor Jiménez.

Vocabulario

el aduanero   customs officer
el altavoz   loudspeaker
el capitán   captain
el club   club
el chófer   chauffeur
el documento   document
el equipaje   luggage
el hierro   iron
el hombre de negocios   business man
el jefe   boss
el Mar Caribe   Caribbean Sea
el oficial   official
el pasaporte   passport
el peinado   hair style
el producto   product
el representante   salesman, representative
el susto   shock
el transatlántico   liner
el viaje de negocios   business trip

la azafata   air hostess, stewardess
la casa industrial   industrial firm
Castilla   Castile
la conexión   connection
la droga   drug
la escala   stop-over
la información   information
la isla   island
la mayoría   majority, most
la meseta   plateau
la reunión   meeting

advertir (ie)   to inform, advise
agradecer   to thank

anunciar   to announce
aterrizar   to land
avisar   to warn
conocer   to meet
desabrocharse   to unfasten
descansar   to rest
despegar   to take off
encender (ie)   to light
fabricar   to make, manufacture
hablar en serio   to be serious
mirar alrededor   to look around
perder (ie)   to miss
preocuparse   to worry
recoger   to collect
reunirse   to meet
sacar   to take (photos)
sospechar   to suspect
suspirar   to sigh
tener dinero para   to afford

bajo   short
bienvenido   welcome
cargado de   laden with
caribe   Caribbean
cortés   polite
encantado   delighted to meet you
escondido   hidden
mono   pretty
montañoso   mountainous
peinado   groomed (of hair)

a bordo   on board
al principio   at first
alrededor   around
con retraso   late
de anticipación   in advance
fuera   outside

inesperadamente unexpectedly	*perfectamente* fine, excellent
lo alto de the top of	*por lo visto* apparently
nuevamente again	*¡qué susto!* what a shock!

Gramática

Uses of para and por

1 Para

a Before the infinitive in the sense of 'in order to' (*i.e.* purpose).

 e.g. Quiere el dinero para comprar un abrigo.

  He wants the money in order to buy an overcoat.

b To express use or purpose.

 e.g. ¿Para qué sirve esta taza? Sirve para el café.

  What's this cup for? It's for coffee.

c To express destination.

 e.g. Este tren es para Barcelona.

  This train is for Barcelona.

 Las patatas son para Juan.

  The potatoes are for Juan.

d To express movement towards.

 e.g. Se ponen en marcha para España.

  They set off for Spain.

 Salió para la estación hace media hora.

  He left for the station half an hour ago.

e To express 'so far as one is concerned'.

 e.g. Para él, no es muy importante.

  As far as he's concerned it's not very important.

 Para mí, no quiero que vengas.

  As far as I'm concerned I don't want you to come.

f To express time by which an action should take or should have taken place.

 e.g. Quiere que lo hagas para mañana.

  He wants you to do it by tomorrow.

 Todos habían llegado para las dos de la tarde.

  They had all arrived by two o'clock in the afternoon.

g To express 'to' or 'for' following *bastante, demasiado, muy.*

 e.g. No son bastante importantes para entrar.

  They are not important enough to go in.

La mesa es demasiado grande para la cocina.
The table is too big for the kitchen.
Eres muy joven para viajar solo.
You are very young to travel alone.
h To make allowance for.
  e.g. *Es muy alto para su edad.*
  He is very tall for his age.
i To express 'to oneself' following *decir* and *pensar*.
  e.g. *Pensé para mí que era la hora de volver.*
  I thought to myself that it was time to go back.
  Decía para sí que no era verdad.
  He was saying to himself that it was not true.
j With 'tener' to mean 'to afford'.
  e.g. *No tengo para ir al cine.*
  I can't afford to go to the cinema.

2 Por

a To express place through, along.
  e.g. *Dio un paseo por las calles concurridas.*
  He went for a walk through the crowded streets.
  No se entra por aquí.
  You cannot come in through here.
  El tren pasó por Barcelona.
  The train passed through Barcelona.
b To express 'by' after the Passive.
  e.g. *El vaso fue roto por su padre.*
  The glass was broken by his father.
c To express motion within a place.
  e.g. *Dio una vuelta por el jardín.*
  He went for a walk in the garden.
d To express time during which or about which an event takes place.
  e.g. *Se quedó inerto por unos minutos.*
  He was motionless for a few minutes.
  Por la mañana fui a la biblioteca.
  In the morning I went to the library.
e To express exchange.
  e.g. *Le di mucho dinero por el anillo.*
  I gave him a lot of money for the ring.

f To express manner or means.

   e.g. Nos llamó por teléfono.

   He called us on the telephone.

g To express cause or reason.

   e.g. Voy a la farmacia por aspirinas.

   I'm going to the chemist's for aspirins.

   Lo hizo por miedo del profesor.

   He did it out of fear of the teacher.

h To express proportion or sequence.

   e.g. Veinte kilómetros por hora.

   Twenty kilometres an hour.

   Entraron uno por uno.

   They came in one by one.

l To express 'on behalf of', 'for the sake of'.

   e.g. Murió por España.

   He died for Spain.

   Lo hice por mí.

   I did it for myself.

3   *a*   *Le tomé por inglés.*   I took him for an Englishman.

    b   *Estoy para ir.*   I'm about to go.

    c   *Estoy por ir.*   I'm in favour of going.

    d   *Para siempre* or *por siempre.*   For ever.

    e   *Por primera vez.*   For the first time.

4 *Si clauses*

   Si viene, se lo diré.

   If he comes, I shall tell him.

   Si tenía dinero, me compraba chocolate.

   If he had any money, he used to buy me chocolate.

In both the above sentences the condition following *si* is fulfilled or likely to be fulfilled. They are open conditions. Hence the tenses are those one would expect to find in English.

   Si estuviera aquí, te daría algún consejo.

   If he were here, he would give you some advice.

   Si fuese rico, compraría un avión.

   If I were rich I should buy an aeroplane.

In both of these sentences the condition expressed is contrary to fact. In the first case 'he is not here' and in the second 'I am not rich'. These may be termed unfulfilled conditions and consequently *si* is followed by the Imperfect Subjunctive with the main clause verb in the Conditional.

Note that the Present Subjunctive is NEVER used after *si*.

Note also the difference in meaning between the following sentences.

Si tenía dinero, compraba caramelos.   If he had any money, he would buy (*i.e.* used to buy) sweets.

Si tuviera dinero, compraría caramelos. If he had some money, he would buy sweets.

The first sentence is simply a description of something that used to happen regularly in the past and *si* has the sense of 'when'. In the second sentence we can see that in fact he has no money.

You may occasionally see the Imperfect Subjunctive in the *-ara/-iera* form used instead of the Conditional.

Ejercicios

A Conteste en español.

1 ¿Cómo sabes que Ángel volaba en un avión de Iberia?
2 ¿Cómo se ganaba la vida?
3 ¿Por qué no se había preparado bien para el viaje?
4 ¿Qué se veía por la ventanilla después de que despegó el avión de Madrid?
5 ¿Qué se veía antes de que aterrizaran en Caracas?
6 ¿Por qué perdió Ángel el avión en Bilbao?
7 ¿Qué susto recibió el día anterior?
8 ¿Qué tuvo que hacer en el aeropuerto de Madrid?
9 ¿Qué hizo al llegar a Caracas?
10 ¿Qué le pidió el aduanero que hiciera?
11 ¿A quién esperaba encontrar Ángel en el aeropuerto?
12 ¿Por qué no le encontró?
13 ¿Por qué fueron al hotel?
14 ¿Cuándo iban a reunirse Ángel y su cliente?
15 ¿Por qué crees que el señor Gallego es un cliente muy importante?

B Fill in the spaces with *para* or *por* according to sense.

1 El chófer no pudo obtener localidades ... la sesión de noche.
2 Por la mañana fui de paseo ... la Gran Vía.
3 El representante se cambió de departamento ... poder dormir.
4 El capitán me dio quinientas pesetas ... la información.
5 El tren pasó por la estación a más de cien kilómetros ... hora.
6 Compramos unas bonitas tazas ... café en este almacén.
7 El perro de Marisol fue atropellado ... un autobús.
8 El aduanero pensaba ... sí que el chico tenía drogas.
9 Vamos a tomar el avión ... Caracas.
10 Cuando la encontré ... primera vez la tomé ... tu hija.
11 Este vagón está reservado ... pasajeros de primera clase.
12 Los estudiantes se pusieron en camino ... el colegio.
13 Este viejo cree que va a vivir ... siempre.
14 Las fotos fueron sacadas ... aquel fotógrafo.
15 Estoy seguro de que . . . mí el caso no será difícil.
16 Las mujeres fueron a la tienda ... fruta y queso.
17 Mi suegro no es bastante rico ... comprar ese anillo.
18 Este turrón es demasiado dulce ... vosotros.
19 Enviaba todas mis cartas al Brasil ... avión.
20 Mi jefe quiere que yo lo haga ... el sábado.

C Complete the condition in the following sentences with the phrase provided.

1 Yo pasaría mis vacaciones en Méjico, si (tener) bastante dinero.
2 Mi padre compraría una isla en el Mar Caribe, si (ser) rico.
3 Te diríamos la verdad, si (saberla).
4 No haría tanto frío aquí, si Vd. (cerrar) la ventana.
5 No habrían perdido el avión, si (haber) llegado temprano.
6 Saldríamos de paseo, si no (llover) a cántaros.
7 Yo habría podido advertirle, si tú me (haber) dado la información.
8 No lo habríamos conocido, si no (haber) tenido su foto.
9 Si yo viviera en Londres, (ir) al teatro muchas veces.
10 Si estuviese aquí Juan, (ayudarnos) a hacerlo.
11 Si Vds. me hubiesen escuchado, (haber) podido entenderlo.
12 Si hubiese insistido, yo (haber) venido a recibirle.
13 Si estuviese enferma de veras, Pepe (ir) a buscar al médico.

14 Si lo hubieses buscado en el jardín, (haberlo) hallado.

15 Si no fumara tanto, no (tener) dolor de garganta.

D Change the following from 'open' conditions to 'unfulfilled' conditions.

Por ejemplo: Si está cansado, puede acostarse.

Si estuviese cansado, podría acostarse.

1 Si vuelve el cliente, hablaré con él.

2 Si no hace sus deberes, el profesor no estará contento.

3 Si leen los periódicos, sabrán lo que ha pasado.

4 Si repara el coche, podremos salir esta tarde.

5 Si le das una propina, cuidará de tu equipaje.

6 Si llegan tarde, perderán el tren.

7 Si tenéis drogas, el policía os detendrá.

8 Si hallas los billetes falsos, recibirás una recompensa.

9 Si le escribimos, vendrá a visitarnos.

10 Si se lo explico bien, no se negarán a pagarlo.

E Conteste en español.

1 ¿Qué comprarías si tuvieses mucho dinero?

2 ¿Dónde te gustaría vivir si fueras rico?

3 ¿Si tuvieras dinero para ir a los Estados Unidos, te gustaría ir en avión o en transatlántico?

4 ¿Irías a América del Sur si tuvieses la oportunidad?

5 ¿Te gustaría ser hombre de negocios? ¿Azafata?

6 ¿Te gustaría viajar al extranjero si fueras hombre de negocios?

7 ¿Tienes miedo cuando aterriza o despega el avión?

8 ¿Qué harías si no te sintieras bien?

9 ¿Qué harías si tuvieses mucho frío en clase?

10 ¿Qué llevarías si nevara mañana?

11 ¿Asistirías a las corridas si vivieses en España?

12 ¿Si tuvieses la ocasión, querrías pasar la Navidad en España?

F Bilbao is the most important industrial centre and the largest city in the Basque Country. Mark it on your map and find out what it produces.

G Continue this dialogue between Ángel and the girl at the check-in desk at Bilbao Airport when he arrives too late for his flight to

Madrid and consequently has to take a later flight.

Ángel   Buenos días, señorita. Tenga, mi billete para Madrid.

Señorita   Lo siento, señor, el avión para Madrid ya ha despegado.

H Continue this dialogue between yourself and the customs official on your arrival at Barajas from London. What have you got to declare, do you have to open your cases, what is the official looking for?

Aduanero   ¿Estas maletas son suyas, señor/señorita?

Vd.   Sí, son mías.

I Translate into Spanish.

  1 You would have been in Bilbao now if you hadn't missed the train.
  2 If the customs official hadn't opened the cases he wouldn't have found the camera.
  3 I should like to visit Peru if I had enough money.
  4 If he was in Madrid on business he always came to see me.
  5 The stewardess would have helped you if you had been more polite.
  6 Ángel would telephone if he were going to be late.
  7 Ángel would telephone if he was going to be late.
  8 If you park here you'll have to pay a fine.

J Translate into Spanish:

Ignacio and Pedro were sitting in a car outside the cinema in the main street. They were both policemen but they were not wearing uniform and they were in Ignacio's little car. They had heard that someone was going to rob the cinema. They were beside the pavement on the other side of the street. It was eleven o'clock. The film had not finished yet and there were lots of people in the cinema.

— I don't think they'll come tonight — said Pedro quietly.

— Let's wait until midnight — replied Ignacio.

— Are you sure that it's tonight? — asked Pedro.

— That's what I was told — said Ignacio. — He's always told me the truth. We'll have to stay here for an hour. Then we can go home.

(*Welsh Joint Education Committee, June 1978*).

Lección treinta y ocho

Tortosa,
27 de julio

Apreciado Esteban:

Me dio mucho placer leer tu carta que recibí la semana pasada. Los chistes eran muy graciosos. Me alegra mucho de que lo pasaras bien el día de tu santo y que te gustase el regalo que te envié. Ahora que estamos de vacaciones y no tengo deberes, tengo mucho tiempo libre y pienso aprovechar el buen tiempo que hace. Actualmente estoy esperando los resultados de mis exámenes. Seguramente habré aprobado en matemáticas y física pero temo que me hayan suspendido en química. Por mucho que insista mi padre no voy a pasar un año más en el instituto ni ir a la universidad. Aunque fuera lo bastante inteligente no querría ir. No valdría la pena, ¿no te parece? Cuando terminen las vacaciones intentaré conseguir un puesto en el laboratorio de una de las fábricas de la zona industrial.

Ayer fue el cumpleaños de Ana y así pedí prestado el coche a mi padre para llevarla a la costa, que no está muy lejos de nuestro

pueblo. No sabes quién es Ana, ¿verdad? ¡Hombre, qué chica más guapa! La conocí en un baile hace unos meses y hemos salido juntos muchas veces. Llevamos una merienda y nos divertimos mucho. Pasamos unas horas muy agradables en la playa tostándonos al sol. El mar estaba caliente y había unos chicos que disfrutaban entre las grandes olas, practicando el esquí acuático. Había muchas moscas y otros insectos en la playa y así subimos a una colina cercana para merendar. Camino de casa tuvimos un pinchazo y yo tuve que cambiar de rueda. Claro que eso no le gustó en absoluto a mi padre.

El sábado por la tarde Ana y yo asistimos a una feria en el prado grande cerca de su casa. Había mucho ruido y animación allí; muchos vendedores de pasteles, dulces, helados, etc., gritaban a toda voz, la banda tocaba muy fuerte y mucha gente bailaba. Una de las atracciones más populares era una rifa de la cual el premio gordo era un coche nuevo. Compramos cada uno unos billetes y cuando llegó la hora del sorteo nos acercamos a ver quién ganaría el coche. Un actor muy famoso que había llegado en un helicóptero particular a inaugurar la feria hizo el sorteo. Sacó el primer billete y anunció el número por el altavoz. ¡Claro que no era el mío! Unos momentos más tarde salió de la muchedumbre un hombre corto y pelirrojo – el ganador de la rifa. Después, el actor sacó otro billete de la caja.

— Billete azul, número 13 — dijo por el altavoz.

— Es tuyo — gritó Ana, golpeándome en el hombro. — Has ganado el compacto estéreo.

Era verdad. Apenas podía creer lo que había oído, tanta fue mi sorpresa. Había ganado un compacto estéreo que consiste en radio receptor-amplificador con frecuencia modulada, ondas corta, media y larga, platina de cassette y tocadiscos en alta fidelidad. Ahora puedo escuchar las emisiones de mis canciones preferidas y grabarlas directamente en un cassette. No puedes hacerte idea de lo orgulloso y feliz que estaba.

Ahora tengo que terminar la carta. Ana y yo estamos invitados a una fiesta y debo ir a buscarla. La semana que viene unos amigos míos y yo vamos a hacer camping. En cuanto vuelva te escribiré a fin de que puedas hacer todos los trámites para tu visita. Mis recuerdos a tus padres,

Un cordial abrazo de tu amigo sincero
Manuel

Vocabulario

el actor actor
el amplificador amplifier
el baile dance
el cassette cassette
el compacto estéreo stereo unit
el chiste joke
el dulce sweet
el esquí acuático water skiing
el examen examination
el ganador winner
el helicóptero helicopter
el insecto insect
el instituto secondary school
el invitado guest
el laboratorio laboratory
el placer pleasure
el prado meadow
el premio gordo first prize
el puesto job, post
el receptor receiver
el recuerdo memory, souvenir
el resultado result
el sorteo draw
el tocadiscos record player
el trámite arrangement

la actriz actress
la atracción attraction
la banda band
la canción song
la colina hill
la fidelidad fidelity
la física physics
la frecuencia frequency
las matemáticas maths
la merienda picnic, snack, tea
la mosca fly
la ola wave (sea)

la onda wave (sound)
la platina de cassette cassette deck
la química chemistry
la rifa lottery, raffle
la rueda wheel
la universidad university

alegrar to please
aprobar (ue) to pass (exams)
bailar to dance
disfrutar to enjoy oneself
golpear to strike, knock
grabar to record
hacer camping/ir de camping to go camping
hacerse idea de to imagine
inaugurar to open
merendar (ie) to have a picnic
pedir (i) prestado to borrow
practicar to take part in
suspender to fail
tostarse al sol to sunbathe

apreciado dear
cordial warm, friendly
distinguido distinguished
estéreo stereophonic
estimado esteemed, respected
gracioso amusing, witty
medio medium
modulado modulated
orgulloso proud
particular private
pelirrojo red haired
sincero sincere

actualmente at present
a fin de que so that

a toda voz   at the top of one's voice
aunque   even if
directamente   directly
por mucho que   however much

recuerdos a   regards to, greetings to
saludos de   greetings from
seguramente   undoubtedly

Gramática

1 Valer (to be worth)

valgo	*valemos*	Future:	*valdré etc*
vales	*valéis*		
vale	*valen*	Conditional:	*valdría etc.*

2 Further uses of the Subjunctive

a After the following conjunctions:
a fin de que so that   (*purpose*)
no sea que so that   (*purpose*)
aunque even if, even though   (*concession*)

Volvió a España a fin de que su hijo pudiera explicárselo todo.
He returned to Spain so that his son could explain it all to him.

Note that if 'so that' has the sense of 'with the result that' (*i.e.* it introduces a clause of consequence) it is translated by *de modo que* or *de suerte que* which are followed by the Indicative.
e.g. Me lo explicó de modo que no podía menos de entender.
He explained it to me so that I could not help understanding.

Aunque fuera rico, no lo compraría.
Even if I were rich, I wouldn't buy it.
When *aunque* means 'although' it is normally followed by the Indicative,
e.g. Aunque hace sol, no quiere salir.
Although it is sunny, he won't go out.
However, you will find it occasionally followed by the Present Subjunctive.

b The Subjunctive is used following the expression *por ... que* unless it expresses an absolute certainty.

e.g. *Por grande que sea no lo quiero.*
However big it is I do not want it.
Por mucho que grites no te oirán.
However much you shout they won't hear you.
Por mucho dinero que yo tenga no me lo venderá.
However much money I have he won't sell it to me.
BUT *Por mucho que traté, no pude hacerlo.*
However much I tried I could not do it.

3 Letter writing

a To open a letter

Muy señor mío	Dear sir
Distinguido señor/profesor/doctor	Dear sir/professor/doctor
Apreciado/Estimado Sr. García	Dear Mr García
Apreciado Juan	Dear Juan
Querido Pablo	Dear Pablo

The necessary adjustments should, of course, be made if the person you are writing to is female,
e.g. *Distinguida señora, Querida Pilar* etc.

b To close a letter

su seguro servidor (s.s.)
atentísimo y seguro servidor (atto. y s.s.) ⎫
Le saluda atentamente ⎬ Yours faithfully
Atentamente ⎭

Cordialmente   Yours sincerely

Afectuosamente
Abrazos ⎫
Un cordial abrazo ⎬ Best wishes, regards etc.
Un fuerte abrazo
Tu/su buen amigo/a ⎭

The above expressions are nothing like as strong as they might appear at first sight and are in common use for both males and females.

Saludos de   Greetings from
Salude/a de mi parte a   Give my regards to

Ejercicios

A Conteste en español.

1 ¿Dé que está contento Manuel?
2 ¿Por qué tiene tanto tiempo libre?
3 ¿Piensa haber aprobado todos los exámenes?
4 ¿Qué quiere el padre de Manuel?
5 ¿Qué piensa hacer Manuel cuando terminen las vacaciones?
6 ¿Quién es Ana?¿Cómo es?
7 ¿Por qué pidió prestado el coche Manuel?
8 ¿Dónde merendaron? ¿Por qué?
9 ¿Por qué no quedó contento el padre de Manuel?
10 ¿Qué hicieron Ana y Manuel el sábado?
11 ¿Qué sorpresa tuvieron?
12 ¿Qué hizo el actor?
13 ¿Qué podrá hacer Manuel con el compacto estéreo?
14 ¿Adónde iban Ana y Manuel esa noche?
15 ¿Cómo pasará Manuel la semana que viene?
16 ¿Cómo sabes que Esteban va a visitar a Manuel?
17 ¿Cuándo le escribirá Manuel?
18 ¿Quién llegó a la feria en helicóptero?

B Make a suitable comment on each of the following statements varying the *por ... que* construction as appropriate.
Ejemplo: Estos señores son importantes.
     Por importantes que sean no quiero encontrarles.

1 Tengo muchos amigos.
2 Es muy difícil aprender árabe.
3 Este tocadiscos es muy barato.
4 Ese coche es muy bueno.
5 Debo insistir.
6 Esta chica es muy simpática.

C Complete the following with the correct form of the verb given.

1 Aunque (tener) la oportunidad, no iría a Chile.
2 Aunque (tener) la oportunidad, no me acompañó a Chile.
3 Aunque me (gustar) el disco, no lo compraría.
4 Aunque me (gustar) el disco, no quiero comprarlo.

5 Aunque (ser) invitado, no voy a la fiesta.
6 Aunque (ser) invitado, no podría ir a la fiesta.
7 Aunque (saber) nadar, no quiero practicar el esquí acuático.
8 Aunque (saber) nadar, no practicaría el esquí acuático.

D Complete the following with the correct form of the verb given.

1 Aunque (estar) lloviendo a cántaros, mi primo insistió en nadar.
2 La actriz ha dicho que vendrá cuando (valer) la pena.
3 Por mucho que tú (hablar) no vas a persuadirme.
4 ¿Cree Vd. que (ser) agradable pasar el día en la playa?
5 Su esposa le cuidó de suerte que pronto (sentirse) mejor.
6 Iré a la feria aunque no (tener) mucho dinero que gastar.
7 Te escribí a fin de que (saber) la verdad.
8 Por mucho dinero que él (tener), nunca me daba nada.
9 Quiero llevarles a España a fin de que (aprender) español.
10 En cuanto él (comenzar) a tocar, el gato salió corriendo.

E Answer the following replacing the nouns by pronouns where possible.

1 ¿Dio Vd. un anillo a su madre el día de su cumpleaños?
2 ¿Les ha leído a Vds. su profesor la historia del Cid?
3 ¿Se maravilló Vd. de sus hazañas?
4 ¿Ha tirado Vd. alguna vez tomates a los actores en el teatro?
5 ¿Le puso su madre fresas de postre ayer?
6 ¿Tiene Vd. que preparar la cena para sus hermanos esta noche?
7 ¿Salió Vd. de casa esta mañana sin despedirse de su familia?
8 ¿Está Vd. escuchando la radio en este momento?
9 ¿Siempre dice Vd. la verdad a sus amigos?
10 ¿Diste las gracias al cartero por las cartas hoy?

F Conteste en español.

1 ¿Sabes conducir?
2 ¿Pides prestado el coche a tu padre de vez en cuando?
3 ¿Qué deportes practicas? ¿El esquí acuático?
4 ¿Quieres ir a la universidad? ¿Por qué (no)?
5 ¿Te gustaría trabajar en un laboratorio?
6 ¿Tienes que estudiar la física y la química? ¿Te gustan?
7 ¿Te gustan las matemáticas?

8 ¿Tienes un compacto estéreo? ¿Qué marca es?

9 ¿Te sirves de tu estéreo para grabar música y otros programas de la radio?

10 ¿Prefieres escuchar la música en cassettes o en discos?

11 ¿Hay un barrio industrial en tu ciudad?

12 ¿Has ganado alguna vez un premio en una rifa? ¿Qué era?

13 ¿Quisieras ser actor/actriz? ¿Por qué?

14 ¿Sabes tocar la guitarra? ¿Tocas bien?/¿Te gustaría aprender?

15 ¿Te gusta hacer camping?

G Write a letter in Spanish from Manuel to Esteban on his return from his camping holiday, saying what happened, whether he enjoyed it and making suggestions for Esteban's visit.

H Imagine you are Ana writing a letter to a friend in which she tells of her birthday trip to the coast with Manuel, how he won the stereo and of the party they went to.

I Translate into Spanish.

1 However much you teach me, I shall never be able to dance well.

2 The dog jumped and struck me on the chest so that I fell into the pond.

3 Even if I were rich I should not buy a house on this part of the coast.

4 They will take a picnic with them so that they may spend the whole day on the beach.

5 However sincere she is I am afraid I do not like her.

6 However much we tried we did not manage to repair the radio.

7 The draw was made in Madrid on the first of January.

8 Even if he is ill, I am sure he will come to the bullfight.

J Translate into Spanish:

Gloria and Anita were sitting by the window watching the rain. It had been falling since breakfast-time. As it was Saturday they were not very pleased. They had been in school all the week. In the evenings they had done their homework. Now they wanted to be out in the fresh air. Grey clouds were covering the sky and it was very windy. Mother came in and said:

— What are you going to do today?

— We can't do anything — replied Gloria. — It's raining and it's going to go on all day, I'm sure.

— Why don't you watch television? There are programmes for children in the morning.

— I suppose so, though they're not very interesting.

(Welsh Joint Education Committee, November 1978)

Lección treinta y nueve

El partido de fútbol

David, el chico inglés que se escribe con Enrique, es muy aficionado al fútbol y así, cuando llegó a hospedarse con los García en agosto, tenía esperanzas de ver jugar el famoso Real Madrid. Recibió una decepción cuando se enteró de que la temporada de fútbol ya había terminado y que no empezaría otra vez el campeonato de España hasta principios de septiembre.

Enrique Es una lástima. Sin embargo, el domingo que viene tiene lugar en el Estadio Bernabeu un partido amistoso entre el Real Madrid y los campeones del Brasil. ¿Quieres ir?

David Desde luego.

Enrique Muy bien. Pediré a papá que nos compre las entradas cuando vuelva a la oficina esta tarde.

David ¿A qué hora comienza el partido? Hará mucho calor por la tarde, ¿verdad?

Enrique Sí, claro. Es un partido nocturno. Comienza a las once de la noche bajo los focos del estadio.

David ¡A las once! ¿Me estás tomando el pelo, Enrique?

Enrique Es verdad. Mira el anuncio en el diario de hoy.

El Estadio de Santiago Bernabeu, Madrid

El domingo por la noche cenaron temprano, y a eso de las diez salieron los chicos acompañados de Mercedes, a quien también le gusta el fútbol. Se dieron prisa y pronto llegaron a la Plaza de la Cibeles donde cogieron un autobús de servicio especial que iba por el Paseo de la Castellana hasta Chamartín.

Aunque era sólo un partido amistoso les pareció que iba a presenciarlo mucho público que formaba colas largas a las taquillas del campo. También vieron a unos aficionados brasileños que llevaban banderas y pancartas y habían venido a prestar apoyo a su equipo.

Entraron en el estadio y subieron a la gradería. Tenían una vista magnífica del campo que presentaba un espectáculo maravilloso bajo las luces. Pronto salieron los jugadores y comenzó el partido. El juego era rápido y bueno y, a pesar de ser un partido amistoso, algo duro.

En la segunda mitad el árbitro tuvo que echar del campo a dos jugadores visitantes – el uno por haber empujado y golpeado en la cara al delantero central madridista y el otro por haber tirado la pelota cuando el árbitro dio un penalty al Madrid. También echó a un madridista que protestó demasiado cuando anuló un gol por fuera de juego. Al fin el Madrid ganó por 5–2, lo que gustó mucho a la afición madrileña, aunque de vez en cuando las decisiones del árbitro provocaron gritos e insultos.

Terminado el partido, todos salieron del campo y se dirigieron a la parada de autobús para volver al centro de Madrid. Los chicos tuvieron que esperar más de media hora antes de poder subir a un autobús que iba muy lleno. Llegados al centro fueron a tomar el metro. Por desgracia había comenzado a llover a cántaros y parecía que todos los habitantes de Madrid habían decidido hacer lo mismo. Todo el mundo tenía prisa. Cuanto más intentaron abrirse paso tanto más les pareció que iban a sofocarse. Por fin lograron subir al tren y diez minutos más tarde estaban de vuelta en casa.

En casa

Don Antonio   Hola, chicos. ¿Os gustó el partido?

David   Sí, muchísimo, fue un partido muy emocionante.

Enrique   Y un poco duro. El árbitro tuvo que echar a dos brasileños y a Martínez.

Don Antonio   ¡Vaya! ¿Qué tal el ambiente?

David   Increíble. Los aficionados estaban muy animados.

Doña Isabel   ¿Ganó el Madrid?

Enrique Naturalmente, por 5–2. ¿No visteis el partido en la TV?

Doña Isabel Claro que no. Hubo un concierto en la radio. Pero ¿qué te pasa, Mercedes? No pareces muy contenta.

Mercedes No lo estoy. He perdido el abanico y me duele un pie. Un imbécil me pisó en el metro.

Doña Isabel ¡Pobrecita! Bueno, ¿queréis tomar algo antes de acostaros?

Enrique Sí, tengo hambre. Quisiera un bocadillo de chorizo.

Mercedes Unas galletas, por favor.

David Para mí nada, gracias.

Vocabulario

el abanico fan
el ambiente atmosphere
el árbitro referee
el Brasil Brazil
el campeón champion
el campeonato championship
el campo field
el concierto concert
el chorizo type of sausage
el delantero forward (in football)
el equipo team
el foco floodlight
el fuera de juego offside
el gol goal
el grito shout
el imbécil fool, idiot
el insulto insult
el juego game
el jugador player
el partido match
el pasatiempo hobby
el penálty penalty

la afición supporters
la bandera flag
la decepción disappointment

la decisión decision
la galleta biscuit
la gradería terrace (of stadium)
la pancarta placard, banner
la pelota ball; Basque wall game
la pobrecita poor girl
la vista sight, view

anular to disallow
darse prisa to hurry
doler (ue) to hurt, ache
echar to send off, expel
empujar to push
escribirse con to correspond with
formar to form
presentar to present
prestar apoyo to support
protestar to protest
provocar to provoke, cause
recibir una decepción to be disappointed
sofocar(se) to suffocate
tener esperanzas de to have hopes
tener lugar to take place
tirar to throw away

tomar el pelo to pull the leg	*madridista* Madrid (*adj.* refer-
amistoso friendly	ring to sports teams)
animado lively	*maravilloso* wonderful, marvel-
brasileño Brazilian	lous
central centre, central	*nocturno* night (*adj.*), nocturnal
increíble incredible, unbeliev-	*visitante* visiting
able	
	¡vaya! really! fancy that!

Gramática

1 Infinitives (cont.)

1 Verbs which require *de* before any dependent infinitive include:

a Verbs of ending, stopping, finishing.

e.g. *acabar* ⎱ (to end, finish)   *parar* ⎱
  terminar ⎰   *cesar* ⎰ (to stop, cease)
  dejar ⎰

Remember that *acabar de* means 'to have just'.
N.B. *Paró de hablar.*   He stopped talking.
BUT   *Se paró a hablar con ella.*   He stopped to talk to her.

b
acordarse (ue)	to remember	*encargarse*	to undertake
alegrarse	to be pleased	*excusarse*	to excuse oneself
arrepentirse (ie)	to repent	*gustar*	to enjoy
avergonzarse (üe)	to be ashamed	*olvidarse*	to forget
cansarse	to tire	*tener ganas*	to be keen,
cuidar	to take care		to want
darse cuenta	to realise	*tratar*	to try

2 Verbs which require *en* before any dependent infinitive include:

consentir (ie)	to consent, allow	*interesarse*	to take an interest
convenir	to agree	*pensar (ie)*	to think about
divertirse (ie)	to enjoy oneself	*persistir*	to persist
entretenerse	to amuse oneself	*quedar*	to agree
gozarse	to enjoy oneself,	*soñar (ue)*	to have in mind
	to delight in	*tardar*	to take a long
hacer bien	to do well		time, delay
hacer mal	to do badly	*vacilar*	to hesitate
insistir	to insist		

3 The following verbs require *con* before a dependent infinitive.

amenazar	to threaten	*soñar (ue)*	to dream
contentarse	to be happy		

4 Note also that verbs of beginning and ending are followed by *por* in the following cases.

Comenzaron por cantar.	They began by singing.
Empezaron por cantar.	They began by singing.
Acabó por golpearme en la cara.	He ended by striking me in the face.

N.B. *luchar por*   to struggle, fight
      servir (i) para   to serve as

2 *The comparative of proportion*

Cuanto más dinero tiene, tanto más quiere.
The more money he has, the more he wants.
Cuantos más regalos recibe, tantos más quiere.
The more presents he receives, the more he wants.
Cuanta más cerveza compra, tanta más bebe.
The more beer he buys, the more he drinks.
Cuantas más cartas escribe, tantas menos recibe.
The more letters he writes, the fewer he receives.
Cuanto antes vengas, tanto mejor.
The sooner you come, the better.
Cuanto más viaja, tanto menos le gusta.
The more he travels, the less he likes it.
Tanto is very frequently omitted and sometimes *cuanto*.

3 *The absolute construction*

Decidido el caso, volvió a casa.
When the affair was settled, he went home.
Terminada la corrida, salieron de la plaza.
When the bullfight was over, they left the bullring.
Huidos los moros, entraron en el pueblo.
When the Moors had fled, they entered the town.
Cerradas las puertas, me acosté.
When the doors were closed, I went to bed.

Note that the past participle is used in place of a clause and agrees in number and gender with the noun it accompanies.

Ejercicios

A Conteste en español.

1 ¿De qué tenía esperanzas el amigo de Enrique?
2 ¿Por qué pensó que no tendría la ocasión de ver jugar al Madrid?
3 ¿Cuándo tendría lugar el partido que iban a presenciar?
4 ¿Qué equipos se encontrarían en el Estadio Bernabeu?
5 ¿Por qué creyó David que Enrique estaba tomándole el pelo?
6 ¿Cómo fueron al estadio el día del partido?
7 ¿En qué parte de la capital se halla el estadio del Madrid?
8 ¿Qué llevaban los aficionados brasileños?
9 ¿Cómo se sabe que mucha gente iba a ver el partido?
10 ¿Qué pasó durante la segunda mitad del partido?
11 ¿Quién es Martínez? ¿De qué protestó?
12 ¿Qué equipo ganó el partido?
13 ¿Cómo se sabe que no le gustaron a la afición algunas decisiones del árbitro?
14 ¿Cómo volvieron los chicos al centro de Madrid?
15 ¿Qué hicieron al llegar allí?
16 ¿Cómo fue el partido?
17 ¿Cómo sabes que el partido fue transmitido por la TVE?
18 ¿Por qué no lo miraron los García?
19 ¿Por qué no parecía contenta Mercedes?
20 ¿Por qué había tanta gente en el metro?

B In the following replace the verb in *italics* by the new verb given, noting that a change of preposition may well be needed.

1 Los aficionados *se olvidaron* de llevar las pancartas.

acordarse

2 Su hermana *tenía ganas* de pasar el día en la playa.

alegrarse

3 *Nos excusamos* de haber hablado de tal manera.   arrepentirse
4 *Empecé* por lanzar la silla por la ventana.   acabar
5 Los alumnos *se cansaron* de trabajar y salieron.   dejar
6 El mozo *insistió* en acompañarme al hotel.   quedar
7 ¿*Tardaste* mucho en explicárselo?   vacilar
8 *Convine* en ayudarles a hacerlo.   consentir
9 ¿Por qué *persistes* en buscarlas?   insistir

10 Las chicas *se divertían* en coger las fresas.   entretenerse
11 Tu abuelo *se interesó* mucho en comprar aquella
   casa.   hacer bien
12 Creo que estaba *soñando* con ir a Sevilla.   pensar
13 *Hicimos mal* en marcharnos en seguida.   amenazar
14 Mis amigos *se gozaban* en quedar en casa todo el
   día.   contentarse
15 *Quedamos* en conducirles al puerto.   decidirse
16 La actriz *ofreció* cuidar de los pequeños.   encargarse
17 El estudiante *se avergonzó* de explicar lo que
   había hecho.   negarse
18 Debes *excusarte* de estar enfermo cuando lleguen. fingir
19 *Me contenté* con ir al teatro solo.   prometer
20 ¿Por qué *pensaba* en ir al estadio?   esperar
21 No sé por qué *insistió* en huir a las montañas.   tratar
22 El médico *salió* a hablar con las viejas.   pararse
23 *Lograron* salvar la vida al pobre gato.   hacer bien
24 Yo no *vacilaría* en visitar al dentista.   atreverse

C Replace the phrase in *italics* with an absolute construction.

1 *Cuando hubieron llegado* al estadio, encontraron a sus amigos.
2 *Cuando la cena estaba preparada,* todos se sentaron a la mesa.
3 *Cuando hubieron reparado el ascensor,* fueron al café a comer.
4 *Cuando terminaron las vacaciones,* me puse muy triste.
5 *Cuando se hubo acostado su mujer,* comenzó a contar el dinero.
6 *Cuando las luces se apagaron,* los jugadores cesaron de jugar.
7 *Cuando hube escrito la carta,* tuve que volver a la fábrica.
8 *Cuando abrió la puerta,* entraron todos los turistas.
9 *Cuando se hubo inaugurado la feria,* la banda comenzó a tocar.
10 *Cuando hubo dicho esto,* salió sin que yo pudiese contestarle.

D A girl arrives home late one evening from a concert. Her mother
wants to know why she is late, where she has been and why she
didn't telephone. The girl explains that she was held up by heavy
rain and crowds returning home from a football match, and also that
there were long queues for buses, the underground was crowded and
taxis were all full. However it was all worthwhile as the concert was
very good. Write a dialogue between mother and daughter on these
lines.

E Imagine you are David and write a letter in Spanish to a friend telling of your evening at the football match (150–200 words).

F Conteste en español.

1 ¿Le gusta a Vd. jugar al fútbol? ¿al hockey?
2 ¿Juega Vd. en el equipo del colegio?
3 ¿Le gusta a Vd. ir a los partidos de fútbol?
4 ¿Ha visto Vd. jugar algún equipo español?
5 ¿Hay un estadio grande en su ciudad? ¿Tiene focos?
6 ¿Cuál es la capital del Brasil?
7 ¿Qué lengua se habla en el Brasil?
8 ¿Quisiera Vd. visitar el Brasil? ¿Por qué?
9 ¿Le gusta a Vd. tomarles el pelo a sus amigos?
10 ¿Le gusta asistir a los conciertos?
11 ¿Tienen lugar buenos conciertos en su ciudad?
12 ¿De qué color es la bandera de España?
13 ¿Ha recibido Vd. alguna decepción durante la semana pasada?
14 ¿Cómo comenzó el profesor esta clase?
15 ¿Si viviese en Madrid, preferiría asistir a las corridas o a los partidos de fútbol?

G Before Madrid became capital of Spain this honour was variously held by Burgos, Toledo, and Valladolid. Place these cities on your map, find out the distance of each from Madrid, their populations, and when they were the capital of Spain.

H Translate into Spanish.

1 The more he thought about doing it, the more he liked it.
2 María agreed to come on time but I doubt if she will.
3 We had hoped that our team would win the championship but we were disappointed.
4 The sooner I left in the evenings, the more he would be pleased.
5 That bus was so full that I almost suffocated.
6 When the film was over my uncle insisted on taking us to a restaurant for supper.
7 My wife is thinking about buying a new carpet for the dining room.
8 When he had paid the bill, we all left the shop.

9 The little boy had to struggle not to be knocked down in the huge crowd.

10 The more you shout, the less I shall listen to you.

I Translate into Spanish:

Every day Peter bought a newspaper to see whether he could find a job. Things were not going well in England and as there were so few opportunities he had decided to go abroad.

In January he was offered a post in Africa. On the day of his departure his parents, who were naturally very sad, went with him to the airport to say good-bye. 'Don't forget to write to us,' said his mother.

Two weeks later they received a letter in which he said that he liked the work and had met a very nice French girl.

At the end of the first month he went to the bank because he wanted to send some money to England. 'I'm sorry,' said the clerk. 'It is forbidden to send money to other countries.'

(*Joint Matriculation Board, June 1978*)

Lección cuarenta

Un incidente penoso

El viajero, de nuevo en la carretera y guiado por un niño, se fue al otro extremo del pueblo, a una fonda muy peripuesta, con baldosines en el suelo y retratos con marco dorado en las paredes. La patrona era una señora muy amable, y quedó en prepararle una perdiz al viajero para almorzar. El viajero salió al corral, sacó un cubo de agua del pozo y empezó a lavarse un poco. En el corral había muchas aves y de todas clases: palomas, dos docenas de gallinas, otros tantos patos, seis o siete pavos y dos gansos hermosos. Cuando el viajero estaba inclinado, refrescándose un poco la nuca, uno de los gansos le dio semejante picotazo en las posaderas que no le arrancó un pedazo de carne porque midió mal las distancias y pinchó en hueso. El viajero se dio un susto mayúsculo—porque nadie espera, mientras se lava, recibir semejante mordisco en el trasero—y soltó un grito algo destemplado. El corral se alborotó: las palomas levantaron el vuelo; las gallinas y los patos empezaron a huir de un lado para otro, despavoridos; los gansos graznaban como condenados; la patrona acudió a ver qué pasaba, y el viajero, con un palo en una mano y la otra en el dolor, estaba en dudas sobre si huir o arremeter contra su enemigo.
—¿Qué ha pasado?
— Pues ya lo ve, señora, que si me descuido no vuelvo a sentarme en la vida.
— Un ganso, ¿verdad?
— Sí, señora, un ganso.
— Claro, ¡como no lo conocen! ¿Le ha hecho sangre?
El viajero se palpó un poco.
— No, señora, parece que no.
Los pavos fueron los únicos que mantuvieron la calma.
El viajero salió y se puso a pensar que, en aquel pueblo, los animales eran de una bravura quizá excesiva.
(From *Viaje a la Alcarria* by Camilo José Cela)

Vocabulario

el baldosín small tile
el centímetro centimetre
el condenado condemned man
el enemigo enemy
el extremo end
el ganso goose
el incidente incident
el marco frame
el mordisco bite
el palo stick
el pato duck
el patrón owner, landlord
el pavo turkey
el pedazo piece
el picotazo peck
el pozo well
el retrato portrait
el trasero bottom

la altura height
la anchura width
el ave *(fem.)* fowl, wildbird
la calma calm
la distancia distance
la fonda inn.
la longitud length
la nuca nape of the neck
la paloma pigeon
la patrona owner, landlady
la perdiz partridge
las posaderas buttocks

acudir to come
alborotarse to be thrown into confusion
arrancar to tear off
arremeter contra to attack
descuidarse not to be careful
estar en dudas to be in doubt
graznar to honk
guiar to guide
hacer sangre to draw blood
levantar el vuelo to take flight
mantener to keep
medir (i) to measure
palpar to feel
pinchar en to strike, bite on
ponerse a to begin to
quedar en to agree
refrescarse to refresh oneself
soltar (ue) to let loose, let out

despavorido terrified
destemplado wild
dorado golden, gilt
excesivo excessive
inclinado bent, bent over
mayúsculo major
otros tantos as many
penoso painful
peripuesto spruce, smart
único only

Gramática

1 Sequence of tenses with the Subjunctive

Quiero que vengas a las dos.
I want you to come at two.

Le diré que salga en seguida.
I shall tell him to leave at once.
Estoy contento de que hayan llegado.
I am glad they've arrived.
When the verb in the main clause is in the Present, Future, or Imperative, the Subjunctive in the subordinate clause will be Present or Perfect.

Quería que vinieses a las dos.
I wanted you to come at two.
Me dijo que saliese en seguida.
He told me to leave at once.
Juan lo haría si estuviera aquí.
Juan would do it if he were here.
Si hubiéramos llegado a tiempo, le habríamos encontrado.
If we had arrived on time we should have met him.
When the verb in the main clause is in a Past or Conditional tense, the Subjunctive in the subordinate clause will be Imperfect or Pluperfect. Thus we have:

Main Verb	Subjunctive
PRESENT OR FUTURE	PRESENT
PAST OR CONDITIONAL	PAST

2 Further use of the Subjunctive

The Subjunctive is used after the following expressions:

es dudoso que	it is doubtful whether
se teme que, es de temer que	it is to be feared that
es de desear que	it is to be desired that
ojalá que	would to God that, God grant that, etc.

e.g. *Ojalá que no esté enfermo.*
God grant that he is not ill.
Era dudoso que la hubiera escrito.
It was doubtful whether he'd written it.

3 The irregular verb caber

The verb *caber* (to be room for) which you have already met, is conjugated in a very irregular fashion as follows:

Present Tense	Present Subjunctive	Preterite	Imperfect Subjunctive
quepo	*quepa*	*cupe*	*cupiera/cupiese*
cabes	*quepas,* etc.	*cupiste*	*cupieras/cupieses,* etc.
cabe		*cupo*	
cabemos	Future	*cupimos*	Conditional
cabéis	*cabré*	*cupisteis*	*cabría*
caben	*cabrás,* etc.	*cupieron*	*cabrías,* etc.

The other parts of this verb are regular.

4 Measurement

¿Cuántos pies de alto tiene su padre?
How tall is your father?
Mi padre tiene seis pies de alto (de altura).
My father is six feet tall.
El jardín tiene veinte metros de largo (de longitud).
The garden is twenty metres long.
Es una alfombra de cinco metros de ancho (de anchura).
It is a carpet five metres wide.
Este insecto tiene sólo un centímetro de largo.
That insect is only one centimetre long.

Ejercicios

A Conteste en español.

1 ¿Adónde se dirígió el viajero?
2 ¿Quién le condujo allí?
3 ¿Cómo era la fonda? ¿Y la patrona?
4 ¿Qué iba a dar al viajero para comer?
5 ¿Cómo tuvo que lavarse el viajero?
6 ¿Qué aves había en el corral de la fonda?
7 ¿Qué le pasó al viajero cuando estaba lavándose?
8 ¿Por qué pinchó el ganso en hueso?
9 ¿Qué sucedió cuando el viajero soltó un grito?
10 ¿Qué cogió el viajero?
11 ¿Qué dijo a la patrona cuando ésta acudió?
12 ¿Por qué dijo la patrona que el ganso le había arremetido?
13 ¿Le había hecho sangre al viajero?
14 ¿Qué aves no se alborotaron?
15 ¿Qué pensó el viajero de los animales de aquel pueblo?

B Complete the following with the correct form of the Subjunctive of the verb indicated.

1 Era lástima que el viajero no (poder) hallar una fonda.
2 Marisol dijo que lo haría antes de que (enterarse) sus padres.
3 Es dudoso que mis amigos (venir) esta noche.
4 Cuando lleguemos a Bilbao, buscaremos alguien que (conocer) a tu suegro.
5 Se temía que el viejo (estar) muy enfermo.
6 Nunca he creído que don José (ser) muy rico.
7 Ojalá que la chica (volver) antes de la noche.
8 Todos los domingos mi padre me pedía que (ir) a buscar el periódico.
9 Es de desear que Vds. (coger) el tren de la tarde.
10 Si yo (haber) visto a Pepe, se lo habría explicado todo.
11 No era verdad que el patrón (haberse) negado a vendérmelo.
12 Se lo diré todo en cuanto (darme) el retrato.
13 No vi nada en las tiendas que (interesar) a mi esposo.
14 Los viajeros querían que nosotros (matar) unas gallinas para la comida.
15 Es de temer que su abuelo (haber) muerto.

C Complete the following with the correct form of the comparative.

1 El viajero a quien vio en la fonda tiene más dinero ... necesita.
2 Aquel árbitro provocó más insultos ... jamás he oído.
3 He visto más partidos de fútbol ... puedo recordar.
4 Los brasileños jugaron ... los españoles.
5 Las hijas de este matrimonio no son ... bonitas ... las tuyas.
6 El niño estaba más cansado ... sabía su madre.
7 Logró vender el retrato por más ... quinientas pesetas.
8 Ayer hacía ... frío ... un día de invierno.
9 Mi tío no había matado ... perdices ... yo.
10 Las entradas costaron más ... pensáis.

D In the following change the nouns as appropriate to object or demonstrative pronouns.

1 Quiero que des el retrato a tu sobrina.
2 Mis amigos salieron a buscar las aves.
3 ¿Piensa tu hermano mostrar la carta a tus padres?

4 Decid a vuestro primo que dé los cigarrillos a Pedro.
5 He pedido al camarero que cerrase la ventana.
6 Estaba entregando los billetes al revisor cuando dejé caer mi cartera.
7 Juanito cree que es para él, pero es para sus abuelos.
8 ¡No invites al actor a inaugurar la feria!
9 El Cid tuvo que matar a sus enemigos antes de entrar en la ciudad.
10 No voy a ponerme estas botas; he decidido llevar aquellos zapatos.

E Translate into Spanish.

1 There is no room for all of them in this compartment.
2 His wife is five feet tall with blue eyes and fair hair.
3 How tall was the man you saw running down the street?
4 It was doubtful whether my brother-in-law would be able to attend.
5 The landlady went out into the yard to kill a goose for our dinner.
6 God grant that they will be able to save her life.
7 The fowls fled through the open door of the yard.
8 Our garden is twenty metres long and six metres wide.
9 The men who told you they were policemen were pulling your leg.
10 The old man was bending over the well when he felt a pain in his back.

F Conteste en español.

1 ¿Tiene Vd. retratos de la familia en las paredes de su casa?
2 ¿Le gustan los retratos o prefiere Vd. cuadros de otra clase?
3 ¿Tiene Vd. un cuadro preferido? ¿Cómo se llama?
4 ¿Le gusta comer aves?
5 ¿Qué aves prefiere Vd. para comer?
6 ¿Qué comió Vd. el día de Navidad?
7 ¿Come su familia perdiz muchas veces?
8 ¿Le gustaría que su madre preparase un ave para la cena esta noche?
9 ¿Sabe Vd. si hay un viejo pozo en su ciudad?
10 ¿Hay baldosines en el suelo de la cocina de su casa?

11 ¿Hay un corral detrás de su casa?
12 ¿Le gustaría tener aves en su jardín?
13 ¿Cuántos pies de altura tiene Vd.?
14 ¿Cuántos metros de ancho tiene el camino fuera de su casa?
15 ¿Cuántos pies de largo tiene el comedor de su casa?
16 ¿Cuántas personas caben en el coche de su padre?

G *Either* write an essay in Spanish (150–200 words) telling of an amusing or painful incident you have experienced.
Or compose a dialogue at a police station in which a lady reports the theft of her handbag. She got a good look at the thief and is able to give the policeman an accurate description of him (or her) – height, clothes, general appearance etc. She also describes her bag (length, width, colour) and details some of the contents.

H Translate into Spanish:

The clock in the main square struck half past one: lunch time. Employees began to leave the offices and shops in the city centre, and, as the restaurants began to fill, long queues appeared at the bus stops. It was the end of July, the hottest time of the year, and many people were looking forward to their afternoon nap. Ramón was glad that the morning's work in the bank had ended, as his boss had been in a very bad mood. Therefore, instead of going straight home, he made his way to the café on the corner, stopping at a stall to buy a newspaper. Fortunately, there was still an empty table outside on the café terrace, and, after ordering a glass of red wine and a ham sandwich, Ramón began to read.

(Southern Universities' Joint Board, June 1979) *(To be continued)*

Lección cuarenta y uno

Los oficios/las ocupaciones (occupations)

el abogado   lawyer
el aduanero   customs officer
el alcalde   mayor
el ama de casa   (fem.) housewife, housekeeper
el arquitecto   architect
el artista   artist
el aviador   airman
la azafata   air hostess, stewardess
el bombero   fireman
el/la camarero/a   waiter/waitress
el capitán   captain
el carnicero   butcher
el carpintero   carpenter
la carrera   career; University course
el cartero   postman
el científico   scientist
el cobrador   conductor, collector
el/la cocinero/a   chef/cook
el contable   accountant
el/la criado/a   servant/maid
el cura   parish priest
el dentista   dentist
el/la dependiente   shop assistant
el/la director/a   headmaster/ headmistress
el doctor   doctor
el empleado   clerk, employee
la enfermera   nurse
el escritor   writer
el fotógrafo   photographer

el frutero   fruiterer
el funcionario   civil servant
el gerente   manager
el granjero   farmer
el guardia   policeman, guard
el guía   guide
el herrero   blacksmith
el ingeniero   engineer
el jardinero   gardener
el juez   judge
el lechero   milkman
el limpiabotas   shoe black
el maestro   master
el maquinista   engine driver
el marinero   sailor
el mecánico   mechanic
la mecanógrafa   typist
el médico   doctor
el minero   miner
la modelo   model
la modista   dressmaker
la monja   nun
el músico   musician
el obrero   worker
el oculista   optician
el panadero   baker
el/la peluquero/a   barber/ hairdresser
el periodista   journalist
el piloto   pilot
el pintor   painter
el poeta   poet
el policía   policeman

la profesión   profession
el/la profesor/a   teacher
el sacerdote   priest
el sastre   tailor
el/la secretario/a   secretary

el sereno   night watchman
el soldado   soldier
la taquimeca   shorthand typist
el zapatero   shoemaker

Below are some brief descriptions of jobs. Which job does each one refer to?

1 Esta señorita le sirve en un restaurante. Es...
2 Escribe artículos en la prensa. Es...
3 Limpia los zapatos en la calle en España. Es...
4 Se cuida de los enfermos en el hospital. Es...
5 Trabaja en la taquilla de la estación. Es...
6 Escribe las cartas para el jefe. Es...

Now briefly describe what the following people do.
1 una azafata   2 un dentista   3 un granjero   4 un maquinista
5 un jardinero 6 un músico 7 un cartero 8 una dependiente

Repaso

A In the following place the verb in brackets in the correct form.

1 Si yo (ser) el gerente de esta fábrica, no lo permitiría eso.
2 Si Vds. (ver) el partido, habrían sabido lo malo que era.
3 Si tus amigos no (llegar) pronto, tendremos que ir solos.
4 ¿Si yo te (dar) todo esto, saldrás de este pueblo para siempre?
5 Si vosotros (vivir) en nuestro pueblo, no os divertiríais mucho.
6 Si no me (gustar) la película, saldré del cine.
7 Si tú (oír) cantar a Manuel, no habrías podido menos de reír.
8 Si nostros (encontrar) al cura, le pediremos su consejo.
9 Si (estar) el juez, le rogaré que nos vea.
10 Si Vds. no (tener) razón, no quedaría en ayudarles.

B In the following place the verb given in the correct form of the Subjunctive.

1 Por mucho que tú me lo (pedir), no voy a dártelo.
2 La patrona mató el pato sin que lo (saber) su marido.
3 Luego que ellos (acostarse), podremos salir.
4 El oculista me dijo que era lástima que yo no (venir) antes.

5 No le gustó al funcionario que yo (perder) el papel importante.
6 Puso los cuadros en la acera para que todo el mundo (poder) mirarlos.
7 Saldremos temprano a fin de que Vds. no (tener) que esperarnos.
8 María me dijo que su madre no quería que nosotros (salir) juntos.
9 El viajero no encontró a nadie que le (guiar) a una fonda.
10 El camarero negó que yo (pedir) paella.

C Fill the gaps in the following with either *para* or *por*.

1 El marinero tuvo que darle cien pesetas ... la entrada.
2 Sabía que todos habrían llegado ... las seis de la tarde.
3 La hija del patrón salió al corral ... un cubo de agua.
4 No entiendo por qué le tomaste ... granjero.
5 Cuando me telefoneó, estaba yo ... acostarme.
6 Voy a ver al director ... decirle que he decidido no estudiar más.
7 Ayer hablé a la nueva cocinera ... primera vez.
8 El autocar ... Madrid pasa ... unos pueblos muy bonitos.
9 Nos quedamos en casa durmiendo ... toda la tarde.
10 Compraron las naranjas ... su madre que estaba enferma.

D In the following fill in the gap before the infinitives with the correct preposition if one is necessary.

1 El viajero logró ... hallar una habitación en una fonda muy limpia.
2 La camarera se ha olvidado ... traerme la cuenta.
3 El juez persistió ... interrumpir a los abogados.
4 ¿No has soñado nunca ... hacerte rico?
5 La cocinera acabó ... tirar el cubo al pobre animal.
6 El ingeniero no sabía ... abrir la puerta del ascensor.
7 Juanito subió al cuarto de baño ... lavarse las manos.
8 Los soldados no tardarán mucho ... llegar al pueblo.
9 El contador trató ... explicarme como había pasado.
10 Intentaré ... acabar esta carta antes de la cena.
11 El médico se puso ... examinarme con mucha paciencia.
12 ¿Por qué quedaste ... inaugurar la feria?
13 ¡Déjame ... entrar! Quiero ... ver al gerente.
14 El maquinista dejó ... comer y miró por la ventana.
15 Los obreros se negaron ... repararlo.

E Complete the following with a suitable idiom using the verb *tener* in the correct tense and person.

1 Si no te pones el abrigo y la bufanda, vas a...
2 Cuando llega la hora de comer, mis hijos siempre...
3 Después de trabajar el minero bebía una cerveza porque...
4 Se quitó la camisa y abrió todas las ventanas porque...
5 Cuando mi amigo ganó el premio, pensé que...
6 No quiso ir por el campo por causa del toro feroz de que...
7 Éste es el estadio donde mañana el partido...
8 Le rogaré que te ayude porque estoy seguro de que tú..
9 Ayer el herrero visitó al dentista porque...
10 Sus amigos no le esperaron puesto que...

F Translate into Spanish.

1 He did not think that it was worth going to the concert.
2 If you want to cash a cheque you must go to the bank.
3 My father told me I was to see the headmaster as soon as I arrived at school.
4 The travellers did not think it was worthwhile stopping to eat in that dirty inn.
5 The meal over, we all went out for a walk as far as the park.
6 The more I tried to explain it to him, the less he understood.
7 The farmer was bent down looking for the ring when the goose attacked him.
8 If you were to smoke less, you would not spend so much money.
9 However rich he may be, I do not believe he is very happy.
10 If he wanted me to do it by Saturday, he should have said so.

G Write sentences to show the difference between the following pairs of words.

1 echar de menos; perder   2 tocar; jugar   3 un aficionado; un abanico
4 un marco; una marca   5 la ola; la onda

H Write a letter to a Spanish hotel to reserve accommodation. Say when you will arrive (day, time and how), how long you want to stay, whether you want full board, half board or just bed and breakfast (*pensión completa, media pensión, habitación con desayuno*), whether you want a single or double room with a single or double bed (*cama de matrimonio*), a room with a balcony, a room overlooking the sea or the garden, a room with a bath/shower and WC. Enquire about various facilities such as a swimming pool, private beach, disco, dancing, parking etc. How much will it cost per day/week?

I Study the pictures and use them as a basis for a composition in Spanish.

J Translate into Spanish:

'Ramón! It's a long time since I've seen you here at this time of day.'
Ramón looked up. It was his friend Fernando.
'Hello, Fernando. How are you? And the family?'
'Everybody is very well, thank you,' replied Fernando. 'And how is your work going?'
'Oh don't talk to me about that!' Ramón remembered the unpleasant morning. 'Because I arrived five minutes late Don Manuel has criticized everything that I've done... But sit down and have a drink.'
'No. I can't stay,' said Fernando. 'I must go to the garage before it closes and pick up my car. I am sorry that we don't have more time to talk. Perhaps we could meet again this evening?'
(*Southern Universities' Joint Board, June 1979*)

Lección cuarenta y dos

El dragón del Patriarca − I

Tradición valenciana

Todos los valencianos hemos temblado de niños ante el monstruo enclavado en el atrio del Colegio del Patriarca, la iglesia fundada por el beato Juan de Ribera. Es un cocodrilo relleno de paja, con las cortas y rugosas patas pegadas al muro y entreabierta la enorme boca, con una expresión de repugnante horror que hace retroceder a los pequeños, hundiéndose en las faldas de sus madres.

Dicen algunos que está allí como símbolo del silencio, y con igual significado aparece en otras iglesias del reino de Aragón, imponiendo recogimiento a los fieles; pero el pueblo valenciano no cree en tales explicaciones, sabe mejor que nadie el origen del espantoso animalucho, la historia verídica e interesante del famoso 'dragón del Patriarca', y todos los nacidos en Valencia la recordamos como se recuerdan los cuentos de miedo oídos en la niñez.

Era cuando Valencia tenía un perímetro no mucho más grande que los barrios, tranquilos, soñolientos y como muertos que rodean la Catedral. La Albufera, inmensa laguna casi confundida con el mar, llegaba hasta las murallas; la huerta era un enmarañado marjal de juncos y cañas que aguardaba en salvaje calma la llegada de los árabes que la cruzasen en acequias, grandes y pequeñas, formando la maravillosa red que trasmite la sangre de la fecundidad; y donde hoy es el Mercado extendíase el río, amplio, lento, confundiendo y perdiendo su corriente en las aguas muertas y cenagosas.

Las puertas de la ciudad inmediatas al Turia permanecían cerradas los más de los días, o se entreabrían tímidamente para chocar con el estrépito de la alarma apenas se movían los vecinos cañaverales. A todas horas había gente en las almenas, pálida de emoción y curiosidad, con el gesto del que desea contemplar de lejos algo horrible, y, al mismo tiempo, teme verlo.

Allí, en el río, estaba el peligro de la ciudad, la pesadilla de Valencia, la mala bestia cuyo recuerdo turbaba el sueño de las gentes honradas, haciendo amargo el vino y desabrido el pan. En un ribazo,

Falla en la Plaza de la Reina, Valencia

entre aplastadas marañas de juncos, un lóbrego y fangoso agujero, y en el fondo, durmiendo la siesta de la digestión, entre peladas calaveras y costillas rotas, el dragón, un horrible y feroz animalucho nunca visto en Valencia, enviado, sin duda, por el Señor – según decían las viejas ciudadanas – para castigo de pecadores y terror de los buenos.

¿Qué no hacía la ciudad para librarse de aquel vecino molesto que turbaba su vida?... Los mozos bravos de cabeza ligera – y bien sabe el diablo que en Valencia no faltan – excitábanse unos a otros y echaban suertes para salir contra la bestia, marchando a su encuentro con hachas, lanzas, espadas y cuchillos. Pero apenas se aproximaban a la cueva del dragón, sacaba éste el morro, se ponía en facha para acometer, y partiendo en línea recta veloz como un rayo a éste quiero y al otro no, mordisco aquí y zarpazo allá, desbarataba el grupo; escapaban los menos, y el resto paraba en el fondo del negro agujero, sirviendo de pasto a la fiera para toda la semana.   (Sigue)

Gramática

1 The gerund

What is frequently referred to as the present participle in Spanish is in fact the gerund. Apart from being used to help form the continuous tenses it may be used as shown in the following examples:

María salió corriendo a recibir a su padre.
María ran out to meet her father.
Subieron la escalera corriendo.
They ran upstairs.
Pasó el día soñando con las vacaciones.
He spent the day dreaming about the holidays.
Dando una propina al camarero, salió del café.
Giving a tip to the waiter, he left the café.
Abriendo su libro, comenzó a leer.
Opening his book, he began to read.
No teniendo mucho dinero, me pidió tres libras.
Not having much money, he asked me for £3.
Habiendo llegado tarde a la estación, perdí el tren.
Through arriving at the station late, I missed the train.
Ganaba la vida trabajando en los campos.
He earned his living by working in the fields.

In all the above examples the gerund refers only to the subject of the main verb. It may not be used to refer to the direct object unless it be the direct object of a verb of perception.
e.g. Le vi leyendo el periódico.
I saw him reading the paper.
Otherwise a clause should be used.
e.g. Encontré a Juan que salía del cine.
I met Juan coming out of the cinema.

Remember that the English verb form ending in -ing after a preposition is rendered in Spanish by the infinitive.
e.g. Antes de ir a casa, tomé una copa.
Before going home, I had a drink.
Acabó por pedirme mil pesetas.
He ended by asking me for a thousand pesetas.

N.B. *Están sentados en el jardín.*
They are sitting in the garden.
Estaba inclinado lavándose la cara.
He was bending down washing his face.
The past participle is usually used to describe states.

2 Collective numbers

un par	a pair	*un centenar*	a hundred
una docena	a dozen	*una gruesa*	a gross
una quincena	fifteen	*un millar*	a thousand
una veintena	a score	*un millón*	a million

These all require *de* before a noun.
e.g. *Quiero una docena de naranjas.*   I want a dozen oranges.
Tiene centenares de libros.   He has hundreds of books.

3 Fractions

un medio	a half	*un tercio*	a third	*un cuarto*	a quarter
un quinto	a fifth	*un sexto*	a sixth	*un séptimo*	a seventh
un octavo	an eighth	*un noveno*	a ninth	*un décimo*	a tenth
		tres cuartos	three-quarters		

These are, for the most part, reserved for mathematics. In everyday usage *parte* preceded by the ordinal number is used.
e.g. *la quinta parte* a fifth   *la mitad* a half

4 Mismo, -a, etc.

This may be used following a noun, subject pronoun or conjunctive pronoun for emphasis.
e.g. *Ella misma lo hará.*   She herself will do it.
Lo compré para mí mismo.   I bought it for myself.
Entraron en la casa misma.   They went into the house itself.

Before the noun it has the meaning of 'same' or 'very'.
e.g. *Encontré al mismo hombre ayer.*
I met the same man yesterday.
Es el mismo libro de que hablaba.
It's the very book I was talking about.

The ·invariable form (*mismo*) is often used to give emphasis to adverbs of time and place.

e.g. Murió aquí mismo.   He died right here.
     Les hablaré hoy mismo.   I shall speak to them this very day.

Ejercicios

A Conteste en español.

1 ¿Qué monstruo se hallaba en el Colegio del Patriarca?
2 ¿Qué hicieron los pequeños al contemplarlo?
3 ¿Cuándo tuvieron lugar los sucesos de esta historia?
4 ¿Cómo era Valencia en esos tiempos?
5 ¿Qué hicieron los árabes cuando llegaron a Valencia?
6 ¿Por qué permanecían cerradas las puertas de la ciudad?
7 ¿Qué es el Turia?
8 ¿Por qué estaban pálidos muchos valencianos?
9 ¿Dónde vivía el monstruo?
10 ¿Por qué lo llamó el autor 'la pesadilla de Valencia'?
11 ¿Para qué decían unos que fue enviado por el Señor?
12 ¿Qué no faltaban en Valencia en esos tiempos?
13 ¿Para qué echaban suertes los mozos?
14 ¿Qué hacía el dragón cuando se aproximaban a su cueva?
15 ¿Qué les pasaba a los que no escapaban del monstruo?

B Change the following as shown in the example.
Ejemplo: *Porque no tenía mucho dinero me pidió diez libras.*
      No teniendo mucho dinero me pidió diez libras.

1 Ya que estaba enfermo no podía ir de vacaciones.
2 Porque no tenían para ir al concierto se quedaron en casa.
3 Puesto que no pudo reparar el coche tuvo que viajar en tren.
4 Ya que tenía mucha sed bebió medio litro de cerveza.
5 Puesto que temía que iban a atacarle sacó la espada.
6 Ya que había olvidado la llave no pudo abrir la puerta.
7 Porque no pudo conseguir una entrada tuvo que mirar el partido en la televisión.
8 Porque había bebido tanto se durmió al instante.
9 Ya que se sintieron mejor salieron a dar un paseo.
10 Puesto que no sabía nadar se ahogó.

C Translate into Spanish.

1 The girls ran downstairs to meet their father.
2 I was sitting in the manager's office waiting for him to return.
3 Saying goodbye to the priest, they left the little church.
4 We spent the whole day bathing and sleeping on the beach.
5 The workmen will never earn much by working in that factory.
6 Not knowing where I could find a good hotel, I stopped to ask a policeman to help me.
7 Soon after going to bed, I heard a terrible cry in the street.
8 I saw your cousin getting off the train that I caught last night.
9 Having lost all our money, we had no alternative but (*que*) to go back to Madrid.
10 We met your cook coming out of the fishmonger's.

D Translate into Spanish.

1 The owner himself took us to our room.
2 I could only give the tailor half of the money I owed him.
3 The headmaster wants you to see him right now.
4 We used to spend our holidays in the same village every year.
5 Have you bought the farm for yourself?
6 Hundreds of people could not get into the stadium last night.
7 I myself will do it when I return.
8 The air hostess bought herself a pair of suede gloves in Paris.
9 The old man was knocked down right there.
10 I have been waiting for my wife for three-quarters of an hour.

E Make the following expressions commands by using the form indicated.

1	Decirme la historia.	Tú
2	Darme un vaso de vino.	Tú
3	Ponerse el traje nuevo.	Tú
4	Vendarle la rodilla.	Vd.
5	Seguir leyendo en español.	Vd.
6	Refrescarse antes de cenar.	Vd.
7	Callarse en seguida.	Vosotros
8	Despedirse de los vecinos antes de irse.	Vosotros
9	Esperarme en la entrada del cine.	Vosotros
10	Hacer todo lo posible.	Vds.

11 Dirigirse a las orillas del río.   Vds.
12 Ir a buscar al cura.   Vds.

F *Either* write an essay in Spanish called *La pesadilla* (150–200 words) describing a nightmare you may have had or heard about.
Or write an essay to describe the day before you leave for a holiday abroad – what you have to do, where you have to go, what arrangements you have to make etc.

G Conteste en español.

1 ¿Cree Vd. que hayan existido los dragones?
2 ¿Cómo se llama el Santo que venció a un dragón?
3 ¿Tiene Vd. pesadillas muchas veces?
4 ¿Ha visitado Vd. Valencia?
5 ¿Cómo sabe Vd. que Valencia es una ciudad bastante vieja?
6 ¿Cómo se llama la región que rodea Valencia?
7 ¿Hay un mercado en su ciudad? ¿Cómo es?
8 ¿Qué cosas venden en el mercado?
9 ¿Durmió Vd. la siesta el domingo pasado?
10 ¿En qué parte de España estaba el reino de Aragón?

H The Moorish rule in Spain constitutes one of the most important epochs in Spanish history. Find out why they came to Spain, how long they remained, when and why they left, and what they brought to Spain. What traces of their stay are now left?

I Translate into Spanish:

Although John was only fourteen years old, every Saturday he helped his father who had a small garage near the centre of the town. One Saturday morning his father had not come down for breakfast and John went up to his room.
'I'm sick,' said his father. 'I can't work today. As Mr. Smith's car is ready I want you to go to the garage to explain what has happened. The keys are in the office.'
John put on his coat because it was very cold and went out. At the garage he sat down and waited for Mr. Smith. When he arrived John took the keys from the drawer and gave them to him. 'Thanks,' said Mr. Smith. 'Now where's the car? I didn't see it when I arrived.'
(*Joint Matriculation Board, June 1979*)

Lección cuarenta y tres

El dragón del Patriarca – II

La religión, viniendo en auxilio de los buenos y recelando las infernales artes del Maléfico en esta horrorosa calamidad, quiso entrar en combate con la bestia, y un día, el clero, con su obispo a la cabeza, salió por las puertas de Valencia, dirigiéndose valerosamente al río con gran provisión de latines y agua bendita. La muchedumbre contemplaba ansiosa desde las murallas la marcha lenta de la procesión; el resplandor de las bizantinas casullas con sus fajas blancas orladas de negras cruces; el centellear de la mitra de terciopelo rojo con piedras preciosas y el brillo de los lustrosos cráneos de los sacerdotes.

El monstruo, deslumbrado por este aparato extraordinario, les dejaba aproximarse; pero pasada la primera impresión, movió sus cortas patas, abrió la boca como bostezando, y esto bastó para que todos retrocediesen con tanta prudencia como prisa, precaución feliz, a la que debieron los valencianos que la fiera no se almorzara medio cabildo.

Se acabó. Todos reconocían la imposibilidad de seguir luchando con tal enemigo. Había que esperar a que el dragón muriese de viejo o de un hartazgo; mientras tanto, que cada cual se resignara a morir devorado cuando le llegara el turno.

Acabaron por familiarizarse con aquel bicho ruin como con la idea de la muerte, considerándolo una calamidad inevitable, y el valenciano que salía a trabajar sus campos, apenas escuchaba ruido cerca de la senda y veía ondear la maleza, murmuraba con desaliento y resignación:

— Me tocó la mala. Ya está ahí ése. Siquiera que acabe pronto y no me haga sufrir.

Como ya no quedaban hombres que fuesen en busca del dragón, éste iba al encuentro de la gente para no pasar hambre en su agujero. Daba la vuelta a la ciudad, se agazapaba en los campos, corría los caminos, y muchas veces, en su insolencia, se arrastraba al pie de las murallas y pegaba el hocico a las rendijas de las fuertes puertas, atisbando si alguien iba a salir.

Arrozales en la Huerta, Valencia

Era un maldito que parecía estar en todas partes. El pobre valenciano, al plantar el arroz encorvándose sobre la charca sentía en lo mejor de su trabajo algo que le acariciaba por cerca de la espalda, y al volverse tropezaba con el morro del dragón, que se abría y se abría, como si la boca le llegase hasta la cola, y ¡zas! de un golpe lo trituraba. El buen burgués que en las tardes de verano daba un paseíto por las afueras, veía salir de entre los matorrales una garra rugosa que parecía decirle: '¡Hola, amigo!', y con un zarpazo irresistible se veía arrastrado hasta el fondo del fangoso agujero donde la bestia tenía su comedor.

(Sigue)

1 Further use of the Subjunctive

The Subjunctive is used after the following indefinite pronouns and adjectives.

cualquiera, cualesquiera	whatever; any, anyone		
quienquiera	whoever	*dondequiera*	wherever
cuandoquiera	whenever	*comoquiera*	however

e.g.   *Cualquiera que veas, no digas nada.*
     Whatever you may see, say nothing.
     Quienquiera que sea, no quiero ayudarle.
     Whoever he may be, I don't want to help him.
     Dondequiera que vaya, no te olvidaré.
     Wherever I go, I shall not forget you.
     Cuandoquiera que vengan, estaré aquí.
     Whenever they come, I shall be here.
     Comoquiera que lo haga, no le interesa.
     However I do it, it does not interest him.

N.B. *Cualquiera, cualesquiera,* when used as an adjective preceding the noun, apocopate to *cualquier* and *cualesquier.*

e.g.   *Cualquier regalo que me compre me gustará.*
     I shall like any present you may buy me.

2 Augmentatives and diminutives

By adding suffixes it is possible to give Spanish nouns and adjectives an augmentative or diminutive form. These forms do not always infer only greater or smaller size but often some other attribute. The student is best advised to look out for such words and use only those which he/she has already met. Do not invent!

a The augmentative forms are:

-acho, -a	e.g. *es ricacho*	(rich in a vulgar, derogatory way)
-azo, -a	e.g. *un hombrazo*	(a big man – sometimes has the idea of ugliness)
-ón, -ona	e.g. *el cajón*	chest
	el caserón	large house
	la mujerona	big woman

These normally only refer to size. Feminine nouns add *-ón* as in *cajón, caserón* unless a difference of sex is being shown as with *mujerona.*

-*ote*, -*ota*, *e.g. grandote*, very big
       la palabrota, coarse word.
This may have a derogatory sense.

b The diminutive suffixes are:
-*ito*, -*a*   *e.g. la banderita*   little flag
-*cito*, -*a*   *e.g. el pastorcito*   shepherd boy
-*ecito*, -*a*   *e.g. dar una vueltecita* to take a turn, a walk, a
                                             stroll
All the above denote not only size but frequently endearment.

-*illo*, -*a*   *e.g. la ventanilla*   small window
-*cillo*, -*a*   *e.g. el bosquecillo*   little wood, copse
The above normally indicate a diminutive without endearment.

-*uelo*, -*a*   *e.g. los ojuelos*   bright, sparkling eyes
                       el riachuelo   miserable little river,
                                             stream
As the last example shows this suffix often has a derogatory sense.

Ejercicios

A Conteste en español

1 ¿Qué hicieron el obispo y su clero?
2 ¿Cómo esperaban vencer al monstruo?
3 ¿Cómo era la mitra del obispo?
4 ¿Por qué fue deslumbrado el dragón por la procesión?
5 ¿Por qué huyeron todos?
6 ¿Creían los valencianos que pudieran matar al dragón?
7 ¿Por qué tenía el dragón que ir en busca de la gente?
8 ¿Adónde iba?
9 ¿Cómo se sabe que la boca de la bestia era enorme?
10 ¿Por qué era peligroso dar un paseo por las afueras de la
   ciudad?

B Place the verb given in brackets in the correct tense of the
Subjunctive.

1 Por largo que (ser) el viaje, estoy seguro de que no estarán
   aburridos.

2 Comoquiera que vosotros la (mandar), no la recibiré hasta el viernes.
3 No había nadie en Valencia que (saber) matar al dragón.
4 Cuandoquiera que nosotros (decidir) vender la casa, mi tío la comprará.
5 Dejaron abiertas las puertas para que los árabes (poder) entrar.
6 Dondequiera que yo les (ver), les diré lo que ha pasado.
7 El sacerdote dudó que el obispo (querer) hospedarse con él.
8 Quienquiera lo (matar) debió haber entrado por la ventana.
9 ¿Si yo (haber) nacido en Moscú, sería ruso?
10 Cualquier cosa que Juan te (decir), eso debes hacer.

C Teresa tells Carmen who is coming to see them tomorrow but the latter is totally unimpressed and uninterested. Complete her remarks in suitable fashion in the following conversation.

Teresa ¿Sabes quién nos visitará mañana?
Carmen Quienquiera...
Teresa Es Francisco. Llegará a las cinco.
Carmen Cuandoquiera...
Teresa Querrá llevarnos al restaurante a cenar.
Carmen Dondequiera...
Teresa Nos conducirá en su coche nuevo.
Carmen Comoquiera...
Teresa Nos traerá regalos de Italia.
Carmen Cualquiera...

D Translate into Spanish.

1 When I was young I used to spend my holidays in a large old house in the country.
2 Whoever has been here has left this scarf on the table.
3 Every night they would take a little stroll as far as the beach.
4 The king opened the chest and gazed at the treasure it contained.
5 You will never catch any trout in that miserable little river.
6 How big and clumsy my nephew Charles is!
7 Wherever she has put the ring I shall find it.
8 No matter what film he goes to see he always falls asleep before it ends.

9 The shepherd boy ran through the little wood until he came to a small house.

10 Whatever she asks you for, don't give it to her.

E In the following replace the nouns in *italics* by pronouns.

1 La madre no ha contado *la leyenda a sus hijos.*

2 Da *la carta al médico* cuando llegues al hospital.

3 *Esta ciudad* es más vieja que *mi ciudad.*

4 ¿Vas a dar *la recompensa a los empleados* por haber hallado tu reloj?

5 ¿Ha comprado *la bicicleta* para *su hijo* o para *su hija?*

6 *Nuestra casa* costó más que *aquella casa verde,* pero menos que *la casa de Miguel.*

7 *El obispo* se negó a salir del pueblo sin *los soldados.*

8 María estaba explicando *el caso al agente* cuando entraron sus padres.

9 ¡No pongas *las piedras preciosas* en esa caja! *Este cajón* es más fuerte.

10 Mis padres dieron *las 20 pesetas a mi hermano.*

F *Either* write 150–200 words in Spanish on *El día más alegre de mi vida.*
Or imagine you are the hotel manager to whom you wrote seeking details in Lesson 41. Reply to the letter supplying the information requested and accepting the booking.

G Conteste en español.

1 ¿Estudia Vd. el latín? ¿Desde cuándo?

2 ¿Cree Vd. que el latín es más difícil que el español?

3 ¿Le gusta a Vd. el arroz?

4 ¿Por qué es fácil cultivar el arroz en la huerta de Valencia?

5 ¿Sabe Vd. preparar una paella valenciana?

6 ¿En qué año llegaron los árabes a España?

7 ¿Por qué vinieron?

8 ¿Cuántos metros de largo tiene el jardín de su casa?

9 ¿Tiene Vd. ganas de estudiar en una universidad?

10 ¿Le gusta a Vd. participar en las procesiones religiosas?

11 ¿Ha estado Vd. en España durante la Semana Santa?

12 ¿Vio Vd. alguna procesión de Semana Santa?

H Mark Valencia on your map of Spain. Find out its population and distance from Madrid. What is the name given to the region of Spain in which Valencia is situated? Find out something about traditional Valencian customs. For what is the city famous?

I Translate into Spanish:

Before we could get married, we had to find somewhere to live. We were too poor to think of buying a house in the town. So that summer we spent our week-ends going round the villages of the district, asking about cottages. Their condition did not matter. We were young, and believed that we only needed a roof over our heads; the rest we could do for ourselves.

One Saturday, a friend told us about an old lady who wished to sell a cottage. So we cycled out to the village where she lived, to see her. 'Well, yes, there is a cottage,' she said. 'But I don't think you'll like it.'
'Can we see it?'
'Certainly. Come with me.'

When she opened the front door, several hens ran out. As we went in, we saw why. The back door had been taken away, and they could come and go freely.

(Oxford Local Examinations, June 1979)

Lección cuarenta y cuatro

El dragón del Patriarca – III

Al mediodía, cuando el dragón, inmóvil en el barro como un tronco escamoso, tomaba el sol, los tiradores de arco, apostados entre dos almenas, le largaban certeros saetazos. ¡Tontería! Las flechas rebotaban sobre el caparazón, y el monstruo hacía un ligero movimiento, como si en torno de él zumbase un mosquito.

La ciudad se despoblaba rápidamente, y hubiese quedado totalmente abandonada a no ocurrírseles a los jueces sentenciar a muerte a cierto vagabundo, merecedor de horca por delitos que llamaron la atención en una época en que se mataba y robaba sin dar a esto otra importancia que la de naturales desahogos.

El reo, un hombre misterioso, una especie de judío que había recorrido medio mundo y hablaba en idiomas raros, pidió gracia. Él se encargaba de matar al dragón a cambio de rescatar su vida. ¿Convenía el trato?

Los jueces no tuvieron tiempo para deliberar, pues la ciudad les aturdió con su clamoreo. Aceptado, aceptado; la muerte del dragón bien valía la gracia de un tuno.

Le ofrecieron para su empresa las mejores armas de la ciudad; pero el vagabundo sonrió desdeñosamente, limitándose a pedir algunos días para prepararse. Los jueces, de acuerdo con él, dejáronle encerrado en una casa, donde todos los días entraban algunas cargas de leña y una regular cantidad de vasos y botellas recogidos en las principales casas de la ciudad. Los valencianos agolpábanse en torno de la casa, contemplando de día el negro penacho de humo y por la noche el resplandor rojizo que arrojaba la chimenea. Lo misterioso de los preparativos dábales fe. ¡Aquel brujo sí que mataba al dragón!...

Llegó el día del combate, y todo el vecindario se agolpó en las murallas, anhelante y pálido de ansiedad. Colgaban sobre las barbacanas racimos de piernas; agitábanse entre las almenas inquietas masas de cabezas.

Se abrió cautelosamente un postigo, dejando sólo espacio para que saliera el combatiente, y volvió a cerrarse con la precipitación del miedo. La muchedumbre lanzó una exclamación de desaliento.

Una barraca en la Huerta

Aguardaba algo extraordinario en el paladín misterioso, y le veía cubierto con un manto y un capuchón de lana burda, sin más armas que una lanza... ¡Otro al saco! Aquel judío se lo engullía la malhadada bestia en un avemaría.

Pero él, insensible al general desaliento, marchaba en línea recta hacia la cueva. Justamente, el dragón hacía días que estaba rabiando de hambre. Quedábase la gente en la ciudad, y la fiera ayunaba, rugiendo al husmear el rebaño humano guardado por las fuertes murallas.

(Sigue)

Gramática

1 The infinitive

a The infinitive may be used in Spanish as a noun.
> *e.g. Ver es creer.*
> Seeing is believing.
> *El no saber de dónde venía le molestó.*
> His ignorance of whence it was coming worried him.
> *en un abrir y cerrar de ojos*
> in the twinkling of an eye

b The infinitive is often used to express command in public notices or advertisements.

e.g. No escupir.	No spitting.
Entrar por la izquierda.	Enter on the left.

2 The Past Anterior

Note the following idiomatic use of this tense.

hablado que hube	when I had spoken
entrado que hubieron	when they had entered

3 Word order

Spanish is very flexible in its word order and, apart from rules such as those governing the position of pronouns, word order is largely a matter of personal style. However, there are some points which may be noted.

a Inversion of subject and verb.

e.g. *Habló el rey.*	The king spoke.
¿Entraron las chicas?	Did the girls come in?
Pase — dijo él.	'Come in,' he said.

Here it is the question mark in written Spanish and the inflection of the voice when speaking which indicate the question. Verbs such as *decir, contestar* etc., are always inverted when used in parenthesis.

b Object or complement placed before the verb.

e.g. *La botella la abrió en seguida.*	He opened the bottle at once.
Preciso será llegar temprano.	It will be necessary to arrive early.

Just as the Spanish subject may follow the verb so, in the written language, may a noun object or complement precede it. Note the use of the object pronoun when the object is a noun.

c Pronouns.

e.g. *Levantóse su mujer.*	His wife got up.
Dióme un libro muy interesante.	He gave me a very interesting book.

Object and reflexive pronouns are occasionally found attached to the end of the verb. This is a literary usage and not very common nowadays.

The best guide of all is for the student to observe the style of good Spanish writers and to imitate them whenever he/she can.

Ejercicios

A Conteste en español.

1 ¿Cómo intentaban los tiradores de arco matar al dragón?
2 ¿Por qué no tenían éxito?
3 ¿Por qué se despoblaba la ciudad de Valencia?
4 ¿Cómo se sabe que ésta era una época violenta?
5 ¿Cuáles eran los delitos por los que fue sentenciado el vagabundo?

6 ¿Qué se sabe de él?

7 ¿Qué trato hizo con los jueces de Valencia?

8 ¿Por qué lo aceptaron los jueces?

9 ¿Cómo se preparó para el combate con la bestia?

10 ¿Por qué creyeron los valencianos que el judío era brujo?

11 ¿Qué hicieron todos el día del combate?

12 ¿Por qué hubo un aire de desaliento cuando salió de Valencia?

13 ¿Qué armas llevaba el vagabundo?

14 ¿Por qué creyeron todos que el monstruo le devoraría?

15 ¿Por qué tenía tanta hambre el dragón?

B Rewrite the following in the Past.

1 El vagabundo me ha dicho que volverá más tarde.

2 Apenas he llegado a la oficina cuando el gerente me hace muchas preguntas.

3 No estoy seguro de que el juez sepa lo que ha pasado.

4 Los habitantes quieren que se cierre la puerta en seguida.

5 Dicen a los soldados que no pueden entrar llevando sus armas.

6 Mi abuelo vive en España desde hace tres años y no quiere volver a Londres.

7 Aunque las puertas están abiertas nadie se atreve a entrar.

8 Según el diario habrán terminado todos los preparativos para el lunes.

9 No voy a hacerlo hasta que estemos en casa.

10 Les he dicho que no voy a aceptarlo a menos que pueda llevar el dinero conmigo.

C Make the conditions in the following unfulfilled conditions.

1 Si tengo dolor de muelas iré a ver al dentista.

2 Si su marido no está enfermo podrá ir a la oficina.

3 Si han matado al dragón les daré una recompensa.

4 Si vas al Brasil tendrás que hablar portugués.

5 Si las niñas tienen razón deberé salir al instante.

6 Si no aceptamos el trato el juez nos matará.

7 Si hace calor podréis ir a la playa.

8 Si el viajero se ha acostado temprano no estará cansado.

9 Si el oculista ha leído mi carta sabrá por qué estoy aquí.

10 Si han visto al profesor habrán entendido el caso.

D Translate into Spanish.

1 He took leave of his friends, put on his overcoat, and went out.
2 Knowing who had done it made him very pleased.
3 Do not lean out of the window.
4 When she had gone we all began to play again.
5 It is doubtful if we shall see her again.
6 My brother-in-law had been living in London for only a fortnight when he died.
7 'Wanting to is being able to' the old fisherman said to me.
8 The more they tried to repair the lift the less success they had.
9 Not understanding what he had to do had worried him a great deal.
10 In the twinkling of an eye the firemen had arrived at the church.

E Write an essay in Spanish (150–200 words) entitled *Mi pueblo.*

F The Huerta region of Valencia is very important. Find out why and what are some of its notable features.

G Translate into Spanish:

A young American was driving through Mexico shortly after the war. As he approached a village he saw a group of people by the road. He stopped the car and got out to see what was happening.

An old man, looking very anxious, talked to him rapidly in Spanish. Seeing that the stranger could not understand, he took his arm and showed him a man who was on the ground, unconscious. Then he pointed to an empty pistol and began to weep.

The American offered to help him and the wounded man was taken to his car. The latter moved off quickly. During the journey to the hospital the man opened his eyes and tried to say something to the old man who replied angrily.

The American left both men with the doctors and went to the police-station. He was very surprised when the sergeant, having listened to his description, told him that he had just saved the life of a dangerous bandit. His father had wanted to kill him so that the people in that region could live in peace.

(University of Cambridge Local Examinations Syndicate, November/ December 1978)

H Read the following letter which appeared in a Spanish newspaper
and then answer the questions in English.

Señor Director:

Hace ya dos veranos hicimos amistad con una
familia australiana y desde entonces nos hemo
venido escribiendo regularmente. Sin embargo
las pasadas Navidades no recibimos ninguna
noticia. Ello, evidentemente, nos preocupó
y a mediados de enero les mandamos una carta
interesándonos por si algo iba mal.

¿Cuál no sería nuestra sorpresa cuando en
una respuesta nos informaron que no sólo
nos habían enviado una tarjeta de Navidad,
sino que además, en el mismo sobre habían
adjuntado una carta y un calendario? Y bien,
mi pregunta es ésta: ¿Dónde está? ¿Acaso
olvidada dentro de alguna saca?

Agradecería vivamente que algún funcionario
cualificado se sirviera responder a mis
preguntas, más que nada para poder decir
a nuestros amigos de Australia que, en
contra de lo que se puede deducir, nuestro
Servicio de Correos no es tan deficiente.

1 What happened two years ago?
2 What is the writer complaining about?
3 Why was he so worried last Christmas?
4 What does he think might have happened?
5 What does he hope he will achieve by writing to the paper?
6 What would he like to be able to tell his Australian friends?

I Conteste en español.

1 ¿Sabe Vd. mucho de la religión judía?
2 ¿Conoce Vd. a algunos vagabundos?
3 ¿Le gustaría a Vd. la vida de un vagabundo?
4 ¿Ha recorrido Vd. muchos países? ¿Cuáles son?
5 ¿Tiene Vd. que salir a recoger leña muchas veces?
6 ¿Cree Vd. en los brujos?
7 ¿Habla Vd. idiomas raros?
8 ¿Qué idiomas habla Vd.?
9 ¿Si ganase Vd. mucho dinero qué compraría?
10 ¿Para qué sirve un arco?
11 ¿Le gustaría haber vivido en la época de la historia del dragón?
12 ¿Le hubiera gustado vivir en otra epoca que ésta?

Lección cuarenta y cinco

El dragón del Patriarca – IV

Vieron todos cómo al aproximarse el vagabundo asomaba por el embudo de barro el picudo morro de la fiera y sus rugosas patas delanteras. Después, con un pesado esfuerzo, sacó del agujero el corpachón escamoso por cuyo interior había pasado medio Valencia.

¡Brrr! Y, rugiendo de hambre, abrió una bocaza que, aun vista de lejos, hizo correr un estremecimiento por las espaldas de todos los valencianos. Pero al mismo tiempo ocurrió una cosa portentosa. El combatiente dejó caer al suelo la capa y la capucha, y todo el pueblo se llevó las manos a los ojos como deslumbrado. Aquel hombre era un ascua luminosa, una llama que marchaba rectamente hacia el dragón, un fantasma de fuego que no podía ser contemplado más de un segundo. Iba cubierto con una vestidura de cristal, con una armadura de espejos en la que se reflejaba el sol, rodeándolo con un nimbo de deslumbrantes rayos.

La bestia, que iba a lanzarse sobre él, parpadeó temblorosa, deslumbrada, y comenzó a retroceder.

El vagabundo avanzaba arrogante y seguro de la victoria, como en la leyenda wagneriana el valeroso Sigfrido marchaba al encuentro del dragón Fafner.

Los rayos de la armadura anonadaban a la fiera. Su espantable figura, reproducida en la coraza, en el escudo, en todas partes de la armadura con infinito espejismo, la turbaba, obligándola a retroceder. Al fin, cegada, confusa, presa del mareo de lo desconocido, se dejó caer en su agujero, y con un supremo esfuerzo por conservar su prestigio, abrió la bocaza para rugir: ¡Brrr!

¡Allí de la lanza! La hundió toda en las horribles fauces del deslumbrado monstruo, repitiendo los golpes entre los aplausos de la muchedumbre, que saludaba cada metido como una bendición de Dios. Los chorros de sangre negra y nauseabunda mancharon la límpida armadura, y enardecidos por la agonía del enemigo, todos los vecinos salieron al campo. Hubo algunos que por llegar antes se arrojaban de cabeza desde las murallas, siendo con esto las postreras víctimas del dragón.

Todos querían ver de cerca al monstruo y abrazar al matador.

¡Se salvó Valencia! Desde aquel día comenzó a vivir tranquila.

De tan memorable jornada no ha quedado el nombre del héroe, ni siquiera su maravillosa armadura de espejos. Sin duda se la rompieron en plena ovación, al llevarle triunfante de abrazo en abrazo.

Pero queda el dragón, con su vientre atiborrado de paja, por donde pasaron muchos de nuestros abuelos.

Y quien dude de la veracidad del suceso, no tiene más que asomarse al atrio del Colegio del Patriarca, que allí está la malvada bestia como irrecusable testigo.

(From *Cuentos Valencianos* by Vicente Blasco Ibáñez)

Gramática

1 Orthographic changing verbs

a Verbs ending in -*car* replace the *c* by *qu* when it is followed by *e*.

> *e.g. Quiero que busques el anillo.*
> I want you to look for the ring.
> *Aparqué el coche en la calle.*
> I parked the car in the street.

b Verbs ending in -*gar* place *u* after the *g* when it is followed by *e*.

> *e.g. Páguemelo mañana.*
> Pay me for it tomorrow.
> *Llegué muy tarde.*
> I arrived very late.

c Verbs ending in -*ger*, -*gir* replace the *g* by *j* when it is followed by *a* or *o*.

> *e.g. Cojo el tren a las diez.*
> I catch the train at ten.
> *¡Cójalo!*
> Catch it!

d Verbs ending in -cer, -cir, where the *c* follows a consonant, replace the *c* by *z* when it is followed by *a* or *o*.

> *e.g. Venzo.*
> I defeat.
> *Quiero que Vds. venzan al equipo inglés.*
> I want you to beat the English team.

e Verbs ending in -guir, -quir drop the *u* when it is followed by *a* or *o*. In this case the *q* becomes *c*.

> *e.g. Sigo leyendo.*
> I carry on reading.
> *Quieren que sigamos cantando.*
> They want us to carry on singing.

2 All the above changes take place to preserve the sound of the stem of the verb. Other changes are also made as follows:

a Verbs ending in -zar replace the *z* by *c* when it is followed by *e*.

> *e.g. Cacé al conejo.*   I chased the rabbit.

b Verbs ending in -iar, -uar place an accent on the *i* or *u* before an unstressed ending.

> *e.g. Me envía un paquete.*   He is sending me a parcel.
> *Continúan trabajando.*   They continue working.

c Verbs ending in -ller, -llir, -ñer, -ñir omit the *i* of any ending in *ió* or *ie*.

> *e.g. Riñó con su hermano.*   He quarrelled with his brother.
> *Se zambulleron en el río.*   They dived into the river.

d Verbs ending in -aer, -eer, -oer, -oír, -uir change the *i* of any ending in *ió* or *ie* to *y*.

> *e.g. Les oyó en el jardín.*   She heard them in the garden.
> *Leyeron la carta.*   They read the letter.
> *Cayó al agua.*   He fell into the water.
> *Huyeron a toda prisa.*   They fled as fast as they could.

3 Oler (to smell)

Present Indicative		Present Subjunctive	
huelo	olemos	huela	olamos
hueles	oléis	huelas	oláis
huele	huelen	huela	huelan

All other parts of this verb are formed quite regularly without the addition of *h*.
Note that *oler a* means 'to smell of',
e.g. *Huele a ajo.* It smells of garlic.

4 Further use of the Subjunctive

The Subjunctive is often found in certain fixed expressions such as:

sea lo que sea	be that as it may
que yo sepa/supiese	as far as I know/knew
haga lo que haga	whatever he may do
pase lo que pase	whatever may happen
sea quien sea	whoever he may be
diga lo que quiera	whatever he may say

Ejercicios

A Conteste en español.

1 ¿Qué hizo el dragón cuando vio acercarse al vagabundo?
2 ¿Qué llevaba el vagabundo debajo de su capa?
3 ¿Cómo le describe el autor?
4 ¿Qué hizo la bestia al mirar su vestidura de cristal?
5 ¿A quién se parecía el vagabundo según el autor?
6 ¿Qué vio el dragón en los espejos de su enemigo?
7 ¿Cómo mató el vagabundo al monstruo?
8 ¿Cómo se sabe que esto le gustó a la muchedumbre?
9 ¿Cómo era la sangre de la fiera?
10 ¿Quiénes eran las últimas víctimas del dragón?
11 ¿Cómo se llamaba el vagabundo?
12 ¿Por qué se cree que no ha quedado su armadura?
13 ¿Qué hicieron después con el dragón?

14 ¿Dónde se tiene que ir si no se cree la historia?
15 ¿Qué se hallará aquí?

B Rewrite the following in the Past putting the verb in *italics* in the Preterite.

1 No *pagaré* más de quinientas pesetas por la habitación.
2 No sé por qué mis tíos *riñen*.
3 La abuela *lee* la carta que le han enviado sus nietos.
4 *Busco* el billete de cien que me ha dado mi padre.
5 El viejo se *zambulle* en el mar para salvar al niño.
6 Unos chicos traviesos *huyen* por la calle riendo y gritando.
7 *Empezaré* a estudiar el árabe el lunes.
8 De repente el caballo *cae* muerto al suelo.
9 *Comenzaré* a preparar la cena a las nueve.
10 Todos los marineros *oyen* un ruido misterioso que viene del barco.

C Place the verbs in brackets in the correct tense and form of the Subjunctive.

1 El abogado quiere que la policía (buscar) la carta perdida.
2 Antes de que Vds. (coger) el tren, tomen una copa conmigo en este café.
3 Sentimos mucho que el concurso no (empezar) antes de las tres.
4 Quizás los obreros (continuar) haciéndolo mañana por la mañana.
5 Su madre mandó que ellos no (reñir) más.
6 No había nadie en el pueblo que (oír) los gritos de su víctima.
7 Hasta que nosotros (vencer) a nuestros enemigos, debéis quedar aquí.
8 Dígale a Juan que nos (pagar) el vino en seguida.
9 Cuando (comenzar) las vacaciones voy a Suiza.
10 Puedes llevar el cuadro contigo con tal que me (enviar) el dinero hoy mismo.
11 Todos temían que el vagabundo se (zambullir) en el lago y se (ahogar).
12 Mi vecino me entregó su diario para que yo (leer) el artículo.

13 No creo que nosotros (llegar) a Madrid a tiempo.
14 Mis padres están muy contentos de que yo (seguir) estudiando en la Universidad.
15 Si tú (caer) desde lo alto, te matarías.

D Translate into Spanish.

1 Be that as it may you are to be at the harbour at half past six exactly.
2 The judge does not realise how important this knife is.
3 He may say what he likes but I shall not agree to give it to him.
4 Whoever he may be, do not tell him what we have seen.
5 Whatever he may do he'll never find the chest I put the treasure in.
6 Scarcely had the fair been opened when it began to pour with rain.
7 Nobody dared to go near the river at night.
8 Whatever may happen do not leave the cottage until we return.
9 We shall take advantage of the mist to escape.
10 There is an inn, as far as I know, but I do not know this road.

E *Either* retell in Spanish (150–200 words) the legend of *El dragón del Patriarca.*

Or write an introductory letter about yourself to a prospective Spanish penfriend. Tell him/her all about yourself, your interests and hobbies, your family, your town, your school etc.

F Conteste en español.

1 ¿Cree Vd. en los fantasmas?
2 ¿Ha visto Vd. un fantasma? ¿Dónde y cuándo?
3 ¿Ha fingido Vd. ser fantasma para dar miedo a alguien?
4 ¿Qué se dice en Inglaterra si se rompe un espejo?
5 ¿Para qué llevaban armadura los guerreros antiguos?

6 ¿Para qué sirve un escudo?
7 ¿Qué diferencia hay entre una cereza y una cerveza?
8 ¿Qué diferencia hay entre un naranjo y una naranja?
9 ¿Para qué sirven los focos en un estadio de fútbol?
10 ¿De qué es la camisa/blusa que lleva Vd. hoy?
11 ¿Vive Vd. en el barrio más viejo de su ciudad?
12 ¿Por qué son importantes los bomberos?
13 ¿Ha probado Vd. calamares en su tinta?
14 ¿Para qué sirve la calefacción central?

G Vicente Blasco Ibáñez was one of Spain's best known novelists and several of his novels have been filmed. Find out which ones they were, when he lived, and something about his very interesting and colourful life.

H Translate into Spanish:

After leaving school I spent seven months in Spain teaching English to enthusiastic Spaniards who paid for a course at a Language School or came to my flat as private pupils. I had the opportunity to meet a great number of very interesting people.

One of my most intelligent pupils was an old man whose favourite pastime was to read books by famous politicians. We had many long discussions about who was the most important man in Europe. These conversations became almost violent when another of my pupils, a young man from Barcelona, was with us. 'No one,' he declared, 'has done as much for the ordinary man as Karl Marx.'

However, my life consisted of more than the school work. Fortunately, I also taught many attractive girls and went with them to the beach, to the cinema and to parties. One of the girls invited me to her home when we had been going out together for several weeks. We wrote to each other after I returned to England and, some months later, we got married.

(*University of Cambridge Local Examinations Syndicate, June 1979*)

I Study the pictures and use them as a basis for a composition in Spanish.

Appendices

Appendix one

Los países (countries) y los habitantes (inhabitants)

El país		El habitante
Albania	*Albania*	*el albanés (-a)*
Algeria	*Argelia*	*el argelino (-a)*
Austria	*Austria*	*el austriaco (-a)*
Belgium	*Bélgica*	*el belga*
Brazil	*El Brasil*	*el brasileño (-a)*
Bulgaria	*Bulgaria*	*el búlgaro (-a)*
China	*La China*	*el chino (-a)*
Czechoslovakia	*Checoslovaquia*	*el checoslovaco (-a)*
Denmark	*Dinamarca*	*el danés (-a)*
England	*Inglaterra*	*el inglés (-a)*
Finland	*Finlandia*	*el finlandés (-a)*
France	*Francia*	*el francés (-a)*
Germany	*Alemania*	*el alemán (-a)*
Great Britain	*Gran Bretaña*	*el británico (-a)*
Greece	*Grecia*	*el griego (-a)*
Hungary	*Hungría*	*el húngaro (-a)*
India	*La India*	*el indio (-a)*
Italy	*Italia*	*el italiano (-a)*
Japan	*El Japón*	*el japonés (-a)*
Luxembourg	*Luxemburgo*	*el luxemburgués (-a)*
Mexico	*Méjico*	*el mejicano (-a)*
Morocco	*Marruecos*	*el marroquí*
Netherlands	*Holanda*	*el holandés (-a)*
Northern Ireland	*Irlanda del Norte*	*el irlandés (-a)*
Norway	*Noruega*	*el noruego (-a)*
Peru	*El Perú*	*el peruano (-a)*
Philippines	*Las Filipinas*	*el filipino (-a)*
Poland	*Polonia*	*el polaco (-a)*
Portugal	*Portugal*	*el portugués (-a)*
Republic of Ireland	*La República de Irlanda*	*el irlandés (-a)*
Romania	*Romania*	*el rumano (-a)*
Russia	*Rusia*	*el ruso (-a)*
Scotland	*Escocia*	*el escocés (-a)*
Spain	*España*	*el español (-a)*
Soviet Union	*La Unión Soviética*	*el soviético (-a)*
Sweden	*Suecia*	*el sueco (-a)*
Switzerland	*Suiza*	*el suizo (-a)*
Turkey	*Turquía*	*el turco (-a)*
U.S.A.	*Los Estados Unidos*	*el norteamericano (-a)*
U.S.S.R.	*La U.R.S.S.*	*el soviético (-a)*
Wales	*Gales*	*el galés (-a)*
West Indies	*Las Antillas*	*el antillano (-a)*
Yugoslavia	*Yugoslavia*	*el yugoslavo (-a)*

This list is selective and has been chosen in accordance with the likely needs of students. Latin American countries not listed have the same form as in English.

Los idiomas (languages)

el albanés	Albanian	el húngaro	Hungarian
el alemán	German	el inglés	English
el árabe	Arabic	el irlandés	Irish, Erse
el búlgaro	Bulgarian	el italiano	Italian
el castellano	Spanish	el japonés	Japanese
el catalán	Catalan	el latín	Latin
el checo	Czech	la lengua finesa	Finnish
el chino	Chinese	el noruego	Norwegian
el danés	Danish	el polaco	Polish
el español	Spanish	el portugués	Portuguese
el francés	French	el rumano	Romanian
el gaélico	Gaelic	el ruso	Russian
el galés	Welsh	el servo-croata	Serbo-Croat
el griego	Greek	el sueco	Swedish
el hebreo	Hebrew	el turco	Turkish
el holandés	Dutch	el vascuence	Basque

Unas ciudades y regiones de España

Región	Adjetivo/ Habitante	Ciudad	Adjetivo/ Habitante
Andalucía	andaluz	Alicante	alicantino
Aragón	aragonés	Barcelona	barcelonés
Asturias	asturiano	Bilbao	bilbaino
Las (Islas) Baleares	baleárico	Córdoba	cordobés
Las (Islas) Canarias	canario	Granada	granadino
Castilla	castellano	Madrid	madrileño
Cataluña	catalán	Málaga	malagueño
Extremadura	extremeño	Murcia	murciano
Galicia	gallego	Sevilla	sevillano
León	leonés	Valencia	valenciano
Mallorca	mallorquín	Valladolid	vallisoletano
Navarra	navarro	Zaragoza	zaragozano
Las Vascongadas/ El país vasco	vasco		

Conteste en español.

1 ¿Cuáles son los países de Gran Bretaña?
2 ¿Qué idiomas se hablan en Gran Bretaña?
3 ¿Cuáles son las lenguas de Suiza?
4 ¿En qué países europeos se habla alemán?
5 ¿En qué países europeos se habla francés?
6 ¿Qué lengua hablan los marroquíes?
7 ¿Qué lengua hablan los yugoslavos?
8 ¿Cuál es el país más grande de Europa?
9 ¿Qué lenguas hablan los filipinos?
10 ¿Qué lenguas se hablan en las Antillas?
11 ¿Qué lenguas se hablan en España?
12 ¿De qué nacionalidad son los canarios y los mallorquines?

Appendix two
Verbs
Regular Verbs

Infinitive	*Participles*	*Present Indicative*	*Imperative*	*Imperfect*	*Preterite*
mirar	mirando	miro	mira	miraba	miré
(*to look at*)	mirado	miras	mirad	mirabas	miraste
		mira		miraba	miró
		miramos		mirábamos	miramos
		miráis		mirabais	mirasteis
		miran		miraban	miraron
comer	comiendo	como	come	comía	comí
(*to eat*)	comido	comes	comed	comías	comiste
		come		comía	comió
		comemos		comíamos	comimos
		coméis		comíais	comisteis
		comen		comían	comieron
vivir	viviendo	vivo	vive	vivía	viví
(*to live*)	vivido	vives	vivid	vivías	viviste
		vive		vivía	vivió
		vivimos		vivíamos	vivimos
		vivís		vivíais	vivisteis
		viven		vivían	vivieron

Radiçal changing Verbs

mostrar (ue)	mostrando	muestro	muestra	mostraba	mostré
(*to show*)	mostrado	muestras	mostrad	mostrabas	mostraste
		muestra		mostraba	mostró
		mostramos		mostrábamos	mostramos
		mostráis		mostrabais	mostrasteis
		muestran		mostraban	mostraron
pensar (ie)	pensando	pienso	piensa	pensaba	pensé
(*to think*)	pensado	piensas	pensad	pensabas	pensaste
		piensa		pensaba	pensó
		pensamos		pensábamos	pensamos
		pensáis		pensabais	pensasteis
		piensan		pensaban	pensaron
pedir (i)	pidiendo	pido	pide	pedía	pedí
(*to ask for*)	pedido	pides	pedid	pedías	pediste
		pide		pedía	pidió
		pedimos		pedíamos	pedimos
		pedís		pedíais	pedisteis
		piden		pedían	pidieron

Future	Conditional	Present Subjunctive	Imperfect Subjunctive	Similar
miraré	miraría	mire	mirara/mirase	All regular
mirarás	mirarías	mires	miraras/mirases	-AR verbs
mirará	miraría	mire	mirara/mirase	
miraremos	miraríamos	miremos	miráramos/mirásemos	
miraréis	miraríais	miréis	mirarais/miraseis	
mirarán	mirarían	miren	miraran/mirasen	
comeré	comería	coma	comiera/comiese	All regular
comerás	comerías	comas	comieras/comieses	-ER verbs
comerá	comería	coma	comiera/comiese	
comeremos	comeríamos	comamos	comiéramos/comiésemos	
comeréis	comeríais	comáis	comierais/comieseis	
comerán	comerían	coman	comieran/comiesen	
viviré	viviría	viva	viviera/viviese	All regular
vivirás	vivirías	vivas	vivieras/vivieses	-IR verbs
vivirá	viviría	viva	viviera/viviese	
viviremos	viviríamos	vivamos	viviéramos/viviésemos	
viviréis	viviríais	viváis	vivierais/vivieseis	
vivirán	vivirían	vivan	vivieran/viviesen	
mostraré	mostraría	muestre	mostrara/mostrase	All o-ue
mostrarás	mostrarías	muestres	mostraras/mostrases	radical
mostrará	mostraría	muestre	mostrara/mostrase	changing
mostraremos	mostraríamos	mostremos	mostráramos/mostrásemos	verbs in-AR
mostraréis	mostraríais	mostréis	mostrarais/mostraseis	and -ER*
mostrarán	mostrarían	muestren	mostraran/mostrasen	
pensaré	pensaría	piense	pensara/pensase	All e-ie
pensarás	pensarías	pienses	pensaras/pensases	radical
pensará	pensaría	piense	pensara/pensase	changing
pensaremos	pensaríamos	pensemos	pensáramos/pensásemos	verbs in -AR
pensaréis	pensaríais	penséis	pensarais/pensaseis	and -ER*
pensarán	pensarían	piensen	pensaran/pensasen	
pediré	pediría	pida	pidiera/pidiese	All e-i
pedirás	pedirías	pidas	pidieras/pidieses	radical
pedirá	pediría	pida	pidiera/pidiese	changing
pediremos	pediríamos	pidamos	pidiéramos/pidiésemos	verbs
pediréis	pediríais	pidáis	pidierais/pidieseis	
pedirán	pedirían	pidan	pidieran/pidiesen	

* endings according to conjugation

Infinitive	*Participles*	*Present Indicative*	*Imperative*	*Imperfect*	*Preterite*
dormir (ue) (*to sleep*)	durmiendo dormido	duermo duermes duerme dormimos dormís duermen	duerme dormid	dormía dormías dormía dormíamos dormíais dormían	dormí dormiste durmió dormimos dormisteis durmieron
sentir (ie) (*to feel*)	sintiendo sentido	siento sientes siente sentimos sentís sienten	siente sentid	sentía sentías sentía sentíamos sentíais sentían	sentí sentiste sintió sentimos sentisteis sintieron

Irregular Verbs

andar (*to walk*)	andando andado	ando andas etc.	anda andad	andaba andabas etc.	anduve anduviste anduvo anduvimos anduvisteis anduvieron
caber (*to be room for*)	cabiendo cabido	quepo cabes cabe cabemos cabéis caben	——	cabía cabías cabía cabíamos cabíais cabían	cupe cupiste cupo cupimos cupisteis cupieron
caer (*to fall*)	cayendo caído	caigo caes cae caemos caéis caen	cae caed	caía caías etc.	caí caíste cayó caímos caísteis cayeron
conducir (*to drive*)	conduciendo conducido	conduzco conduces conduce conducimos conducís conducen	conduce conducid	conducía conducías etc.	conduje condujiste condujo condujimos condujisteis condujeron

Future	Conditional	Present Subjunctive	Imperfect Subjunctive	Similar
dormiré	dormiría	duerma	durmiera/durmiese	All o-ue
dormirás	dormirías	duermas	durmieras/durmieses	radical
dormirá	dormiría	duerma	durmiera/durmiese	changing
dormiremos	dormiríamos	durmamos	durmiéramos/durmiésemos	verbs in -IR
dormiréis	dormiríais	durmáis	durmierais/durmieseis	
dormirán	dormirían	duerman	durmieran/durmiesen	
sentiré	sentiría	sienta	sintiera/sintiese	All e-ie
sentirás	sentirías	sientas	sintieras/sintieses	radical
sentirá	sentiría	sienta	sintiera/sintiese	changing
sentiremos	sentiríamos	sintamos	sintiéramos/sintiésemos	verbs in -IR
sentiréis	sentiríais	sintáis	sintierais/sintieseis	
sentirán	sentirían	sientan	sintieran/sintiesen	

andaré	andaría	ande	anduviera/anduviese	
andarás etc.	andarías etc.	andes etc.	anduvieras/anduvieses	
			anduviera/anduviese	
			anduviéramos/anduviésemos	
			anduvierais/anduvieseis	
			anduvieran/anduviesen	

cabré	cabría	quepa	cupiera/cupiese	
cabrás	cabrías	quepas	cupieras/cupieses	
cabrá	cabría	quepa	cupiera/cupiese	
cabremos	cabríamos	quepamos	cupiéramos/cupiésemos	
cabréis	cabríais	quepáis	cupierais/cupieseis	
cabrán	cabrían	quepan	cupieran/cupiesen	

caeré	caería	caiga	cayera/cayese	
caerás etc.	caerías etc.	caigas	cayeras/cayeses	
		caiga	cayera/cayese	
		caigamos	cayéramos/cayésemos	
		caigáis	cayerais/cayeseis	
		caigan	cayeran/cayesen	

conduciré	conduciría	conduzca	condujera/condujese	Verbs ending
conducirás	conducirías	conduzcas	condujeras/condujeses	in -DUCIR
etc.	etc.	conduzca	condujera/condujese	
		conduzcamos	condujéramos/condujésemos	
		conduzcáis	condujerais/condujeseis	
		conduzcan	condujeran/condujesen	

Infinitive	Participles	Present Indicative	Imperative	Imperfect	Preterite
dar (*to give*)	dando dado	doy das da damos dais dan	da dad	daba dabas etc.	di diste dio dimos disteis dieron
decir (*to say*)	diciendo dicho	digo dices dice decimos decís dicen	di decid	decía decías etc.	dije dijiste dijo dijimos dijisteis dijeron
estar (*to be*)	estando estado	estoy estás está estamos estáis están	está estad	estaba estabas etc.	estuve estuviste estuvo estuvimos estuvisteis estuvieron
haber (*to have*)	habiendo habido	he has ha hemos habéis han	—— ——	había habías etc.	hube hubiste hubo hubimos hubisteis hubieron
hacer (*to do*)	haciendo hecho	hago haces hace hacemos hacéis hacen	haz haced	hacía hacías etc.	hice hiciste hizo hicimos hicisteis hicieron
huir (*to flee*)	huyendo huido	huyo huyes huye huimos huis huyen	huye huid	huía huías etc.	hui huiste huyó huimos huisteis huyeron
ir (*to go*)	yendo ido	voy vas va vamos vais van	ve id	iba ibas iba íbamos ibais iban	fui fuiste fue fuimos fuisteis fueron

Future	*Conditional*	*Present Subjunctive*	*Imperfect Subjunctive*	*Similar*
daré	daría	dé	diera/diese	
darás etc.	darías etc.	des	dieras/dieses	
		dé	diera/diese	
		demos	diéramos/diésemos	
		deis	dierais/dieseis	
		den	dieran/diesen	
diré	diría	diga	dijera/dijese	
dirás	dirías	digas	dijeras/dijeses	
dirá	diría	diga	dijera/dijese	
diremos	diríamos	digamos	dijéramos/dijésemos	
diréis	diríais	digáis	dijerais/dijeseis	
dirán	dirían	digan	dijeran/dijesen	
estaré	estaría	esté	estuviera/estuviese	
estarás etc	estarías etc.	estés	estuvieras/estuvieses	
		esté	estuviera/estuviese	
		estemos	estuviéramos/estuviésemos	
		estéis	estuvierais/estuvieseis	
		estén	estuvieran/estuviesen	
habré	habría	haya	hubiera/hubiese	
habrás	habrías	hayas	hubieras/hubieses	
habrá	habría	haya	hubiera/hubiese	
habremos	habríamos	hayamos	hubiéramos/hubiésemos	
habréis	habríais	hayáis	hubierais/hubieseis	
habrán	habrían	hayan	hubieran/hubiesen	
haré	haría	haga	hiciera/hiciese	
harás	harías	hagas	hicieras/hicieses	
hará	haría	haga	hiciera/hiciese	
haremos	haríamos	hagamos	hiciéramos/hiciésemos	
haréis	haríais	hagáis	hicierais/hicieseis	
harán	harían	hagan	hicieran/hiciesen	
huiré	huiría	huya	huyera/huyese	Verbs ending
huirás etc.	huirías etc.	huyas	huyeras/huyeses	in-UIR (but
		huya	huyera/huyese	not -GUIR)
		huyamos	huyéramos/huyésemos	
		huyáis	huyerais/huyeseis	
		huyan	huyeran/huyesen	
iré	iría	vaya	fuera/fuese	
irás etc.	irías etc.	vayas	fueras/fueses	
		vaya	fuera/fuese	
		vayamos	fuéramos/fuésemos	
		vayáis	fuerais/fueseis	
		vayan	fueran/fuesen	

Infinitive	*Participles*	*Present Indicative*	*Imperative*	*Imperfect*	*Preterite*
morir (ue) (*to die*)	muriendo muerto	muero mueres etc.	muere morid	moría morías etc.	morí moriste murió morimos moristeis murieron
oír (*to hear*)	oyendo oído	oigo oyes oye oímos oís oyen	oye oíd	oía oías etc.	oí oíste oyó oímos oísteis oyeron
oler (ue) (*to smell*)	oliendo olido	huelo hueles huele olemos oléis huelen	huele oled	olía olías etc.	olí oliste etc.
poder (ue) (*to be able*)	pudiendo podido	puedo puedes etc.	—— ——	podía podías etc.	pude pudiste pudo pudimos pudisteis pudieron
poner (*to put*)	poniendo puesto	pongo pones pone ponemos ponéis ponen	pon poned	ponía ponías etc.	puse pusiste puso pusimos pusisteis pusieron
querer (ie) (*to want*)	queriendo querido	quiero quieres etc.	quiere quered	quería querías etc.	quise quisiste quiso quisimos quisisteis quisieron
saber (*to know*)	sabiendo sabido	sé sabes sabe sabemos sabéis saben	sabe sabed	sabía sabías etc.	supe supiste supo supimos supisteis supieron

Future	Conditional	Present Subjunctive	Imperfect Subjunctive	Similar
moriré	moriría	muera	muriera/muriese	
morirás etc.	morirías etc.	mueras	murieras/murieses	
		muera	muriera/muriese	
		moramos	muriéramos/muriésemos	
		moráis	murierais/murieseis	
		mueran	murieran/muriesen	
oiré	oiría	oiga	oyera/oyese	
oirás etc.	oirías etc.	oigas	oyeras/oyeses	
		oiga	oyera/oyese	
		oigamos	oyéramos/oyésemos	
		oigáis	oyerais/oyeseis	
		oigan	oyeran/oyesen	
oleré	olería	huela	oliera/oliese	
olerás	olerías	huelas	olieras/olieses etc.	
etc.	etc.	huela		
		olamos		
		oláis		
		huelan		
podré	podría	pueda	pudiera/pudiese	
podrás	podrías	puedas	pudieras/pudieses	
podrá	podría	pueda	pudiera/pudiese	
podremos	podríamos	podamos	pudiéramos/pudiésemos	
podréis	podríais	podáis	pudierais/pudieseis	
podrán	podrían	puedan	pudieran/pudiesen	
pondré	pondría	ponga	pusiera/pusiese	Compounds of
pondrás	pondrías	pongas	pusieras/pusieses	poner such as
pondrá	pondría	ponga	pusiera/pusiese	componer, pro-
pondremos	pondríamos	pongamos	pusiéramos/pusiésemos	poner, suponer
pondréis	pondríais	pongáis	pusierais/pusieseis	etc.
pondrán	pondrían	pongan	pusieran/pusiesen	
querré	querría	quiera	quisiera/quisiese	
querrás	querrías	quieras	quisieras/quisieses	
querrá	querría	quiera	quisiera/quisiese	
querremos	querríamos	queramos	quisiéramos/quisiésemos	
querréis	querríais	queráis	quisierais/quisieseis	
querrán	querrían	quieran	quisieran/quisiesen	
sabré	sabría	sepa	supiera/supiese	
sabrás	sabrías	sepas	supieras/supieses	
sabrá	sabría	sepa	supiera/supiese	
sabremos	sabríamos	sepamos	supiéramos/supiésemos	
sabréis	sabríais	sepáis	supierais/supieseis	
sabrán	sabrían	sepan	supieran/supiesen	

Infinitive	Participles	Present Indicative	Imperative	Imperfect	Preterite
salir (to go out)	saliendo salido	salgo sales sale salimos salís salen	sal salid	salía salías etc.	salí saliste etc.
ser (to be)	siendo sido	soy eres es somos sois son	sé sed	era eras era éramos erais eran	fui fuiste fue fuimos fuisteis fueron
tener (to have)	teniendo tenido	tengo tienes tiene tenemos tenéis tienen	ten tened	tenía tenías etc.	tuve tuviste tuvo tuvimos tuvisteis tuvieron
traer (to carry)	trayendo traído	traigo traes trae traemos traéis traen	trae traed	traía traías etc.	traje trajiste trajo trajimos trajisteis trajeron
valer (to be worth)	valiendo valido	valgo vales vale valemos valéis valen	—— ——	valía valías etc.	valí valiste etc.
venir (to come)	viniendo venido	vengo vienes viene venimos venís vienen	ven venid	venía venías etc.	vine viniste vino vinimos vinisteis vinieron
ver (to see)	viendo visto	veo ves ve vemos veis ven	ve ved	veía veías veía veíamos veíais veían	vi viste vio vimos visteis vieron

N.B. For orthographic changing verbs see the grammar section of Lesson 45.

Future	*Conditional*	*Present Subjunctive*	*Imperfect Subjunctive*	*Similar*
saldré	saldría	salga	saliera/saliese	
saldrás	saldrías	salgas	salieras/salieses etc.	
saldrá	saldría	salga		
saldremos	saldríamos	salgamos		
saldréis	saldríais	salgáis		
saldrán	saldrían	salgan		
seré	sería	sea	fuera/fuese	
serás	serías	seas	fueras/fueses	
etc.	etc.	sea	fuera/fuese	
		seamos	fuéramos/fuésemos	
		seáis	fuerais/fueseis	
		sean	fueran/fuesen	
tendré	tendría	tenga	tuviera/tuviese	Compounds of tener
tendrás	tendrías	tengas	tuvieras/tuvieses	such as contener,
tendrá	tendría	tenga	tuviera/tuviese	mantener,
tendremos	tendríamos	tengamos	tuviéramos/tuviésemos	sostener
tendréis	tendríais	tengáis	tuvierais/tuvieseis	
tendrán	tendrían	tengan	tuvieran/tuviesen	
traeré	traería	traiga	trajera/trajese	Compounds of traer
traerás	traerías	traigas	trajeras/trajeses	such as contraer,
etc.	etc.	traiga	trajera/trajese	sustraer
		traigamos	trajéramos/trajésemos	
		traigáis	trajerais/trajeseis	
		traigan	trajeran/trajesen	
valdré	valdría	valga	valiera/valiese	
valdrás	valdrías	valgas	valieras/valieses etc.	
valdrá	valdría	valga		
valdremos	valdríamos	valgamos		
valdréis	valdríais	valgáis		
valdrán	valdrían	valgan		
vendré	vendría	venga	viniera/viniese	Compounds of
vendrás	vendrías	vengas	vinieras/vinieses	venir such as
vendrá	vendría	venga	viniera/viniese	convenir
vendremos	vendríamos	vengamos	viniéramos/viniésemos	
vendréis	vendríais	vengáis	vinierais/vinieseis	
vendrán	vendrían	vengan	vinieran/viniesen	
veré	vería	vea	viera/viese	
verás	verías	veas	vieras/vieses etc.	
etc.	etc.	vea		
		veamos		
		veáis		
		vean		

Appendix three

Vocabulario: español – inglés

A

a 2 to
abandonar 28 to leave, abandon
el abanico 39 fan
abierto 32 open
el abogado 22 lawyer
abrazar 45 to embrace, hug
el abrazo 17 hug, embrace
el abrigo 21 overcoat
abril 8 April
abrir 5 to open
abrir paso 27 to make way
  en un abrir y cerrar de ojos 44 in the
  twinkling of an eye
en absoluto 33 not at all, not in the
  least
la abuela 22 grandmother
el abuelo 22 grandfather
los abuelos 22 grandparents
aburrido 16 bored, boring
aburrirse 16 to get bored
acabar 16 to finish
acabar de 14 to have just
acariciar 43 to stroke, caress
acaso 44 perhaps
el accidente 27 accident
el aceite 21 olive oil 27 oil
la aceituna 15 olive
aceptar 18 to accept
la acequia 42 irrigation channel
la acera 22 pavement
acerca de 20 about, concerning
acercarse a 13 to approach
acometer 42 to attack
acompañar 5 to accompany, go with
aconsejar 19 to advise
acordarse (ue) de 13 to remember
acostarse (ue) 19 to go to bed
el actor 38 actor
la actriz 38 actress
actual 36 present, current
actualmente 38 at present
acudir 40 to come, arrive

el acuerdo 9 agreement
acusar 45 to accuse
¡adelante! 2 come in!
además 9 besides, moreover
adentro 28 inside
adiós 10 goodbye
adjuntar 44 to enclose
admirar 34 to admire, wonder at
admitir 34 to admit
¿adónde? 10 where ... to?
la aduana 32 customs
el aduanero 37 customs officer
advertir (ie) 37 to warn
el aeropuerto 10 airport
afeitarse 12 to shave
la afición 39 supporters
ser aficionado a 2 to be keen on
afortunadamente 27 fortunately
las afueras 43 outskirts, suburbs
agazaparse 43 to crouch
la agencia publicitoria 36 advertising
  agency
la agencia de viajes 10 travel agency
el agente 10 agent; policeman
agitarse 44 to wave, move
agolparse 44 to crowd
la agonía 45 agony
agosto 8 August
agradable 5 pleasant, agreeable
agradecer 37 to thank, be grateful
agradecido 19 grateful
el agua (fem.) 18 water
aguantar 19 to bear, put up with
aguardar 42 to wait
el agujero 42 hole
ahí 28 there
ahogarse 26 to drown
ahora 2 now
ahora mismo 42 right now
el aire 3 air
  al aire libre 15 in the open air
el aire acondicionado 33 air conditioning

aislado 28 isolated, remote
el ajo 18 garlic
al = a + el 2 to the
la alarma 42 alarm
el albaricoque 35 apricot
alborotarse 40 to be thrown into confusion
el alcalde 25 mayor
la alcoba 29 bedroom
la aldaba 29 door knocker
la aldea 27 village
alegrar 38 to please
alegre 43 happy
alejarse 32 to move away, leave
la alfombra 1 carpet
algo 5 something, anything 28 rather
algo más 4 anything else
el algodón 23 cotton
alguien 5 somebody, someone
alguno 5 some, any
el aliento 13 breath
  sin aliento 13 out of breath
el almacén 25 department store
la almena 42 merlon (of battlements)
la almendra 35 almond
almorzar (ue) 15 to have lunch
el almuerzo 4 lunch
alquilar 9 to hire, rent
alrededor 37 around
alrededor de 42 round, about
el altavoz 37 loudspeaker
alto 3 tall, high
  lo alto de 37 the top of
la altura 40 height
el/la alumno/a 2 pupil
allá 9 there
allí 1 there
el ama de casa (fem.) 41 housewife, housekeeper
la amabilidad 26 kindness
amable 20 kind
amanecer 29 to dawn
amargo 42 bitter
amarillo 4 yellow
amarrado 24 moored, drawn up
el ambiente 39 atmosphere
ambos 24 both
la ambulancia 27 ambulance
la amenaza 25 threat
amenazar 39 to threaten
América del Sur 20 South America
americano 25 American
el/la amigo/a 2 friend

amistoso 39 friendly
el amplificador 38 amplifier
amplio 42 ample, extensive
anciano 32 old
ancho 25 wide, broad
la anchura 40 width, breadth
andaluz 18 Andalusian
andar 3 to go (machines); to walk
el andén 7 platform
anhelante 44 desirous, panting
el anillo 23 ring
la animación 22 excitement, animation
animado 39 lively
el animal 28 animal
animarse 16 to cheer up, liven up
anoche 21 last night
anochecer 32 to grow dark, fall (of night)
anonadar 45 to annihilate
la ansiedad 44 worry, anxiety
ansioso 43 worried, anxious
el ante 8 suede
ante 42 before
anteayer 26 the day before yesterday
anterior 32 previous, before
antes de 4 before
antes de que 31 before
de anticipación 37 in advance
antiguo 34 old, ancient
anular 39 to disallow
anunciar 37 to announce
el anuncio 9 announcement, advertisement
añadir 34 to add
el año 8 year
el año pasado 21 last year
apagar 20 to switch off, put out
el aparato 43 show, pomp
el aparcamiento 31 car park
aparcar 35 to park
aparecer 13 to appear
apenas 27 scarcely, hardly
aplastado 42 flattened, crushed
el aplauso 45 applause
el aplomo 25 aplomb
apostar (ue) 16 to bet, 44 to station
apreciado 38 dear (in letters)
aprender 4 to learn
aprobar (ue) 38 to pass (exams)
aprovechar 32 to take advantage of
aprovecharse de 31 to take advantage of

aproximarse a 27 to catch up, draw
   near
aquel, aquella 13 that
aquello 28 that
aquí 2 here
árabe 24 Arab, Arabic
el árbitro 39 referee
el árbol 2 tree
la arena 24 sand
argentino 36 Argentinian
árido 28 dry, arid
el arma (fem.) 44 weapon, arm
la armadura 45 armour
el armario 3 cupboard
el arquitecto 5 architect
arrancar 40 to tear off/out
arrastrarse 43 to crawl
arreglar 10 to arrange
arremeter contra 40 to attack
arrepentirse (ie) 39 to repent
arrogante 45 arrogant, haughty
arrojarse 45 to hurl oneself
el arroz 21 rice
el arte (fem.) 43 art
el artículo 27 article
el artista 41 artist
asado 18 roast
el ascensor 5 lift
las ascuas 45 embers
asegurar 18 to assure
el asesinato 5 murder
así 4 thus, so, therefore
así que 31 as soon as
el asiento 13 seat
asir 26 to seize, grip, grasp
asistir a 33 to attend
asomarse a 26 to lean over/out
el aspecto 25 look, appearance
el aspirador 31 vacuum cleaner
la aspirina 19 aspirin
el asunto 28 subject, affair, matter
asustado 3 startled, surprised
asustarse 25 to be startled
atar 14 to tie
la atención 27 attention
aterrizar 37 to land
atiborrar 45 to stuff with wool
atisbar 43 to pry, watch
el Atlántico 18 Atlantic
atónito 13 astonished
la atracción 38 attraction
atraído 26 attracted
atravesar (ie) 28 to cross

atreverse 36 to dare
el atrio 42 atrium
atropellar 27 to knock down
atto. y s.s. 38 yours faithfully
aturdir 44 to stun, deafen
aun 12 even
aún still, yet
aunque 5 although 38 even if, even
   though
ausente 31 absent, away
auténtico 34 authentic
el autobús 4 bus
el autocar 27 coach
la autopista 27 motorway
el autor 5 author
el auxilio 43 aid, help
avanzar 25 to advance
el ave (fem.) 40 bird, fowl
el avemaría 44 Ave Maria (prayer)
la avenida 25 avenue
la aventura 31 adventure
avergonzarse (üe) 39 to be ashamed
el aviador 41 airman
el avión 5 aeroplane
avisar 37 to warn
el aviso 32 warning
ayer 24 yesterday
la ayudante 19 assistant
ayudar 14 to help
el ayuntamiento 31 town hall
la azafata 37 air hostess, stewardess
el azúcar 12 sugar
azul 4 blue

B
bailar 38 to dance
el baile 38 dance
bajar 7 to get off, go down, get down;
   bring down
bajo 15 below, beneath, under
bajo 37 short, low
el balcón 22 balcony
el baldosín 40 tile
el baloncesto 21 basketball
el banco 4 bench; bank
la banda 38 band
la bandeja 15 tray
la bandera 39 flag
banderillear 30 to place the banderillas in bullfighting
la banderita 43 pennant
el bandido 44 bandit
bañarse 24 to bathe

el baño 29 bath; WC, loo
el bar 25 bar
barato 21 cheap
la barba 17 beard
la barbacana 44 barbican
el barco 24 boat
el barco de pesca 24 fishing boat
la barrera 13 barrier, gate
el barrio 18 district, quarter
el barro 44 mud
bastante 9 enough, quite, rather
bastar 43 to be enough/sufficient
el beato 42 blessed
beber 4 to drink
la bebida 13 drink
el belén 22 crib
el belga 27 Belgian
bello 28 beautiful, fine
la bendición 45 blessing
bendito 43 blessed
la bestia 42 beast, wild animal
la biblioteca 21 library
el bicho 43 small animal
la bicicleta 27 bicycle
bien 2 well
bienvenido 37 welcome
los bigotes 17 moustache
el billete 10 ticket
el billete (de banco) 21 (bank)note
el billete de clase turística 10 tourist
   class ticket
el billete de ida y vuelta 10 return ticket
bizantino 43 Byzantine
blanco 3 white
la blusa 23 blouse
la boca 17 mouth
la boca del metro 25 entrance to the
   metro
la bocacalle 14 street turning
el bocadillo 26 sandwich, snack
la bocaza 45 large mouth
la boda 27 wedding
la bodega 29 cellar
la boina 23 beret
el bolígrafo 22 ballpoint pen
la bolsa 21 bag
el bolsillo 13 pocket
el bolso 23 handbag
el bombero 41 fireman
bonito 4 pretty, nice
a bordo 37 on board
el bosque 26 wood
el bosquecillo 43 little wood, copse

bostezar 43 to yawn
la bota 23 boot
la botella 4 bottle
el botón 23 button
el Brasil 39 Brazil
brasileño 39 Brazilian
bravo 28 brave; rugged, wild
la bravura 33 bravery
el brazo 17 arm
el brillo 42 shine
el brujo 44 sorcerer
bueno 3 good
   buen viaje 12 bon voyage
   buenas noches 24 good night/
   evening
   buenas tardes 3 good afternoon/
   evening
   bueno, bueno 3 all right, O.K.
   buenos días 2 good morning/day
el buey 28 ox
la bufanda 23 scarf
burdo 44 coarse
el burgués 43 burgher, citizen
burlarse de 21 to make fun of
el burro 24 donkey
en busca de 43 in search of
buscar 13 to look for, search 26 to
   fetch
la butaca 33 cinema seat, stall
el buzón 25 pillar box, post box

C
la cabalgata 22 procession
el caballero 34 knight, gentleman
el caballo 28 horse
   a caballo 28 on horseback
caber 25 to be room for
   no cabe duda 12 there's no doubt
la cabeza 17 head
   de cabeza 45 at the head
el cabildo 43 chapter (ecclesiastical)
la cabra 28 goat
cada 22 each, every
cada uno 22 each one
cada vez más 28 more and more
caer 14 to fall
el café 7 café, coffee
el café cortado 18 coffee with a little
   milk
el café solo 18 black coffee
la cafetería 33 cafeteria, café, coffee
   bar; buffet
la caja 8 box 36 cash desk

el cajón 42 drawer 43 chest
los calamares 18 squid, inkfish
la calamidad 43 calamity
la calavera 17 skull
el calcetín 23 sock
la calefacción central 29 central
  heating
el calendario 44 calendar
caliente 12 hot
la calma 40 calm
el calor 11 heat
  hace calor 11 it's hot
caluroso 40 hot
calvo 17 bald
callado 3 silent, quiet
callarse 3 to be quiet
la calle 2 street
  calle abajo 25 down the street
  calle arriba 25 up the street
la calle mayor 25 main street, high
  street
la cama 16 bed
la camarera 41 waitress
el camarero 15 waiter
cambiar (de) 27 to change
cambiar opiniones 33 to discuss
el cambio 15 change
  en cambio de 44 in exchange for
el camello 22 camel
la camilla 27 stretcher
el camino 15 way 25 road
  camino de 13 on the way to
  en camino 15 on the way
el camión 27 lorry
la camisa 23 shirt
el camisón 23 nightdress
la campana 12 bell
el campeón 39 champion
el campeonato 39 championship
el campesino 28 peasant
el campo 9 country(side) 39 field
el camposanto 31 cemetery
la canción 38 song
cansado 12 tired
cansarse 39 to get tired
el cantante 8 singer
cantar 3 to sing
la cantidad 44 quantity
la caña 42 reed, cane
la caña de pescar 26 fishing rod
la cañaveral 42 cane field
la capa 23 cape, cloak
el caparazón 44 shell

la capital 8 capital (city)
el capitán 37 captain
el capítulo 5 chapter
la capucha 45 hood
la cara 17 face
¡caramba! 13 good heavens!
el caramelo 19 sweet
la cárcel 25 prison, gaol
la carga 44 load, burden
cargado de 37 laden with
caribe 37 Caribbean
la carne 17 flesh 18 meat
la carnicería 21 butcher's (shop)
el carnicero 41 butcher
caro 22 dear, expensive
el carpintero 41 carpenter
la carrera 27 race 41 University
  course, career
la carretera 27 main road
la carta 5 letter
el cartel 24 poster
la cartelera 33 picture outside cinema
la cartera 13 wallet, satchel
el cartero 8 postman
la casa 1 house
  en casa 1 at home
la casa de campo 28 country house
la casa editorial 36 publisher's
la casa industrial 37 industrial
  company
casado 33 married
casarse (con) 43 to get married (to)
el caserón 43 large house, mansion
casi 12 almost
el caso 32 case, situation
castaño 17 brown
las castañuelas 22 castanets
el castellano 34 Castilian, Spanish
castigar 3 to punish
Castilla 37 Castile
el castillo 24 castle
la casulla 43 chasuble
la catedral 5 cathedral
(el) católico 22 Catholic
catorce 4 fourteen
a causa de 28 because of
por causa de 9 because of
cautelosamente 44 carefully
cavar 24 to dig
cazar 26 to chase, hunt
la cebolla 35 onion
cegar (ie) 45 to blind
celebrar 7 to celebrate

celebrarse 30 to take place
célebre 25 famous, well-known
celeste 30 light blue
la cena 14 dinner, supper
cenagoso 42 muddy, marshy
cenar 7 to dine, have dinner/supper
censurar 41 to criticize
un centenar (de) 42 a hundred
el centímetro 40 centimetre
central 39 centre, central
el centro 31 centre, city/town centre
cepillar 29 to brush
el cepillo de dientes 12 toothbrush
la cerámica 14 pottery
cerca 26 near, nearby
cerca de 2 near (to)
cercano 26 nearby, neighbouring
el cerdo 28 pig
la cereza 35 cherry
la cerilla 36 match
cero 4 nought, zero
cerrado 32 closed, shut
cerrar (ie) 9 to close, shut
certero 44 well-aimed
certificado 36 registered
la cerveza 15 beer
cesar 26 to stop, cease
la cesta 18 basket
el ciclismo 27 cycling
el ciclista 27 cyclist
ciego 25 blind
el cielo 11 sky, heaven
el científico 41 scientist
ciento 9 hundred
cierto 22 (a) certain
el cigarrillo 28 cigarette
cinco 4 five
cincuenta 4 fifty
el cine 31 cinema
la cinta 23 ribbon, tape
la cintura 17 waist
el cinturón 23 belt
circular 25 to move (traffic)
la ciruela 35 plum
la cita 30 date, appointment
la ciudad 5 town, city
el ciudadano 42 citizen
el clamoreo 44 clamour, din
claro 18 of course; clear
claro que no 33 of course not
claro que sí 2 of course
la clase 2 class, lesson
el clero 43 clergy

el cliente 10 customer, client
el club 37 club
el cobrador 41 conductor, collector
cobrar 36 to collect, cash
la cocina 1 kitchen 18 cooking
la cocina de gas 29 gas cooker
la cocina eléctrica 29 electric cooker
cocinar 21 to cook
la cocinera 41 cook
el cocinero 41 chef, cook
el cocodrilo 42 crocodile
el coche 3 car
el coche restaurante 13 restaurant car
el codo 17 elbow
coger 4 to catch; pick up
la col 35 cabbage
la cola 12 queue; tail
el colegio 2 school
colgar (ue) 20 to hang (up)
la coliflor 35 cauliflower
la colina 38 hill
colocar 13 to put, place
el color 4 colour
    ¿de qué color es? 4 what colour is (it)?
el collar 23 collar, necklace
el combate 43 combat
el combatiente 44 combatant
la comedia 33 play
el comedor 1 dining room
comenzar (ie) 13 to begin, start
comer 4 to eat
los comestibles 12 food, provisions
la comida 18 food, meal
la comisaría 24 police station
como 16 as, like
como de costumbre 31 as usual
como si 32 as if
como siempre 10 as usual
¿cómo? 2 how? 10 what?
¿cómo es? 1 what's it like?
¿cómo está/s? 2 how are you?
cómodo 1 comfortable
comoquiera 43 however
el compacto estéreo 38 stereo unit
el compañero 31 companion
completo 33 complete
comprar 4 to buy
comprender 32 to understand
con 2 with
con tal que 32 provided that
el concierto 39 concert
concurrido 18 crowded
el concurso 24 contest, competition

el condenado 40 condemned man
la condición 43 condition
  a condición de que 32 on condition
  that
conducir 27 to lead, take, drive
el conductor 25 driver
el conejo 26 rabbit
la conexión 37 connection
la confianza 32 confidence
confundir 42 to confound, confuse
confuso 45 confused
conocer 15 to know 37 to meet
conseguir (i) 30 to obtain, succeed (in)
el consejo 19 advice
consentir (ie) 39 to consent
conservar 45 to keep, conserve
considerar 43 to consider
consistir en 12 to consist of
el constipado 19 cold
  estar constipado 19 to have a cold
construir 22 to build
consultar 20 to consult
el contable 41 accountant
contar (ue) 22 to tell; count
contemplar 25 to gaze at, contemplate
contener 22 to contain
contentarse 39 to be happy
contento 8 pleased, happy
contestar 7 to answer
continuar 9 to continue
contra 34 against
  en contra de 44 despite
conveniente 32 suitable
convenir 39 to agree
la conversación 1 conversation
convidar 36 to invite
el coñac 18 brandy
la copa 15 glass, drink
la copita 18 sherry glass
la coraza 45 armour
el corazón 17 heart
la corbata 8 tie
cordial 38 warm, friendly
cordialmente 29 cordially
el corpacrón 45 large, ugly body
el corral 28 yard
Correos 33 Post Office
correr 4 to run
la corrida 28 bullfight
la corriente 26 current
la corriente de aire 32 draught
cortar 14 to cut
la Corte 33 Court, Madrid

Las Cortes 33 Spanish Parliament
cortés 37 polite
la cortesía 25 politeness, courtesy
la cortina 29 curtain
corto 17 short
la cosa 15 thing
coser 9 to sew
la costa 9 coast
costar (ue) 10 to cost
la costilla 17 rib
la cotización 36 rate of exchange
el cráneo 43 cranium
creer 4 to think, believe
  creo que no 30 I don't think so
  creo que sí 19 I think so
la crema cream
la cremallera 23 zip fastener
la criada 29 maid, servant
el criado 41 servant
criar 28 to rear, raise
el cristal 29 window pane, glass
el cristiano 34 Christian
la cruz 43 cross
cruzar 26 to cross
el cuaderno 5 exercise book
la cuadra 28 stable
el cuadro 1 picture
cual 7 which *¿cuál/es?* 8 which (one/s)?
  el cual 7 which
cual si 32 as if
cualificado 44 qualified
cualquiera 43 whichever
cuando 3 when
cuandoquiera 43 whenever
¿cuánto? 4 how much
  en cuanto 31 as soon as
cuanto antes 19 as soon as possible
cuanto ... tanto 39 the more ... the
  more
el cuarto 1 room 12 quarter
el cuarto de baño 1 bathroom
el cuarto de estar 9 living room
cuatro 4 four
el cubo 24 bucket
cubrir 14 to cover
la cuchara 20 spoon
el cuchillo 20 knife
el cuello 17 neck
la cuenta 15 bill
el cuento 42 story, tale
la cuerda 14 string
el cuero 23 leather
el cuerpo 17 body

la cueva 42 cave
el cuidado 19 care
cuidadoso 21 careful
cuidar de 31 to take care of
la culpa 16 blame
cultivar 28 to grow, cultivate
el cumpleaños 8 birthday
el cura 27 priest
la curiosidad 42 curiosity
el curso 44 course
cuyo 9 whose

CH
el chaleco 23 waistcoat
el chalet 9 villa
el champiñón 35 mushroom
la chaqueta 21 jacket
la charca 43 pool, pond
charlar 28 to chat, gossip
el cheque 36 cheque
el cheque de viajero 36 traveller's cheque
la chica 2 girl
el chico 2 boy
la chimenea 1 fireplace, chimney
el chiste 38 joke
chocar contra 27 to collide, crash into
el chocolate 13 chocolate
el chófer 37 chauffeur, driver
el chorizo 39 sausage
el chorro 45 spurt, jet
la choza 26 hut, shack, shed
el christmás 22 Christmas card
la chuleta 36 chop, cutlet
el churro 28 doughnut

D
el daño 19 harm, damage, hurt
dar 8 to give
dar a 24 to overlook
dar de comer 28 to feed
dar la vuelta 27 to turn round
dar las buenas noches 22 to say good night
dar las gracias 8 to thank
dar los buenos días 22 to say good day
dar un paseo/paseíto 43 to go for a walk/ride/drive
dar una vuelta 28 to tour, go for a stroll, take a trip
dar una vueltecita 43 to take a little stroll
darse cuenta de to realise

darse prisa 39 to hurry
el dátil 35 date (fruit)
de 1 of, from, about
debajo de 1 under, below
deber 4 to have to, must; to owe
el deber 20 homework, duty
los deberes 20 homework
débil 28 weak
la decepción 39 disappointment
decidir 13 to decide
decidirse 36 to decide
décimo 36 tenth
decir 13 to say, tell
es decir 10 that is to say
la decisión 39 decision
declarar 34 to declare
dedicarse a 12 to settle down to, devote oneself to
el dedo 17 finger, toe
deducir 44 to deduce, work out
deficiente 44 deficient
dejar 10 to let, leave, allow
dejar caer 13 to drop
dejar de 3 to stop, cease
del = de + el 1 of the
delante de 2 in front of
por delante de 25 in front of
la delantera 33 front row
el delantero 39 forward
delgado 8 thin, slim
deliberar 44 to deliberate, consider
delicioso 12 delicious
el delito 44 crime
los demás 32 the rest, others
demasiado 9 too, too much
el dentista 19 dentist
dentro de 7 inside, within
el departamento 32 compartment
depender 10 to depend
el/la dependiente 36 shop assistant
los deportes 16 sport
deportivo 27 sporting
el depósito 10 deposit
a la derecha 27 to/on the right
derribar 24 to destroy
desabrido 42 tasteless
desabrocharse 37 to unfasten
desagradable 41 unpleasant
el desahogo 44 relief, comfort
el desaliento 43 dismay
desastroso 20 disastrous
desayunar(se) 12 to have breakfast
el desayuno 8 breakfast

desbaratar 42 to rout, break up
descansar 31 to rest
el descanso 33 interval, rest
desconocido 45 unknown, strange
describir 45 to describe
la descripción 44 description
descubrir 14 to discover
descuidarse 40 to be careless
desde 4 from, since
desde hace 28 since
desde ... hasta 4 from ... to
desde luego 8 of course
desdeñoso 44 scornful
desear 4 to desire, want, wish
　　es de desear que 40 it is to be desired
　　that
desesperado 26 desperate
desgraciado 27 unfortunate
desierto 12 deserted
desilusionar 34 to disappoint
deslumbrante 45 dazzling
deslumbrar 43 to dazzle
el despacho 5 study
despacio 13 slowly
despavorido 40 terrified
despedirse (i) de 12 to say goodbye to,
　　take one's leave of
despegar 37 to take off
despertarse (ie) 12 to wake (up)
despierto 12 awake
despoblarse 44 to depopulate
después de 4 after
destemplado 40 wild
destruido 24 destroyed
el desván 29 attic
desviarse 27 to swerve
el detalle 27 detail
detener 25 to arrest, stop
detenerse 25 to stop
detrás de 10 behind
la deuda 24 debt
devolver (ue) 35 to give back
devorar 43 to devour
el día 5 day
　　al día siguiente 10 (on) the following
　　day
el día de fiesta 27 holiday
el diablo 42 devil
el diamante 24 diamond
dibujar 3 to draw, sketch
diciembre 8 December
dicho y hecho 13 no sooner said than
　　done

el diente 17 tooth
diez 4 ten
la diferencia 32 difference
diferente 34 different
difícil 30 difficult
la dificultad 34 difficulty
¡diga!/¡dígame! 18/20 hello (on the
　　telephone)
la digestión 42 digestion
la dignidad 25 dignity
el dinero 9 money
¡Dios mío! 13 Good heavens!
　　por Dios 20 for goodness' sake
la dirección 28 address, direction
directamente 38 directly
el/la director/a 3 headmaster/head-
　　mistress
dirigirse a 15 to make one's way to
el disco 8 record
la discoteca 7 discothèque
la discusión 44 argument, discussion
discutir 21 to argue
disfrutar 31 to enjoy
disfrutarse 38 to enjoy oneself
dispensar 20 to excuse
la distancia 40 distance
distinguido 38 distinguished
distinto 21 different
divertido 22 amusing
divertirse (i) 33 to enjoy oneself
la divisa 30 bullfighting colours,
　　emblem
doblar la esquina 31 to turn the corner
doble 24 double
doce 4 twelve
la docena (de) 21 dozen
el doctor 36 doctor
el documento 37 document
doler (ue) 39 to hurt, ache
el dolor 19 pain, ache
domingo 2 Sunday
¿dónde? 1 where?
donde 4 where
dondequiera 43 wherever
dorado 40 golden, gilt
dormir (ue) 10 to sleep
dormir (ue) la siesta 26 to take a
　　siesta
dormirse (ue) 32 to go to sleep
el dormitorio 1 bedroom
dos 2 two
doscientos 21 two hundred
el dragón 42 dragon

el dramaturgo 33 dramatist
la droga 37 drug
la ducha 29 shower
ducharse 29 to have a shower
la duda 12 doubt
dudar 33 to doubt
dudoso (que) 40 doubtful (whether)
el dueño 18 owner; landlord
el dulce 38 sweet
dulce 12 sweet
duodécimo 36 twelfth
durante 9 during for
durar 27 to last
duro 28 hard

E
e 21 and
echar 19 to pour, throw 33 to show
  (films) 39 to send off, expel
echar a 25 to begin to
echar de menos 28 to miss
echar suertes 42 to draw lots
echar un trago 25 to have a drink
echar una carta 25 to post a letter
la edad 37 age
el edificio 24 building
Edimburgo 31 Edinburgh
en efecto 8 in fact, indeed
egoísta 32 selfish
el ejemplar 33 copy
el ejemplo 2 example
  por ejemplo 2 for example
el 1 the
él 2 he 8 him
eléctrico 22 electric
ella 2 she 8 her
ello 24 it
ellos/ellas 2 they 21 them
el embudo 45 funnel
la emisión 27 broadcast, transmission
la emoción 42 emotion, excitement
emocionado 8 excited
emocionante 33 exciting
empapelar 31 to paper
empastar 19 to fill (teeth)
empezar (ie) 9 to begin, start
el empleado 13 clerk, employee
emplear 45 to use
el empleo 39 work, job
la empresa 44 undertaking
empujar 39 to push
en 1 in, on, at

enardecer 45 to inflame
el encaje 23 lace
encantado 37 delighted to meet you
encargarse de 21 to undertake, take
  charge of
encender (ie) 16 to switch on 37 to light
encerrar (ie) 44 to lock up, enclose
encima de 29 over, above, on top of
enclavado 42 fixed, nailed
encontrar (ue) 10 to meet, find
encontrarse (ue) 32 to be (situated)
encorvarse 43 to bend
el encuentro 42 meeting, encounter
el enemigo 40 enemy
enero 8 January
enfadado 25 angry
enfadarse 45 to become angry
la enfermera 41 nurse
enfermo 16 ill, sick
enfrente 34 opposite, facing
engullir 44 to swallow, devour
enmarañado 42 entangled
enojado 3 annoyed, angry
enorme 18 huge, enormous
la ensalada 35 salad
enseñar 28 to teach, to show
entender (ie) 9 to understand
enterarse de 26 to learn about
entonces 10 then, well then
la entrada 13 entrance 30 ticket
entrar en 3 to go in, enter
entre 7 among, between
entreabierto 42 half open
entregar 18 to deliver, hand
los entremeses 18 hors d'oeuvres
el entresuelo 33 balcony (cinema)
entretanto 10 meanwhile
entretenerse 39 to amuse oneself
entusiasmado 45 enthusiastic
enviar 16 to send
envolverse (ue) 26 to wrap oneself
la época 44 epoch, period
el equipaje 37 luggage
el equipo 39 team
equivocarse 25 to be wrong, make a
  mistake
la escala 37 stop over
la escalera 5 stairs, staircase
escamoso 44 scaly
el escaparate 22 shop window
escaparse 26 to escape, get away
la escarcha 11 frost
  hay escarcha 11 it's frosty

la escena 32 scene
escocés 31 Scottish
Escocia 31 Scotland
escoger 18 to choose
escondido 37 hidden
escribir 5 to write
escribirse con 39 to correspond with
el escritor 5 writer
escuchar 9 to listen to
el escudo 45 shield
escupir 44 to spit
ese/esa 13 that
el esfuerzo 45 effort
eso 28 that
   a eso de 12 about
el espacio 44 space, room
la espada 42 sword
las espaldas 17 back, shoulders
espantable 45 terrifying
espantoso 42 frightful
España 3 Spain
(el) español 1 Spaniard, Spanish
especial 22 special
la especie 44 kind, type, species
el espectáculo 33 spectacle, sight
el espectador 27 spectator
el espejismo 45 mirage, illusion
el espejo 45 mirror
la esperanza 39 hope
esperar 3 to wait for, hope, expect
esperar con ganas 8 to look forward to
espeso thick
espléndido 4 splendid, fine
el/la esposo/a 14 husband/wife
el esquí acuático 38 water skiing
la esquina 19 corner
la estación 7 station 16 season
la estación de servicio 27 service station
el estadio 31 stadium
los Estados Unidos 25 U.S.A.
el estanco 36 tobacconist's
el estanque 4 pond, pool, lake
estar 1 and 2 to be
estar a punto de 45 to be on the point of
estar de acuerdo 9 to agree
estar de vacaciones 10 to be on holiday
estar de vuelta 34 to be back
estar en dudas 40 to be in doubt
estar para 19 to be about to
estar por 30 to be in favour of
estar seguro 25 to be sure/certain
éste/ésta 2 this (one) 14 the latter

este/esta 13 this
el este 28 east
estéreo 38 stereo
estimado 38 esteemed, respected
estimar 27 to estimate, esteem, respect
estirar 33 to stretch
esto 28 this
el estómago 17 stomach
el estoque 30 sword (in bullfight)
estrecharse la mano 12 to shake hands
estrecho 12 narrow
la estrella 16 star
estrellarse 27 to collide
el estremecimiento 45 shiver, shudder
el estrépito 42 din, loud noise
estrepitoso 20 deafening
el estudiante 1 student
estudiar 3 to study
estupendo 8 terrific, marvellous, wonderful
la etapa 27 stage (of race)
Europa 8 Europe
evidente 26 evident, obvious
exactamente 21 exactly
el examen 38 examination
examinar 19 to examine
excelente 10 excellent
la excepción 18 exception
   con excepción de 18 except for
excesivo 40 excessive
excitar 42 to excite
la exclamación 44 exclamation
exclamar 24 to exclaim
la excursión 24 trip, visit
excusarse 39 to excuse oneself
el éxito 34 success
la explicación 44 explanation
explicar 8 to explain
la expresión 42 expression
extender (ie) 25 to stretch (out), extend
el exterior 29 outside
extranjero 33 foreign
   al extranjero 31 abroad
extraordinario 43 extraordinary
el extremo 40 end

F
la fábrica 31 factory
fabricar 37 to make, manufacture
fácil 4 easy
la faja 43 sash
la falda 23 skirt

falso 34 false, untrue; forged
hace falta que 19 it is necessary
faltar 31 to be necessary
la familia 7 family
familiar 28 family (*adj*); familiar
familiarizarse 43 to become familiar
famoso 4 famous
fangoso 42 muddy
el fantasma 45 ghost, phantom
el farmacéutico 19 chemist
la farmacia 19 chemist's (shop)
fatigoso 32 tiring
las fauces 45 gullet
favorito 14 favourite
la fe 44 faith
febrero 8 February
la fecha 8 date
la fecundidad 42 fertility
Felices Pascuas 22 Happy Christmas/
  Easter
las felicitaciones 8 congratulations
feliz 22 happy
el fenómeno 25 phenomenon
feo 7 ugly
la feria 30 fair
feroz 42 fierce, ferocious
el ferrocarril 13 railway
la ficha 24 form, card
la fidelidad 38 fidelity
la fiebre 19 temperature
fiel 42 faithful
la fiera 42 wild beast
fiero 28 fierce, ferocious
la fiesta 22 party, festival, feast
la figura 22 figure
el filete 18 steak
las Filipinas 31 Philippines
el fin 8 end
  a fin de que 38 so that
  al fin 8 at last, in the end
  por fin 9 at last
el fin de semana 31 weekend
la finca 28 farm, estate
fines de 40 end of
fingir 36 to pretend
firmar 15 to sign
la física 38 physics
flamenco 30 flamenco
la flecha 44 arrow
la flor 1 flower
el florero 1 vase, flower pot
el foco 39 floodlight
la fonda 40 inn

el fondo 42 depth, back
formar 39 to form
la foto(grafía) 8 photo(graph)
el fotógrafo 31 photographer
la frambuesa 35 raspberry
francés 17 French
Francia 9 France
el franco 36 franc
la frecuencia 38 frequency
la frente 17 forehead, brow
la fresa 35 strawberry
fresco 35 fresh, cool
  al fresco 28 in the open air
la frescura 25 cheek, impudence; fresh-
  ness, coolness
frío 4 cold
  hace frío 11 it's cold
frito 15 fried
la frontera 32 frontier, border
la fruta 13 fruit
frutal 28 fruit
la frutería 21 fruiterer's
el frutero 41 fruiterer
el fuego 9 fire
la fuente 31 fountain
fuera 37 outside 38 out
fuera de 3 outside, out of
fuera de juego 39 offside
fuerte 17 strong
fumar 9 to smoke
funcionar 3 to work (machinery)
el funcionario 41 civil servant
fundar 42 to found
furioso 27 furious
el fútbol 2 football

G

las gafas 13 glasses, spectacles
la galleta 39 biscuit
la gallina 28 hen
el gallo 22 cockerel
de buena gana 8 willingly
de mala gana 21 unwillingly
la ganadería 30 bull-breeding farm
el ganado 28 cattle, livestock
el ganador 38 winner
ganar 5 to win, gain, earn
el ganso 40 goose
el garaje 27 garage
el garbanzo 25 chickpea
la garganta 17 throat
la garra 43 claw

la gaseosa 4 fizzy drink
la gasolina 27 petrol
gastar 9 to spend (money)
el gato 1 cat
el gazpacho 18 cold tomato-based soup
por lo general 9 generally, usually
generoso 32 generous
la gente 19 people
el gerente 41 manager
el gesto 42 look, gesture
el gol 39 goal
el golpe 43 blow, knock
golpear 38 to strike, knock, hit
gordo 3 fat
la gorra 23 cap
gozarse 39 to enjoy oneself
grabar 38 to record
la gracia 33 wit; grace mercy, favour
  tener gracia 33 to be amusing (film, play)
gracias 2 thank you
gracioso 38 amusing, witty
la gradería 39 terracing (in stadium)
el grado 16 degree, grade
grande 1 big, large, great
grandioso 30 grand, magnificent
grandote 43 very big
la granja 28 farm
el granjero 28 farmer
graznar 40 to honk
gris 5 grey
gritar 3 to shout, cry
el griterío 26 shouting
el grito 39 shout, cry
grueso 14 thick, bulky
el grupo 8 group
el guante 23 glove
guapo 31 handsome
guardar 13 to keep
el guardia 27 policeman
el guardia civil 27 civil guard (man)
la guerra 44 war
el guerrero 33 warrior
el guía 41 guide (person)
la guía 10 guide (book)
guiar 40 to guide, lead
el guisante 15 pea
la guitarra 22 guitar
gustar 10 to please
gustar de 39 to like
el gusto 18 pleasure
  con mucho gusto 18 gladly, with
  pleasure
  mucho gusto 2 pleased to meet you

H
el haba 35 bean
haber 13 to have
haber de 34 to be to
la habitación 24 room
el habitante 27 inhabitant
al habla 20 speaking
hablador 4 talkative
hablar 3 to speak, talk
hablar en serio 37 to be serious
hablar por los codos 22 to talk nineteen to the dozen
hace 25 ago
hacer 5 to do, make
  hace buen/mal tiempo 11 the
  weather's fine/bad
hacer amistad 44 to make friends
hacer daño 19 to hurt, harm
hacer el camping 38 to go camping
hacer las compras 21 to do the shopping
hacer sangre 40 to draw blood
hacerse 28 to become, get
hacerse daño 42 to hurt oneself
hacerse idea de 38 to imagine
hacia 7 towards
hacia atrás 28 back
el hacha (fem.) 42 axe
haga el favor de 32 please
hallar 8 to find
hallarse 25 to be situated
la harina 21 flour
el hartazgo 43 surfeit, excess
hasta 4 until, as far as; even
hasta la vista 36 cheerio
hasta luego 20 cheerio
hasta mañana 15 see you tomorrow
hasta más tarde 18 cheerio, see you
  later
hasta otro día 28 see you soon, cheerio
hasta que 31 until
hay 1 there is/are
la hazaña 34 deed, exploit
el helado 18 ice cream
helar (ie) 11 to freeze
el helicóptero 38 helicopter
herido 27 injured, wounded
el herido 44 wounded man
la hermana 2 sister
el hermano 2 brother
hermoso 24 beautiful
el héroe 33 hero
el herrero 41 blacksmith

el interior 45 inside, interior
interrumpir 30 to interrupt
intervenir 27 to take part, compete
el invierno 12 winter
la invitación 33 invitation
el invitado 38 guest
invitar 20 to invite
ir 7 to go
ir a la pesca 26 to go fishing
ir a pie 12 to walk, go on foot
ir de compras 21 to go shopping
ir de paseo 33 to go for a walk
ir y venir 43 coming and going
irse 32 to go away, go off
irrecusable 45 unimpeachable
irresistible 43 irresistible
la isla 37 island
Italia 9 Italy
italiano 9 Italian
el itinerario 10 itinerary
izquierdo 14 left
    a la izquierda 14 on/to the left

J
el jabón 36 soap
jamás 10 never, ever
el jamón 26 ham
el Japón 25 Japan
el jardín 2 garden
el jardinero 41 gardener
el jefe 34 chief, leader 37 boss
el jefe de estación 7 station master
el jerez 18 sherry
el jersey 23 jersey, pullover
la jornada 45 expedition, day's work
el joven 7 youth, youngster
joven 8 young
la joya 24 jewel, gem
jubilarse 28 to retire
la judía 35 green bean
el judío 44 Jew
el juego 39 game
jueves 8 Thursday
el juez 41 judge
el jugador 39 player
jugar (ue) 10 to play
el juguete 22 toy
julio 8 July
el junco 42 reed
junio 8 June
juntarse a 12 to join
junto a 30 next to, beside
juntos 15 together

la juventud 22 youth

K
el kilo 21 kilogram
el kilómetro 34 kilometre

L
la 1 the 14 her, it, you
el labio 17 lip
el laboratorio 38 laboratory
el lado 4 side
ladrar 26 to bark
el ladrón 25 thief, robber
el lago 31 lake
la laguna 42 lake
la lámpara 29 lamp
la lana 23 wool
la lancha motora 30 motor boat
la lanza 42 lance, spear
lanzar 44 to throw, hurl
el lápiz 2 pencil
largar 44 to loose off, fire
largo 8 long
    a lo largo de 13 along
las 2 the 14 them, you
la lástima 20 pity, shame
el latín 43 Latin
el lavabo 29 wash basin; loo
lavar(se) to wash
le 14 him, you 15 to him, to her, to you
la lección 1 lesson
la leche 12 milk
la lechería 21 dairy, dairy shop
el lechero 21 milkman
la lechuga 35 lettuce
leer 4 to read
las legumbres 21 vegetables
lejos de 7 far from
la lengua 17 tongue; language
la lenteja 35 lentil
lento 42 slow
la leña 44 wood, firewood
el león 27 lion
los leotardos 23 tights
les 14 them, you 15 to them, to you
levantar el vuelo 40 to take wing
levantar los ojos 41 to look up
levantarse 12 to get up, stand up
la leyenda 34 legend
la libra 10 pound
librarse 42 to rid oneself
libre 31 free, vacant, empty
la librería 13 bookshop, bookstall

el libro 4 book
el líder 27 leader
ligero 42 light, slight
limitar 44 to limit
el limón 35 lemon
la limonada 4 lemonade
el limpiabotas 41 shoe black
limpiar 29 to clean
límpido 45 crystal clear
limpio 32 clean
la línea 42 line
la lista 10 list
el litro 21 litre
lo 14 him, it, you
lo de siempre 15 the usual
lo que 14 what, which
lóbrego 42 gloomy
la localidad 33 ticket, place
   (for entertainment)
el loco 36 madman
el lodo 28 mud
lograr 26 to manage, succeed in
Londres 8 London
la longitud 40 length
los 2 the 14 them, you
la lotería 29 lottery
la lucha 33 struggle, fight
luchar 26 to struggle, fight
luego 3 then, next
luego que 31 as soon as
el lugar 28 place
   en primer lugar 8 in the first place
lujoso 25 luxurious
luminoso 45 luminous
la luna 11 moon
lunes 8 Monday
lustroso 43 shiny
el luto 32 mourning
   de luto 32 in mourning
la luz 33 light
LL
la llama 45 flame
la llamada 25 call
llamar 5 to call, knock
llamarse 12 to be called
llano 28 flat
la llave 5 key
la llegada 7 arrival
llegar (a) 3 to arrive (at/in)
llenar 24 to fill
lleno 7 full
llevar 10 to carry 23 to wear 43 to take
   away

llorar 24 to cry, weep
llover (ue) 11 to rain
llover (ue) a cántaros 21 to pour with
   rain
la lluvia 11 rain
lluvioso 9 rainy

M
la madre 2 mother
¡madre mía! 26 heavens above!
madridista 39 of Madrid (sport)
madrileño 2 of/from Madrid
la madrugada 12 early morning, dawn
maduro 35 ripe, mature
el maestro 41 master
magnífico 8 magnificent
maldito 43 cursed
maleducado 32 rude
el Maléfico 43 Devil, Evil One
la maleta 7 suitcase
el maletero 32 boot (of car)
la maleza 43 weeds, thicket
malhadado 44 wretched
malicioso 25 malicious, wicked
mal, malo 5 bad, badly
malvado 45 wicked, fiendish
mandar 32 to order; send
la manera 9 manner, way
   de esta manera 34 in this way
la mano 7 hand
la manta 26 blanket
el mantel 20 tablecloth
mantener 40 to keep, maintain
la mantequilla 21 butter
la mantilla 23 lace stole
el manto 44 cloak, mantle
la manzana 4 apple
la mañana 12 morning
   por la mañana 12 in the morning
mañana 7 tomorrow
mañana por la mañana 19 tomorrow
   morning
el mapa 3 map
la máquina 25 camera; machine
el maquinista 41 engine driver
el mar 16 sea
el Mar Caribe 37 Caribbean Sea
la maraña 42 tangle, jungle
maravillarse de 34 marvel at
maravilloso 39 marvellous, wonderful
la marca 10 make, brand
el marco 40 picture frame
la marcha 43 walk

marchar 42 to walk
marcharse 24 to go away/off
el mareo 45 vexation, (travel) sickness
el marido 18 husband
el marinero 41 sailor
el marisco 21 shellfish
marítimo 31 maritime
el marjal 42 marsh, fen
martes 8 Tuesday
marzo 8 March
más 4 more, else
más allá 26 further on, beyond
más de 28 more than
más o menos 32 more or less
la masa 44 mass
el matador 30 bullfighter
matar 33 to kill
las matemáticas 38 mathematics
el material 23 material
el matorral 43 thicket, heath
el matrimonio 32 married couple
mayo 8 may
mayor 8 older, elder, bigger
la mayor parte 36 most
la mayoría 37 majority, most
mayúsculo 40 capital (letter)
me 14 me 15 to me
el mecánico 41 mechanic
la mecanógrafa 41 typist
la media 23 stocking
a mediados de 44 in the middle of
la medianoche 12 midnight
la medicina 16 medicine
el médico 16 doctor
medieval 33 medieval
medio 7 half 38 medium, middle
  en medio de 12 in the middle of
  por medio de 27 by means of
el mediodía 12 midday, noon
medir (i) 40 to measure
mediterráneo 25 Mediterranean
mejicano 8 Mexican
Méjico 5 Mexico
mejor 8 better, best
  lo mejor 19 the best thing
el melocotón 35 peach
el melón 35 melon
memorable 45 memorable
la memoria 21 memory
el mendigo 25 beggar
menester 19 necessary
menor 8 younger, smaller, youngest, smallest

menos 12 less
  a/por lo menos 25 at least
  a menos que 31 unless
la mentira 25 lie
el menú 18 menu
a menudo 26 often
el mercado 31 market
merecedor 44 deserving
merendar (ie) 38 to have a picnic
la merienda 38 picnic, snack, tea
la merluza 18 hake
el mes 8 month
la mesa 1 table
la meseta 37 plateau
la mesita de noche 16 bedside table
meter 36 to put, place
el metido 45 thrust
el metro 15 underground railway 26 metre
mezclarse 22 to mix, mingle
mi 2 my
mí 21 me
el miedo 19 fear
el miembro 21 member
mientras 8 while
mientras tanto 43 meanwhile
miércoles 8 Wednesday
mil 22 thousand
un millar (de) 42 a thousand
un millón (de) 24 a million
mineral 18 mineral
el minero 41 miner
mínimo 27 least, tiniest
el minuto 5 minute
  a los pocos minutos 33 in a few minutes
mío 16 mine
mirar 3 to look at
mirar alrededor 37 to look around
la misa 22 Mass
la misa del gallo 22 Midnight Mass
mismo 2 same 21 self, very
misterioso 14 mysterious
la mitad 30 half
mitigar 19 to deaden
la mitra 43 mitre
la mochila 12 haversack, rucksack
de moda 8 fashionable
la modelo 41 model
moderno 34 modern
modesto 28 modest
la modista 41 dressmaker
de modo que 38 so that

modulado 38 modulated
mojado hasta los huesos 26 soaked to the skin
mojarse 21 to get wet
molestar 16 to annoy, bother, disturb
molesto 42 troublesome
un momentito 22 just a moment
el momento 3 moment
la moneda 25 coin
mono 37 pretty
el monstruo 42 monster
montado 22 mounted
la montaña 27 mountain
montañoso 37 mountainous
montar a caballo 28 to ride
montar en 28 to get in (car)
el monumento 31 monument, sight
el mordisco 40 bite
moreno 17 dark
morir (ue) 10 to die
el moro 33 Moor
el morro 42 snout
la mosca 38 fly
el mosquito 44 mosquito
el mostrador 10 counter
mostrar (ue) 13 to show
la moto(cicleta) 27 motor bike
el motorista 27 motorist
el movimiento 44 movement
el mozo 24 porter, boy, lad
la muchacha 25 girl
el muchacho 25 boy
la muchedumbre 22 crowd
muchísimo 16 very much
mucho 3 much, a lot (of)
los muebles 29 furniture
la muela 19 tooth
la muerte 43 death
muerto 27 dead
la mujer 9 woman,wife
la mujerona 43 big woman
la multa 32 fine
el mundo 8 world
  todo el mundo 22 everybody
municipal 31 municipal
la muñeca 17 wrist, doll
las murallas 42 walls
murmurar 43 to murmur
el muro 29 wall
el museo 31 museum
la música 20 music
el músico 41 musician
muy 1 very

N
nacer 28 to be born
el nacimiento 22 birth
nacional 33 national
nada 10 nothing
  de nada 19 it's a pleasure
nada más 21 nothing else
nadar 16 to swim
nadie 10 nobody, no one
la naranja 13 orange
la naranjada 4 orangeade
el naranjo 28 orange tree
la nariz 17 nose
la nata 21 cream
el natural 1 native
nauseabundo 45 nauseating, vile
la navaja 12 pen knife; blade
la Navidad 22 Christmas
  el día de Navidad 22 Christmas Day
la neblina 11 mist
  hay neblina 11 it's misty
necesario 19 necessary
necesitar 16 to need
necio 3 foolish, silly
negar (ie) 33 to deny
negarse (ie) a 36 to refuse
los negocios 20 business
  de negocios 20 on business
negro 4 black
nervioso 22 excited, nervous
nevar (ie) 11 to snow
ni ... ni 10 neither ... nor
la niebla 11 fog
  hay niebla 11 it's foggy
el/la nieto/a 22 grandson/granddaughter
los nietos 22 grandchildren
la nieve 11 snow
el nilón 23 nylon
el nimbo 45 nimbus
ninguno 5 no, not a, none
la niñez 42 childhood
el/la niño/a 3 boy/girl
los niños 3 children
no 2 no, not
no obstante 22 nevertheless
noble 34 noble
la nobleza 33 nobility
nocturno 39 nocturnal, night time
la noche 12 night
  de noche 32 at/by night
  por la noche 12 in the night
la Nochebuena 22 Christmas Eve
la Nochevieja 22 New Year's Eve

el nombre 45 name
  a nombre de 24 in the name of
el norte 31 north
norteamericano 25 American (from U.S.A.)
nos 14 us 15 to us
nosotros 2 we 21 us
notable 27 notable, remarkable
las noticias 17 news
novecientos 24 nine hundred
la novela 5 novel
noveno/nono 36 ninth
la novia 22 girl friend, fiancée
noviembre 8 November
el novio 22 boy friend, fiancé
la novillada 30 novice bullfight
la nube 11 cloud
nublado 11 cloudy
la nuca 40 nape of the neck
nuestro 7 our 16. ours
nuevamente 37 again, another time
nueve 4 nine
nuevo 3 new
  de nuevo 19 again
la nuez 35 walnut
el número 23 size, number
nunca 10 never

O
o 3 or
obedecer 20 to obey
el obispo 43 bishop
obligar 36 to oblige
la obra 33 work (of art)
el obrero 41 worker
obtener 10 to obtain, get
la ocasión 32 chance, occasion, opportunity
octavo 36 eighth
octubre 8 October
el oculista 41 optician
ocupado 5 busy, occupied
ocurrir 44 to happen, occur
ocho 4 eight
ochenta 9 eighty
el oeste 24 west
el oficial 37 officer, official
oficial 27 official
la oficina 5 office
la oficina de turismo 36 tourist office
ofrecer 36 to offer
el oído 17 ear
oiga/oye 20 hello, listen (phone)

oír 16 to hear
oír hablar 30 to hear tell
ojalá 40 would to God, God grant
el ojo 17 eye
el ojuelo 43 small, sparkling eye
la ola 38 wave (sea)
oler (ue) a 45 to smell of
el olivo 28 olive tree
olvidar 8 to forget
olvidarse 25 to forget
once 4 eleven
la onda 38 wave (radio)
ondear 43 to wave, move
la órbita 25 socket
ordenar 36 to order
la oreja 17 ear
orgulloso 38 proud
el origen 42 origin
original 34 original
la orilla 26 bank
orlado 43 bordered
el oro 24 gold
os 14 you 15 to you
el otoño 16 autumn
otro 2 other, another
la ovación 45 ovation, applause
la oveja 28 sheep

P
la paciencia 19 patience
el paciente 36 patient
el padre 1 father
los padres 8 parents
la paella 18 dish of rice, shellfish, meat and vegetables
pagar 15 to pay (for)
la página 4 page
el país 9 country
el paisaje 10 countryside, scenery
la paja 42 straw
el pájaro 26 bird
la pala 24 spade
la palabra 4 word
la palabrota 43 coarse word
el palacio 36 palace
el paladín 44 champion
la palangana 22 bowl
pálido 19 pale
el palillo 18 toothpick
el palo 40 stick
la paloma 40 dove, pigeon
palparse 40 to feel
el pan 18 bread

la pana 23 corduroy
la panadería 21 baker's (shop)
el panadero 41 baker
la pancarta 39 banner, placard
el panecillo 12 bread roll
los pantalones 23 trousers
el paño 23 cloth
el pañuelo 23 handkerchief
el papel 3 paper 44 role, part
el paquete 5 parcel, packet
el par 23 pair
para 4 in order to 8 for
para que 32 so that
para siempre 28 for ever
la parada 4 stop
el parador 10 state-run hotel
el paraguas 21 umbrella
parar(se) 13 to stop
el parasol 15 sunshade
parecer 13 to seem, appear
   ¿qué te parece? 20 what do you think?
   si te parece 19 if you like
parecerse a 32 to be like, resemble
parecido a 25 like, similar to
la pared 1 wall
el pariente 8 relative, relation
París 31 Paris
parpadear 45 to blink
el parque 4 park
la parte 9 part
   de mi parte 38 on my behalf
   por todas partes 28 everywhere
participar 24 to take part
particular 38 private
el partido 39 match, game
partir 42 to leave
pasado 21 last
pasado mañana 31 day after tomorrow
el pasajero 27 passenger
el pasamanos 29 banisters
el pasaporte 37 passport
pasar 5 to pass, spend (time) 24 to happen
pasar bien 16 to enjoy
el pasatiempo 39 hobby, pastime
pasearse 24 to take a walk
el paseo 12 walk, stroll
el pasillo 29 passage, corridor
el pastel 22 cake
el pasto 42 food, meal; pasture
el pastor 43 shepherd
el pastorcito 43 shepherd boy
la pata 42 paw

la patata 15 potato
las patatas fritas 15 crisps
el patio 29 courtyard, patio
el pato 40 duck
el patriarca 42 patriarch
el patrón 40 owner, landlord
la patrona 40 owner, landlady
el pavo 40 turkey
la paz 31 peace
el pecador 42 sinner
el pecho 17 chest
pedalear 27 to pedal
el pedazo 40 piece
pedir (i) 12 to ask for
pedir (i) prestado 38 to borrow
pegado 42 fixed, attached, stuck
pegar 42 to fix, attach, stick
pegar fuego 36 to set fire
el peinado 37 hair style
peinado 37 groomed (of hair)
peinarse 12 to comb one's hair
el peine 36 comb
pelado 42 hairless, bare
la película 33 film
el peligro 42 danger, peril
peligroso 26 dangerous
pelirrojo 38 red haired
el pelo 12 hair
la pelota 39 ball; Basque wall game
la peluquería 31 hairdresser's
el/la peluquero/a 41 barber/hairdresser
el penacho 44 plume
el penalty 39 penalty
el pendiente 23 earring
penoso 40 painful
pensar (ie) 9 to think
pensar (ie) de 22 to think of
pensar (ie) en 22 to think about
la pensión 10 boarding house
peor 8 worse, worst
el pepino 35 cucumber
el pequeñito 24 little one, child
pequeño 5 small, little
la pera 35 pear
perder (ie) 16 to lose 37 to miss
perder (ie) la dirección 27 to lose control
la perdiz 40 partridge
perdonar 14 to pardon, forgive
perezoso 21 lazy
perfectamente 37 fine, excellent
perfecto 34 perfect
el perfume 36 perfume

la perfumería 36 perfumery
el perímetro 42 perimeter
el periódico 1 newspaper
el periodista 41 journalist
peripuesto 40 spruce
permanecer 28 to stay, remain
el permiso 30 permission, leave
  con permiso 44 may I?
permitir 16 to permit, allow
pero 2 but
el perro 26 dog
el perseguidor 27 pursuer
la persiana 29 Venetian blind
persistir 39 to persist
la persona 7 person (*pl.* people)
el personaje 34 character, personality
persuadir 36 to persuade
pertenecer 24 to belong
el Perú 25 Peru
el pesacartas 36 scales
la pesadilla 42 nightmare
pesado 21 heavy, dull, boring
pesar 36 to weigh
  a pesar de 33 in spite of, despite
la pesca 26 fishing
la pescadería 21 fishmonger's
el pescado 18 fish
el pescador 18 fisherman
pescar 26 to fish
la peseta 4 peseta
el peso 36 peso; weight
el pez 26 fish
picar 30 to goad, prick
  ¡ya picó! 26 I've got a bite!
el picotazo 40 peck, bite
picudo 45 beaked
el pie 17 foot
  a pie 12 on foot (movement)
la piedra 43 stone
la piel 17 skin
la pierna 17 leg
el pijama 23 pyjamas
la pila 16 battery
el piloto 41 pilot
el pimiento 35 pepper
pinchar en 40 to strike on
el pinchazo 27 puncture
el pintor 41 painter
la piña 35 pineapple
la pipa 9 pipe
los Pirineos 28 Pyrenees
pisar 24 to tread, trample, step on
la piscina 24 swimming pool

el piso 5 flat, floor, storey
la pistola 44 pistol
la pizarra 3 blackboard
el placer 38 pleasure
el plan 9 plan, scheme
planchar 29 to iron
el planeta 16 planet
la planta baja 29 ground floor
el plástico 23 plastic
el plátano 35 banana
la platina de cassette 38 cassette deck
el plato 18 dish, plate
la playa 16 beach, resort
la plaza 7 square 10 seat, place
  de cuatro plazas 10 four seater
la plaza de toros 30 bullring
pleno 45 full
la pluma 16 pen
pobre 19 poor
¡la pobrecita! 39 poor girl!
poco 10 little, not much/very
  un poco (de) 10 a little
poder (ue) 10 to be able, can
  no poder (ue) menos de 19 not to be
  able to help
el poema 33 poem
el poeta 41 poet
el policía 24 policeman
policíaco 5 police (*adj.*)
  la novela policíaca 5 detective novel
el político 31 politician
el pollo 21 chicken
el poncho 23 poncho
poner 14 to put, place
poner la mesa 14 to lay the table
ponerse 19 to become 23 to put on
ponerse a 40 to begin
ponerse de puntillas 30 to stand on
  tiptoe
ponerse en facha 42 to put on an
  appearance
ponerse en marcha 31 to set off
popular 20 popular
por 3 by, through, for, along 35 per
por allí 25 that way
por aquí 25 this way; around here
por cierto 43 certainly
por desgracia 30 unfortunately
por Dios 20 for heaven's sake
por ejemplo 2 for example
por ello 24 therefore
por encima 29 above, up above
por eso 12 therefore

por favor 4 please
por fin 3 at last
por lo visto 37 apparently
por mucho que 38 however much
¿por qué? 3 why?
el por qué 32 reason
por supuesto 10 of course
porque 3 because
el portamonedas 21 purse
portentoso 45 prodigious, marvellous
la portera 5 concièrge
la portería 5 porter's lodge
el portero 25 doorman, commissionaire
las posaderas 40 bottom, buttocks
la posibilidad 39 opportunity, possibility
posible 10 possible
la postal 5 postcard
el postigo 44 postern gate
el postre 18 sweet, dessert
postrero 45 last
el pozo 40 well
practicar 38 to take part in
el prado 38 meadow
la precaución 43 precaution
el precio 10 price
precioso 43 precious, pretty
la precipitación 44 speed
preciso 19 necessary
preferido 9 favourite
preferir (ie) 9 to prefer
la pregunta 44 question
preguntar 12 to ask
preguntar por 43 to ask about
preguntarse 12 to wonder
el premio 5 prize
el premio gordo 38 first prize
la prensa 27 press
preocuparse 37 to worry
preparar 10 to prepare
prepararse 32 to get ready
el preparativo 44 preparation
presenciar 27 to witness, be present at
presentar 39 to present; introduce
preso 45 taken, overcome
prestar 16 to lend
prestar apoyo 39 to support
el prestigio 45 prestige
prestigioso 30 renowned
previo 32 previous
la primavera 14 spring
primero 5 first
el/la primo/a 2 cousin

la princesa 24 princess
principal 5 main, principal, front
el príncipe 24 prince
al principio 37 at first
principios de 22 beginning of
a toda prisa 25 at full speed
de prisa 5 quickly
probable 19 probable
probar (ue) 18 to try, taste
el problema 10 problem
la procesión 43 procession
el producto 37 product
la profesión 25 profession
el/la profesor/a 3 teacher
profundo 26 deep
el programa 16 programme
prohibirse 32 to be forbidden
prometer 36 to promise
pronto 4 soon
al pronto 26 straightaway, at first
de pronto 8 suddenly
lo más pronto posible 20 as soon as possible
el propietario 28 owner
la propina 15 tip
propio 28 own
proteger 15 to protect
protestar 39 to protest
la provincia 12 province
la provisión 43 provision
provocar 39 to provoke, cause
la prudencia 43 prudence
el público 27 public
el pueblo 7 town, village
puede (ser) que 19 it may be that
el puente 26 bridge
la puerta 2 door, gate
la puerta de atrás 43 back door
la puerta principal 5 front door
el puerto 24 port, harbour
pues 4 well, well then
el puesto 4 stall 38 job, post
puesto que 30 since
el pulgar 17 thumb, big toe
la pulsera 23 bracelet
en punto 12 exactly, on the dot
el pupitre 3 desk
el puro 25 cigar

Q
¿qué? 1 what
que 5 who, which, that

¡que aproveche/n! 18 bon appétit!
¡qué asco! 45 how revolting!
¡qué barbaridad! 22 how awful!
¡qué bien! 24 how nice! good!
¡qué gracia! 45 how amusing!
¿qué hay? 15 what's the matter? what's up?
¡qué horror! 27 how dreadful!
¡qué lástima! 20 what a pity!
¡qué pena! 45 what a shame!
¡qué pesado! 21 how dull/boring!
¡qué suerte! 13 how lucky! what luck!
¡qué susto! 37 what a shock!
¿qué tal? 2 how are you?
¡qué va! 24 not likely!
quedar 9 to stay, remain
quedar en 40 to agree to
quedarse 13 to stay, remain
el quehacer 21 task, chore
querer (ie) 9 to want, wish 22 to love
querer (ie) decir 13 to mean
querido 16 dear
el queso 26 cheese
¿quién? 2 who, whom
quienquiera 43 whoever
la química 38 chemistry
quince 4 fifteen
quince días 24 a fortnight
una quincena (de) 42 fifteen
quinientos 10 five hundred
quinto 27 fifth
el quiosco 30 kiosk, stall
quitarse 23 to take off
quizás 5 perhaps

R
la rabia 25 rage, anger
el racimo 44 bunch
la radio 16 radio
el rápido 7 express
rápido 9 quick, fast
raro 20 odd, strange, peculiar
el rato 33 moment, while
el rayo 11 flash of lightning, ray
la razón 9 reason
real 28 royal
el rebaño 44 flock, herd
la rebeca 23 cardigan
rebotar 44 to rebound
el recado 20 message
recelar 43 to fear, distrust, suspect
el/la recepcionista 24 receptionist
el receptor 38 receiver

recibir 5 to receive; to meet
recibir una decepción 39 to be disappointed
recoger 37 to collect 44 to pick up, gather
el recogimiento 42 attention, concentration
la recompensa 24 reward
reconocer 27 to recognize
recordar (ue) 36 to remember
recorrer 44 to go through
recto 42 straight
el recuerdo 38 memory, souvenir
recuerdos a 38 regards/greetings to
la red 13 rack, net, network
reflejarse 45 to reflect
refrescar la memoria 21 to remind
refrescarse 40 to refresh oneself
el refresco 4 drink, refreshment
el regalo 8 present, gift
la región 10 region 43 district
registrarse 16 to register
la regla 3 ruler, rule
regresar 4 to return, go/come back
regular 44 normal, ordinary
rehusar 36 to refuse
la reina 31 queen
el reino 42 kingdom
reír (i) 26 to laugh
el relámpago 11 lightning
la religión 34 religion
el reloj 1 clock, watch
el reloj de pulsera 8 wristwatch
la relojería 36 watchmaker's
relucir 24 to shine
rellenar 24 to fill in
relleno 42 stuffed, full
el remedio 19 remedy
   no hay más remedio 19 there's no alternative
la rendija 43 crack
reñir (i) 21 to quarrel, argue
el reo 44 criminal
reparar 31 to repair
de repente 13 suddenly
repetir (i) 45 to repeat
replicar 32 to reply
el repollo 35 cabbage
el representante 37 representative
reproducir 45 to reproduce
repugnante 42 repugnant
resbalar 14 to slip
rescatar 44 to ransom, redeem, barter

reservar 18 to book, reserve
resfriarse 16 to catch a cold
la resignación 43 resignation
resignarse a 43 to resign oneself to
respirar 32 to breathe
el resplandor 43 splendour
responder 18 to answer, reply
la respuesta 44 answer
el restaurante 7 restaurant
el resto 25 rest
el resultado 38 result
resultar 24 to result, turn out
con retraso 37 late
el retrato 40 portrait
el retrete 29 toilet, W.C.
retroceder 42 to step back
la reunión 37 meeting
reunirse 37 to meet
el revisor 13 ticket collector/inspector
la revista 1 magazine
el rey 22 king
los Reyes Magos 22 Wise Men
  el día de Reyes 22 Epiphany
el riachuelo 43 stream, rivulet
el ribazo 42 bank
la ribera 26 bank
ricacho 43 very rich
rico 25 rich
la rifa 38 lottery, raffle
el rincón 18 corner
el río 26 river
robar 25 to rob, steal
rodeado de 28 surrounded by
rodear 45 to surround
la rodilla 17 knee
rogar (ue) 18 to ask (as a favour), request, beg
rojizo 44 reddish, ruddy
rojo 4 red
romper 14 to break
la ropa 23 clothes
la ropa interior 23 underwear
la rosa 1 rose
el rosal 2 rosebush
el rostro 17 face
roto 14 broken
el rubí 24 ruby
rubio 17 blond, fair
la rueda 38 wheel
rugir 45 to roar, bellow
rugoso 42 wrinkled
el ruido 3 noise
ruin 43 vile, insidious

(con) rumbo a 25 on the way to, in the direction of

S
sábado 8 Saturday
saber 14 to know
la saca 44 sack
sacar 3 to take out 13 to buy (tickets) 37 to take (photos)
el sacerdote 41 priest
el saco 44 bag
el saetazo 44 arrow shot
la sal 21 salt
la sala 1 sitting-room, hall
la sala de espera 7 waiting room
la salida 7 exit, way out 39 departure
salir 5 to go out, leave
salir de paseo 33 to go out for a walk
el salón 29 lounge, living room
saltar 21 to jump
saludar 12 to greet
saludos de 38 greetings from
salvaje 42 savage, wild
salvar 26 to save
la sandía 35 water melon
la sangre 17 blood
sano y salvo 26 safe and sound
el santo 7 saint, saint's day
santo 7 holy
la sardina 15 sardine
el sargento 44 sergeant
el sastre 41 tailor
satisfecho 24 satisfied
se 15 to him/her/you/them 27 one, you, they
no sea que 38 so that
secar 26 to dry
seco 18 dry
el/la secretario/a 41 secretary
la seda 23 silk
en seguida 7 at once, straightaway
seguir (i) 24 to follow, continue
seguir (i) adelante 31 to go straight on
según 25 according to
el segundo 27 second
segundo 13 second
seguramente 38 undoubtedly
su seguro servidor 38 yours faithfully
seis 4 six
el sello 33 stamp
la semana 8 week
la Semana Santa 30 Holy Week
semejante 14 such a, similar

sencillo 24 single, simple
la senda 43 path
sensacional 27 sensational
sentado 1 seated, sitting
sentarse (ie) 12 to sit down
sentenciar 44 to sentence
sin sentido 44 unconscious
sentir (ie) 3 to be sorry 28 to feel
sentirse (ie) 12 to feel
el señor 2 Mr, sir, man
    muy señor mío 38 dear sir
el Señor 42 Lord
la señora 2 Mrs, lady
los señores 2 Mr and Mrs
la señorita 2 Miss, young lady
se(p)tiembre 8 September
séptimo 36 seventh
ser 1 and 2 to be
    a no ser que 32 unless
el sereno 41 night watchman
el servicio 18 service
la servilleta 20 napkin, serviette
servir (i) 19 to serve
    ¿En qué puedo servirle? 19 Can I
    help you?
servirse (i) de 24 to use; serve as
sesenta 9 sixty
la sesión 33 session, showing
setecientos 24 seven hundred
setenta 9 seventy
severo 25 stern, severe
sexto 36 sixth
si 8 if
sí 1 yes 21 oneself etc.
la sidra 13 cider
siempre 4 always, ever
    lo de siempre 15 the usual
siempre que 32 provided that
lo siento 3 I'm sorry
la sierra 27 mountain range
la siesta 25 afternoon rest
siete 4 seven
el siglo 33 century
el significado 42 meaning
significar 34 to mean
siguiente 10 next, following
el silencio 3 silence
la silla 1 chair
el sillón 1 armchair
simpático 4 kind, nice
sin 10 without
sin embargo 12 however
sin más 26 without more ado

sin previo aviso 32 without warning
sin que 32 without
sincero 38 sincere
sino 10 but
el sinvergüenza 25 good for nothing
siquiera 16 even, if only
    ni siquiera 16 not even
siquiera que 43 may it
el sitio 16 place
situado 24 situated
soberbio 30 proud
el sobre 36 envelope
sobre 1 on, upon 16 about
sobre todo 21 above all, especially
el/la sobrino/a 33 nephew/niece
socarrón 4 sarcastic, cunning
el sofá 1 settee, sofa
sofocar 39 to choke, suffocate
el sol 9 sun
    hace sol 11 it's sunny
solamente 7 only
el soldado 28 soldier
soler (ue) 10 to be accustomed/used to
solo 5 alone
sólo 24 only
soltar (ue) 40 to loose, loosen, let go,
    release
el/la soltero/a 33 bachelor/spinster
la sombra 15 shade, shadow
el sombrero 23 hat
sonar (ue) 20 to ring, sound
sonreírse (i) 19 to smile
la sonrisa 25 smile
soñar (ue) con 22 to dream about
soñoliento 42 sleepy
la sopa 18 soup
sorprenderse (de) 44 to be surprised at/
    by
la sorpresa 20 surprise
el sorteo 38 draw
sospechar 37 to suspect
su 2 his, her 3 your 5 their 7 its
subir 5 to go up, climb
subir a 13 to get in/on (vehicles)
suceder 21 to happen
el suceso 26 happening, event
sucio 31 dirty
el/la suegro/a 31 father/mother-in-law
el suelo 1 ground, floor
el sueño 42 dream, sleep
la suerte 13 luck
    de suerte que 38 so that
el suéter 23 sweater

sufrir 19 to suffer
Suiza 13 Switzerland
suizo 36 Swiss
superior 30 official
el supermercado 21 supermarket
el suplemento de viajes 9 travel supplement
suponer 16 to suppose
supremo 45 supreme
el sur 9 south
suspender 38 to fail
suspirar 37 to sigh
el susto 37 shock
suyo 16 his, hers, its, yours, theirs

T
el tabaco 36 tobacco
la taberna 31 inn, pub, tavern
el tablao 30 Flamenco show
tal 12 such a
tal vez 22 perhaps
también 2 too, also
tampoco 14 neither
tan 16 as, so
tan ... como 16 as ... as
Tánger 24 Tangiers
tanto 9 so much, as much
  otros tantos 40 as many
tanto ... como 16 as much ... as
las tapas 15 appetisers, snacks
la taquilla 12 ticket/booking office
la taquimeca 41 shorthand typist
tardar en 33 to be long in
tarde 3 late
la tarde 4 afternoon, evening
  por la tarde 5 in the afternoon/evening
  todas las tardes 5 every afternoon/evening
la tarifa 36 list of charges, rate
la tarjeta 8 card
taurino 30 of bullfighting
el taxi 32 taxi
el taxista 32 taxi driver
la taza 10 cup
te 14 you 15 to you
el té 10 tea
el teatro 31 theatre
el techo 29 ceiling
el tejado 29 roof
la tela 23 cloth
telefonear 18 to telephone
el teléfono 20 telephone

el telegrama 36 telegram
la televisión 7 television
el televisor 1 television set
temblar (ie) 19 to tremble
tembloroso 45 trembling
temer 19 to fear
  es de temer que 40 it is to be feared that
la temperatura 16 temperature
la tempestad 11 storm
la temporada 30 season
temprano 12 early
el tendero 21 shopkeeper, grocer
el tenedor 20 fork
tener 4 to have
tener calor 16 to be hot (people)
tener cuidado 28 to take care, be careful
tener esperanzas 39 to have hopes
tener éxito 34 to succeed, be successful
tener frío 26 to be cold (people)
tener ganas de 16 to be keen to
tener hambre 15 to be hungry
tener lugar 39 to take place
tener miedo 19 to be afraid
tener para 37 to afford (*colloquial*)
tener prisa 27 to be in a hurry
tener que 13 to have to
tener razón 9 to be right
tener sed 15 to be thirsty
tener sueño 33 to be sleepy
tener suerte 14 to be lucky
  lo que tiene 19 what's the matter
  no tener nada que ver con 32 to have nothing to do with
tercero 5 third
el tercio 42 third
el terciopelo 23 velvet
el tergal 23 terylene
la terminal 31 terminal
terminar 4 to finish, end
la terraza 15 terrace
el terremoto 11 earthquake
el terror 42 terror
el tesoro 34 treasure
el testigo 45 witness
el texto 34 text
ti 21 you
el tiempo 9 time, weather
  a tiempo 12 in/on time
  ¿Qué tiempo hace? 11 What's the weather like?
la tienda 14 shop

la tienda de ultramarinos 21 grocer's
  shop
la tierra 28 land, earth
las tijeras 14 scissors
el timbre 29 electric bell
tímido 42 timid
la tinta 18 ink
tinto 18 red (of wine)
el/la/tío/a 5 uncle/aunt
típico 22 typical
el tipo 10 type, kind
el tirador de arco 44 archer
tirar 3 to throw 39 to throw away
tirarse (a) 26 to dive, jump (into)
titulado 33 entitled
la tiza 3 chalk
la toalla 26 towel
el tocadiscos 38 record player
tocar 12 to ring 22 to play (music)
todavía 3 still, yet
todo 3 all 21 everything
todos los días 21 every day
tomar 4 to take
tomar el pelo a 39 to pull someone's leg
tomar la alternativa 30 to become a
  fully fledged bullfighter
tomar por 37 to take for
el tomate 35 tomato
la tontería 31 nonsense
tonto 36 silly, stupid, foolish
torcer (ue) 31 to turn
torear 30 to fight bulls
el torero 30 bullfighter
la tormenta 11 storm
el toro 28 bull
la toronja 35 grapefruit
la torre 18 tower
la tortilla 15 omelette
tostarse al sol 38 to sunbathe
total 21 total
  en total 21 in all
trabajador 28 hard working
trabajar 3 to work
el trabajo 28 work, job
traer 13 to bring, carry
el tráfico 25 traffic
el tragaluz 31 skylight
tragarse 19 to swallow
el traje 23 suit
el traje de baño 24 swimming costume
el trámite 38 arrangement
tranquilo 13 quiet
el transatlántico 37 liner

el transeúnte 12 passer-by
el transistor 16 transistor
el trasero 40 bottom
trasladarse 32 to change
trasmitir 42 to transmit
tratar de 5 to be about; to try to
el trato 44 deal
a través de 27 across
travieso 3 naughty
trece 4 thirteen
treinta 8 thirty
el tren 7 train
tres 1 three
trescientos 13 three hundred
el trigo 28 wheat
triste 39 sad
triturar 43 to crush
triunfante 45 triumphant
el trocito 15 small piece
tronar (ue) 11 to thunder
el tronco 44 trunk
tropezar (ie) con 14 to bump into,
  collide, meet, come across
el trozo 15 piece, slice
la trucha 26 trout
el trueno 11 thunder
tu 7 your
tú 2 you
el tuno 44 rascal, rogue
turbar 42 to worry, bother
el turista 24 tourist
turístico 10 tourist
el turno 43 turn
  en turno de 44 around, about
el turrón 22 sweet soft nougat made of
  honey and almonds
tuyo 16 yours

U
último 18 last
un, una 1 a, an; one
undécimo 36 eleventh
único 40 only
el uniforme 23 uniform
la universidad 38 university
uno/a 1 one
unos/as 1 some
unos cuantos 30 some, a few
usar 28 to use
usted/ustedes 2 you
útil 34 useful
la uva 18 grape

V

la vaca 28 cow
las vacaciones 9 holidays
vacilar 39 to hesitate
vacío 40 empty
el vagabundo 44 tramp
el vagón 13 carriage, coach
vale 21 O.K., that's right/correct
  no vale 24 it's not worth it
valenciano 42 Valencian
valer 24 to be worth
  mas vále que 19 it's better to
valer la pena 24 to be worthwhile
valeroso 43 brave
valiente 26 brave
el valor 33 courage, valour; value
el valle 28 valley
vámonos 25 let's go
vamos a ver 10 let's see
en vano 26 in vain
el vaquero 25 cowboy
varios 21 several, some
el vaso 19 glass
vaya 25 come on 39 really, fancy that
el vecindario 44 neighbourhood
el vecino 42 neighbour
veinte 4 twenty
la veintena (de) 42 score, twenty
a toda velocidad 27 at full speed
vencer 45 to beat
vendar 27 to bandage
el vendedor 4 vendor, seller
vender 4 to sell
venir 7 to come
  que viene 10 next
venirle bien 18 to suit
la ventaja 27 advantage
la ventana 3 window
la ventanilla 3 window (in a door or
  vehicle)
ver 4 to see
  a mi ver 21 in my opinion
  a ver 30 let's see
veranear 28 to spend the summer
el verano 9 summer
la verdad 9 truth
  ¿verdad? 9 isn't it? etc.
verde 4 green
la verdulería 21 greengrocer's
las verduras 35 vegetables
verídico 42 true, real
el vestíbulo 29 entrance hall
el vestido 23 dress

vestido de 22 dressed in/as
los vestidos 23 clothes
la vestidura 45 vesture
vestirse (i) 23 to dress
la vez 5 time, occasion
  de vez en cuando 12 from time to
  time
  en vez de 21 instead of
  muchas veces 5 often
  otra vez 12 again
  por primera vez 32 for the first time
  una vez 32 once
  unas veces 34 sometimes
la vía 25 way, path
viajar 7 to travel
el viaje 9 journey
el viaje de negocios 37 business trip
el viajero 36 traveller
la víctima 45 victim
la victoria 45 victory
la vida 22 life
viejo 5 old
el/la viejo/a 26 old man/woman
el viento 11 wind
  hace viento 11 it's windy
el vientre 45 belly, stomach
viernes 8 Friday
el villancico 22 Christmas carol
el vino 18 wine
el vino tinto 18 red wine
violento 27 violent
la visita 19 visit
el visitante 28 visitor
visitante 39 visiting
visitar 9 to visit
la víspera 22 eve
la vista 39 sight, view
vivamente 44 wholeheartedly
vivir 5 to live
vivo 36 alive; lively
volar (ue) 10 to fly
volver (ue) 10 to return
volver (ue) a 22 to do again
vosotros 2 you
la voz 2 voice
  a toda voz 38 at the top of one's voice
  en voz alta 3 in a loud voice
  en voz baja 37 quietly
el vuelo 10 flight
el vuelo de entre semana 10 mid-week
  flight
el vuelo de noche 10 night flight
la vuelta 10 return 27 tour

estar de vuelta 34 to be back
vuestro 7 your 16 yours
vulgar 45 ordinary

W
wagneriano 45 Wagnerian

Y
y 1 and
ya 12 already, now
ya está 21 that's it, there you are
ya lo creo 26 I'll say, I can well believe
  it

ya lo sé 15 I know
yo 2 I

Z
la zaga 27 rear
zambullir 45 to dive
la zanahoria 35 carrot
el zapatero 41 shoemaker, cobbler
la zapatilla 23 slipper
el zapato 22 shoe
el zarpazo 42 bang, thud
la zona 31 zone, area, district
zumbar 44 to hum, buzz

Appendix four

English–Spanish Vocabulary

N.B. This list does not include nouns which appeared for the first time in the special vocabularies on parts of the body (Lesson 17), clothes (Lesson 23), the house (Lesson 29), fruits and vegetables (Lesson 35), jobs and occupations (Lesson 41) and countries and nationalities (Appendix 1).

A

a(n) un, una
to abandon abandonar
to be able poder (ue)
  not to be able to help no poder menos de
about de, acerca de, sobre; a eso de (of time)
  to be about tratar de
  to be about to estar para
above encima de (*prep.*); por encima (*adv.*)
abroad al extranjero
absent ausente
to accept aceptar
accident el accidente
to accompany acompañar
according to según
to accuse acusar
to be accustomed to soler (ue)
ache el dolor
to ache doler (ue)
across a través de
actor el actor
actress la actriz
to add añadir
address la dirección, las señas
to admire admirar
to admit admitir
to advance avanzar
  in advance de anticipación
advantage la ventaja
to take advantage of aprovechar, aprovecharse de
adventure la aventura
advertising agency la agencia publicitoria
advice el consejo
aeroplane el avión
to afford tener dinero para

to be afraid tener miedo
after después de (*prep.*); después (*adv.*): después de que (*conj.*)
afternoon la tarde
  good afternoon buenas tardes
again otra vez, de nuevo, nuevamente
against contra
age la edad
ago hace
to agree convenir, estar de acuerdo
to agree to quedar en
air el aire
  in the open air al aire libre, al fresco
air conditioning el aire acondicionado
air hostess la azafata
airport el aeropuerto
air terminal la terminal
alive vivo
all todo, etc.
to allow dejar, permitir
almost casi
alone solo
along a lo largo de, por
already ya
also también
there is no alternative no hay más remedio
although aunque
always siempre
ambulance la ambulancia
American (norte) americano
among entre
amplifier el amplificador
amusing divertido, gracioso
  how amusing! ¡qué gracia!
and y
Andalusian andaluz
angry enojado, enfadado

to get angry enfadarse
animal el animal
to announce anunciar
announcement el anuncio
annoyed enojado
another otro
answer la respuesta
to answer contestar, responder
anything else algo más
apparently por lo visto
to appear aparecer; parecer
appetisers las tapas
apple la manzana
appointment la cita
to approach acercarse a, aproximarse a
April abril
Arab, Arabic árabe
architect el arquitecto
area la zona
Argentinian argentino
to argue discutir
argument la discusión
arid árido
armchair el sillón
around alrededor *(adv.)*; alrededor de
  (prep.)
arrangement el trámite
to arrest detener
arrival la llegada
to arrive llegar
art el arte *(fem.)*
article el artículo
as tan
as ... as tan ... como
as if como si, cual si
to be ashamed avergonzarse (üe)
to ask preguntar; rogar (ue), pedir (i)
to ask about preguntar por
to ask (as a favour) rogar (ue)
to ask for pedir (i)
to ask questions hacer preguntas
aspirin la aspirina
assistant el (la) ayudante
to assure asegurar
astonished atónito
at a
Atlantic el Atlántico
atmosphere el ambiente
to attack acometer, arremeter contra
attention la atención
attracted atraído
attraction la atracción
attractive mono, guapo

August agosto
aunt la tía
authentic auténtico
author el autor
autumn el otoño
avenue la avenida
awake despierto
how awful! ¡qué barbaridad!
axe el hacha *(fem.)*.

B
bachelor el soltero
to be back estar de vuelta
back(wards) hacia atrás
bad malo
badly mal
bag el bolso, la bolsa
baker's la panadería
balcony el balcón; el entresuelo (in
  theatre or cinema)
bald calvo
ball la pelota
ballpoint pen el bolígrafo
band la banda
to bandage vendar
bandit el bandido
bank la ribera, la orilla; el banco (for
  money)
banner la pancarta
bar el bar
to bark ladrar
barrier la barrera
basket la cesta
basketball el baloncesto
to bathe bañarse
bathing costume el traje de baño
bathroom el cuarto de baño
battery la pila
to be ser, estar
to be to haber de
beach la playa
to bear aguantar
to beat vencer
beautiful bello, hermoso
because porque
because of a/por causa de
to become ponerse, hacerse, llegar a ser
bed la cama
  to go to bed acostarse (ue)
bedroom el dormitorio, la alcoba
beer la cerveza
before ante *(prep.)*; antes de *(prep. of
  time)*; anterior *(adj.)*; antes *(adv.)*;
  antes de que *(conj.)*

beggar el mendigo
to begin comenzar (ie), empezar (ie), echar, ponerse
beginning of principios de
behind detrás de (*prep*); detrás (*adv.*)
Belgian belga
to believe creer
bell la campana, el timbre (electric)
to belong pertenecer
below bajo, debajo de, abajo
bench el banco
beside junto a
besides además
to bet apostar (ue)
better, best mejor
between entre
beyond mas allá
bicycle la bicicleta
   by bike en bicicleta
big grande
bill la cuenta
bird el pájaro, el ave (*fem.*)
birth el nacimiento
birthday el cumpleaños
biscuit la galleta
black negro
blackboard la pizarra
blade la navaja
blanket la manta
blind la persiana; ciego (*adj.*)
   to draw blood hacer sangre
blue azul
   light blue celeste
on board a bordo
boarding house la pensión
boat el barco
   fishing boat el barco de pesca
   motor boat la lancha motora
bone el hueso
book el libro
to book reservar
bookshop la librería
boot la bota; el maletero (of a car)
bored, boring aburrido, pesado
   to get bored aburrirse
to be born nacer
to borrow pedir prestado
boss el jefe
both ambos
to bother molestar
bottle la botella
bowl la palangana
box la caja

boy el niño, el chico, el muchacho
boy friend el novio
bracelet la pulsera
brand la marca
brandy el coñac
brave valeroso, valiente
bravery la bravura, el valor
Brazil el Brasil
Brazilian brasileño
bread el pan
bread roll el panecillo
to break romper
breakfast el desayuno
   to have breakfast desayunar
breath el aliento
   out of breath sin aliento
to breathe respirar
bridge el puente
to bring traer, llevar
to bring down bajar
broadcast la emisión
broken roto
brother el hermano
brown marrón, castaño
to brush cepillar
bucket el cubo
to build construir
building el edificio
bull el toro
bullfight la corrida de toros
bullfighter el matador, el torero
bullring la plaza de toros
to bump into tropezar (ie) con
bus el autobús
business los negocios
   on business de negocios
businessman el hombre de negocios
business trip el viaje de negocios
busy ocupado
but pero, sino
butcher's la carnicería
butter la mantequilla
to buy comprar; sacar (of tickets)
by por
C
café el café
cake el pastel
calendar el calendario
call la llamada
to call llamar
   to be called llamarse
calm tranquilo
camel el camello

camera la máquina
to go camping hacer el camping
capital la capital
captain el capitán
car el coche
car park el aparcamiento
card la tarjeta, la ficha
care el cuidado
   to take care of cuidar de
career la carrera
careful cuidadoso
   to be careful tener cuidado
Caribbean caribe
carpet la alfombra
carriage el vagón (railway)
to carry llevar, traer
case el caso
   in any case en (de) todo caso
to cash cobrar
cassette el cassette
castanets las castañuelas
Castile Castilla
castle el castillo
cat el gato
to catch coger
cathedral la catedral
catholic católico
cattle el ganado
to cause provocar
to cease cesar
to celebrate celebrar
cemetery el camposanto
centimetre el centímetro
central central
centre el centro
century el siglo
certain cierto
certainly por cierto
chair la silla
chalk la tiza
champion el campeón
chance la ocasión
change el cambio
to change cambiar (de); trasladarse
chapter el capítulo
character el personaje
charming encantador
to chase cazar
to chat charlar
chauffeur el chófer
cheap barato
cheek la frescura (impudence); la mejilla
   (of face)

cheerio hasta luego, hasta más tarde,
   hasta la vista
to cheer up animarse
cheese el queso
chemist el farmacéutico
chemistry la química
chemist's la farmacia
cheque el cheque
   traveller's cheque el cheque de viajero
chest el pecho; el cajón
chicken el pollo
chief el jefe
child el/la niño/a
children los niños
chocolate el chocolate
to choose escoger
chop la chuleta
chore el quehacer
Christian cristiano
Christmas la Navidad
Christmas card el Christmás
Christmas carol el villancico
Christmas Day el día de Navidad
Christmas Eve la Nochebuena
church la iglesia
cider la sidra
cigar el puro
cigarette el cigarrillo
cinema el cine
city la ciudad
Civil Guard el Guardia Civil
class la clase; la lección
clean limpio
to clean limpiar
clear claro
clerk el empleado
clock el reloj
to close cerrar (ie)
closed cerrado
cloth la tela, el paño
cloud la nube
cloudy nublado
club el club
coach el autocar
coast la costa
cockerel el gallo
coffee el café
   black coffee el café solo
   white coffee el café cortado
coffee bar la cafetería
coin la moneda
cold frío, el frío; el constipado
   to be cold hacer frío (weather), tener

frío (people)
to *catch cold* resfriarse
to *have a cold* estar constipado
collar el collar
to *collect* cobrar, recoger
to *collide* estrellarse
colour el color
comb el peine
to *comb* peinarse
to *come* venir
   coming and going ir y venir
come in! ¡adelante!
comfortable cómodo
companion el compañero
compartment el departamento
company la casa
competition el concurso
complete completo
concerning acerca de
concert el concierto
condition la condición
   on condition that con tal que, a
   condición de que, siempre que
confidence la confianza
confusion la confusión
congratulations las felicitaciones
connection la conexión
to *consent* consentir (ie)
to *consist (of)* consistir (en)
to *consult* consultar
to *contain* contener
to *content oneself* contentarse
to *continue* continuar, seguir (i)
contrary to en contra de
convenient conveniente
conversation la conversación
to *cook* cocinar
   electric cooker la cocina eléctrica
   gas cooker la cocina de gas
cooking la cocina
cool fresco
   it is cool hace fresco
copy el ejemplar
cordially cordialmente
corduroy la pana
corner la esquina, el rincón
correct! ¡vale!
to *cost* costar (ue)
cottage la casita
cotton el algodón
to *count* contar (ue)
counter el mostrador
country el país

country house la casa de campo
countryside el campo, el paisaje
course el curso
   of course claro que sí; desde luego, por
   supuesto
   of course not claro que no
court la corte
courtesy la cortesía
cousin el primo, la prima
to *cover* cubrir
covered by cubierto de
cow la vaca
cowboy el vaquero
to *crash into* chocar contra
to *crawl* arrastrarse
cream la nata, la crema
crib el Belén
to *criticise* censurar
cross la cruz
to *cross* cruzar, atravesar (ie)
crowd la muchedumbre
crowded concurrido
cry el grito
to *cry* gritar; llorar (to weep)
to *cultivate* cultivar
cunning socarrón
cup la taza
cupboard el armario
curious curioso, raro
current la corriente; actual (*adj.*)
curtain la cortina
customer el cliente
customs la aduana
customs officer el aduanero
to *cut* cortar
cycling el ciclismo
cyclist el ciclista

D
dairy la lechería
dance el baile
to *dance* bailar, danzar
dangerous peligroso
to *dare* atreverse
dark oscuro, moreno
date la fecha; la cita
daughter la hija
dawn la madrugada
to *dawn* amanecer
day el día
   all day todo el día
   every day todos los días
   the following day al día siguiente

dead muerto
to deaden aguantar
dear querido; apreciado, estimado; caro
death la muerte
debt la deuda
December diciembre
to decide decidir(se)
decision la decisión
to declare declarar
to deduce deducir
deep profundo
deficient deficiente
degree el grado
delicious delicioso
to delight encantar
to deliver entregar
dentist el dentista
to deny negar (ie)
departure la salida, la partida
to depend depender
deposit el depósito
to descend bajar
description la descripción
deserted desierto
desk el pupitre
desperate desesperado
despite a pesar de
dessert el postre
to destroy derribar, destruir
detail el detalle
to devote oneself to dedicarse a
diamond el diamante
to die morir (ue)
difference la diferencia
different diverso, diferente
difficult difícil
difficulty la dificultad
to dig cavar
dignity la dignidad
dining room el comedor
dinner la cena
    to have dinner cenar
direct directo
direction la dirección
to dirty ensuciar
to disallow anular
to disappear desaparecer
to disappoint desilusionar
    to be disappointed recibir una decepción
disastrous desastroso
discontented descontento
discothèque la discoteca
to discover descubrir

to discuss cambiar opiniones
discussion el intercambio de opiniones
dish el plato
distance la distancia
    in the distance a lo lejos
distinguished distinguido
district el barrio, la zona, la región
to disturb molestar
to dive tirarse a
to do hacer
to do again volver a + *infinitive*
doctor el médico, el doctor
document el documento
dog el perro
donkey el burro
door la puerta
    back door la puerta de atrás
    front door la puerta principal
door knocker la aldaba
doorman el portero
double doble
to doubt dudar
doubtful dudoso
doughnut el churro
dove la paloma
dozen la docena
draught la corriente de aire
draw el sorteo
to draw dibujar
drawer el cajón
to dream (of) soñar (ue) (con)
to dress vestirse (i)
    to be dressed in estar vestido de
drink la bebida, el refresco
to drink beber
    to have a drink echar un trago
to drive conducir
driver el conductor, el chófer
to drop dejar caer
to drown ahogarse
drug la droga
dry seco, árido
to dry secar
duck el pato
dull pesado
during durante
duty el deber

E
each cada
each one cada uno
early temprano
to earn ganar

earring el pendiente
earth la tierra
earthquake el terremoto
east el este
easy fácil
to eat comer
Edinburgh Edimburgo
edition el ejemplar
egg el huevo
eight ocho
eighth octavo
eighty ochenta
either... or o ... o
elder, eldest mayor
electric eléctrico
eleven once
eleventh undécimo
employee el empleado
empty vacío; libre
to enclose adjuntar
to encourage incitar
end el fin, el cabo, el extremo
end of fines de
to end acabar, terminar
enemy el enemigo
England Inglaterra
English inglés
enjoy it! (of food) ¡que aproveche/n!
to enjoy oneself divertirse (i), disfrutarse, gozarse, pasarlo bien
enough bastante
to enter entrar en
to entertain festejar
enthusiastic entusiasmado
entitled titulado
entrance la entrada
envelope el sobre
to escape escaparse
especially sobre todo
estate la finca
esteemed estimado
Europe Europa
European europeo
eve la víspera
New Year's Eve la Nochevieja
even aun, hasta
even if, even though aunque
evening la tarde
good evening buenas tardes
event el suceso
ever jamás, alguna vez
for ever para/por siempre
every cada

everybody todo el mundo
everything todo
everywhere en/por todas partes
evident evidente
exactly exactamente, en punto
examination el examen
to examine examinar
for example por ejemplo
excellent excelente; perfectamente
except for a excepción de
exception la excepción
exchange rate la cotización
excited emocionado
excitement la animación, la emoción
exciting emocionante
to exclaim exclamar
to excuse dispensar
excuse me dispénseme
exercise book el cuaderno
exit la salida
to expect esperar
to expel echar
expensive caro
to explain explicar
explanation la explicación
exploit la hazaña
express el rápido
extraordinary extraordinario
in the twinkling of an eye en un abrir y cerrar de ojos

F
facing enfrente de
fact el hecho
in fact en efecto
factory la fábrica
to fail suspender (exams)
fair la feria; rubio (*adj.*)
to fall caer; anochecer (of night)
false falso
family la familia; familiar (*adj.*)
famous famoso
fan el abanico; el hincha
far lejos
farm la granja, la finca
farmer el granjero
fashion la moda
fashionable de moda
fast rápido
fat gordo, grueso
father el padre
father-in-law el suegro
fault la culpa (blame); la falta

to be in favour of estar por
favourite favorito, preferido
to fear temer, tener miedo de
feast la fiesta
February febrero
to feed dar de comer
to feel sentir (ie)
fence la cerca
festival la fiesta
to fetch coger
fever la fiebre
a few algunos, unos pocos, unos cuantos
fidelity la fidelidad
field el campo
fierce fiero, feroz
fifteen quince, la quincena
fifth quinto
fifty cincuenta
fight la lucha
to fight luchar
figure la figura
to fill, fill in llenar, rellenar
film el film, la película
to find hallar, encontrar (ue)
fine la multa
to finish acabar, terminar
fire el fuego, el incendio
  to set fire to pegar fuego a
fireplace la chimenea
first primero
  at first, first of all al principio
fish el pez; el pescado (dead)
to fish pescar
fisherman el pescador
fishing la pesca
fishing rod la caña de pescar
fishmonger el pescadero
fishmonger's la pescadería
five cinco
five hundred quinientos
flag la bandera
flamenco show el tablao (flamenco)
flash el rayo
flat el piso; llano (*adj.*)
to flee huir
flight el vuelo
  to take flight levantar el vuelo
floodlight el foco
floor el suelo; el piso (storey)
flour la harina
flower la flor
fly la mosca
to fly volar (ue)

fog la niebla
  it is foggy hay niebla
to follow seguir (i)
following siguiente
food la comida, los comestibles
foolish necio, tonto
foot el pie
  on foot a pie
football el fútbol
for para, por
to be forbidden prohibirse
foreign extranjero
foreigner el extranjero
to forget olvidar, olvidarse (de)
to forgive perdonar
fork el tenedor
form la ficha
to form formar
fortnight quince días
fortunate afortunado
forty cuarenta
forward el delantero
fountain la fuente
four cuatro
fourteen catorce
fourth cuarto
fowl el ave (*fem.*)
frame el marco
franc el franco
France Francia
free libre
to freeze helar (ie)
French francés
frequency la frecuencia
fresh fresco
Friday viernes
fried frito
friend el/la amigo/a
  to make friends hacer amistad
friendly amistoso
from de, desde
front row la delantera
in front of delante de (*prep.*); delante
  (*adv.*)
frontier la frontera
frost la escarcha
  it is frosty hay escarcha
fruit la fruta
fruiterer's la frutería
fruit tree el árbol frutal
full lleno
to make fun of burlarse de
funeral el entierro

furious furioso
further on más allá

G

to gain ganar
game el juego
gaol la cárcel
garage la estación de servicio, el garaje
garden el jardín
garlic el ajo
gate la puerta
generally por lo general
gentleman el caballero
to get obtener
to get into, on (of vehicles) subir a, montar en (cars)
to get up levantarse
girl la chica, la niña, la muchacha
girl friend la novia
to give dar
to give back devolver (ue)
glass el cristal; el vaso, la copa, la copita
glasses las gafas
to go ir; andar
   let's go vámonos
to go away irse, marcharse
to go down bajar
to go in entrar en
to go out salir
to go straight on seguir (i) adelante
to go up subir
goal el gol
goat la cabra
God Dios
gold el oro
golden dorado
good bueno
goodbye adiós
   to say goodbye to despedirse (i) de
good for nothing el sinvergüenza
goose el ganso
grand grandioso
grandchild el/la nieto/a
grandfather el abuelo
grandmother la abuela
grandparents los abuelos
grape la uva
to grasp asir
grass la hierba
grateful agradecido
great grande
green verde
greengrocer el verdulero

greengrocer's la verdulería
to greet saludar
greetings saludos, recuerdos
grey gris
to grip asir
grocer el tendero
grocer's shop la tienda de ultramarinos
groomed (of hair) peinado
ground el suelo, la tierra
ground floor el piso bajo, la planta baja
group el grupo
to grow cultivar
guest el huésped, el invitado
guide el guía
guide book la guía
guitar la guitarra

H

hair el pelo
hairdresser's la peluquería
hair style el peinado
hake la merluza
half la mitad; medio *(adj.)*
hall el vestíbulo
ham el jamón
hand la mano
to hand entregar
handbag el bolso
handkerchief el pañuelo
handsome guapo
to hang colgar (ue)
to happen pasar, suceder
happening el suceso
happy feliz, contento, alegre
Happy Christmas Felices Pascuas
harbour el puerto
hard duro
hard working trabajador
hardly apenas
to harm hacer daño
to have tener, haber
to have just acabar de
to have to deber, tener que
haversack la mochila
he él
headmaster, headmistress el director, la directora
to hear oír
to hear tell oír decir
central heating la calefacción central
heaven el cielo
   for heaven's sake por Dios
heavy pesado

height la altura
helicopter el helicóptero
hello hola; diga, dígame, oiga, oye (*phone*)
to help ayudar
help! ¡socorro!
    can I help you? ¿en qué puedo servirle?
hen la gallina
her la, su, ella
here aquí
hero el héroe
hers suyo, etc.
to hesitate vacilar
to hide esconder
high alto
high street la calle mayor
hill la colina
him lo, le, él
to hire alquilar
his su, suyo, etc.
historic histórico
history la historia
hobby el pasatiempo
holiday el día de fiesta
holidays las vacaciones
    to be on holiday estar de vacaciones
holy santo
at home en casa
homework el deber
hope la esperanza
to hope esperar
hors d'oeuvres los entremeses
horse el caballo
    on horseback a caballo
hospital el hospital
host el huésped
hot caliente, caluroso
    to be hot hacer calor (weather), tener
    calor (people)
hotel el hotel
hour la hora
house la casa
how como
how are you ¿cómo está Vd.? ¿qué tal?
how much cuanto
however comoquiera; sin embargo
however much por mucho ... que
hug el abrazo
huge enorme, inmenso
hundred ciento, el centenar
hungry hambriento
    to be hungry tener hambre
to hurry darse prisa
    to be in a hurry tener prisa

to hurt doler (ue); hacer daño
to hurt oneself hacerse daño
husband el esposo, el marido
hut la choza
I
I yo
ice-cream el helado
idea la idea
ideal ideal
identical idéntico
idiot el idiota, el imbécil
if si
ill enfermo
to imagine imaginar, hacerse idea de
immediately inmediatamente, al instante,
    en seguida
immense inmenso
impatience la impaciencia
importance la importancia
important importante
    to be important importar
imposing imponente
impossible imposible
to impress impresionar
impudence la frescura
in en, dentro de
incident el incidente
incredible increíble
indeed en efecto
industrial industrial
to inform informar
information la información
inhabitant el habitante
injured herido
ink la tinta
inkfish el calamar
inn la taberna, la fonda
innocent inocente
insect el insecto
inside dentro de (*prep.*); dentro (*adv.*),
    adentro (*adv.*)
to insist insistir
to inspire inspirar
instead of en vez de, en lugar de
insult el insulto
intelligent inteligente
to interest interesar
interesting interesante
to interrupt interrumpir
interval el descanso
to intervene intervenir
invitation la invitación
to invite invitar, convidar

iron el hierro
to iron planchar
island la isla
isolated aislado
it él, ella, lo, la, ello
Italy Italia
Italian italiano
itinerary el itinerario
its su, suyo, etc.

J
jacket la chaqueta
January enero
jersey el jersey
jewel la joya
job el empleo, el puesto
to join juntarse a
joke el chiste
journey el viaje
July julio
to jump saltar
June junio

K
to be keen on ser aficionado a
to keep guardar
key la llave
to kill matar
kilogram el kilo
kilometre el kilómetro
kind el tipo; amable, simpático *(adjs.)*
  of all kinds de toda clase
kindness la amabilidad
king el rey
kingdom el reino
kitchen la cocina
knife el cuchillo
to knock golpear; llamar
to knock down atropellar
to know conocer, saber
  well-known célebre

L
laboratory el laboratorio
lace el encaje
laden with cargado de
lake el lago, el estanque
lamp la lámpara
land la tierra
to land aterrizar
landlady la dueña, la patrona
landlord el dueño, el patrón
language el idioma, la lengua

large grande
last último, pasado
  at last al/por fin
to last durar
late tarde, con retraso
to laugh reír (i)
lawyer el abogado
to lay the table poner la mesa
lazy holgazán, perezoso
to lead conducir
leader el líder
leaf la hoja
to lean out/over asomarse a
to learn aprender; enterarse de
at least al/por lo menos
leather el cuero
to leave dejar, abandonar, marcharse de
left izquierdo
  on the left a la izquierda
to pull someone's leg tomar el pelo
legend la leyenda
lemonade la gaseosa
to lend prestar
length la longitud
less menos
lesson la lección; la clase
to let dejar, permitir
letter la carta; la letra
library la biblioteca
lie la mentira
life la vida
lift el ascensor
light la luz
  to have a light tener fuego
to light encender (ie)
lightning el relámpago
to like gustar (de)
like como, cual
  what's it like? ¿cómo es?
line la línea
liner el transatlántico
lion el león
list la lista
to listen to escuchar
litre un litro
little pequeño *(adj.)*; poco *(adv.)*
  a little un poco (de)
to live vivir
lively animado
to liven up animarse
London Londres
long largo
  to be long in tardar en

look el aspecto
to look around mirar alrededor
to look at mirar, contemplar
to look for buscar
to look forward to esperar con ganas
to look on to dar a
to look out asomarse a
to look up levantar los ojos
lorry el camión
to lose perder (ie)
to lose control perder (ie) la dirección
a lot mucho
lottery la rifa, la lotería
loud ruidoso
loudspeaker el altavoz
lounge el salón, la sala de estar, el cuarto
  de estar
to love querer (ie)
low bajo
luck la suerte
  to be lucky tener suerte
luggage el equipaje
lunch el almuerzo
  to have lunch almorzar (ue)
luxurious lujoso

M
machine la máquina
mad loco
Madrilenian madrileño
magazine la revista
magnificent magnífico
maid la criada
main principal
majority la mayoría
make la marca
to make hacer; fabricar
malicious malicioso
man el hombre
to manage lograr
manner la manera
to manufacture fabricar
many muchos
  as many ... as tantos ... como
map el mapa
March marzo
maritime marítimo
market el mercado
married casado
married couple el matrimonio
to marry/get married casarse con
marvellous maravilloso, estupendo

Mass la misa
  Midnight Mass la Misa del Gallo
match el partido; la cerilla
material el material
mathematics las matemáticas
May mayo
may I? con permiso
may be puede ser que
mayor el alcalde
me me, mí
meadow el prado
meal la comida
to mean significar, querer (ie) decir
means el medio, el modo
meanwhile entretanto, mientras tanto
to measure medir (i)
meat la carne
mechanic el mecánico
medicine la medicina
Mediterranean el Mediterráneo
medium medio
to meet encontrar (ue), recibir, conocer,
  reunirse
meeting la reunión
member el miembro
memory la memoria, el recuerdo
menu el menú
message el recado
metre el metro
Mexico Méjico, México
midday el mediodía
middle el medio
  in the middle of en medio de, a
  mediados de
midnight la medianoche
milk la leche
milkman el lechero
million un millón (de)
mine mío, etc.
mineral mineral
minute el minuto
  in a few minutes a los pocos minutos
mirror el espejo
Miss la señorita
to miss echar de menos; perder (ie)
mist la neblina
  it is misty hay neblina
to make a mistake equivocarse
to mix mezclar
modern moderno
modest modesto
moment el momento
  just a moment un momentito

Monday lunes
money el dinero
month el mes
mood el humor
  in a good/bad mood de buen/mal humor
moon la luna
Moor el moro
more más
more and more cada vez más
  the more ... the more cuanto ... tanto
morning la mañana
  good morning buenos días
  in the morning por la mañana
most la mayoría de, la mayor parte
mother la madre
mother-in-law la suegra
motionless inmóvil, inerte
motorcycle la moto(cicleta)
motorist el motorista
motorway la autopista
mountain la montaña, la sierra
mountain range la sierra
mountainous montañoso
mourning el luto
  in mourning de luto
to move mover(se); circular (traffic)
to move away, off alejarse
Mr, Mrs el señor, la señora
much mucho
  as much ... as tanto ... como
  so much tanto
  too much demasiado
mud el lodo
municipal municipal
murder el asesinato
museum el museo
mushroom el champiñón
music la música
my mi, etc.
mysterious misterioso

N

name el nombre
  in the name of a nombre de
to have a nap dormir (ue) la siesta
napkin la servilleta
narrow estrecho
national nacional
native el natural
naturally naturalmente
naughty travieso
near cerca de

nearby cerca (*adv.*), cercano (*adj.*)
necessary necesario, menester, preciso
necklace el collar
to need necesitar, faltar
neither tampoco
nephew el sobrino
nervous nervioso
never nunca, jamás
nevertheless no obstante
new nuevo
news las noticias
newspaper el periódico
next próximo, siguiente, que viene
next to junto a
nice bonito
niece la sobrina
night la noche; nocturno (*adj.*)
  by night de noche
  good night buenas noches
  in the night por la noche
  last night anoche
nine nueve
ninety noventa
ninth noveno, nono
no no
no, not a (*adj.*), ninguno
nobility la nobleza
noble noble
nobody, no one nadie
noise el ruido
noisy ruidoso, estrepitoso
none ninguno
nonsense la tontería
noon el mediodía
nor ni
  neither ... nor ni ... ni
north el norte
not no
not at all en absoluto
notable notable
note el billete (de banco); la nota
nothing nada
  to have nothing to do with no tener
    nada que ver con
nothing else nada más
to notice notar
nought cero
novel la novela
November noviembre
now ahora
  right now ahora mismo
number el número
nylon el nilón

O
to *obey* obedecer
to *oblige* obligar
to *obtain* obtener, conseguir
obvious evidente, claro
occasion la ocasión
occupied ocupado
October octubre
odd raro
of de
to *offer* ofrecer
office la oficina
official el oficial; oficial
offside el fuera de juego
often a menudo, muchas veces
oil el aceite
old anciano, antiguo, viejo
old man el viejo
old woman la vieja
olive la aceituna
olive oil el aceite
olive tree el olivo
omelette la tortilla
on en, sobre, encima de
once una vez
   at once al pronto, al instante, en
   seguida
one un, una, uno; se (*pron.*)
only sólo, solamente (*adv.*); único (*adj.*)
open abierto
to *open* abrir; inaugurar
opinion la opinión
   in my opinion a mi ver
opportunity la posibilidad, la oportunidad
to *oppose* oponer
opposite enfrente de
or o
orange la naranja
orange tree el naranjo
orchard la huerta
to *order* ordenar, mandar
ordinary ordinario, vulgar
other otro
   the others los otros, los demás
our, ours nuestro, etc.
out fuera (*adv.*)
outside el exterior; fuera de (*prep.*); fuera
   (*adv.*)
outskirts las afueras
oven el horno
over encima de
overcoat el abrigo
to *overlook* dar a

own propio
to *own* poseer
owner el dueño, el patrón, el propietario

P
packet el paquete
page la página
pain el dolor
to *paint* pintar
pair el par
palace el palacio
pale pálido
pane el cristal
panic el pánico
paper el papel
to *paper* empapelar
parcel el paquete
parents los padres
Paris París
park el parque
to *park* aparcar
Parliament (Spanish) las Cortes
part la parte
   to *take part* participar
partridge la perdiz
party la fiesta
to *pass* pasar, aprobar (ue) (exams)
passenger el pasajero
passer by el transeúnte
patience la paciencia
patient el paciente
pavement la acera
to *pay for* pagar
pea el guisante
peace la paz
peasant el campesino
to *pedal* pedalear
pen la pluma
pencil el lápiz
penknife la navaja
people la gente
perfect perfecto
perfume el perfume
perfumery la perfumería
perhaps quizás, tal vez, acaso
permission el permiso
to *persist* persistir
person la persona
to *persuade* persuadir
petrol la gasolina
phenomenon el fenómeno
Philippines las Filipinas

photo la foto(grafía)
photographer el fotógrafo
physics la física
piano el piano
to pick up coger
picnic la merienda
to picnic merendar (ie)
picture el cuadro
piece el pedazo, el trozo, el trocito
piece of paper la hoja
pig el cerdo
pipe la pipa
pistol la pistola
pity la lástima
place el lugar, el sitio, la plaza
  in the first place en primer lugar
  to take place tener lugar, celebrarse
to place meter
plan el plan
planet el planeta
plastic el plástico
plate el plato
plateau la meseta
platform el andén
play la comedia
to play jugar (ue); tocar (music); practicar
  (sports)
player el jugador
pleasant agradable
please por favor, haga el favor de
to please gustar, alegrar
pleased contento
pleased to meet you encantado/a, mucho
  gusto
pleasure el placer
  with great pleasure con mucho gusto
pocket el bolsillo
poem el poema
poetry la poesía
to point to indicar
to be on the point of estar a punto de
police la policía
policeman el agente, el guardia, el policía
police station la comisaría
polite cortés
politician el político
pond el estanque
poor pobre
popular popular
port el puerto
porter el mozo; la portera
porter's lodge la portería
portrait el retrato

possible posible
possibility la posibilidad
to post echar
postcard la (tarjeta) postal
poster el cartel
postman el cartero
Post Office Correos
potato la patata
pottery la cerámica
pound la libra
pour echar; llover (ue) a cántaros
to prefer preferir (ie)
to prepare preparar
present el regalo; actual (adj.)
  at present actualmente
to present presentar
to be present at asistir a
press la prensa
to pretend fingir
pretty bonito, mono
to prevent impedir (i)
previous previo, anterior
price el precio
priest el cura, el sacerdote
prince el príncipe
princess la princesa
prison la cárcel
private particular
prize el premio
  first prize el premio gordo
probable probable
problem el problema
procession la procesión, la cabalgata
product el producto
professor el catedrático
to prohibit prohibir
to promise prometer
to protect proteger
to protest protestar
proud orgulloso, soberbio
to prove probar (ue)
provided that siempre que
province la provincia
provisions los comestibles
public el público
publisher's la casa editorial
puncture el pinchazo
to punish castigar
pupil el/la alumno/a
purse el portamonedas
pursuer el perseguidor
to push empujar
to put poner, colocar, meter

to put on ponerse
to put out apagar
to put up with aguantar
Pyrenees los Pirineos

Q
quality la calidad
to quarrel reñir (i)
queen la reina
question la pregunta
queue la cola
quick rápido
quickly de prisa
quiet tranquilo, callado
   to be quiet callarse
quietly en voz baja; tranquilamente
quite bastante; muy

R
rabbit el conejo
race la carrera
rack la red
radio la radio
rage la rabia
railway el ferrocarril
rain la lluvia
to rain llover (ue)
rate la tarifa
rather bastante, algo
ray el rayo
to read leer
ready listo
   to get ready prepararse
real auténtico
to realise darse cuenta de
rear la zaga
to rear criar
reason la razón
to receive recibir
receiver el receptor
receptionist el/la recepcionista
to recognise reconocer
record el disco
to record grabar
record player el tocadiscos
red rojo, tinto (of wine)
red haired pelirrojo
referee el árbitro
to refresh oneself refrescarse
refreshment el refresco
to refuse rehusar, negarse (ie)
region la región

to register registrar
registered certificado
relations los parientes
religion la religión
to remain quedar(se), permanecer
to remember recordar (ue), acordarse (ue)
   de
to remind refrescar la memoria
to rent alquilar
to repair reparar
to repeat repetir (i)
to repent arrepentirse (ie)
to reply replicar, contestar, responder
representative el representante
to resemble parecerse a
to reserve reservar
rest el resto, los demás
to rest descansar
restaurant el restaurante
restaurant car el coche restaurante
result el resultado
to retire jubilarse
return la vuelta
to return volver (ue), regresar;
   devolver (ue)
how revolting! ¡qué asco!
reward la recompensa
ribbon la cinta
rice el arroz
rich rico
to ride montar a caballo
right derecho
   on the right a la derecha
   to be right tener razón
ring el anillo
to ring sonar (ue), tocar
ripe maduro
road el camino, la carretera
roast asado
to rob robar
robber el ladrón
role el papel
room el cuarto, la habitación
   to be room for caber
rose la rosa
rosebush el rosal
row la fila
royal real
ruby el rubí
rude maleducado
ruined arruinado
ruler la regla
to run correr

S

sack la saca
sad triste
safe and sound sano y salvo
saint/saint's day el santo
salad la ensalada
salt la sal
same mismo
   it's all the same to me me es igual
sand la arena
sandwich el bocadillo
sardine la sardina
satchel la cartera
satisfied satisfecho
Saturday sábado
sausage el chorizo, la salchicha
to save salvar; ahorrar (money)
to say decir
scales el pesacartas
scarcely apenas
scene la escena
school el colegio, la escuela, el instituto
scissors las tijeras
score la veintena
Scotland Escocia
Scottish escocés
sea el mar
in search of en busca de
season la estación; la temporada
seat el asiento, la plaza
second el segundo; segundo (adj.)
to see ver
   let's see vamos a ver
see you later hasta más tarde
see you tomorrow hasta mañana
to seem parecer
to seize asir
self mismo
selfish egoísta
to sell vender
seller el vendedor
to send enviar, mandar
sensational sensacional
September se(p)tiembre
sergeant el sargento
to be serious hablar en serio
to serve servir (i)
service el servicio
service station la estación de servicio
session la sesión
to set off ponerse en marcha
to settle down to dedicarse a
seven siete
seventh sé(p)timo

seventy setenta
several varios
severe severo
to sew coser
shade la sombra
to shake hands estrecharse la mano
shame la lástima
   what a shame! ¡qué lástima/pena!
to shave afeitarse
she ella
sheep la oveja
sheet of paper la hoja
shellfish el marisco
sherry el jerez
to shine relucir
shock el susto
shoe el zapato
to shoot tirar
shop la tienda
shop assistant el/la dependiente/a
shopkeeper el tendero
to go shopping ir de compras, hacer las compras
short corto, bajo
shout el grito
to shout gritar
shouting el griterío
to show mostrar (ue); echar (films); enseñar
shower la ducha
   to have a shower ducharse
shut cerrado
to shut cerrar (ie)
side el lado
sigh el suspiro
to sigh suspirar
sight el espectáculo, la vista, el monumento
to sign firmar
silence el silencio
silent silencioso
silk la seda
silly tonto
simple sencillo
since desde (prep.); desde hace; puesto que (conj.)
sincere sincero
to sing cantar
singer el cantante
single sencillo
sister la hermana
to sit down sentarse (ie)
   to be sitting down estar sentado

situated situado
  to be situated encontrarse (ue)
six seis
sixth sexto
sixty sesenta
size el número (shoes etc.)
sky el cielo
skylight el tragaluz
to sleep dormir (ue)
  to be sleepy tener sueño
  to go to sleep dormirse (ue)
slice el trozo, el trocito
to slip resbalar
slow lento
slowly despacio
small pequeño
to smell of oler (ue) a
to smile sonreir(se)
smoke el humo
to smoke fumar
snack la merienda
snow la nieve
to snow nevar (ie)
so tan; así
so that a fin de que, de modo que, para
  que, sea que, de suerte que
soaked mojado
soaked to the skin mojado hasta los huesos
soap el jabón
socket la órbita
sofa el sofá
soldier el soldado
some alguno, etc.; varios; unos
somebody, someone alguien
something algo
sometimes unas veces
son el hijo
song la canción
soon pronto
  as soon as así que, luego que, en cuanto
  as soon as possible lo más pronto
  posible, cuanto antes
  see you soon hasta pronto
to be sorry sentirlo (ie)
  I'm sorry lo siento
soup la sopa
south el sur
South America América del Sur
souvenir el recuerdo
spade la pala
Spain España
Spaniard el español
Spanish español

to speak hablar
speaking al habla
special especial
spectacles las gafas
spectator el espectador
at full speed a toda prisa/velocidad
to spend pasar (time); gastar (money)
to spend the summer veranear
spinster la soltera
to spit escupir
in spite of a pesar de
splendid espléndido
spoon la cuchara
sport los deportes
sporting deportivo
spring la primavera
square la plaza
squid el calamar
stable la cuadra
stadium el estadio
stage la etapa (of a race)
stairs la escalera
stall el quiosco, el puesto
stamp el sello
to stand on tiptoe ponerse de puntillas
to stand up levantarse
  to be standing estar de pie
star la estrella
to start comenzar (ie), empezar (ie), echar
startled asustado
  to be startled asustarse
station la estación
stationmaster el jefe de estación
to stay quedar, permanecer, hospedarse
steak el filete
to steal robar
stereo estéreo
stereo unit el compacto estéreo
stick el palo
still aún, todavía
stop la parada
to stop cesar, detener(se), parar(se)
stop over la escala
store el almacén
storey el piso
storm la tempestad, la tormenta
story el cuento, la historia, la anécdota
straight directamente
strange raro
stranger el desconocido, el forastero
street la calle
  down the street calle abajo
  up the street calle arriba

to stretch estirar
to stretch out extender (ie)
stretcher la camilla
to strike golpear; dar (of clock)
string la cuerda
to stroll dar un paseo, pasearse
strong fuerte
to struggle luchar
student el estudiante
study el despacho
to study estudiar
subject el asunto
to succeed conseguir, lograr, tener éxito
success el éxito
such a tal, semejante
suddenly de pronto, de repente
suede el ante(lope)
to suffer sufrir
to suffocate sofocar
sugar el azúcar
to suit venirle bien
suitcase la maleta
summer el verano
sun el sol
　　it is sunny hace sol
to sunbathe tostarse al sol
Sunday domingo
sunshade el parasol
supermarket el supermercado
supper la cena
　　to have supper cenar
to support prestar apoyo
supporters los aficionados, la afición
to suppose suponer
to be sure estar seguro
surprise la sorpresa
　　to be surprised (at) sorprenderse (de), quedar sorprendido
to surround rodear
surrounded by rodeado de
to suspect sospechar
to swallow tragarse
swarthy moreno
to sweat sudar
sweet el caramelo; el postre; dulce (adj.)
to swerve desviar
to swim nadar
swimmer el nadador
swimming pool la piscina
Swiss suizo
to switch off apagar
to switch on encender (ie)

T
table la mesa
tablecloth el mantel
tail la cola
tailor's la sastrería
to take conducir, tomar; sacar (photos)
to take (away) llevar
to take for tomar por
to take off quitarse; despegar
to take out sacar
tale el cuento
to talk hablar
to talk nineteen to the dozen hablar por los codos
talkative hablador
tall alto
Tangier Tánger
task el quehacer
to taste probar (ue)
taxi el taxi
taxi driver el taxista
tea el té
to teach enseñar
teacher el/la profesor/a
team el equipo
tear la lágrima
telegram el telegrama
telephone el teléfono
to telephone telefonear
television la televisión
T.V. set el televisor
to tell decir, contar (ue)
temper el humor
　　in a bad temper de mal humor
temperature la temperatura; la fiebre
ten diez
tenth décimo
terrace la terraza
terracing la gradería
terrified espantado
terylene el tergal
text el texto
to thank agradecer, dar las gracias
thank you gracias
that que; ese, etc., aquel, etc., eso, aquello
the el, la, los, las
theatre el teatro
their su etc.
theirs suyo etc.
them les, los, las, ellos, ellas
then luego, entonces, pues
there allí, allá, ahí
therefore así, por eso, por ello

they ellos, ellas; se
thick espeso, grueso
thief el ladrón
thin delgado
thing la cosa
to think creer, pensar (ie)
   I think so creo que sí
to think about pensar (ie) de
to think of pensar (ie) de
third un tercio; tercero (*adj.*)
to be thirsty tener sed
thirteen trece
thirty treinta
this este, etc., esto, etc.
thousand mil; el millar
threat la amenaza
to threaten amenazar
three tres
three hundred trescientos
through por
to throw echar, tirar
thunder el trueno
to thunder tronar (ue)
Thursday jueves
ticket el billete, la entrada
ticket collector el revisor
ticket office la taquilla
tie la corbata
to tie atar
time el tiempo; la vez; la hora; la época
   from time to time de vez en cuando
   for the first time por primera vez
   on time a tiempo
   what time is it? ¿qué hora es?
tip la propina
to tire cansarse
tired cansado
tiring fatigoso
to a; para (in order to)
tobacco el tabaco
tobacconist's el estanco
today hoy
   a week today de hoy en ocho días
together juntos
toilet el retrete; el lavabo
tomorrow mañana
tomorrow morning mañana por la
   mañana
   day after tomorrow pasado mañana
too también
too (much) demasiado
tooth el diente, la muela
toothbrush el cepillo de dientes

toothpick el palillo
the top of lo alto de
to touch tocar
tour la vuelta
to tour dar una vuelta a
tourist el turista; turístico (*adj.*)
tourist office la oficina de turismo
towards hacia
towel la toalla
tower la torre
town la ciudad, el pueblo
town hall el ayuntamiento
traffic el tráfico, la circulación
train el tren
to trample pisar
transistor el transistor
to transmit transmitir
to travel viajar
travel agency la agencia de viajes
traveller el viajero
tray la bandeja
treasure el tesoro
tree el árbol
to tremble temblar (ie)
trip la excursión
to trouble incomodarse
trousers los pantalones
trout la trucha
true verdadero
truth la verdad
to try intentar, tratar de
Tuesday martes
turkey el pavo
to turn torcer (ue)
to turn out resultar
to turn round dar la vuelta
to turn the corner doblar la esquina
twelfth duodécimo
twelve doce
twenty veinte
two dos
type el tipo
typical típico
U
ugly feo
umbrella el paraguas
uncle el tío
uncomfortable incómodo
unconscious sin sentido
under bajo, debajo de
underground railway el metro
underneath debajo; debajo de
to understand entender (ie), comprender

to undertake encargarse de
undoubtedly seguramente
unexpected inesperado
to unfasten desabrocharse
unfortunate desgraciado
unfortunately por desgracia
unhappy infeliz
uniform el uniforme
university la universidad
unless a menos que, a no ser que
unpleasant desagradable
until hasta (*prep.*); hasta que (*conj.*)
unwillingly de mala gana
us nos, nosotros/as
U.S.A. los Estados Unidos
to use usar, servirse de (i), emplear
to be used to soler (ue), estar
   acostumbrado
useful útil
as usual como siempre, como de
   costumbre
the usual lo de siempre

V
vacant vacío
vacuum cleaner el aspirador
in vain en vano
valley el valle
value el valor
vase el florero
vegetable la legumbre, la verdura
velvet el terciopelo
vendor el vendedor
very muy; mismo (*adj.*)
view la vista
villa el chalet
village la aldea
violent violento
visit la visita
to visit visitar
visiting visitante
visitor la visita, el visitante
voice la voz
   at the top of one's voice a toda voz
   in a loud voice en voz alta
   in a low voice en voz baja

W
waiter el camarero
to wait for esperar
waiting room la sala de espera
to wake despertar(se) (ie)
to walk andar, ir a pie, marchar
   to go for a walk dar un paseo, pasearse,

ir de paseo, salir de paseo
wall la pared, el muro
wallet la cartera
to want querer (ie), desear, tener ganas de
war la guerra
warm (of feelings) cordial
to warn advertir (ie), avisar
warrior el guerrero
to wash lavar (se)
watch el reloj
to watch mirar
watchmaker's la relojería
water el agua (*fem.*)
water skiing el esquí acuático
wave la ola; la onda
way el camino, la vía; la manera, el modo
   in this way de esta manera, de este
   modo
   on the way en camino
   on the way to camino de, rumbo a
   that way por allí
   this way por aquí
   to make one's way to dirigirse a
   to make way abrirse paso
way in la entrada
way out la salida
we nosotros/as
weak débil
to wear llevar
weather el tiempo
wedding la boda
Wednesday miércoles
week la semana
weekend el fin de semana
to weep llorar
to weigh pesar
weight el peso
welcome la bienvenida; bienvenido (*adj.*)
well el pozo; bien; pues
west el oeste
to get wet mojarse
what qué; lo que; ¿cómo?
wheat el trigo
wheel la rueda
when cuando
whenever cuandoquiera
where dónde, adónde
wherever dondequiera
which que, cual
whichever cualquiera
while el rato; mientras (*conj.*)
white blanco
who que, quien

whoever quienquiera
whom a quien, a quienes
whose cuyo; ¿de quién?
why ¿por qué?
wide ancho
widow la viuda
width la anchura
wife la mujer, la esposa
willingly con ganas, de buena gana
to win ganar
winner el ganador
wind el viento
   it is windy hace viento
window la ventana; la ventanilla (of a vehicle); el escaparate (of a shop)
wine el vino
winter el invierno
Wise Men los Reyes Magos
to wish querer (ie), desear
wit la gracia
with con
without sin (*prep*); sin que (*conj.*)
to witness presenciar
witty gracioso
woman la mujer
to wonder preguntarse
to wonder at admirar, maravillarse de
wood el bosque; la madera; la leña
wool la lana
word la palabra
work el trabajo; la obra
to work trabajar; funcionar
world el mundo
worried inquieto, ansioso

to worry inquietarse, preocuparse
worse, worst peor
to be worth valer
to be worthwhile valer la pena
wounded herido
wounded man el herido
to wrap up envolver (ue)
to write escribir
writer el escritor
to be wrong equivocarse

Y

yard el corral
to yawn bostezar
year el año
   last year el año pasado
yellow amarillo
yes sí
yesterday ayer
   day before yesterday anteayer
yet aún, todavía
you tú, vosotros/as, Vd., Vds., te, le, lo, la, os, les, los, las, ti, se
young joven
younger menor
youngster el/la joven
your tu, su, vuestro, etc.
yours tuyo, suyo, vuestro, etc.
yours faithfully atto. y s.s.; su seguro servidor
youth el joven

Z

zone la zona

Appendix five

Index of grammatical sections

In this index the first number refers to the lesson and the number in parentheses to the grammatical section.

Mapa de Latino-América